普通高等学校
应用型教材

市场营销

人大芸窗
RENDAYUNCHUANG

市场营销

（第4版 · 数字教材版）

郭国庆　编著

中国人民大学出版社
· 北京 ·

前言

FORWARD

阳春三月，万物复苏，神州大地一片生机勃勃的景象。举国上下，亿万人民正在习近平新时代中国特色社会主义思想指引下，立足新发展阶段、贯彻新发展理念、构建新发展格局，以深化供给侧结构性改革为主线，以满足人民日益增长的美好生活需要为根本目的，努力做好本职工作，在不同的岗位上积极巩固、拓展疫情防控和经济社会发展新成果，力争实现“十四五”时期发展开好局、起好步，以优异成绩迎接中国共产党成立100周年。

党中央提出了一系列富有前瞻性、全局性、针对性的重大战略部署，号召我们构建以国内大循环为主体、国内国际双循环相互促进的新发展格局，使生产、分配、流通、消费更多依托国内市场，提升供给体系对国内需求的适配性，形成需求牵引供给、供给创造需求的更高水平动态平衡。在实现这一重大战略的历史进程中，市场营销将大有用武之地。

习近平同志曾指出，企业营销无国界。通过加强市场营销，充分挖掘内需潜力，可以使国内市场和国际市场更好地连通，利用国内国际两个市场、两种资源，实现更加强劲可持续的发展。新的时代赋予营销教育工作者更光荣、更艰巨的责任和担当，也为市场营销人才培养带来千载难逢的大好机遇。市场营销学界的每一分子，都为处在这样一个伟大时代感到骄傲、感到自豪。我们一定要不负时代，积极推进营销教育改革，为建设品牌强国、形成强大国内市场造就更多高质量人才。

正是在这伟大的时代背景下，《市场营销（第 4 版·数字教材版）》经过将近一年的悉心策划、认真编写、不断完善，终于和大家见面了。

天道酬勤，力耕不欺。本书的问世，是来自全国各地 90 多所高校的营销学教师和我本人共同奋斗、群策群力、并肩作战的结果，是集体智慧的结晶，凝聚着全国营销学同行的辛劳和付出。

教材编写之初，我曾将篇章设计、基本构想等细节问题向近百所高校的营销学同行真诚求教，广泛征求来自教学第一线的专家、同行的意见和建议。许多专家、教授在抗击新冠肺炎疫情、完成线上授课任务之余，认真审阅了教材的编写提纲等资料，对新版教材编写给予了热情的支持、鼓励和指点。各位老师根据自己多年来的教学实践经验，提出了十分详细、新颖、独到而中肯的建议，对本书体系架构的完善、篇章布局的优化做出了重要的贡献。特别需要感谢的是：杨海龙（南京财经大学）、李宁（平顶山学院）、朱艳春（长沙学院）、晏水清（宜春学院）、李富荣（渭南师范学院）、李光辉（新乡学院）、卢朝东（亳州学院）、任继如（太原工学院）、孙小丽（中原工学院）、游天嘉（宁德师范学院）、李瑞（百色学院）、王丽（西京学院）、刘春平（海南医学院）、陈红梅（西南政法大学）、蒋文峰（广州商学院）、陈荣（蚌埠学院）、汤涛（长沙师范学院）、王永钊（河北政法学院）。还有许多同行对本书的修订寄予厚望，给予了热情的鼓励和肯定，为我高质量完成教材编写提供了强有力的精神支持。如果说这本教材能为中国营销教育发展尽上一分力量，甚或能够赢得广大营销学同行称赞和好评的话，我必须对这些满腔热忱鼓励我的同行道一声感谢。他们是：何云（海南职业技术学院）、覃婷（珠海技师学院）、赵小丹（百色学院）、李颖（西安财经大学）、庞晓玲（西北农林科技大学）、欧文权（广西外国语大学）、徐琴（中南林业科技大学）、刘金发（曲阜师范大学）、张中英（安徽信息工程学院）、唐琦（呼伦贝尔学院）、林宽（惠州学院）、张玲燕（郑州商学院）、马黎（济南大学）、赵洪珊（北京服装学院）、田甜（四川管理职业学院）。

来自教学第一线的真知灼见最具有创造力。正是这些真诚友好、向善向上的同行为我打开了清晰的写作思路，也给了我追求卓越的强大动力。2020 年 4 月，在陆续收到各位的建议之后，我便认真学习，博采众家之长，开始了教材编写。时间过得很快，今年春天新版教材便和各位读者以及为之付出智慧的各位同行见面了。

大家也许会发现，这本《市场营销（第 4 版·数字教材版）》与其说是修订，不如说是重新创作。体系结构、语言风格等和前一版差异较大，概念原理本土化创新和体系结构原创性的特色鲜明，各个章节都昭示着“营销让生活更美好”的前景和真谛。

事实上，市场营销学从诞生那一天起，就是一门致力于改善人类生活质量、提升人类生活标准、创造人类美好生活的学问。保罗·马苏尔早在1947年就指出，市场营销是传递生活标准。习近平作为党的总书记首次面对中外媒体记者，就郑重宣示，“人民对美好生活的向往，就是我们的奋斗目标”。党的十九大报告开篇，就号召全党要“永远把人民对美好生活的向往作为奋斗目标”。报告从战略高度作出历史性重大判断，“中国特色社会主义进入新时代，我国社会主要矛盾已经转化为人民日益增长的美好生活需要和不平衡不充分的发展之间的矛盾”。本教材积极贯彻党的创新理论，将市场营销定义为“研究以满足人民日益增长的美好生活需要为中心的营销活动及其规律的综合性应用科学”，强调营销让生活更美好，让世界更美好。这一思想理论和观点，在国内外学术界尚属首次提出，具有明显的原创性。这一创新表述彰显了市场营销学应有的本质特征，呼应了营销教育改革发展的社会需求，有力推动社会各界对市场营销树立起新的正确的认识，也得到广大同行的赞同。首都经济贸易大学副校长王永贵教授、贵州财经大学副校长徐大佑教授、福州大学陈章旺教授等教育部工商管理类专业教学指导委员会委员、市场营销学科带头人对本书予以高度肯定。

改革开放以来，市场营销学科获得了迅速发展，也为企业改革、社会进步、市场繁荣做出了重要贡献，赢得了政府、企业和人民群众的高度重视和热烈欢迎。然而，随着环境的发展变化，市场营销专业的发展遭遇困境。新时代全面建设社会主义现代化国家新征程中需要大量优秀的市场营销人才，市场营销学科要走出困境，教师要以更新颖、更实用的营销知识激发学生的学习兴趣，赢回社会各界对市场营销的尊重。

市场营销作为一门学科发轫于美国，然而美国的营销理论并不能解决我们全面建设社会主义现代化国家所面临的现实问题。市场营销不是西方国家独有的“专利”，在教学科研中没必要“言必称希腊”。应该从培养社会主义建设者和接班人的需要出发，加速教材本土化进程，充分体现中国智慧、中国主张、中国气派、中国方案，讲好中国营销故事，传播中国营销理念。

我们可以充满自信地说，在中华优秀传统文化中、近现代企业家管理实践探索中以及中国共产党领导人重要论述中，也客观存在着营销思想的火花。《论语·雍也》早就说出了营销的真谛：“己欲立而立人，己欲达而达人”。张之洞在谈到营销的重要性时指出，“货畅路快，运商多，则业此工者自多，制此货者日精。故必商学既博则工艺自盛，若无运商，无销路，则工业安以劝哉！”①早在1934年，毛泽东同志就揭示了市场营销的本质，指出“市场交易，买者如果不丧失金钱，就不能取得货物；卖者如果不丧失货物，也

---

① 张之洞. 劝学篇. 北京：朝华出版社，2017：141.

不能取得金钱”[①]。他特别指出，“尽一切努力降低成本，增加生产，便利推销”[②]。习近平总书记关于市场营销、市场需求、市场竞争、消费行为、细分市场、市场定位、市场潜量、全球价值链、产品质量、品牌建设、销售渠道、产品定价、媒体传播等也有许多精辟的重要论述。海尔集团董事局主席、首席执行官张瑞敏顺应数字经济时代“零距离”和“去中心化”“去中介化”的新趋势，提出了创新的营销模式：人单合一。在营销教学实践中，应该大力弘扬以爱国主义为核心的民族精神和以改革创新为核心的时代精神，宣传当代中国企业家的成功案例、营销模式和管理思想，增强学生的文化自信，提升学生的学习兴趣。

本教材在编写过程中，力求把握如下原则：

1. 坚持正确导向。坚持马克思主义指导地位，坚持正确的政治方向和价值导向，将马克思主义立场、观点、方法贯穿教材始终，体现党的理论创新成果特别是习近平新时代中国特色社会主义思想，展现中华优秀传统文化中的营销思想，贯彻党和国家对营销教育的基本要求，深入挖掘市场营销课程中所蕴含的思想政治教育资源，落实立德树人根本任务，为党育人、为国育才。

2. 体现党的创新理论。在认真阅读原著的基础上，将习近平总书记关于市场营销、市场潜量、全球价值链、战略战术、产品质量、品牌建设、媒体传播等重要论述贴切、恰当地融入教材，立足中国实践，充分展现在党的创新理论指导下中国企业营销成功的经验和案例，让市场营销学这门课程有了更加浓厚的中国情、中国味。全书将市场营销简称为“营销”，以营销新格局、应对新需求、组合新策略和美好新生活四篇的总体架构，展现了新时代背景下市场营销的新使命、新任务、新机遇。尤其是最后一章“营销让生活更美好”，彰显了市场营销在满足人民美好生活需要方面的独特作用和应有担当。

3. 明确价值导向。扎根中国大地、立足中国实践、总结中国经验、彰显中国特色，充分反映中国特色社会主义伟大实践。体现国家和民族基本价值观，弘扬以爱国主义为核心的民族精神和以改革创新为核心的时代精神，传播当代中国企业营销新创举、新成就、新经验，充分体现中国特色、中国智慧、中国气派，引领学生坚定文化自信。积极倡导珍惜时间、奉献社会、绿色营销、营销道德和企业社会责任，将价值塑造、知识传授和能力培养三者融为一体，培根铸魂、启智润心。教材所采用的案例既有全球知名企业营销实践，也有更多的展现中国企业营销实践的本土案例。

4. 追求思想观点原创性。准确阐述市场营销学科的基本概念、基本理论、基础知识和基本方法，充分反映市场营销学科发展的新成果，充分反映经济社会发展和科技进步对人才培养提出的新要求。既注重体现国际学术前沿最新成果，又致力于追求营销、营销学

---

① 毛泽东选集（第一卷）. 北京：人民出版社，1991：211.

② 毛泽东选集（第四卷）. 北京：人民出版社，1991：1285.

等基本概念阐释以及教材体系、章节布局设计安排等方面的思想性、原创性和本土化，从我国改革发民展实践中提出新观点，构建新理论，努力构建具有中国特色、中国风格、中国气派的营销理论体系。其中，原创图表、概念、原理有10余处。

5.遵循教育科学规律。遵循营销教育教学规律和人才培养规律，适应本学段学生认知特征和复合型人才培养类型需求，体现教育教学改革的先进理念，反映营销人才培养模式创新和教学改革最新成果。注重体系结构完整，逻辑清晰严密，概念界定准确，定性与定量方法相结合。全书图文并茂，编排了丰富的图表，案例展现了近年来国内外企业的最新实践。借助理论联系实际的“新启迪”专栏，激发学生创新潜能，支持学生加深知识理解，勇于实践创新。章末有即测即评二维码，方便读者自我测评。

6.拥抱数字时代，推出数字教材。本书配套数字平台，包括电子教材、各章知识点及关键概念解析、1800余道习题、教学辅导（本章学习目标、难点分析、最新理论与实践）、教学大纲、案例分析要点和PPT课件等优质数字内容资源。数字平台内置电子教材与纸质教材同步，教师可以在电子教材上划重点、做备注，形成在线笔记供学生使用。平台上的作业和测试功能，可实现客观题自动评分，成绩可以查询和导出打印。借助平台大数据，教师可以实时查看学生对章节的掌握情况和学习进度。

本书由郭国庆编著。在修订过程中，参考了多位学者的著述，许多同行还提供了案例遴选、数据查验等帮助，在此表示衷心感谢。尤其需要感谢的是：钱明辉、刘彦平、牛海鹏、魏海蓉、赵怡君、李瑞芹、魏福元、陈凯、王玉玺、安卫康、李光明、林雪娇、郭芊欣、姬春华、冯嘉俊、王雨卿、郭玉梅、雷羽尚、安立刚、车良静、任锡源、杨海龙、李佳、杨学成、郭溪月、张中科、汪晓凡、姚亚男、孙乃娟、周健明。

我还要感谢我的授业恩师邝鸿教授、李宗正教授以及其他各位学术界前辈。我于1979年考入中国人民大学商业经济专业本科。学习期间，邝鸿教授认真为我们讲授西方市场学知识，还指导我们赴北京市百货公司实习。1983年本科毕业后，我有幸考取了邝鸿教授指导的硕士研究生，主攻西方市场学研究方向。1993年9月至1997年12月，我作为中国人民大学经济系在职博士研究生，师从李宗正教授，攻读外国经济思想史专业外国经济学说史研究方向。两位恩师的道德文章、治学态度、家国情怀、社会责任感，为我树立起了坚守正道、追求真理、严谨治学的楷模，引领我在研究营销学、营销思想史的学术道路上稳步前行。他们的言传身教，也为我推进营销学教材创新，彰显中国人民大学学术特色奠定了坚实基础。

“岂能尽如人意，但求无愧我心。”我一直在用心编写教材，为读者提供更多有价值的知识和信息。新时代是我们为国家富强、民族振兴、人民幸福多做贡献、建功立业的伟大时代。要赢得社会各界对市场营销的正确认识和高度认同，要让市场营销在中华民族伟大复兴中更好地发挥作用，要在新时代创造新的历史辉煌，每一位营销教师都应该付出自己的努力，主动担当，积极作为，刻苦钻研，勤奋工作。

2021 年是农历牛年。在中华文化里，牛是勤劳、奉献、奋进、力量的象征。人们把为民服务、无私奉献比喻为孺子牛，把创新发展、攻坚克难比喻为拓荒牛，把艰苦奋斗、吃苦耐劳比喻为老黄牛。前进道路上，我们要大力发扬孺子牛、拓荒牛、老黄牛精神，以不怕苦、能吃苦的牛劲牛力，不用扬鞭自奋蹄，继续为党的教育事业和营销人才培养辛勤耕耘、勇往直前！

郭国庆

目 录

CONTENTS

01 第1篇 营销新格局

02 第2篇 应对新需求

03 第3篇 组合新策略

04 第4篇 美好新生活

01

第1篇

营销新格局

第1章 变革时代的营销

引 例

进入新时代，消费者饮食生活中最关注、最需要的是新鲜食材和健康食谱。针对食材保鲜，卡萨帝冰箱创新性地采用MSA控氧保鲜技术，通过调整抽屉内的氮氧比例，让在普通冰箱放3天就会发黄干瘪的蔬菜和肉类，在卡萨帝冰箱放7天颜色无变化，营养几乎零流失。为了获得健康食谱，用户往往求助于应用程序，在手机上下载App来查询。对此，卡萨帝替用户想到了更好的方案，通过联动体脂秤获得体重、体脂等数据，定制健康食谱。例如，冰箱会推荐高血压用户吃腰果拌西芹、清蒸鱼，高血脂用户多吃燕麦、木耳。除了食材保鲜和健康食谱，卡萨帝还给用户带来智慧厨房场景。做菜时发现少了食材，又不能亲自去买，卡萨帝通过食联网就能在线下单，连澳洲龙虾也能送货上门。冰箱还可联动冰吧、酒柜同时配餐。比如今晚准备做牛扒，冰吧会主动调整水果储鲜温度，酒柜会挑选配餐红酒，当牛扒做好，水果、红酒正好入口。卡萨帝还实现大容积、小体积，既能多放食材，又不多占空间，比如ACME冰箱占地仅0.47m^2，却有500L大容量。2020年12月的一份调研显示，卡萨帝在1.5W+高端冰箱市场的份额为48.9%。

资料来源：卡萨帝满足健康生活需求，为用户创造场景.（2020－12－07）. 环球家电网.

营销启示

人民日益增长的美好生活需要是新时代企业营销的出发点。健康饮食已成为消费者的美好向往，如何抓住这一新的消费需求点，“以百姓心为心”，成为冰箱行业关注的主题。卡萨帝及时洞察市场需求新趋势，利用新兴技术加速产品创新，并创造健康饮食场景，从而有效地满足了市场需求，取得成功。

知识思维导图

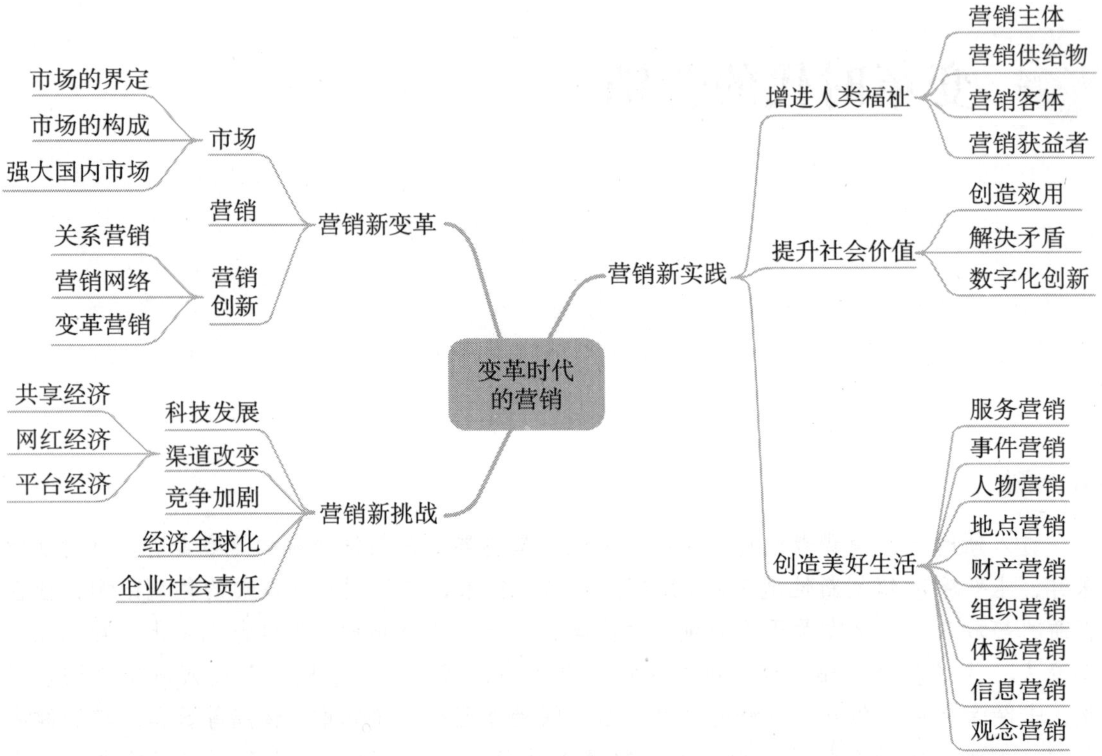

本章要点

- 市场、营销、关系营销、变革营销的含义。
- 强大国内市场的含义及其特征。
- 科技发展、渠道改变、竞争加剧、全球化和企业社会责任给营销带来的新挑战。
- 营销在推动社会进步、解决生产者消费者矛盾、创造美好生活等方面的新实践。

营销是一门研究营销活动及其规律的应用科学，更是一门致力于满足人民日益增长的美好生活需要的学问。借助人工智能、移动通信、物联网、区块链、语言识别、机器人等现代科技，消费者随时、随地、随支付、随渠道、随心所欲地消费，已成为日益明显的商业趋势。立足新发展阶段，构建新发展格局，坚定不移贯彻落实新发展理念，营销将充分发挥作用，为畅通国民经济循环、推动形成强大国内市场、促使国内市场和国际市场更好连通做出新贡献。

第1节　营销新变革

展望“十四五”，我国将实施扩大内需战略，深化供给侧结构性改革，以创新驱动、高质量供给引领和创造新需求，不断优化供给结构，改善供给质量，提升供给体系对国内需求的适配性。[①] 在此新的变革时代，企业要生存和发展，就必须按照市场需求组织生产。菲利普·科特勒说，市场比营销变化得更快。**市场**可以理解为具有特定需要和欲望，愿意并能够通过交换来满足其需要或欲望的全部潜在客户。需要是指人没有得到某些基本满足的感受状态。欲望是指人想得到某些基本需要的具体满足物时的愿望。需求是指人对具有支付能力购买并且愿意购买的某个具体产品的欲望。

一、市场

（一）市场的界定

“市场”一词，最早是指买主和卖主聚集在一起进行交换的场所。经济学家则将市场这一术语表述为卖主、买主及双方交易规则的集合。而在营销学者看来，卖主构成行业，买主则构成市场（如图 1－1 所示）。每一个国家的经济乃至整个世界经济都是由各种市场所构成的复杂体系，而这些市场之间则由交换所形成的流程来连接。

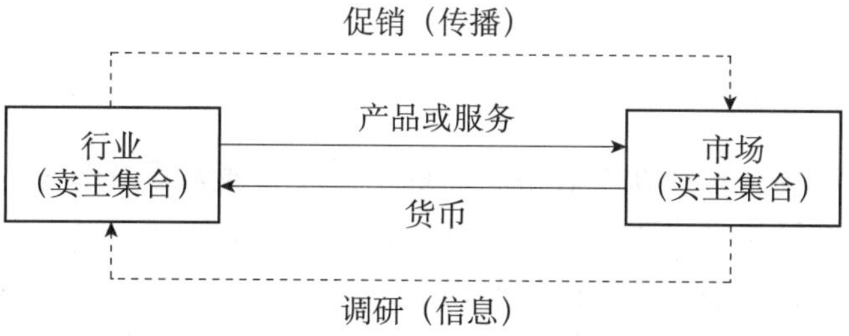

图 1－1　市场的内涵

由图 1－1 可知，买卖双方由四种流程相连：卖主通过调研获得买主的需求信息，并将买主需要的产品或服务投放市场，进而开展促销（传播）活动，买主将货币支付给卖主获得自己所需要的产品或服务。图 1－1 中，内环表示货币与产品或服务的交换，外环则表示信息的沟通、传播和交流。

图 1－2 所描述的是现代社会中的市场类型及其交换关系。其中，生产者从要素市场购买土地、原材料、劳动力、资本、技术、数据等资源，生产出产品或服务之后，销售给

---

① 中共中央关于制定国民经济和社会发展第十四个五年规划和二〇三五年远景目标的建议.（2020－11－03）. 人民网.

中间商，再由中间商转卖给消费者。要素市场是生产要素在交换或流通过程中形成的市场，包括资本市场（金融市场）、劳动力市场（劳务市场）、知识市场、技术市场、数据市场等。消费者为要素市场提供劳动力赚取金钱，再换取所需的产品或服务。政府为公众需要提供各种服务，对各市场征税，同时也从要素市场、生产者市场和中间商市场采购产品或服务。2020年4月9日中共中央、国务院发布的《关于构建更加完善的要素市场化配置体制机制的意见》明确了要素市场制度建设的方向及重点改革任务。

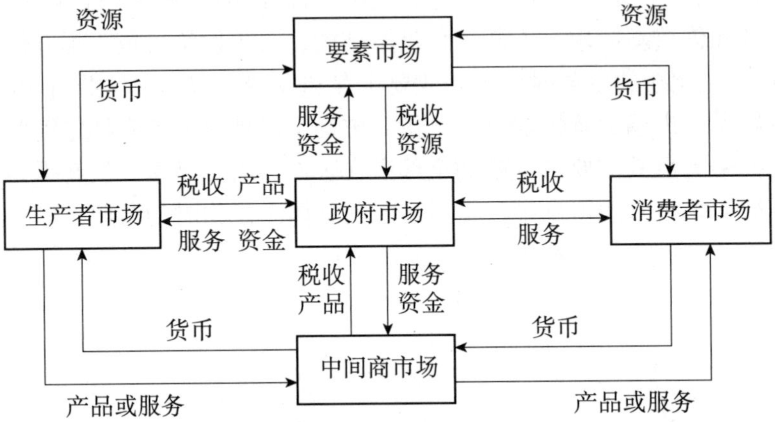

图1－2 基本市场类型及其交换关系

（二）市场的构成

市场包含三个主要因素：有某种需要的人、满足这种需要的购买能力和购买欲望。这三个因素是相互制约、缺一不可的，只有三者结合起来才能构成现实的市场，才能决定市场的规模和容量。

（三）强大国内市场

形成强大国内市场是构建新发展格局的重要支撑。**强大国内市场**是指规模庞大、结构合理、畅通融合和经济拉动力强的国内市场。它具有以下特征：（1）市场容量巨大。市场容量是指在不考虑产品价格或供应商的前提下，市场在一定时期内能够吸纳某些产品或服务的数量，主要由消费者数量和购买力所决定。我国有14亿人口，人均国内生产总值已经突破1万美元，是全球最大和最有潜力的消费市场，具有巨大增长空间。（2）市场供给充分。市场供给是指生产者愿意并且可能为市场提供的产品或服务的数量。中国有1亿多个充满活力的市场主体，拥有全球最完整的产业体系和不断增强的科技创新能力，人力资本丰富。（3）市场质量优良。市场质量，又称市场绩效，是指从交易成本、流动性、有效性、稳定性、透明度、公平性和可靠性等方面对市场的综合评价，其核心指标是交易成本、流动性、有效性和透明度。简言之，那种交易成本低，并具有流动性、有效性和透明度的市场，就是质量优良的市场。（4）市场环境完善。市场环境是指影响产品生产和营销的外部因素。我国稳定发展的政治环境、积极向上的文化环境、有序竞争的法治环境、高标准的市场体系和完善的市场机制，都为市场运行提供了积极有利的环境条件。（5）市场内聚力强。强大的国内市场应该是要素聚集能力强劲的市场，它不仅可以留住国内的技术、人才和资金，而且可以吸引国外的各种优质资源向国内集聚。[①]

二、营销

（一）营销让世界更美好

营销是指以满足人民日益增长的美好生活需要为目的，创造、传播、传递和交换对个人和社会有价值的供给物，通过市场变潜在交换为现实交换的活动、系统和过程。营销让生活更美好，让世界更美好。也可以这样讲，营销就是企业为客户创造价值并且建立牢固的客户关系，进而从客户获得价值回报的过程。[②] 价值是指感知到的有形利益、无形利益和成本的总和，是质量、服务和价格的组合。价值认知与质量和服务成正比，与价格成反比。**营销管理**是指选择目标市场并通过创造、传递和传播卓越客户价值来获取、维持和增加客户的艺术和科学，就是要对市场进行调节和管理，以形成有价值的客户关系。

营销的核心概念是交换。人们通常认为只有卖者才开展营销活动，其实，买者也是如此，当有支付能力的消费者寻求所需产品时，就是在营销；同样，采购员在寻求货源并与供货方讨价还价时，也是在营销。图 1－3 展示了营销过程的五个步骤。在前四步中，企业努力去了解客户，为客户创造和传递价值，并建立牢固的客户关系。最后一步企业收获创造卓越价值的回报。通过为客户创造价值，企业最终获取销售、利润、市场份额和长期客户资产等各种形式的回报。其中，客户资产是指企业所有现有和潜在客户的终身价值。

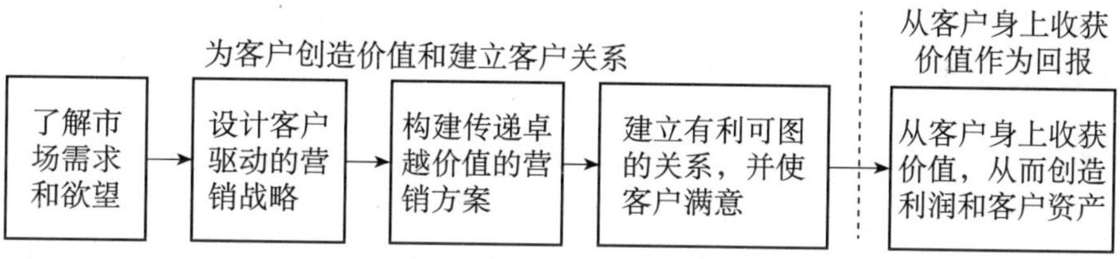

图 1－3 营销过程

图 1－4 展示了现代营销系统的主要参与者。供应商为企业和竞争者提供生产性资源，企业和竞争者将产品信息直接地或借助营销中介间接地传递给最终用户。所有的系统参与者都受人口、经济、自然、技术、政治、法律、社会、文化等环境因素的影响。[③]

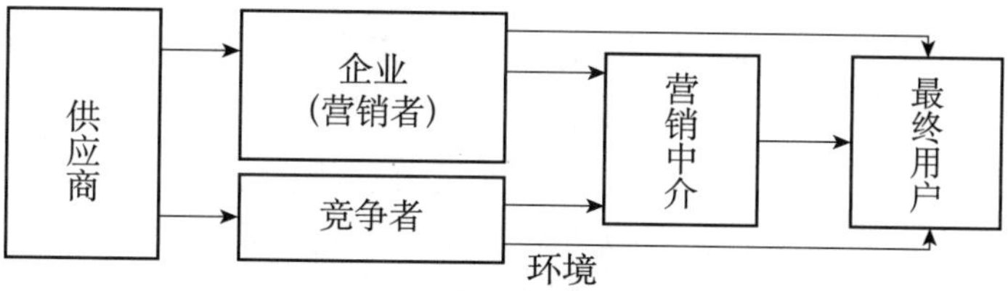

图 1－4 现代营销系统的参与者

① 欧阳峣. 促进形成强大国内市场. 光明日报，2019－05－14.

② Kotler P，Armstrong G. Principles of Marketing. 18th ed. Harlow：Pearson Education Limited，2021：24.

③ 科特勒，阿姆斯特朗. 市场营销：第 17 版. 北京：中国人民大学出版社，2020：6.

（二）营销的本质不是卖

营销活动包括营销调研、市场需求预测、新产品开发、定价、分销、物流、广告、公共关系、人员推销、销售促进、售后服务等，而推销或销售仅仅是营销活动的一部分。李胜等依据中华人民共和国职业分类大典，提出了“市场营销类岗位能力分级模型”，认为营销类工作可分为4大类、13个中类、22个小类。[①] 彼得·德鲁克（Peter F. Drucker）曾指出，“营销的目的就是使推销成为不必要”[②]。海尔集团董事局主席张瑞敏曾指出，营销的本质不是“卖”，而是“买”。买进来的是用户的意见，然后根据用户的意见改进，达到用户满意，最终赢得用户忠诚，这样企业才能获得成功。在某种意义上，营销意味着企业应该“先开市场，后开工厂”。

营销是关于构思、产品和服务的设计、定价、促销和分销的规划与实施过程，目的是通过交换活动，满足人民日益增长的美好生活需要。在交换双方中，如果一方比另一方更主动、更积极地寻求交换，则前者称为营销者，后者称为潜在客户。营销既是一种组织职能，也是为了组织自身及利益相关者的利益而创造、沟通、传递客户价值，管理客户关系的一系列过程。

一般来讲，人们往往从管理视角界定营销，认为营销是个人和群体通过创造、提供和与他人自由交换有价值的产品或服务来满足其所需所求的管理过程。但值得注意的是，也有学者从社会视角看待营销，认为营销是指为社会创造、传递更高生活标准的过程，即营销让生活更美好，让世界更美好。从这个角度讲，营销是指引导经济的产品和服务从生产者流转到消费者，致力提升供给体系对市场需求的适配性，形成需求牵引供给、供给创造需求的更高水平动态平衡，从而实现社会目标的过程。

（三）营销者

营销者是指希望从他人那里取得所需资源并愿意用某种有价之物来交换的人。营销者可以是卖主，也可以是买主。假如有几个人同时想买正在市场上出售的某种奇缺产品，每个准备购买的人都尽力使自己被卖主选中，这些购买者就都在进行营销活动。在另一种场合，买卖双方都在积极寻求交换，那么，我们就把双方都称为营销者，并把这种情况称为相互营销。

新启迪1-1

营销职能的地位演变

营销职能的地位演变如图1-5所示。最初，营销职能与其他部门同等重要，处于平等的地位，见图1-5（a）。在需求不足的情况下，企业高层管理人员意识到营销职能要比其他部门的职能重要，见图1-5（b）。更有甚者，那些高度重视营销的企业高管提出，没有客户也就意味着企业的消亡，所以营销应是企业的主要职能。他们将营销置于核心，而将其他职能当作营销的辅助职能，见图1-5（c）。这种创新激起了其他职能部门经理的不满，他们不甘心当营销部门的配角。一些热心于客户服务的高层管理人员则主张，企

---

① 李胜，李媛媛．市场营销类岗位能力分级模型．北京：北京师范大学出版社，2018：1-3.

② 邝鸿．现代市场学．北京：中国人民大学出版社，1989：5.

业关注的核心应当是客户，而不是营销，见图1－5（d）。因此他们认为，必须采取客户导向，而且所有职能性业务部门都必须协同配合，以更好地为客户服务，使客户需要得到满足。最后，随着营销实践的发展和市场竞争的加剧，越来越多的企业高层管理人员达成共识：营销部门与其他职能部门不同，它是连接市场需求与企业反应的桥梁、纽带，要想有效地满足客户需要，就必须将营销置于企业的中心地位，见图1－5（e）。

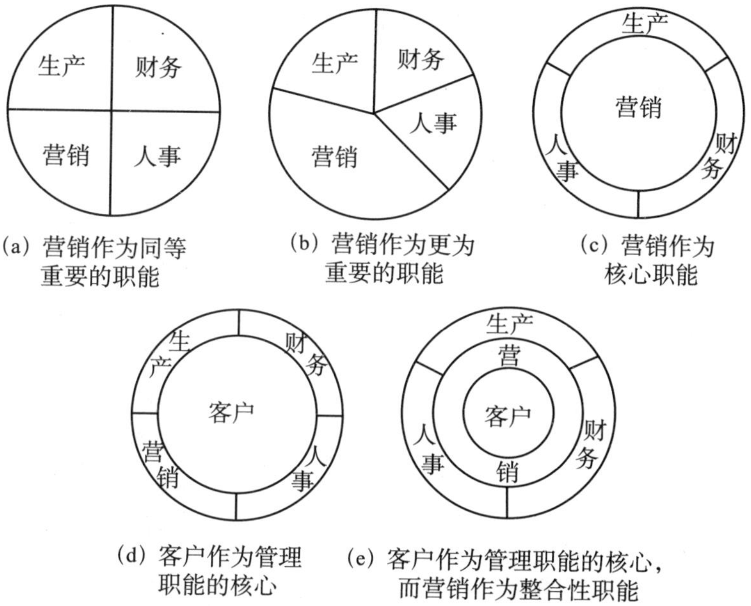

图1－5　营销职能的地位演变

三、营销创新

营销创新是指根据营销环境的发展变化趋势，结合企业自身的资源条件和经营实力，在营销战略战术等各方面实施一系列突破或变革的过程。

（一）关系营销

关系营销是指企业与其客户、分销商、供应商乃至竞争者等相关组织或个人建立、保持并加强关系，通过互利交换及共同履行诺言，确保达成各自目标的营销活动。企业与客户之间的长期关系是关系营销的核心概念。交易营销是指为了达成交易而开展的营销活动。

关系营销和交易营销的区别主要表现在：（1）交易营销的核心是交易，企业通过诱使对方发生交易活动从中获利；关系营销的核心是关系，企业通过建立双方良好的合作关系从中获利。（2）交易营销将视野局限于目标市场上，即各种客户群；关系营销所涉及的范围则广得多，包括客户、供应商、分销商、竞争对手、金融机构、政府部门及内部员工等。（3）交易营销围绕着如何获得客户；关系营销更强调保持客户。（4）交易营销不太强调客户服务；关系营销高度强调客户服务。（5）交易营销是有限的客户参与和适度的客户联系；关系营销强调高度的客户参与和紧密的客户联系。

交易营销能使企业获利，但企业更应着眼于长远利益，因而保持并发展与客户的长期关系是关系营销的重要内容（如表1－1所示）。建立关系是指企业向客户做出各种承诺。保持关系的前提是企业履行诺言。发展关系或加强关系是指企业履行诺言后，向客户做出一系列新的承诺。

表1－1　关系营销与交易营销的差异

	关系营销	交易营销
主要目标	长远关系	一次性交易
一般方法	沟通交流	付诸行动
生产方式	大规模、个性化	大规模
基本假设	社会人	经济人
关注焦点	结果和过程	结果
基本战略	维持现有客户长远关系	不断赢得新的客户
决策重心	售后决策行动	售前活动
产品质量	所有人的责任	生产部门的事情
价格弹性	较低	较高
思维视角	长期	短期
客户接触密度	较高	较低
内部营销作用	具有战略意义	一般
员工重要性	较高	较低

（二）营销网络

营销网络是指企业及与之建立起牢固的互相信赖的商业关系的其他企业所构成的网络。在营销网络中，企业可以找到战略伙伴并与之联合，以获得更广泛、更有效的地理占有。借助该网络，企业可在全球各地的市场上同时推出新产品，并减少由于产品进入市场的时间滞后而被富有进攻性的模仿者夺走市场的风险。借助网站、手机App、微信、抖音、小红书、在线视频和社交媒体等现代数字技术，越来越多的营销者致力于直接、互动式地与战略伙伴沟通接触，努力由过去追求单项交易的利润最大化，转变为追求与对方互利关系的最佳化。

（三）变革营销

当今世界正经历百年未有之大变局，企业营销必须树立底线思维，准确识变、科学应变、主动求变，善于在危机中育先机、于变局中开新局，抓住机遇，应对挑战，趋利避害，变革营销。**变革营销**是指企业为了适应市场变化和未来趋势，通过营销策略、营销活动等手段为客户提供超值的产品以击败竞争对手，从而为企业和利益相关者赚取利益的营销活动。① 其理论框架如图 1 – 6 所示。

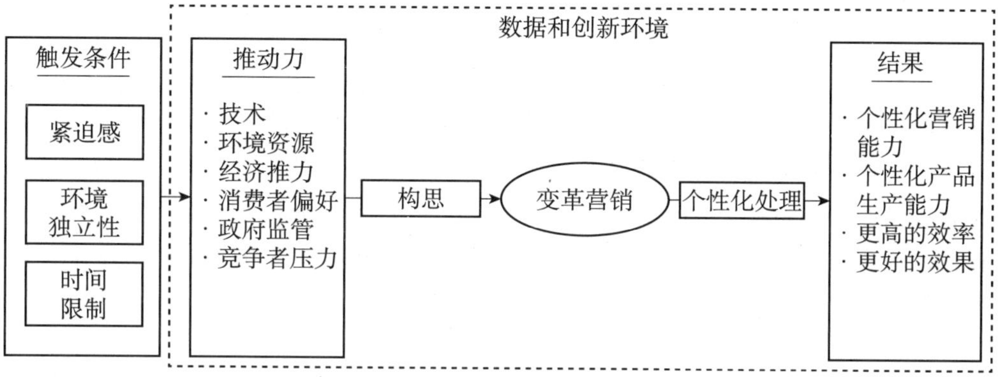

图 1 – 6　变革营销框架

第 2 节　营销新挑战

进入 21 世纪以来，全球科技创新进入空前密集活跃的时期，新一轮科技革命和产业变革正在重构全球创新版图、重塑全球经济结构。科学和文明的发展给营销领域带来了渠道改变、竞争加剧、全球视野和社会责任等新的环境、新的挑战和新的理念。

一、科技发展

人工智能、大数据、区块链、量子信息、生物育种、深地深海等前沿科技的迅速发展，极大地增进了信息传播和流动性，消费者可以更加理智地制定购买决策，并与世界各地的人们分享自己的偏好和观点。消费者可以利用互联网作为重要的信息来源和有力的购买支持，借助移动互联网实现搜索、传播和购买，通过社交媒体分享观点和表达忠诚，与销售者有效互动，拒绝不良营销。

新兴技术创造了新数字时代，计算机、电信、信息、交通和其他连接技术领域的快速发展对企业向客户让渡价值的方式产生了巨大影响。营销者利用强大的计算机工具，可以开发出非常详细的数据库，并利用这些数据库定位每一位客户，以便为他们提供专门满足其个性化需要以及购买模式的产品或服务。

企业可以将互联网作为强有力的信息传播渠道和分销渠道，收集到更充分、全面、丰富、精准的市场信息、客户信息和竞争者信息，可以利用社交媒体营销和移动营销快速有效地接触客户，发送定向的广告、优惠券及产品服务信息，也便于节省各种费用。

新启迪1–2

人工智能给员工带来压力

世界科技巨头亚马逊 CEO 贝佐斯正式对外宣布：亚马逊的员工是去是留，全由一个

① Kumar V. Transformative Marketing：The Next 20 Years. Journal of Marketing，2018，82（7）：1 – 12.

没有感情、冰冷的自动化机器人全权操控，它说让你走，你就不能留！亚马逊的 AI 系统，可以追踪到每一名亚马逊物流仓储部门员工的工作效率，精细到每一名员工的“上班”时间，一旦系统判定你在“浑水摸鱼”，就会立即自动生成解雇的指令。一个 2 500 人的仓库一年就被解雇了 300 人，裁员比例超过 10%，而这样规模的仓库，亚马逊在全美有 75 个。也就是说实际解雇的情况比 900 名员工更多！这套 AI 监控系统非常恐怖。追踪器可以监控他们从货架上挑选和包装物品的准确速度，并且严格列出了时间。最初，亚马逊对员工的要求只是每小时包装 80 件商品，现在这个要求提高到每小时 120 件。对于大多数员工来说，这几乎是不可能完成的任务，已有超过 4 000 名员工联名请愿，希望公司能把指标降低 15%。

互联网的迅猛发展和迅速普及，使得世界各地各种各样的个人或商务计算机用户相互连接，并让他们接触各类信息。5G 时代将带来互联互通的新机遇，尤其体现在精细农业、智能物流、沉浸式购物、协作工作空间、社会可持续发展等方面。

二、渠道改变

在信息技术日新月异的今天，企业可通过三种渠道连接客户：（1）传播渠道，企业可借助报纸、杂志、广播、电视、邮件、短信、网页、智能手机、网络平台传播渠道向客户发布信息，或接收来自客户的信息；（2）分销渠道，企业可借助直接渠道（互联网、移动电话、电子邮件等）和间接渠道（批发商、零售商、直播平台等）展示、出售或递送产品或服务至客户；（3）服务渠道，为了与潜在客户达成交易，企业需要借助仓储公司、运输公司、银行、保险公司、物流配送公司等服务渠道实现服务客户的目标。在营销实践中，企业还需要就传播渠道、分销渠道和服务渠道的优化组合进行科学规划，以便最大限度地降低成本、提高效率、增进客户满意和客户忠诚。此外，共享经济、网红经济、平台经济也为渠道改变和创新带来了有利契机。

（一）共享经济

共享经济是以获得报酬为目的，陌生人之间的物品使用权暂时转移的一种商业模式，是所有权和使用权分离的一种经济形态。共享网络台不是共享产品或服务的所有者，而仅是一个服务提供者。使用者在上面进行信息的交换，然后去交易、去共享。未来共享经济的发展与企业及 5G 技术的结合将更加密切。在 5G 技术的背景下，共享经济同样也将面临技术升级。包括人工智能、大数据、云服务等新技术的应用，也将进一步推动共享经济平台在运营、服务、监管等方面的全面升级。在共享经济发展的初始阶段，行业平台产品更多是围绕 C 端来进行应用落地，未来随着共享经济模式逐渐成熟，围绕企业 B 端服务的共享经济应用将实现落地。办公空间共享、企业资源共享、供应链互通等将成为共享经济 B 端服务的重点挖掘领域。

（二）网红经济

网红是指在网络环境中长期持续输出专业知识或因某个事件（行为）而被网民广泛

关注从而走红的人。网红经济是指以年轻时尚达人为形象代表，以红人的品位和眼光为主导，进行选款和视觉推广，在社交媒体上聚集人气，依托庞大的粉丝群体进行定向营销，从而将粉丝转化为购买力的一个过程。要成为一个名副其实的网络红人，单单在社交平台上拥有大量粉丝是不够的，还要有一间商品热销的淘宝店铺。随着直播和短视频行业的倍速发展，网红经济正以一种新的模式悄然发生裂变。作为自媒体时代不可取代的产物，网红经济效应已引起越来越多人的重视，借势新媒体平台和粉丝效应实现了千万级流量的传播，并不断出现在各类消费领域。5G 时代，网红 = 流量，流量 = 利润。1 位网红不逊于 100 名业务员！当今时代，任何人都可以成为网红，任何人都可以流量变现。

网红经济已经成长为新的经济增长点，其创新的表现形式和庞大的流量优势，将成为不可抗拒的发展趋势。随着 5G 技术的发展，从互联网 + 到直播带货，已经使企业进入更加生动鲜活也更加残酷的网红时代。

（三）平台经济

平台是指为合作参与者和客户提供一个合作和交易的软硬件相结合的渠道、场所或环境。平台经济是指借助虚拟或真实的交易平台，促成买卖双方或多方之间交易，平台收取费用或赚取差价而获益的渠道模式。近年来，越来越多的平台进入营销领域，对于加强品牌建设，提升服务品质，延伸产业链，带动就业，提升流通创新能力，促进产销衔接等发挥了重要作用。

平台经济作为一种全新的传播、沟通渠道，正成为人们日常生活模式和社交结构变革的重要推动力。例如，新浪微博等社交网络平台已成为人际交往的重要渠道，淘宝网等电商平台已成为人们日常消费的优先选择，而支付宝等第三方支付平台以及网络银行的普及为人们带来了更多便捷。

三、竞争加剧

市场竞争是市场经济的基本特征之一，它是指同类经济行为主体出于自身利益的考虑，为增强自己的经济实力，排斥同类经济行为主体而采取的符合市场规律的各种活动。正确的市场竞争战略，是企业成功实现营销目标的关键。**市场竞争战略**是指企业基于自身在市场上的地位，为了生存和发展，在竞争中保持或提高市场地位和竞争实力而采取的具体行动方式。根据企业在市场上的竞争地位，企业可分为四种类型：市场主导者、市场挑战者、市场跟随者和市场补缺者。

市场主导者是指相关产品的市场份额最高的企业，在价格变动、新产品开发、分销渠道的宽度和促销力量等方面处于主宰地位，为同业者所公认。它是市场竞争的先导者，也是其他企业挑战、效仿或回避的对象。这种主导者几乎各行各业都有，它们的地位是在竞争中自然形成的，但不是固定不变的。市场主导者所具备的优势包括：消费者对品牌的忠诚度高，营销渠道的建立及其高效运行，以及营销经验的迅速积累等。市场主导者通常采取三种战略：一是扩大市场需求总量；二是保持市场份额；三是提高市场份额。

市场挑战者是指那些处于市场次要地位、为了扩大市场份额而对市场主导者积极发动进攻的企业。处于市场次要地位的企业，要根据自身实力和环境提供的机会与风险决定自己的竞争战略是挑战还是跟随。

市场跟随者与挑战者不同，它不是向市场主导者发动进攻并谋求取而代之，而是跟随在主导者之后自觉地维持共处局面，力求保持自己的市场份额和盈利水平，实现可持续的稳健发展。这种自觉共处状态在资本密集且产品同质的行业中是普遍现象。在这些行业中，产品差异性很小，而价格敏感度甚高，随时都有可能发生价格竞争，结果导致两败俱伤。因此，这些行业中的企业通常彼此自觉地不互相争夺客户，不以短期的市场份额为目标，即效法主导者为市场提供类似的产品，因而市场份额相当稳定。

市场补缺者是指精心服务于市场的某些细小部分，而不与主要的企业竞争，只是通过专业化经营来占据有利市场位置的企业。这种市场位置（又称补缺基点）不仅对于小企业有意义，而且对某些大企业中的小部门也有意义，它们也常设法寻找一个或几个这种既安全又有利的补缺基点。

四、经济全球化

早在19世纪，马克思、恩格斯在《德意志意识形态》《共产党宣言》《1857—1858年经济学手稿》《资本论》等著作中就详细论述了世界贸易、世界市场、世界历史等问题。《共产党宣言》指出："资产阶级，由于开拓了世界市场，使一切国家的生产和消费都成为世界性的了。"[①]马克思、恩格斯的这些洞见和论述，深刻揭示了经济全球化的本质、逻辑、过程，奠定了我们今天认识经济全球化的理论基础。经济全球化是社会生产力发展的客观要求和科技进步的必然结果。两次世界大战，三次工业革命，迅速将世界市场联结在一起，促进了贸易大繁荣、人员大流动、技术大发展，经济全球化成为不可逆转的时代潮流。经济全球化有利于促进国际分工和全球市场向纵深发展，符合经济发展规律。经济全球化呈现出一些新的趋势和特征：

1. 安全意识提升。资本的全球逐利性受到抑制，企业不得不从"更低的利润、更多的稳定"来考虑未来布局。全球产业链、供应链加快调整，全球链条缩短，本地化、区域化和多元化态势增强。"经济主权"回归，各国加大对本国产业体系和发展规划的检视和规划，事关国计民生以及战略性、新兴、高科技产业都在加快"回家"进程，以弥补"短板"。

2. 区域化进程加快。各国政府以及跨国企业加大对"产品内分工"的反思和全球经济结构的调整，国际分工体系也将出现大调整、大变革。借助区域内交通设施、人流、物流的畅通便捷，以及产业优势互补、易于管控等优势，区域一体化进程将加快，一国的"微循环经济"和区域"小循环经济"有望成为经济全球化新的动力。

3. 数字化助力全球化。"在线""远程""云端""非接触"成为热门词汇，大数据、人工智能、5G、区块链、量子技术等数字产业迎来发展机遇期。在线营销、跨境电商迎来爆发式增长，远程办公和区块链技术为经济全球化提供了新的技术支撑和商业平台，经济全球化在云端前更加活跃。新一轮科技革命和产业变革的开放、共享等特征，将进一步推动经济全球化向纵深发展。

---

① 马克思，恩格斯．共产党宣言．北京：人民出版社，2018：31.

4. 治理体系愈加重要。新冠肺炎疫情、自然灾害及突发事件等既考验一国的经济基础、国民素质，也考验国家的治理体系和执政者的治理能力，更考验民众与政府、执政者的互信关系。各国在自救与救人、自利与大义之间的选择应对，对国家间关系、国际力量对比产生直接影响，也会影响经济全球化发展路径。

在各国相互依存日益紧密的今天，全球供应链、产业链、价值链紧密联系，各国都是全球合作链条中的一环，日益形成利益共同体、命运共同体。营销管理者应以全球化视野看待企业所在的行业、竞争者和营销机会（如图 1－7 所示）。全球化使得世界越变越小，几乎所有企业都或多或少地参与国际营销和全球竞争。跨国企业的足迹遍及世界每一个角落，发展中国家的中小企业除了面对来自海外竞争，也获得了在家门口得到国际订单的机会。有多大的视野，就有多大的胸怀。习近平指出，“企业家要立足中国，放眼世界，提高把握国际市场动向和需求特点的能力，提高把握国际规则能力，提高国际市场开拓能力，提高防范国际市场风险能力，带动企业在更高水平的对外开放中实现更好发展，促进国内国际双循环。”①

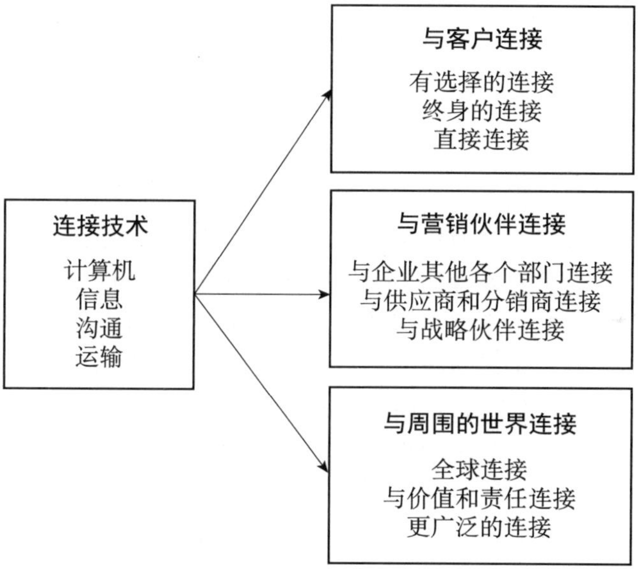

图 1－7　全球互连的营销

五、企业社会责任

（一）企业社会责任与“五位一体”总体布局

企业社会责任是指企业追求有利于社会长远目标和增进人类福祉的一种义务。社会责任超越了只是符合基本的经济和法律要求的限度，加入道德、伦理、社会的责任诉求，推动人们从事那些使人类社会更美好的事情。具有社会责任感的企业总是会主动致力于让社会更美好，让世界更美好，提升人类福祉，而不限于符合法律要求和经济利益。企业既有

① 习近平：在企业家座谈会上的讲话．（2020－07－21）．人民网．

经济责任、法律责任，也有社会责任、道德责任。任何企业存在于社会之中，都是社会的企业。社会是企业家施展才华的舞台。只有真诚回报社会、切实履行社会责任的企业家，才能真正得到社会认可，才是符合时代要求的企业家。中国企业应将社会责任融入"五位一体"总体布局，以促进高质量发展体现社会责任的经济贡献；以积极参与中国特色社会主义建设体现社会责任的政治贡献；以彰显社会主义核心价值观体现社会责任的文化贡献；以构建诚信守法、协同治理、稳定经营的亲清政商关系体现社会责任的社会贡献；以坚持社会主义生态文明观，打好污染防治攻坚战，构建和谐发展新格局体现社会责任的生态文明贡献。

（二）企业社会责任的主要推动因素

管理者承担企业社会责任的主要推动因素有：（1）消费者、公共权力机构和投资者的关注和预期。（2）日益影响个人和机构投资决策的社会准则。（3）经济和商业行为对环境的破坏日益受到关注。（4）由网站、社交媒体、手机 App、在线视频、智能手机、平板电脑、互联网电视等现代信息传播技术带来的商业活动的日益透明化。

随着全球消费者保护运动和环保运动的成熟，营销者需要为社会和环境负起更大的责任。因此，越来越多的企业开始关注提升消费者福祉。

（三）消费者福祉

消费者福祉是与消费品相关的处于消费生命周期不同阶段中主观幸福和客观幸福的一种理想状态，它连接着消费者对消费品的满意度和消费者的生活质量。消费生命周期是指消费者从购买产品到产品废弃处置的整个过程，包括产品获得（购买）、准备（安装）、消费（使用）、所有权（占有）、维修（修理）、处置（产品卖出、折价或报废）。主观幸福感与客观幸福感也是不同的，主观幸福感是指消费者对自身体验的生活质量所做的情感性和认知性的整体评价；客观幸福感是指由专家对消费生命周期中消费者成本与获利的一种评价，包括消费者感知成就水平与预期抱负目标的比较、安全感、生存条件、生活质量、社会生活保障等综合评价。[①]

企业不仅要给消费者带来满意，而且要致力于提升消费者福祉，就是要致力于改善消费者整个消费过程的各个环节，真正为提高消费者的生活质量、增进人类福祉做出贡献。同时，在营销过程中，还要保护利益相关者的利益，这在一定程度上为企业塑造了一个好的内外部环境，不仅有利于企业的长期发展，也能为企业带来长期利润。早在日本工业化初期，著名企业家涩泽荣一就曾谈到算盘和儒学的关系。他认为，一个好的商人应该一手拿算盘，一手拿《论语》，即要在商业利益和道德原则之间、在私利和公益之间取得平衡。事实上，消费者愿意为那些回馈社会的企业所提供的产品或服务支付更高的价格。当企业表现得有商业伦理时，消费者会认为该企业的产品更可靠。商业伦理是指一种文化中的大多数人判断好坏、对错的标准，也是引导市场行为的准则。其中，通用的标准包括诚实、可信赖、公平、尊重、正义感、正直、关心他人、责任感和忠诚等。

---

① Sirgy M J，Lee D J，and Rahtz D. Research on Consumer Well-Being（CWB）：Overview of the Field and Introduction to the Special Issue. Journal of Macromarketing. 2007（27）：341－349.

第3节　营销新实践

营销是以满足人民日益增长的美好生活需要为根本目的的交换活动。随着营销新行为、新机会和新挑战的相继出现，营销实践已经发生了巨大变化。富有成效的营销实践，有助于优化供给结构，改善供给质量，提升供给体系对国内需求的适配性，形成需求牵引供给、供给创造需求的更高水平动态平衡。

一、营销增进人类福祉

营销对社会福祉、人类生活质量、人民美好生活等方面的贡献，可从营销主体、营销供给物、营销客体、营销获益者来考察。

（一）营销主体

营销主体是指为客户提供产品或服务的个人或组织，是营销活动的担当者。产品的制造商、批发商、电商平台、零售商、服务商、非营利机构、政府招商宣传部门等，几乎每个人或组织都在从事营销活动，甚至一些地方（城市、国家）以及个人也在通过营销手段来获取关注与支持。这些个人或组织构成了营销主体。

（二）营销供给物

消费者的需要和欲望借助营销供给物得以满足。营销供给物是提供给某个市场来满足某种需要和欲望的产品、服务、体验、人物、地点、财产、组织、信息和观念的组合。产品是指有形的物体，例如手机、电脑等。服务是无形的东西，例如售后维修、理财建议等。创意是指关于某个行为或者事情的想法。总之，营销供给物并不限于实体产品，还包括服务、活动、利益、人物、地点、组织和观念（主意、思想）等。

（三）营销客体

营销客体是指在市场上购买产品与服务的个人与组织，是营销活动的服务对象。最终消费者指那些因个人或者家庭使用而购买产品和服务的人。组织购买者是指那些为了自用或者转售而购买产品和服务的制造商、批发商、零售商和政府机构、非营利机构等组织。

（四）营销获益者

在营销活动中，有三个特定的群体将从有效的营销活动中受益：进行购买的消费者、从事销售的组织和整个社会。有效的营销强化了竞争，进而提高了产品和服务的质量，降低了它们的价格，进一步增强了国家在全球市场上的竞争力，同时也提高了人们的生活水平。

二、营销提升社会价值

营销的社会价值和贡献还体现在为消费者创造经济效用，解决了生产者和消费者之间的各种矛盾和分离，有力地推动了数字化转型和管理创新。

（一）营销为消费者创造效用

营销能够创造新的价值和效用，具体来说，营销活动能在适当的空间（空间效用）、时间（时间效用）为客户提供恰当的产品或服务（形式效用），以便消费者最终能使用或者消费（占有效用）。因此营销通过适时地提供产品与服务，为消费者带来空间效用、时间效用和占有效用，让生活更美好。

新启迪1–3

手段–目的链模型

手段–目的链模型（means-end chain model）认为，价值观决定消费者对产品属性重要性的判断，从而影响消费者对产品的评价和购买。具体的产品属性可以逐渐抽象并最终与终极价值观相联系。每个人都有自己看重的终极状态，而且会在备选手段中作出选择，以达成自己的目标，因而产品被视为达成某种目的的手段。借助阶梯技术，可揭示消费者在具体属性与一般结果之间建立的联系，消费者在诱导下，逐级爬上抽象化的“阶梯”，这一“阶梯”连接的正是功能性的产品属性与消费者渴望的目的状态。根据消费者的反应，可建立显示特定产品属性如何与目的状态发生联系的等级价值图。

（二）营销解决各种矛盾

借助大数据、云计算、物联网、人工智能等现代科技，营销可以消除生产者与消费者在如下方面的分离或矛盾：（1）供需总量；（2）供需结构；（3）时间；（4）空间；（5）所有权；（6）产品或服务的价值；（7）信息。

在变革新时代，为了应对各种新挑战，营销职能需要不断强化。营销职能是指营销机构及其人员所应担负的功能、职责，应发挥的作用以及应作出的贡献，主要有三项，即交换、物流和便利。其中，便利职能是指为了便于交换和物流而开展的资金融通、风险承担、信息传播、产品标准化和分级等活动。

（三）营销推动数字化创新

现代科技与营销的有机结合将会在方方面面改变人类的生存环境。数字化时代为客户关系的建立、维持和加强提供了诸多工具和手段，网站、在线广告、手机 App、视频网站等为数字营销、大数据营销、程序化广告、精准营销、人工智能营销、客户浸入营销、消费者生成内容营销以及伙伴关系管理创造了有利的环境和条件，有力地推动了营销创新。

数字营销是指企业借助网站、社交媒体、在线视频及其数字平台，与消费者直接接触以获得即时响应，建立持久的客户关系，让消费者通过电脑、智能手机、互联网电视及其他数字设备随时随地交流互动，借以将适当的产品或服务以适当的价格送达消费者的过程。大数据营销是指在大数据分析的基础上，描述、预测、分析、引导消费者行为，帮助企业制定有针对性的营销战略战术的过程。程序化广告是一种使用 AI 根据定位算法购买媒体资源，自动实现精准的目标受众定位，将广告投放给适当的人的过程。精准营销是指借助现代信息技术建立个性化的客户沟通服务体系，制定注重结果和行动的营销传播计划，以确保营销活动更准确、可测量和高回报的管理过程。人工智能营销是指利用客户数据、社交倾听、情绪分析、机器学习等人工智能方法来预测客户未来行动并持续提升客户满意度和忠诚度的管理过程。客户浸入营销是指通过在形成品牌对话、品牌体验和品牌社区时培育直接、持续的客户卷入，使品牌成为客户沟通和日常生活的一部分。**客户生成内容营销**是指由客户通过视频、评论、网页等创造品牌交流的情境，并在形成品牌体验中发挥作用，推动营销走向成功的过程。伙伴关系管理是指营销者与企业内部的其他部门密切合作，结成伙伴关系共同应对挑战，共享市场机会，共同为客户创造价值。

三、营销创造美好生活

美好生活并不是一个静态的概念，而是处于动态的延伸状态，其核心范畴必然呈现出整体性的多维面向，基于多维需要的美好生活内蕴的关键词无疑就是“多样”。习近平指出：“我们的人民热爱生活，期盼有更好的教育、更稳定的工作、更满意的收入、更可靠的社会保障、更高水平的医疗卫生服务、更舒适的居住条件、更优美的环境，期盼孩子们能成长得更好、工作得更好、生活得更好。”[①] 习总书记的这一论断，深刻体现出我们党对人民美好生活追求的准确判断和科学认知。

以习近平同志为核心的党中央坚持以人民为中心的发展思想，把人民对美好生活的向往作为奋斗目标，把增进民生福祉作为发展的根本目的，全面推进幼有所育、学有所教、劳有所得、病有所医、老有所养、住有所居、弱有所扶，人民群众的获得感、幸福感、安全感不断增强。

在新的时代背景下，三大主要市场力量（科技发展、全球化和企业社会责任）、两大主要市场结果（消费者新能力和企业新能力）和全方位营销的四个基本支柱（关系营销、整合营销、内部营销和绩效营销），构成了当今营销的新现实（如图 1－8 所示）。值得注意的是，服务营销、事件营销、人物营销、地点营销、财产营销、组织营销、体验营销、信息营销、观念营销等新的营销实践，也为满足人民日益增长的美好生活需要贡献着正能量。

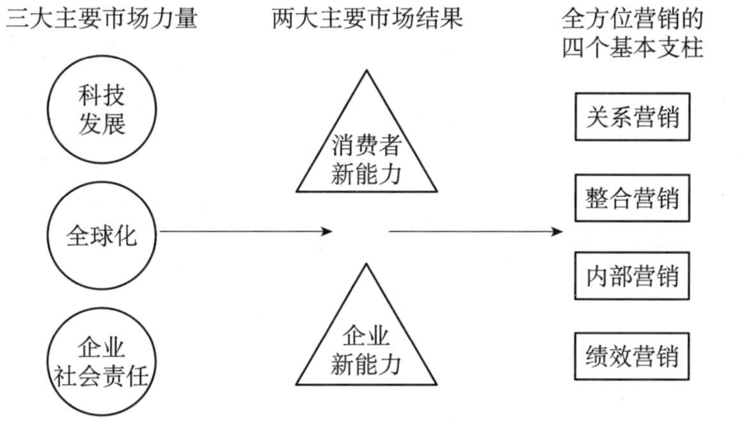

图 1－8　营销新现实

① 习近平．人民对美好生活的向往，就是我们的奋斗目标（2012年11月15日）//中共中央文献研究室．十八大以来重要文献选编（上）．北京：中央文献出版社，2014：70.

（一）服务营销

服务的本意是指履行职务，为他人做事，不以实物形式而是以提供劳动的形式满足他人需要，并使他人从中受益的一种有偿或无偿的活动。从营销学的角度看，服务是指不可感知却可被区分界定用于满足人类美好生活需要的活动。这种活动的生产与出售同其他产品既可相互独立，亦可联系在一起。在需要借助有形产品协助生产服务时，不会涉及有形产品的所有权转移问题。服务是在服务提供者与服务接受者（服务对象）互动的过程中完成的，服务提供者的目的是让服务对象获得利益和价值。同时，服务也是一种企业实行差异化战略的重要手段，通过服务差异化，企业可以创建自己长期的竞争优势。服务营销是以服务来满足人民日益增长的美好生活需要的企业营销活动过程。

（二）事件营销

事件营销是指企业通过策划、组织和利用具有新闻价值、社会影响以及名人效应的人物或事件，吸引媒体、社会团体和消费者的兴趣与关注，以求提高企业或产品的知名度、美誉度，树立良好品牌形象，并最终促成产品或服务销售目的的手段和方式。简单地说，事件营销就是通过把握新闻规律，制造具有新闻价值的事件，并通过具体周密的操作，让新闻事件得以传播，从而达到广告的效果。事件营销是近年来国内外十分流行的一种公关传播与市场推广手段，集新闻效应、广告效应、公共关系、形象传播、客户关系于一体，并为新产品推介、品牌展示创造机会，建立品牌识别和品牌定位，形成一种快速提升品牌知名度与美誉度的营销手段。

（三）人物营销

人物营销是指营销者为建立目标市场对一个人有利的反应、印象、认同、回报等所开展的一系列营销活动。除了政治人物可利用营销来争取选民的支持之外，演艺人员、运动员、医生、律师等，也可运用人物营销来建立美好信誉，塑造良好形象，提升社会认可度、知名度，增进市场价值认知和个人收入。

（四）地点营销

地点营销是指企业或组织为了建立、维持或改变对具体某个地点的观感、认知或行为而开展的营销活动，包括建立明晰的、具有吸引力的定位与形象，向既有的潜在客户提供激励机制，然后通过适宜的渠道向目标客户分销、传导、递送该地点能提供的价值与优势，并辅以高效率的宣传推广行动。地点营销是任何一个国家、城市、城镇甚至景区吸引投资、发展旅游以及打造地方品牌的重要手段。

（五）财产营销

财产包括有形资产（如房地产）、无形资产（如股票、债券、理财产品等金融资产）。财产的交换也需要营销，房地产中介为满足买卖双方需要就住宅或商业地产开展营销活动。投资公司和银行发行的债券、基金、理财产品等也需要用营销技术和方法吸引潜在客户。财产营销是指为财产进行策划、定价、分销、促销的一系列活动。

（六）组织营销

组织营销是指营销者为建立、维护或改变目标市场对整个组织的态度而开展的研发设计组织形象、宗旨和发展方向，确定收费或价格标准，分销递送组织服务，推广组织形象，开展公关宣传，赢得更多认同和支持等一系列营销活动。

（七）体验营销

体验营销是指企业创造逼真的环境，使消费者置身其中，从感官、情感、思想、行动和关联方面来激发消费者的需求、刺激消费者的购买欲望的营销过程。在数字经济时代，借助 AR/VR 等现代科技，为消费者提供身临其境的卓越体验已成为现代营销的重要趋势。体验营销包括产品体验、服务体验、消费体验、品牌体验等多种形式。

（八）信息营销

信息营销是指企业开发信息产品、制定销售价格、分销促销信息的营销活动过程。汤森路透公司说：我们将创新科技与行业知识有机结合，为金融、法律、税务审计、医疗保健和媒体的决策者提供关键信息，得到全球上最受信赖的新闻机构的支持。

（九）观念营销

观念营销是指将产品或服务作为传递理念和利益的平台，将某种观念、主张、计策、建议等营销给目标受众或客户的过程。露华浓高管说，在工厂我们生产化妆品，在商店我们营销希望。例如，2020 年新冠肺炎疫情期间，各级政府部门向人民群众宣传推广“戴口罩、勤洗手、少出门、少聚集、多通风”等防疫理念，就是一种卓有成效的观念营销。

本章小结

立足新发展阶段，构建新发展格局，营销将面临新的变革、新的挑战，更需要探索新的实践。面对百年未有之大变局，企业比以往任何时候更需要研究市场，加强营销，变革营销。形成强大国内市场，需要营销做出贡献。营销是指为社会创造、传递更高生活标准，不断增进人类社会福祉的过程。营销让生活更美好，让世界更美好。科技发展、渠道改变、竞争加剧、经济全球化和企业社会责任给营销带来了新的挑战，营销在推动社会进步、创造新的价值、解决生产者与消费者之间的各种矛盾等方面任重道远。服务营销、事件营销、人物营销、地点营销、财产营销、组织营销、体验营销、信息营销和观念营销等新的营销实践，不断为满足人民日益增长的美好生活需要贡献着正能量。

即测即评

扫描二维码可在线自测并查看答案。

基本概念

市场	强大国内市场	营销	营销管理
关系营销	营销网络	变革营销	市场竞争战略
消费者福祉	营销主体	营销客体	数字营销
客户生成内容营销			

思考题

1. 如何理解市场和营销之间的关系？强大国内市场具有哪些主要特征？
2. 关系营销和交易营销有哪些主要区别？
3. 企业营销面临哪些新挑战？
4. 营销在人民日益增长的美好生活需要方面有哪些贡献？

本章案例

航空公司的营销创新

2020 年，面对疫情带来的压力，为了让消费者重拾出行信心，满足消费者潜在出行需求，各航空公司开展了一系列的营销创新。

东方航空坚持“以人民为中心”的发展思想，贯彻新发展理念，强化科技赋能，把握客户需求，强化客户体验，通过信息化建设，与客户共创价值。在 2020 年“6·18”电商购物节期间，推出半年卡 3 322 元 / 人、不限次数的周末“随心飞”活动，即乘坐东航和上航航班，可以畅飞国内除港澳台地区外的各大城市。该营销活动一经推出，10 万套票在 4 小时内一抢而空，App 购买页面一度崩溃。有了东方航空成功的营销样本，华夏航空紧随其后，于 6 月 21 日推出 2 999 元 / 人 3 个月的“任意飞”活动，乘坐时间至 10 月 24 日（9 月 28 日至 10 月 10 日除外）。从海口、丽江、长沙、扬州，到重庆、珠海、贵阳、福州等，涉及全国百余条航线。2020 年第三届进博会期间，东航集团还创新运用 VR 全景展示技术，打造航空服务全流程的“东航 @ 进博 VR 展厅”，通过云展厅 360° 全方位沉浸式的体验方式，带着海内外观众“走”进东航进博号机舱、打卡东航全球首个陆侧贵宾室——虹桥 V21S 贵宾室，近距离地感受进博、了解进博。

山东航空继 2020 年 5 月 23 日抖音平台首秀，开启线上直播探索后，于“6·18”前夕首次尝试“直播带货”，9 块 9 抵 100 元经济舱机票券、199 元机票通兑券、航空文创全场 2.5 折起等，在线发售机票兑换券、抵价券。“成都飞石家庄 159 元，成都飞宁波 199 元，成都飞上海只要 320 元”。4 月 25 日 19 时，春秋航空董事长王煜开启直播首秀，向广大网友介绍春秋航空即将开通的夏秋航季新航线，1 个半小时直播，累计 838.7 万人观看，最高同时在线人数达 66.66 万人。直播中，王煜更是送出新航线免费机票、酒店免房券、春秋航空周边礼品等精美礼品，让网友们惊喜连连。

与此同时，包括厦门航空、深圳航空、首都航空、西藏航空、九元航空等多家航空公司，在飞猪 App 上推出“6·18”超级爆款优惠政策，从 0.1 元兑换 20 元通地用券，120

元、140 元及 1 折不同价格的“白菜价”机票以招徕客户。

航空公司地服人员注重提升候机环境质量，为旅客提供周到细致的服务。依靠 5G 技术结合 AR 眼镜应用，能够智能识别、静音寻客，告别了传统休息室以广播催促旅客登机的模式，为旅客营造了舒适安静的候机环境。各公司在智能营销、智慧出行、智能运行、安全管理、数据治理等方面，不断加快数字化转型进程，以数据为关键，用算法驱动企业运营，对外提升客户体验，对内赋能业务高效运营，取得了优异的营销绩效。

思考题：请运用营销原理，分析预测各航空公司营销创新的成功关键要素以及未来需要进一步完善的营销手段和管理措施。

实训练习

1. 实训资料：搜集不同行业、不同类型的中国企业营销案例。

2. 任务：根据本章对营销概念、理论的阐述，结合中国营销实践，分小组讨论分析著名的企业营销案例。

3. 要求：

（1）加深对营销相关概念的理解。

（2）分析中国企业营销实践中遇到的问题、采取的创新方法以及取得的成就。

第2章 营销新思维

引　例

苹果因随机附赠充电器会造成资源浪费、不利于环保而取消 iPhone12 全系的充电器配件，但在价格上并未给购买者以相应优惠。2020 年 12 月 28 日，小米 11 新品发布会上雷军给出完全不同于苹果的做法，将“环保营销”做到了人人称赞。同样是取消充电器配件，小米将选择权交给用户，提供包含价值 99 元的 55W 小米 GaN 充电器套装版，价格与不含充电器和数据线的标准版一致。用户需要充电器就选择套装版，支持环保就选择标准版。消费者认为，小米环保才是真正的环保，是赢得社会认同的环保，而不是苹果式环保。实际上，支持小米 11“环保营销”的根基来自小米的核心竞争力——全球最强大的供应链整合能力。小米 11 标准版售价 3 999 元，与上一代产品持平，但是处理器升级为高通骁龙 888 这款当前全球最强性能的安卓处理器，使用全球最昂贵的康宁大猩猩玻璃屏幕，支持 2K 分辨率和 120Hz 高刷新率。

营销启示

“绿水青山就是金山银山”理念已经成为全社会的共识和行动，成为新发展理念的重要组成部分。小米面对新冠肺炎疫情带来的不利影响，准确识变、科学应变、主动求变，不断强化战略思维、辩证思维、创新思维能力，主动取消充电器配件并且将选择权交给用户。这种践行营销新理念的举措，收到了比苹果公司更好的社会反映和市场效果。这个案例说明，思维水平决定工作水平。变革时代的营销管理者必须创新发展理念，改变工作思路，让思路决定出路，让办法成就想法。

知识思维导图

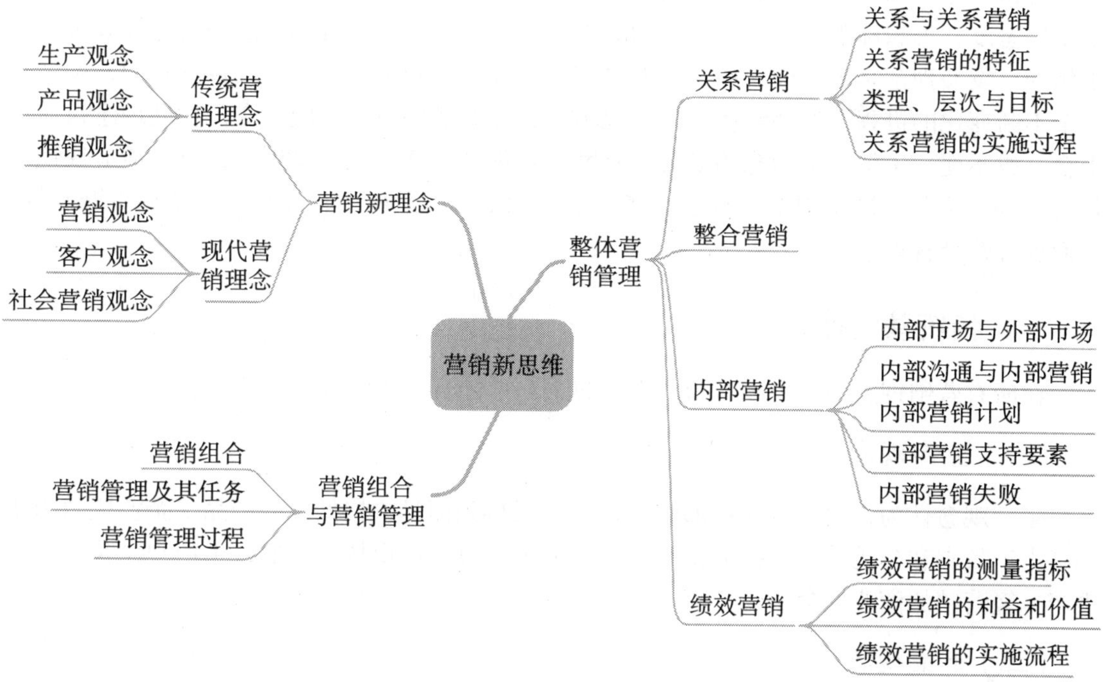

本章要点

- 传统营销理念与现代营销理念的主要差异。
- 营销组合的概念及其与市场定位战略的关系。
- 不同需求情况下营销管理的任务。
- 整体营销管理的主要内容。

思维是人脑借助于语言对事物的概括和间接的反应过程。变革时代的营销，尤其需要营销人员增强创新意识、培养创新思维，展示锐意创新的勇气、敢为人先的锐气、蓬勃向上的朝气。在营销实践中，善于运用创新思维、辩证思维，善于运用矛盾分析方法抓住营销成功的关键、找准营销工作的重点，制定切实有效的营销组合，提高整体营销管理水平。

第1节 营销新理念

营销理念是指企业在开展营销活动的过程中，在处理企业、客户和社会三者利益方面所持的态度、思想和观念。理念是行动的先导，一定的发展实践都是由一定的发展理念来引领的。发展理念是否正确，从根本上决定着发展成效乃至成败。实践告诉我们，发展是一个不断变化的进程，发展环境不会一成不变，发展条件不会一成不变，发展理念自然也不会一成不变。了解营销理念的演变，有助于管理者不断实施理念创新，自觉适应快速变化的市场新形势，准确识变、科学应变、主动求变，在危机中育先机、于变局中开新局，全面提升营销管理水平。

一、传统营销理念

在所有营销理念中，生产观念、产品观念和推销观念通常称为传统理念。

（一）生产观念

生产观念认为，消费者喜欢那些可以随处买得到而且价格低廉的产品，企业应致力于提高生产效率和分销效率，扩大生产，降低成本，以扩展市场。显然，生产观念是一种重生产、轻营销的商业理念。

（二）产品观念

产品观念认为，消费者最喜欢高质量、多功能和具有某种特色的产品，企业应致力于生产高附加值产品，并不断加以改进。正如习近平指出的，质量体现着人类的劳动创造和智慧结晶，体现着人们对美好生活的向往。中华民族历来重视质量。千百年前，精美的丝绸、精制的瓷器等中国优质产品就走向世界，促进了文明交流互鉴。今天，中国高度重视质量建设，不断提高产品和服务质量，努力为世界提供更加优良的中国产品、中国服务。① 最容易滋生产品观念的莫过于当企业发明一项新产品时，此时企业最容易产生“营销近视”，即把注意力不恰当地放在产品上，而不是放在市场需求上，在营销管理中缺乏远见，只看到自己的产品质量好，看不到市场需求在变化，致使企业经营陷入困境。

（三）推销观念

推销观念（或称销售观念）认为，消费者通常表现出一种购买惰性或抗衡心理，如果顺其自然，消费者一般不会主动购买某一企业的产品，尤其是那些非渴求品，因此，企业必须积极推销和大力促销，以刺激消费者大量购买本企业产品。**非渴求品**是指购买者一般不会想到要去购买的产品或服务。企业在产品过剩时，常常奉行推销观念。

---

① 习近平向第二届中国质量（上海）大会致贺信.（2017－09－15）. 新华网.

二、现代营销理念

（一）营销观念

营销观念是一种新型的现代企业营销理念。理念引领行动，方向决定出路。营销观念为提升营销管理绩效提供了方向性的引领和根本性的准则，认为实现企业目标的关键在于正确确定目标市场的需要和欲望，并且比竞争者更有效地传送目标市场所期望的产品或服务，进而比竞争者更有效地满足目标市场的需要和欲望，让人类生活更美好，让世界更美好。[①]推销观念以卖方需要为出发点，考虑如何把产品变成现金；而营销观念则考虑如何通过制造、传送产品以及与最终消费产品有关的所有事物来满足客户的需要。从本质上说，营销观念是一种以客户需要和欲望为导向的企业营销理念。

（二）客户观念

随着现代营销战略由产品导向转变为客户导向，客户需求及其满意度逐渐成为营销战略成功的关键。事实上，不同子市场的客户存在不同的需求，甚至同属一个子市场的客户的个别需求也会经常变化。为了适应不断变化的市场需求，企业的营销战略必须及时调整。在此背景下，越来越多的企业开始由奉行营销观念转变为奉行客户观念。

1. 客户观念与客户资产。**客户观念**是指企业注重收集每一位客户以往的交易信息、人口统计信息、心理活动信息、媒体习惯信息以及分销偏好信息等，根据由此确认的不同客户终身价值，分别为每一位客户提供不同的产品或服务，传播不同的信息；通过提高客户忠诚度，增加每一位客户的购买量，从而确保企业的利润增长。营销观念与之不同，它强调的是满足每一个细分市场的需求，而客户观念则强调满足每一位客户的特殊需求。客户观念与营销观念、推销观念的联系与区别如图 2－1 所示。

	起点	焦点	手段	目标
推销观念	工厂	产品	推销和促销	通过增加销售量，实现利润增长
营销观念	目标市场	客户需求	整合营销	通过客户满意，实现利润增长
客户观念	单个客户	客户需求和客户价值	一对一营销和价值链	通过提升客户份额、客户忠诚度和客户终身价值，实现利润增长

图 2－1　推销观念、营销观念与客户观念的联系与区别

坚持客户观念、重视客户关系管理可为企业带来高额的客户资产。客户资产是比销售额和市场份额更精准的绩效测量指标。销售额和市场份额反映的是过去，而客户资产反映的是未来。这里的市场份额亦称“市场占有率”，是指企业某一产品（或品类）的销售量（或销售额）在市场同类产品（或品类）中所占比重，反映企业在市场上的地位。一般情况下，市场份额越高，企业竞争力越强。

---

① Kotler P，Armstrong G. Principles of Marketing. 18th ed. Harlow：Pearson Education Limited，2021：32.

2. 客户观念的适用性。需要注意的是，客户观念并不适用于所有企业。一对一营销需要以工厂定制化、运营电脑化、沟通网络化为前提，因此，贯彻客户观念要求企业在信息收集、数据库建设、电脑软件和硬件购置等方面大量投资，而这并不是每一个企业都能够做到的。有些企业即使舍得花钱，也难免会出现投资花费大于由此带来的收益的局面。客户观念最适用于善于收集单个客户信息的企业，这些企业所经营的产品能够借助客户数据库的运用实现交叉销售，其产品或者需要周期性地重购或升级，或者价值很高。客户观念往往会给这类企业带来更大的效益和收获（如图 2－2 所示）。

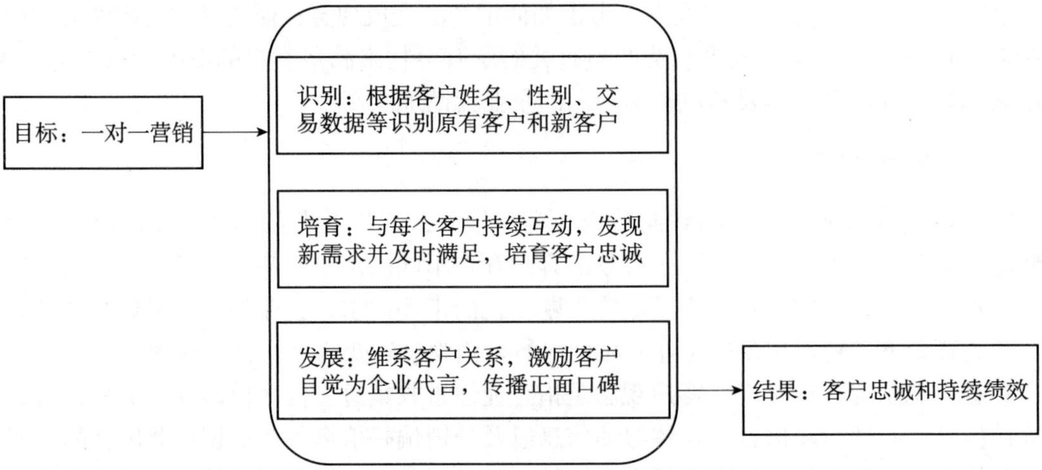

图 2－2　客户观念的导入效果

3. 交叉销售。交叉销售是指借助 CRM，发现现有客户的多种需求，并通过满足其需求而销售多种相关服务或产品的一种新兴营销方式。即充分利用一切可能的资源来开展营销，服务市场，赢得客户，甚至在很大范围内与合作伙伴共享市场。

4. 大规模定制与数字营销。随着互联网的发展，大规模定制的应用日趋广泛。大规模定制是指以大规模生产的价格向单个消费者销售定制的产品和服务。这一策略广泛应用于日益增多的产品和服务中。一般消费者都喜欢与数字产品相关的事物，而现代移动通信技术则为那些试图让客户互动交流的营销者提供了便利，由此引发数字营销的发展。数字营销是指企业借助网站、社交媒体、在线视频及其数字平台，与消费者直接接触以获得即时响应，建立持久的客户关系，让消费者通过电脑、智能手机、互联网电视及其他数字设备随时随地交流互动，借以将适当的产品或服务以适当的价格送达消费者的过程。

（三）社会营销观念

1. 社会营销与社会营销观念。杰拉尔德·扎特曼（Gerald Zaltman）和菲利普·科特勒（Philip kotler）最早提出了“社会营销”的概念，促使人们将营销原理运用于保护环境、改善营养、使用安全带等具有重大意义的社会目标。社会营销就是指为了增进社会福祉、提升社会利益、实现社会目标而开展的营销活动。

鉴于营销观念回避了消费者需要、消费者利益和社会福祉之间隐含冲突的现实，**社会营销观念**提出，企业的任务是确定各个目标市场的需要、欲望和利益，并以保护消费者或增进社会福祉的方式，比竞争者更有效、更有利地向目标市场提供能够满足其需要、欲望和利益的产品或服务。社会营销观念要求企业在制定营销策略时统筹兼顾三方面的利益，即企业利润、消费者需求的满足和社会利益，让人类生活更美好，让世界更美好（如图 2－3 所示）。[①] 为此，营销人员应为增进社会福祉作出不懈努力。

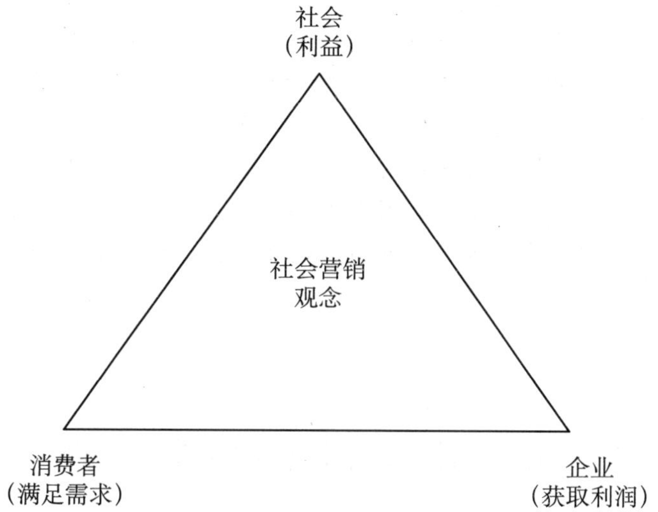

图 2－3　社会营销观念

2. 宏观营销。随着对保护消费者权益和保护生态环境等社会问题的关注，学术界日益重视营销的宏观效果，更加强调宏观营销问题。宏观营销与微观营销的差异在于：前者是指引导经济物品从生产者流转到消费者，有效地使供给与需求相适应，以促进社会目标实现的社会经济过程；后者是指一个企业或组织为实现目标而预测客户需要，并引导满足其需要的物品从生产者流转到客户的企业活动过程。宏观营销强调社会福利和人类生活质量，微观营销强调企业或组织福利。

3. 绿色营销。绿色营销是指以促进可持续发展为目标，为实现经济利益、消费者需求和环境利益的统一，企业根据科学性和规范性的原则，通过有目的、有计划地开发及同其他市场主体交换产品价值来满足市场需求的一种管理过程。

绿色营销的实质是强调企业营销要努力把经济效益与环境效益结合起来，尽量保持人与环境的和谐，不断改善人类的生存环境。诚如习近平指出："绿水青山既是自然财富、生态财富，又是社会财富、经济财富。保护生态环境就是保护自然价值和增值自然资本"，"环境就是民生，青山就是美丽，蓝天也是幸福。发展经济是为了民生，保护生态环境同样也是为了民生。既要创造更多的物质财富和精神财富以满足人民日益增长的美好生活需要，也要提供更多优质生态产品以满足人民日益增长的优美生态环境需要"。[②] 与传统营销相比，绿色营销强调营销组合中的"绿色"因素，例如注重绿色消费需求的调查与引导，开发和经营绿色产品等。

---

① Kotler P，Armstrong G. Principles of Marketing. 18th ed. Harlow：Pearson Education Limited，2021：32－33.

② 习近平. 推动我国生态文明建设迈上新台阶. 求是，2019（3）：11－12.

新启迪2-1

让快递箱“漂流”起来

如果你买了一两瓶洗衣液，或者几桶食用油，发现外面是花王纸尿裤的箱子，不要惊讶，这不是送错货了。

对于苏宁这样的综合电商而言，产品采购入库会带有外层纸箱，质量比较好的、可以重复利用的外层纸箱会被拆下叠好放在打包台供发快递时使用。商品送达之后，苏宁小哥会询问客户，纸箱是否可以回收。每回收一个纸箱，小哥可以得到2角至5角钱的奖励。苏宁物流还制定并实施了快递包装绿色化战略，绿色循环包装产品包括循环保温箱、供给袋、可循环使用的“漂流箱”共计投放两万多个。苏宁的“漂流箱”有五种不同大小的规格，箱体材质是大豆秸秆和玉米芯等，且完全不需要封箱胶带。一个箱子可以循环使用6次以上，回收后再使用时只需更换一次性锁芯就可以了。不仅环保，还省去了打包员的打包时间。

第2节　营销组合与营销管理

一、营销组合

“营销组合”这一术语最初由尼尔·博登（Neil Borden）提出。市场需求在某种程度上会受到“营销变量或因素”的影响，为了达到既定的营销目标，企业需要对这些要素进行有效的组合。**营销组合**是指企业为了实现营销目标、提高营销绩效而对可控制因素的灵活搭配、组合应用。

（一）营销组合的构成

麦卡锡（E. J. McCarthy）于1960年在《基础营销》一书中提出4P组合，将营销要素概括为4类：产品（product）、价格（price）、渠道（place）和促销（promotion）。由于这4个词的英文首字母都是P，所以称为4P组合。[①] 营销组合要受企业市场定位战略的制约，即根据市场定位战略设计、安排相应的营销组合。

（二）营销组合的新视角

1. 劳特朋4C学说。罗伯特·劳特朋（Robert Lauterborn）提出用新的4C组合取代4P组合。[②] 4C是指：（1）客户（customer）。客户需求是企业营销管理的核心。（2）成本（cost）。客户购买成本不仅指货币支出，还包括时间、体力和精力耗费以及风险承担（指消费者可能承担的因购买到质价不符或假冒伪劣产品而带来的损失）。（3）便利（convenience）。企业提供给消费者的便利比营销渠道更重要。便利原则应贯穿营销的全过

① Kotler P，Armstrong G. Principles of Marketing. 18th ed. Harlow：Pearson Education Limited，2021：70.

② Lauterborn R. New Marketing Litany：Four Ps Passé：C-Words Take Over. Advertising Age. 1990，61(41)：26.

程：在产品销售前，企业应及时向消费者提供充分的关于产品性能、质量、使用方法及使用效果的准确信息；客户来购买商品，企业应提供最大的购物方便，如自由挑选、方便停车、免费送货等；产品售出以后，企业更应重视信息反馈，及时答复、处理客户意见，对有问题的商品包退包换，对产品使用故障积极提供维修方便，对大件商品甚至要终身保修。（4）沟通（communication）。企业应重视与客户的双向沟通，以积极的方式适应客户的情感，建立基于共同利益的新型的企业与客户关系。双向沟通有利于协调矛盾，融洽感情，培养客户忠诚。

2. 科特勒4A和4C学说。科特勒在 *Principles of Marketing*（18th Edition）一书中提到将4P要素换作4A的观点，即可接受的产品（acceptability）、付得起的价格（affordability）、可到达的地点（accessibility）、可获悉的促销信息（awareness），旨在强调站在客户立场理解营销组合因素及其运用。①

科特勒还指出："在互联互通时代，营销组合更加需要用户的参与。4P元素的营销组合如今应该被重新定义为4C元素——共同创造（co-creation）、物有所值（currency）、相互激活（communal activation）、对话沟通（conversation）。"

3. 关系营销4R组合。唐·舒尔茨（Don Shultz）提出基于关系营销的4R组合，即关联（relevance）、反应（response）、关系（relationship）和回报（return）。需要强调的是，4R组合专门用于关系营销，不属于普通营销组合的延展，与原来的4P组合没有逻辑上的对应和延续关系。

（三）营销组合与市场定位战略

战略是指企业为了实现预定目标所做的全盘考虑和统筹安排。在特定目标市场中实施相同战略的彼此竞争的企业构成一个战略群体。战略联盟是指两个或两个以上的企业，为实现某一战略目标而建立起的合作性的利益共同体。建立战略联盟，旨在实现企业间的优势互补，增强企业的长期竞争优势，从企业的基本任务和方向中衍生出经营目标，进而赢得长远的相对优势。策略是指为实现目标的具体行动。如果说战略明确了企业努力的方向，策略则决定由何人、在何时、以何种方式、通过何种步骤将战略付诸实施。在营销实践中，营销组合要受到市场定位战略的制约。市场定位战略决定营销组合策略（如图2－4所示）。

二、营销管理及其任务

营销管理者必须准确把握新发展阶段，深入贯彻新发展理念，为加快构建新发展格局、加强需求侧管理做出贡献。构建新发展格局的关键在于经济循环的畅通无阻，构建新发展格局最本质的特征是实现高水平的自立自强，新发展格局为营销管理提供了用武之地。营销管理是指为了实现企业目标，创造、建立和保持与目标市场之间的互利交换关系，而对设计方案进行的分析、计划、执行和控制。营销管理的实质是需求管理。企业在开展营销的过程中，一般要设定一个在目标市场上预期要实现的交易水平，然而，实际需

---

① Kotler P，Armstrong G. Principles of Marketing. 18th Edition. Harlow：Pearson Education Limited，2021：73.

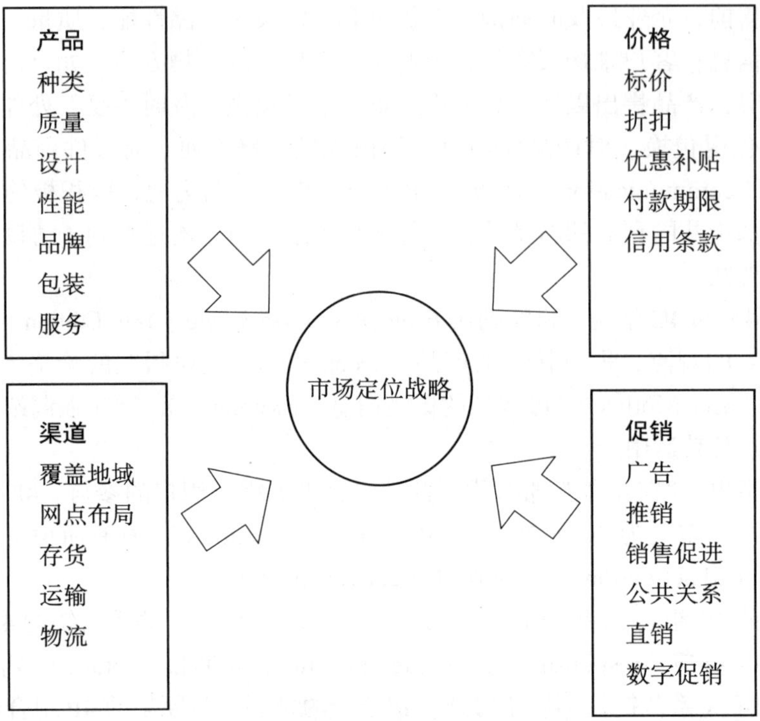

图 2－4　市场定位战略决定营销组合策略

求水平可能低于、等于或高于这个预期的需求水平。换言之，在目标市场上，可能没有需求、需求很小或需求超量。营销管理就是要积极、有效地应对这些不同的需求情况。

营销管理的任务，就是为促进企业目标的实现而调节需求的水平、时机和性质。在目标市场上，根据需求水平、时间和性质的不同，可归纳出八种不同的需求状况。在不同的需求状况下，营销管理的任务有所不同（如表 2－1 所示）。

表 2－1　不同需求状况下营销管理的任务

需求状况	营销管理的任务
负需求	转化营销
无需求	刺激营销
潜伏需求	开发营销
下降需求	重振营销
不规则需求	协调营销
充分需求	维持营销
过量需求	降低营销
有害需求	反营销

（一）负需求

负需求是指绝大多数人对某个产品感到厌恶，甚至愿意出钱回避它的一种需求状态。在负需求的情况下，营销管理的任务是转化营销，即分析市场为什么不喜欢这种产品，以及是否可以通过产品重新设计、降低价格和积极促销的营销方案，来改变消费观念和客户态度，将负需求转变为正需求。

（二）无需求

无需求是指目标市场对产品毫无兴趣或漠不关心的一种需求状态。通常，市场对下列产品无需求：人们一般认为无价值的废旧物资；人们一般认为有价值，但在特定市场环境下无价值的东西；新产品或消费者平常不熟悉的物品等。在无需求情况下，营销管理的任务是刺激营销，即通过宣传、沟通、大力促销及其他营销措施，努力将产品所能提供的利益与人的各层次相关需要和兴趣联系起来，刺激消费者采取购买行动。

（三）潜伏需求

潜伏需求与潜在需求不同。潜在需求是指消费者对某些产品和服务有消费需求而无购买力，或虽有购买力但并不急于购买的需求状态。而潜伏需求是指相当一部分消费者对某物有强烈的需求，而现有产品或服务又无法使之满足的一种需求状态。在潜伏需求的情况下，营销管理的任务是开发营销，即开展营销研究和潜在市场范围的测量，进而开发有效的产品和服务来满足这些需求，将潜伏需求变为现实需求。

（四）下降需求

下降需求是指由于消费行为变化、科技创新、竞争者营销创新等原因，市场对产品或服务的需求呈下降趋势的一种需求状态。在下降需求的情况下，营销管理的任务是重振营销，即分析需求衰退的原因，进而采取改进产品外观，增进服务特色以及开展更有效的沟通、传播等手段来重新刺激需求，使老产品开始新的生命周期，并通过创造性的再营销来扭转需求下降的趋势，进而谋求开拓新的目标市场。

（五）不规则需求

不规则需求是指某些产品或服务的市场需求在一年的不同季节，或一周的不同日子，甚至一天的不同时间上下波动很大的一种需求状态。在不规则需求的情况下，营销管理的任务是协调营销，即通过灵活定价、促销策略及其他刺激手段来调适或改变需求的时间模式，使产品或服务的市场供给与需求在时间上协调一致。

（六）充分需求

充分需求是指某种产品或服务的目前需求水平和时间等于预期的需求水平和时间的一种需求状态。这是企业最理想的一种需求状态。但是，在现实的动态市场上，消费者偏好不断变化，竞争也会日益激烈。因此，在充分需求的情况下，营销管理的任务是维持营销，即努力保持及改进产品质量，经常测量消费者满意程度，以保持并改进服务质量，通过降低成本来保持合理价格，同时大力促销，千方百计维持目前的需求水平。

（七）过量需求

过量需求是指某种产品或服务的市场需求超过了企业所能供给或所愿供给的水平的一种需求状态。在过量需求的情况下，营销管理的任务是降低营销，即通过提高价格、合理分销产品、减少服务和促销等措施，暂时或永久地降低市场需求水平，或者设法降低盈利较少的市场的需求水平。需要强调的是，降低市场需求并不是杜绝需求，而是降低需求水平。

（八）有害需求

有害需求是指市场对某些有害物品或服务的需求。对于有害需求，营销管理的任务是反营销，即劝说喜欢有害产品或服务的消费者放弃这种爱好和需求，大力宣传有害产品或服务的严重危害性，大幅度提高价格，以及停止生产供应等。降低市场需求与反市场需求的区别在于：前者是采取措施减少需求，后者是采取措施消灭需求。

三、营销管理过程

营销管理过程是指企业为实现其任务和目标而发现、分析、选择和利用市场机会的管理过程，包括制定营销战略和计划，获悉营销洞见，联系客户、创建强势品牌，创造价值、传递价值、传播价值，为了长期成功而负责任地开展营销等。更具体地说，营销管理过程包括如下步骤：分析市场机会、选择目标市场、设计营销组合和管理营销活动。

（一）分析市场机会

由于市场需求不断变化，任何产品都有其生命周期，因此任何企业都不能永远依靠现有产品而生存发展，每一个企业都必须经常寻找、发现新的市场机会。市场机会是指有利于企业发挥竞争优势进而获得更佳市场地位的环境发展趋势尚未得到满足的需求。营销人员可采取以下方法来寻找、发现市场机会：（1）收集市场信息。（2）分析产品 / 市场矩阵。（3）进行市场细分。（4）进行协同分析。协同分析是指通过寻找营销效率和研发–生产效率之间的最佳平衡来发现市场机会。这种寻找市场机会的方法不仅可以用于通过兼并和收购来获得外部协同，也同样适用于产品开发或寻找新市场的内部协同。

（二）选择目标市场

在发现和评价市场机会之后，还要进行营销调研、信息收集以及市场需求测量和预测等工作，据以决定企业应当生产经营哪些新产品，决定企业应当以哪个或哪些市场为目标市场。企业选择目标市场可以考虑下列策略（如图 2 – 5 所示）。

1. 市场集中化。企业只选择一个目标市场，只生产一类产品，供应单一的客户群。

2. 选择专业化。企业有选择地进入几个不同的子市场。每个子市场都具有良好的盈利潜力，且与企业的目标和资源条件相符合。

3. 产品专业化。产品专业化指企业同时向几个子市场销售一种产品。企业通过这种战

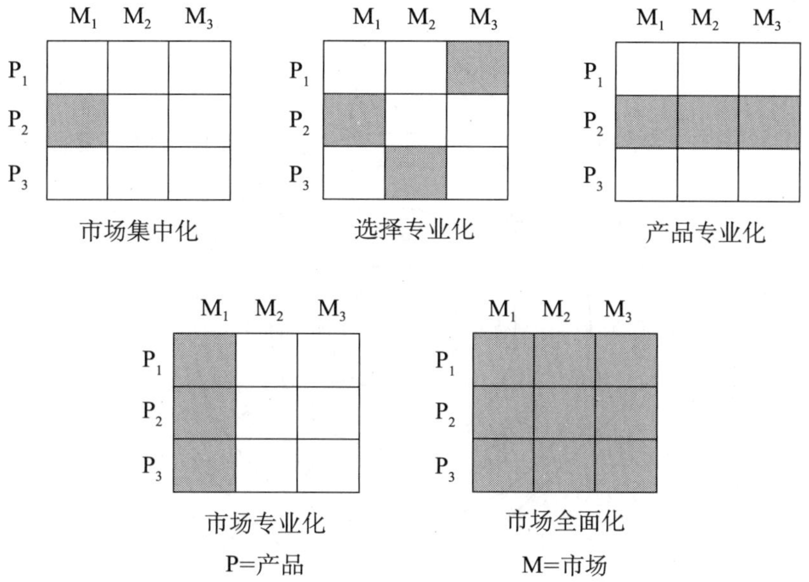

图 2－5　目标市场选择策略

略可在特定的产品领域树立良好的形象。

4. 市场专业化。市场专业化指企业集中力量满足某一特定客户群的各种需要。这种模式能更好地满足客户的需求，树立良好的信誉，还可以向这类客户群销售新产品。

5. 市场全面化。市场全面化指企业为所有客户群提供他们需要的所有产品。只有实力强大的大企业才能采取这种策略。

（三）设计营销组合

营销组合是企业营销战略的一个重要组成部分。营销战略包括两个不同而又互相关联的部分：一是目标市场，即一家企业拟投其所好、为之服务而且其需求偏好较为相似的客户群；二是营销组合，即企业为了满足目标客户群的需要而加以组合搭配、灵活运用的可控变量。

营销战略是指企业根据对市场机会的预测、分析和判断，选择目标市场，并为目标市场安排行之有效的营销组合。

（四）管理营销活动

企业营销管理过程的第四个主要步骤是管理营销活动，即营销计划、组织、实施和控制。这是整个营销管理过程中一个关键的、极其重要的步骤。企业制定营销计划是为了指导营销活动，实现既定的战略任务和目标。但制定营销计划仅仅是营销管理工作的开始。彼得·德鲁克说过，计划等于零，除非它变成工作。因此，企业制定营销计划之后，要花很大力气实施和控制营销计划（如图 2－6 所示）。

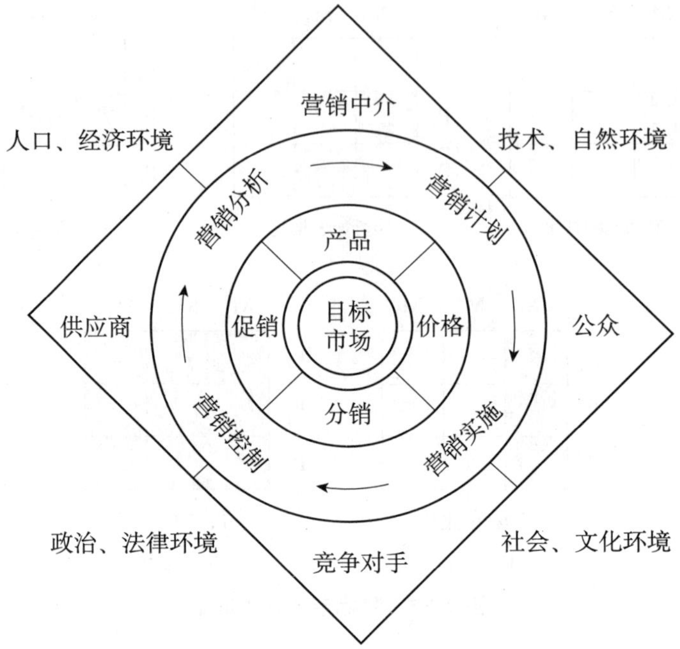

图 2－6　营销战略与营销组合

第 3 节　整体营销管理

在数字经济条件下，消费者可以低成本地获取即时而全面的信息，能够与卖方和其他买方互动，有更多的产品和服务可选择，并能积极主动地寻找卖方，使得交易能力不断增强，交易地位日益提高，在一定意义上已成为营销者。企业也获得了前所未有的新能力，如在获取和传播信息方面可以做到更及时、更准确、更全面，成本也更低，还能实现互动，使个性化服务成为可能，对客户做出迅速反应成为现实，真正做到了企业与市场紧密相连。伴随着互联网、云计算、物联网、人工智能等新技术的发展，企业的合作伙伴不仅可以提高运营效率，还能强化企业创造价值的能力。现代竞争往往不是发生在企业之间，而是越来越多地在合作网络之间进行。我国致力于优化数字营商环境，激发市场主体活力，释放数字经济潜力，为提升企业整体营销管理水平带来了大好时机。

整体营销管理是指企业针对个别客户的需求，整合企业的全面关系网络，通过提升客户份额、客户忠诚度和客户终身价值来实现利润增长。整体营销管理的起点是单个客户的需求，焦点是客户价值、企业的核心能力和合作网络，手段是资料库管理、合作网络企业的价值链，目标是通过提升客户占有率、客户忠诚度和客户终身价值实现企业利润增长（如图 2－7 所示）。营销是一个整体、一个系统，需要各方面、各环节、各因素协调联动。整体营销管理要求营销人员一定要树立大局观、长远观、整体观，不能因小失大、顾此失彼、急功近利。

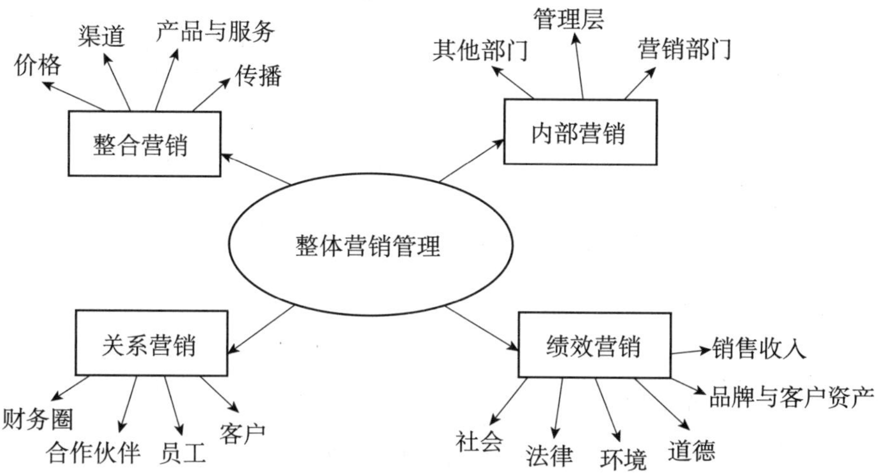

图 2－7　整体营销管理

一、关系营销

（一）关系与关系营销

关系是指人和人或人和事物之间某种性质的联系。唯物辩证法认为，事物是普遍联系的，事物及事物各要素相互影响、相互制约，整个世界是相互联系的整体，也是相互作用的系统。坚持唯物辩证法，就要从客观事物的内在联系去把握事物，去认识问题、处理问题。在人类历史上，关系是随着人类社会的诞生而出现，随着社会发展而发展。在远古时代，社会成员为了征服自然，获得生存而保持一定的协调相互关系。此时，关系被无意识地用来调整相互之间的利益分配。社会分工出现之后，人们之间的各种联系因其共同利益而更加持久。随着人们交往活动的增加，关系呈网络状地迅速扩散，而人际关系的维系时间却在相应缩减。

关系营销是指将营销活动视为企业与员工、客户、合作伙伴、供应商、分销商、竞争者、政府机构、公众等互动的过程，其核心是建立、维护和发展与这些机构或个人的良好关系。关系营销将建立与发展同所有利益相关者之间的关系作为企业营销的关键变量，把正确处理这些关系作为企业营销的核心。

新启迪 2－2　海南航空的关系营销

关系营销试图使供应商、客户和其他合作伙伴参与并整合到企业的发展和营销活动中，而这种参与整合便导致了与供应商、客户或企业的其他价值链伙伴的密切互动关系。在这种密切互动关系的作用下，企业会与合作伙伴之间产生密切的经济、情感和结构上的联系。关系营销反映了各方之间的相互依存，而不是各自独立；它强调的是合作，而不是会导致各方之间冲突的竞争。关系营销的发展有力地推动了竞争和冲突转变为相互合作，独立选择转变为相互依赖（如图 2－8 所示）。

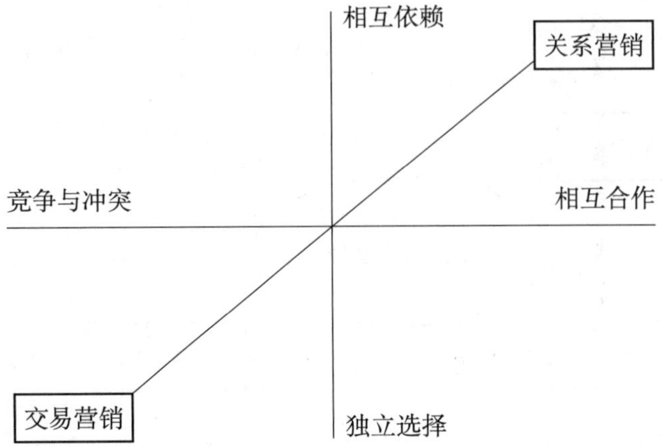

图 2－8　关系营销和交易营销

（二）关系营销的特征

1. 信息沟通双向性。关系是信息沟通和情感交流的重要渠道，良好关系确保渠道畅通，恶化关系可导致渠道阻滞，中断关系则是渠道堵塞。关系营销实践中，信息沟通应该是双向的，既可以由企业开始，也可以由消费者开始。广泛的信息交流、沟通和共享，可以使企业赢得更多的支持与合作。

2. 利益关系协同性。营销人员应注重与利益相关者建立长期彼此信任的互利关系。这可以是关系一方自愿或主动地按照对方要求调整自己的行为，也可以是关系双方都调整自己的行为，以实现相互适应。

3. 交易活动互利性。关系营销的基础，在于交易双方相互之间有利益上的互补。如果没有各自利益的实现和满足，双方就不会建立良好的关系。关系建立在互利的基础上，要求互相了解对方的利益要求，寻求双方利益的共同点，并努力使双方的共同利益得到实现。信任和承诺是关系营销的重点。

4. 信息反馈及时性。关系营销应具备一个反馈的循环，连接关系双方，企业由此了解到环境的动态变化。信息的及时反馈，使关系营销具有动态的应变性，有利于挖掘新的市场机会。

（三）关系营销的类型、层次与目标

1. 关系营销的类型。关系营销把所有内部和外部利益相关者纳入视野范围，用系统观点考察企业所有活动及其相互关系（如图 2－9 所示）。企业与利益相关者结成休戚与共的关系。企业的发展要借助利益相关者的力量，而后者也要通过企业来谋求自身的利益。

（1）企业内部关系。内部营销起源于把员工当作企业的市场。明智的企业高层领导，心中装有“两个上帝”，一个“上帝”是客户，另一个“上帝”是员工。企业营销要想富有成效，首先要有自觉坚持客户导向、真诚为客户服务的员工。企业要尽力满足员工的合理要求，提高员工满意度和忠诚度，为关系营销奠定良好基础。

（2）企业与竞争者关系。企业所拥有的资源条件不尽相同，往往是各有所长，各有所短，为有效地通过资源共享实现发展目标，企业要善于与竞争对手既竞争又合作，努力赢

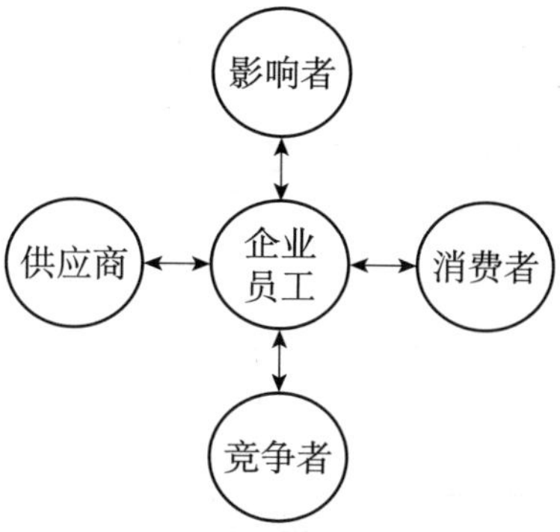

图 2－9　营销的基本关系

得竞争主动权，打造发展新优势，开辟发展新境界。

（3）企业与客户关系。企业需要通过搜集和积累大量市场信息，预测目标市场购买潜力，采取适当方式与消费者沟通，变潜在客户为现实客户。同时，要致力于建立数据库或其他方式，密切与消费者的关系。对老客户，要更多地提供产品信息，定期举行联谊活动，加深情感信任，争取成为长期客户，其花费的成本要比寻求新客户更为经济。

（4）企业与供应商关系。因分工而产生的渠道成员之间的关系，是由协作而形成的共同利益关系。合作伙伴虽难免也存在矛盾，但相互依赖将更为明显。企业必须广泛建立与供应商、经销商之间密切合作的伙伴关系，以便获得来自供销两个方面的有力支持。

（5）企业与影响者关系。影响者是指对消费者购买行为产生影响的亲朋好友、网上具有相同体验的陌生人、意见领袖等以及对企业营销绩效产生影响的各种金融机构、新闻媒体、公共事业团体、政府机构等。

2. 关系营销的层次。根据营销者和客户关系的密切程度，关系营销可分为如下层次：（1）基本型关系营销，销售人员把产品销售出去就不再与客户接触。（2）被动型关系营销，销售人员鼓动客户在遇到问题或有意见时与企业联系。（3）负责型关系营销，销售人员在产品售出后，主动征求客户意见。（4）主动型关系营销，销售人员不断向客户询问改进产品用途的建议或者关于有用新产品的信息。（5）伙伴型关系营销，企业与客户共同努力，寻求客户合理收支方法，或者帮助客户更好地进行购买。

3. 关系营销的目标。关系营销更为注意的是维系现有客户。失去老主顾无异于失去利润的来源。维系客户就要求及时掌握客户的信息，随时与客户保持联系，确保客户满意。由于对企业营销行为的感知和理解不同，导致客户满意的原因可能不同。只有找出客户满意的关键点，才能有针对性地采取措施来维系客户。满意的客户会对产品、品牌乃至企业保持忠诚。客户忠诚包括行为忠诚和态度忠诚。行为忠诚是指客户在一定营销环境下保持长期购买某企业产品或服务；而态度忠诚则指客户对企业产品或服务有偏爱态度，倾向于重复购买，并积极向别人推荐忠诚的客户，会重复购买某一产品或服务，主动成为企业代言人，热心为企业品牌传播正面口碑（如图 2－10 所示）。

（四）关系营销的实施过程

1. 建立关系营销机构。在数字经济时代，企业必须根据正规性、适应性、针对性、整

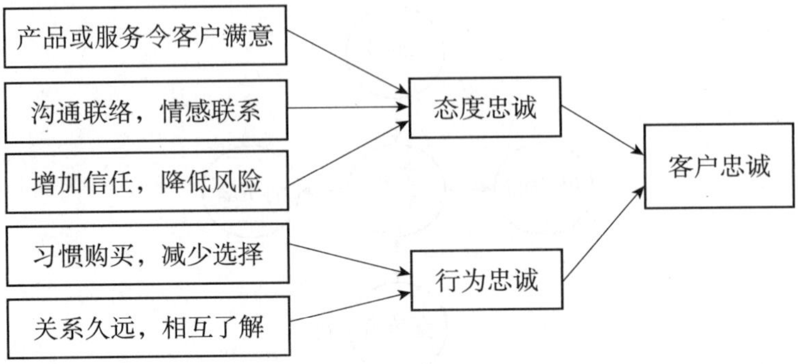

图 2-10　客户忠诚的形成

体性、协调性和效益性等原则建立企业关系营销机构。该机构对内要协调处理部门之间、员工之间的关系，对外要向公众发布消息、征求意见、搜集信息、处理纠纷等。

2. 配置关系营销资源。主要包括人力资源和信息资源配置。人力资源配置主要是通过部门间的人员转化、内部提升、跨业务部门的沟通互动来实现，进而借助多种方式建立并完善企业内部关系。信息资源共享主要用途是：利用互联网、大数据、人工智能等数字技术，协调企业内部各部门及企业外部拥有多种知识与技能的人才；制定政策或提供帮助以削减信息超载，提高网络平台、企业微信号、电子邮件和语音信箱系统的工作效率。

3. 提升关系营销效率。效率是指在给定投入和技术等条件下，最有效地使用资源以满足设定的愿望和需要的能力。企业必须及时监控、测量、调整关系营销的投入产出，力求取得少花钱、多办事、办成事的效果。

二、整合营销

（一）整合营销的内涵

整合营销是指对各种营销组合、传播沟通等手段进行系统化集成，并根据环境变化实施动态调整，确保交换双方在互动过程中实现价值增值的营销理念与方法。

营销组合概念强调将营销中各种要素组合起来的重要性，整合营销则与之一脉相承，但更为强调各种要素之间的关联性，要求它们成为统一的有机体。在此基础上，整合营销更要求各种营销要素的作用力统一方向，形成合力，共同为实现企业营销目标服务（如图 2-11 所示）。

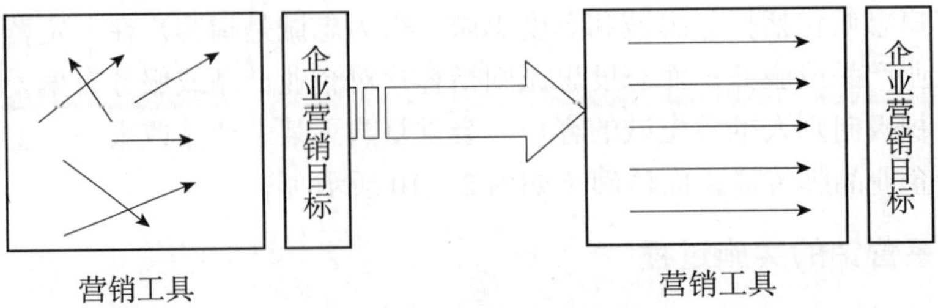

图 2-11　整合营销过程

（二）整合营销传播

整合营销传播（integrated marketing communications，IMC）是指企业在经营活动过程中，以由外而内战略观点为基础，为了与利益相关者进行有效的沟通，以营销管理者为主体而实施的传播战略。具体来讲，整合营销传播就是了解利益相关者需求，确定各种传播手段和方法的优先次序，有效地、阶段性地整合各种传播活动，目标集聚，资源集中确保企业目标实现的传播过程。

（三）整合营销传播与营销

数字经济时代，消费者获得市场信息的渠道越来越广，市场需求差异比以往更为显著，需求变化更加快速，营销总是比市场变化迟缓。过去一度行之有效的营销手段渐渐地在失去效用。形势在发展，时代在进步。营销者要跟上时代前进步伐，就必须创新思维。传统的营销传播手段就像无法准确瞄准目标的冲锋枪，在花费了大量时间与资金之后，战果却难以令人满意。营销者必须对目标客户进行有效的“点射”，并准确计算“点射”的成功率，这正是整合营销传播要做的事情。值得注意的是，整合营销传播不同于整合营销，它并不注重营销的所有环节，只是聚焦营销信息传播手段的整合。二者的差异如表2－2所示。

表2－2　整合营销传播和整合营销的差异

	整合营销传播	整合营销
目标	建立客户关系	建立交易关系
特点	成本低，速度快	成本高，速度慢
对象	消费者、员工、政府、媒体等	消费者
接触点	多	少
传播重点	一对一传播和大众传播	大众传播

三、内部营销

内部营销是指企业注重高层管理和各职能部门、基层部门之间的沟通协调，并致力于培训和激励雇员为客户提供满意服务的营销理念和过程。

（一）内部市场与外部市场

营销管理卓越的企业一般都是员工积极向上、生产率高、坚持客户导向而且重视内部营销。无疑，内部营销对员工、外部客户和绩效具有积极的影响。

内部流程和内部阻碍的存在，使得企业在实施客户满意测量以及相应的系统管理时，必须同时兼顾内部市场和外部市场。内部市场是指企业内部机构、内部人员之间通过经济活动而形成的市场。内部市场的存在使得市场主体所遵循的规则分为“内部规则”和“外部规则”。营销人员不仅要认识到内外部市场的互补性，还要意识到两者存在利益冲突的可能性。为此，在变幻莫测的竞争环境下，有必要制定系统、科学、规范、前瞻的内部营销方案，支持企业实现历史性变革、系统性重塑、整体性重构。既然存在内部市场和外部市场，就必然有内部客户和外部客户。图 2－12 揭示了内外部客户满意的四种情形。

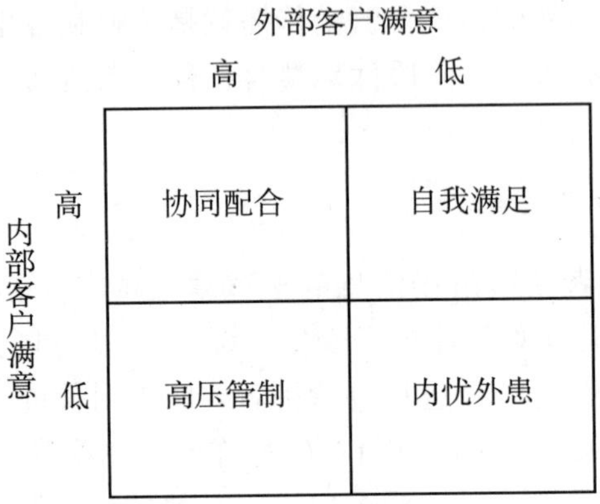

图 2－12　客户满意–内部市场和外部市场

1. 协同配合。这是一种内外部客户都高度满意，皆大欢喜，“客户满意、员工快乐”的理想状态。

2. 高压管制。这是指企业通过严格的管理制度、企业文化等控制手段来改变员工行为，从而实现外部客户高满意度的情况。企业在实施高压管制的同时，有可能会丧失其应有的灵活性。

3. 内忧外患。这是指内外部客户满意度都很低的情况。此时，企业很容易在服务质量方面遭受竞争者的攻击，员工士气低落和流失率高又往往会导致市场竞争能力极不稳定。

4. 自我满足。这是指虽然企业在内部市场享有很高的满意度，但无法将其转化为外部客户满意的情况。

（二）内部沟通与内部营销

除客户关怀培训和专注服务质量之外，内部营销也可被视为内部沟通。此时，内部营销是指为了加深员工对企业战略的理解，明确自己应承担的责任，强化企业忠诚，而在内部向员工提供有关企业战略等各种信息的过程。营销经理对内部沟通的作用如表 2－3 所示。

表 2－3　营销经理对内部沟通的作用

作用	细节描述
建设团队	教育培训员工适应管理宽度和文化多样性。 推进企业内各部门之间的协调配合，密切合作。
控制失误	避免管理者之间沟通不畅、出现误会。 控制负面信息传播扩散。 抵制悲观情绪，倡导积极向上，为企业注入正能量。
鼓舞士气	坚定必胜信心，应对各种挑战。 激发员工积极性、主动性和创造性。

续表

作用	细节描述
增进和谐	下情上达，汇聚营销智慧，增进理解包容。 开通讨论问题和分享价值的渠道，增进发展合力。 增进彼此认同，发扬团队精神。
应对变革	帮助员工理解变革的必要性，适应快速变化的新环境。 对企业营销变革的新创意进行测试。 主动适应环境变化，激励员工于变局中开新局。
目标达成	支持企业确定协调一致的发展方向。 为实现目标，支持企业创新的政策策略，并日臻完善。 调动一切积极因素，确保企业目标实现。

开展内部营销通常借助企业内刊、视频会议、企业微信、员工培训、电子邮件、企业网站等各种载体。需要说明的是，将企业战略规划告知员工与真正赢得他们的关注、支持和参与是两回事。沟通是一种双向互动的过程，既包括告知，也包括聆听。一味说服人们怎么做，而不去倾听人们怎么说，是内部营销经常出现的问题。这与其说是内部营销，不如说是内部推销。

新启迪 2－3　玫琳凯的内部营销

（三）内部营销计划

内部营销计划的框架如图 2－13 所示。要使内部营销取得实质性效果，就必须运用与外部营销别无二致的框架来策划内部营销，在内部营销计划中，以对企业内部市场的机会和威胁分析为基础，整合考虑可采取的各种营销工具。

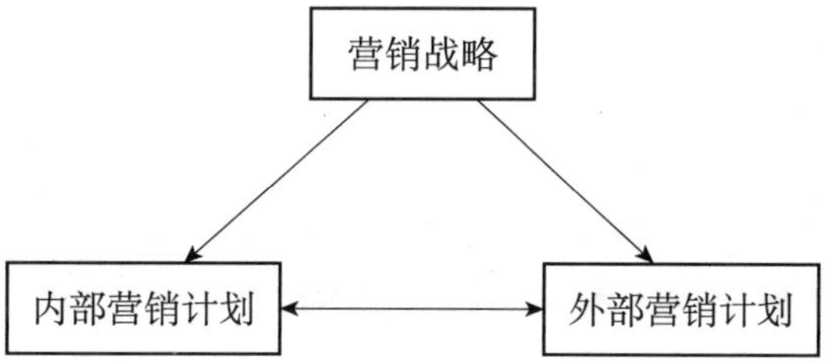

图 2－13　内部营销计划和外部营销计划

在图 2－13 这个模型中，我们不仅把内部营销计划当作营销战略过程和外部营销计划的“产出”（结果），而且将其看成是一种制定外部营销计划的“输入”。应该在战略和战术层面将内部市场中的限制和壁垒看成是营销战略过程的重要内容深入分析、评估。

企业对内部市场的分析也可能会发现新的营销机会，发现那些应该被利用却被企业忽略的资源，而这一切又反过来影响企业的外部营销计划。营销人员在设计战略构想时，必须考量由于内外部市场各自具有的特性而对营销战略过程产生的影响，在此基础上，以 4P 组合模式制定内部营销计划，如表 2－4 所示。

表 2－4　内部营销计划

	内容描述	举例
产品	战略计划，实施战略计划所需要的价值观、态度和行为	企业微信号、视频号、员工倡议书、职代会、网络平台
价格	为应对变化所付出的代价和做出的利益牺牲，如心理调适、待遇调整、任务加重	放弃休假、减少奖金
地点	传播文化、信息、建议的场景和路径	班组例会、培训课程、社交活动
促销	借助数字化媒体和信息对内部员工进行告知、沟通和说服	报告会、电子展示屏、视频播放和路演宣传

内部营销组合中的地点是指企业用于内部营销或内部沟通的各种社交手段，例如培训课、研讨会、讲习班、非正式沟通、社交活动、企业微信等。

（四）内部营销支持要素

当企业内部资源被有效地用于增进营销绩效时，这些资源要素就成为一种重要的营销资产。包括：（1）成本优势。借助创新技术，企业获得超越竞争对手的产能利用、规模经济或经验曲线效应，由此带来的成本优势，可以转化为企业产品和服务在市场上的低价优势。（2）营销信息系统。营销信息系统便于企业及时了解客户和竞争者，从而优化决策（3）现有客户基础。（4）技术能力。（5）生产专长。（6）版权和专利。版权是对音乐、文学和其他艺术财产的法律保护，它能防止没有缴纳议定使用费的其他人使用该项作品。专利赋予人们在有限时间内制造、使用和出售自己发明成果的排他性权利。版权在文化艺术行业尤其重要。（7）特许权。可以合法生产和（或）销售他人的发明成果等。（8）伙伴关系。（9）企业文化。（10）人力资源。

（五）内部营销失败

1. 失败原因。内部营销之所以失败，主要有以下原因：（1）缺乏财务测量。内部营销的目标应将营销行为改变、营销战略调整与企业财务回报联系起来。（2）缺乏管理协同。企业内部营销的责任划分模糊不清，未经授权或者未指定专人负责。（3）缺乏高层支持。（4）缺乏内外沟通。

2. 失败征兆。内部营销失败的征兆主要有：（1）营销战略无法指导销售的运营；（2）新推出的营销战略忽略了现有客户和竞争者洞察；（3）执行其他职能的管理者不了解销售部门的目标；（4）销售经理与营销经理之间冲突不断；（5）日趋严重的销售人员流失问题和日益上涨的替代成本；（6）销售人员履行的营销职责与企业的评价和报酬体系之间存在严重冲突；（7）销售人员热衷于离开市场，离开客户，转入行政或管理领域；（8）销售人员对自己扮演的角色模糊不清，勉强为之；（9）销售人员对其他进入市场的路径，例如在线营销、电商、人工智能营销等抱有抵触情绪；（10）客户关系正在变弱。

四、绩效营销

绩效营销是指企业既关注营销活动及其投入带来的商业回报，更重视营销对法律、伦理、社会和环境的影响，强调营销与会计、财务、金融的融合，注重营销带来的客户资产、品牌资产等长期价值的营销理念和过程。绩效营销在本质上是发现问题、诊断问题，并在此基础上持续改进企业整体绩效的管理工具。在绩效营销过程中，为客户和社会创造价值才是最关键的环节。企业的价值创造是通过一系列活动构成的，这些活动可分为基本活动和辅助活动两类，基本活动包括内部后勤、生产作业、外部后勤、市场和销售、服务等；而辅助活动则包括采购、技术开发、人力资源管理和企业基础设施等。这些互不相同但又相互关联的生产经营活动，构成了一个创造价值的动态过程，即价值链。**价值递送系统**是指企业为了充分体现递送到客户手中的产品价值，确保参与产品价值创造的有关各方取得应有的利润而建立的供应链系统和营销网络系统。价值创造和价值递送对绩效营销起着至关重要的作用。

（一）绩效营销的测量指标

开展绩效营销，一般要借助许多指标来测量营销绩效，包括销售量（额）、市场份额、客户满意度、客户忠诚度、老客户维系率、新客户再购率、客户购买频率、产品美誉度、品牌/产品利益的认知程度、品牌知名度、更换品牌的可能程度、品牌的差异化程度、第一选择品牌的提及率、渠道覆盖率（铺货率）、渠道对品牌/产品利益的认知度、渠道对客户的主动推荐程度、渠道忠诚度、法律意识、道德水平、环境保护、社会责任意识等。

（二）绩效营销的利益和价值

1. 减少资源消耗。绩效营销有助于企业准确地评估营销活动的绩效，有效地减少人力物力财力等营销资源的消耗，将有限的营销资源聚焦于最能提高营销绩效的活动。

2. 降低营销风险。运用科学的量化手段，绩效营销可将营销风险降到最低，从而使等量的营销投入产生最大的绩效回报。

3. 保障目标达成。在开展绩效营销的过程中，企业可从数量、质量、时效、成本、效益等方面，将年度目标转化为一系列可测量的具体指标，进而通过对具体指标的设定、监测和控制来确保每一项营销活动的有效性，从而有效提升每一项活动对年度营销目标的贡献度。

4. 明确关键要素。在绩效营销实践中，企业可以发掘最能提高营销绩效的关键驱动因素，更加科学地规划营销战略和营销活动，从而超越竞争对手，取得更好的营销业绩。

（三）绩效营销的实施流程

1. 设计绩效指标。根据企业的资源、实力、目标等实际状况，设计能够反映企业营销现状和未来发展趋势的营销绩效指标体系和评价模型。

2. 预测绩效指标。通过营销调研及数据挖掘对企业营销绩效的初始指标进行测量，从而了解并确定营销活动起始状态，进而在初始数据的基础上计算、预测出经过努力之后应该达到的指标。

3. 识别关键要素。借助分析营销绩效的指数体系和计算模型，明确提升企业营销绩效的优势与不足，识别提高营销绩效指标（道德水平、企业形象、环保意识、法律意识、销售量、利润额、市场份额等）的关键要素。

4. 测算绩效系数。通常以销售额及市场份额为因变量，以其他绩效指标为自变量，在事前预测的营销绩效指数值的基础上，计算出其他营销绩效自变量指标与销售额及市场份额的相关系数。该系数体现了营销绩效自变量指标增长对销售额及市场份额增长的贡献。假设品牌知名度与销售量的相关系数为 0.02，则表明品牌知名度每增加 1% 销售量将增长 0.02%。

5. 规划整体营销。首先，确定整体营销目标，明确预期销售额及市场份额增长率。其次，利用测算出的营销绩效相关系数，借助营销绩效优化软件，设计出具体可行的营销绩效指标。如果营销目标是销售额增长 5%，则需要品牌知名度上升 10%，客户满意度上升 8%，渠道覆盖率上升 11% 等。在明确这些具体的营销绩效指标后，着手设计与此目标相对应的整体营销方案。

6. 设计具体活动。设计产品组合、产品创新、环境保护、企业社会责任、价格、渠道、促销、服务等具体的营销活动，并且为每项营销活动设计出应达到的绩效指标，以此为依据制定相应的营销预算。

7. 实施营销方案。周密的营销方案只是成功营销的开启，若不能有效实施，再出色的方案也无济于事。与“做正确的事”相比，“正确地做事”（实施）同样甚至更加重要，两者都是成功的关键。通过有效地实施，企业可以赢得竞争优势。

8. 评估绩效指标。对企业营销工作的目标达成情况进行评估，为下一阶段营销工作的优化调整提供参考数据和决策依据。

整体营销管理要整体谋划，更加注重系统性、整体性、协同性。这就要求管理者必须用全局观念和系统思维来谋划，加强系统集成、协同高效，蹄疾步稳、有力有序解决各种营销问题，科学把握新发展阶段，坚决贯彻新发展理念，服务构建新发展格局。

本章小结

变革时代的营销迫切需要营销人员培养创新思维，在处理企业、客户和社会三者利益时秉持营销新理念。营销观念、客户观念、社会营销观念等现代营销理念将引领企业在市场竞争中赢得主动，数字经济背景下的交叉销售、大规模定制和数字营销将有力提升营销绩效，宏观营销和绿色营销则增进社会福祉，改善人类生活质量，确保企业营销行稳致远。产品、价格、渠道、促销等营销组合为加强营销管理、培育客户忠诚以及实现营销管理各项任务发挥重要作用。关系营销、整合营销、内部营销和绩效营销构成了整体营销管理的有机体，为提供客户忠诚度和客户终身价值，确保企业利润增长和营销绩效奠定了坚实基础。

即测即评

扫描二维码可在线自测并查看答案。

基本概念

营销理念	非渴求品	客户观念	社会营销观念
营销组合	营销管理过程	整体营销管理	关系营销
整合营销	整合营销传播	内部营销	绩效营销
价值递送系统			

思考题

1. 如何理解传统营销理念和现代营销理念的差异?
2. 如何理解社会营销和社会营销观念？
3. 关系营销的特征、类型、层次有哪些？
4. 支持企业内部营销成功的关键因素有哪些?

本章案例

老字号的营销理念创新

具有悠久历史底蕴的老字号，正面临着巨大挑战和激烈竞争。如果仍然观念陈旧、故步自封，就会被时代抛在后面、受到市场冷遇。因此，老字号不断注入新理念，革故鼎新，才能跟上时代脚步，重焕生机与活力。

六月时节，天气炎热。刚刚出差回到北京的小王，拉着行李箱一头扎进了公司旁的北京稻香村门店。一进门，他就急切地对服务员说："请给我来盒冰糕！"小王一边打开冰糕吃起来，一边对记者说："这个新品冰糕是我最喜欢的，好多同事在朋友圈里晒呢。"小王所说的这款"网红"产品，是北京稻香村于五月底推出的"黄逗菌"冰糕礼盒。该产品融入了"二次元"动漫人物元素，利用人气IP赢得了年轻消费者的青睐。

诞生于清末的北京稻香村是著名的糕点品牌。随着人们消费观念的升级和电商的崛起，曾经引领市场、一呼百应的热销场景难以再现。北京稻香村营销部善于从眼前的危机、困难中捕捉和创造机遇，努力创新营销思维，借鉴当下时髦"网红"食品的营销理念，扩大传播力和影响力。稻香村密切与电商合作，尝试在线上首发、线下跟进的全渠道销售，努力使稻香村产品在社交网络上形成话题和良好口碑，让人们看到稻香村也有青春、"卖萌"的一面，拉近与消费者的距离，从而比竞争者更有效地满足目标市场的需要和欲望。

位于宁波的百年老字号寿全斋一直注重产品创新与研发，打造出以寿全斋红糖姜茶为代表的众多爆品，引来大批明星自来水粉丝，成为健康养生"星之选"。"红糖姜茶我就要寿全斋"已成为国内姜茶冲饮消费品市场的品牌共识。在歌手王霏霏的Vlog中，寿全斋红糖姜茶闪亮出镜，成为明星选购的随身姜饮。在此之前，《乘风破浪的姐姐》中黄晓明自掏腰包送给姐姐们的暖心礼物中，就有寿全斋的红糖姜茶。在热门综艺《拜托了冰箱》中，寿全斋枇杷膏也是吴昕家冰箱的常客。

进入2021年，寿全斋更是推出了首款直饮装350毫升“小暖瓶”红糖姜茶饮料。瓶装寿全斋红糖姜茶优选红糖搭配红枣、生姜，0脂肪，不添加任何甜味剂和人工合成色素，真材实料，随时随地带来健康温暖好滋味。此举将寿全斋红糖姜茶品牌优势从相对小众的冲调类目拓展延续到了更大的饮料类目，为老字号守正创新、在食品饮料市场攻城略地带来更多筹码和发展空间。

思考题：在当代中国，老字号营销理念创新的机会和实施路径有哪些？如何推动营销理念创新收到实效？

实训练习

1. 实训资料：走访、调研营销理念创新、营销管理水平高的某企业。

2. 任务：

（1）了解该企业如何实施营销理念创新和发展方式转变，尤其是增进客户服务质量和企业社会责任等方面采取了哪些措施。

（2）了解该企业开展营销管理的大致流程，掌握提升营销管理水平的关键要点。

（3）了解该企业在关系营销、整合营销、内部营销和整合营销等方面，采取了哪些措施，取得了哪些成效。

3. 要求

结合课程中的理论知识，分析该企业在具体的营销理念创新和营销管理过程中是否存在问题及需要改进之处，并提出相应的建议和对策。

第3章 营销战略与实施

引 例

2021年1月8日，正荣营销公司成立，其愿景是成为国内一流的房地产营销服务运营商与价值赋能商。正荣营销公司基于现有的内部协作机制及团队建设，实现持续、稳定、健康发展，营销体系从“业绩定位”向“经营定位+业绩定位”双定位导向转型，实现营销前台和职能后台相互制衡与协同的运行机制，一线人员采取高佣金、高淘汰，后台及管理人员的绩效激励则实现经营强挂钩。此外，正荣集团明确了营销公司的四大战略目标：一是积极推进专业升级：落实“业绩加速器”与“发展新平台”的新定位，夯实营销基本功，提升营销创新力，把营销能力打造成正荣的核心竞争力。二是抓住行业战略窗口期，实现正荣品牌文化在营销公司的匹配与传承，协同正荣地产其他产品线。三是扎实完善人才升级，完善营销公司整建制团队“选任育留”人才发展闭环，制定市场化有竞争力的薪酬机制，保持团队危机意识，吸引优秀伙伴共创新事业，并向正荣集团输出高素质人才，专业人才的管培机制更加聚焦，尤其是一线人员，将有更加广阔的发展平台和更加灵活的授权体系。四是创新业务升级，在夯实传统业务的同时，积极开拓新业务，整合产业链上下游资源创造正荣样板工程。

营销启示

营销战略是企业营销部门根据战略规划，在综合考虑外部市场机会及内部资源状况等因素的基础上，确定目标市场和营销组合策略，并予以有效实施和控制的过程。正荣确定的营销战略四大目标转定位、提能力、强团队、谋发展，为正荣集团在激烈的市场竞争中再创佳绩奠定了坚实基础。营销管理者应该有战略思维，要胸怀大局、把握大势、着眼大事。古人云：不谋全局者不足以谋一域，不谋万世者不足以谋一时。管理者在制定和实施营销战略的过程中，要善于把局部利益放在全局利益中去把握，不能只见树木、不见森林；善于把眼前需要与长远谋划统一起来，不能急功近利、投机取巧；善于把企业实际与营销环境结合起来，不能闭目塞听、故步自封。

知识思维导图

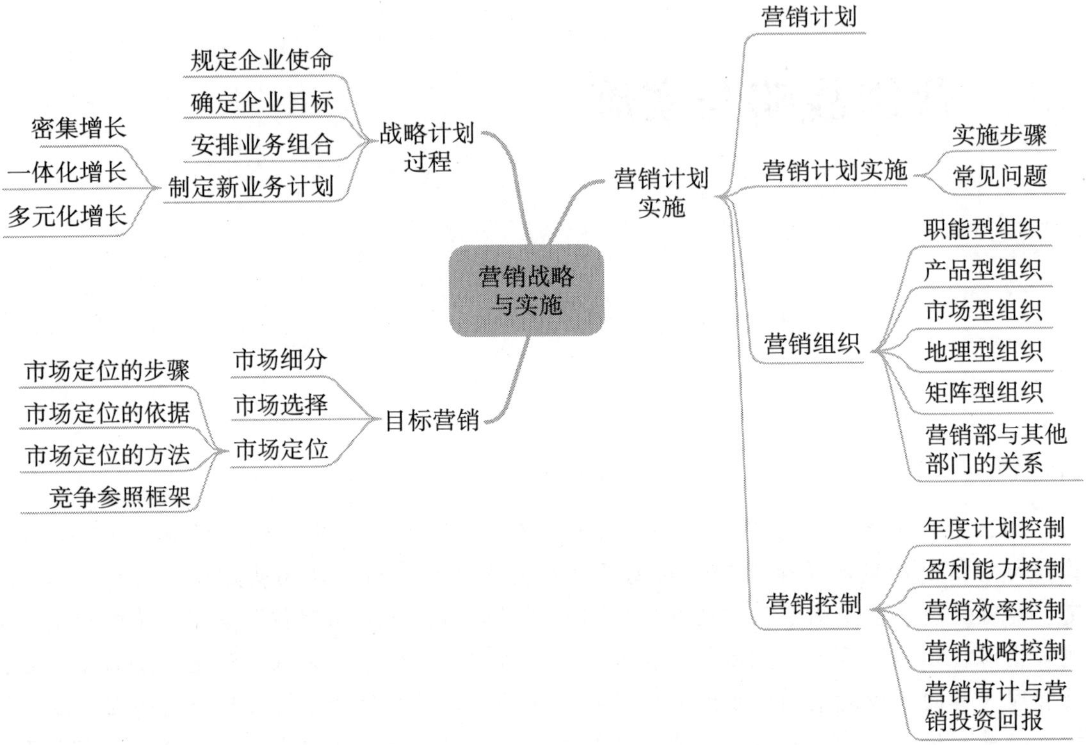

本章重点

- 战略计划过程的主要步骤。
- 市场细分的主要变量。
- 市场定位的主要方法。
- 营销控制的主要方法。

战略问题是企业生存发展的根本性问题。战略上判断得准确，战略上谋划得科学，战略上赢得主动，企业就有希望。营销管理者必须保持战略定力，树立战略思维、辩证思维，增强机遇意识和风险意识，善于把握营销环境与企业资源目标之间多方面、深层次的联动关系，努力在危机中育先机、于变局中开新局。在制定战略计划过程时，善于处理好尽力而为和量力而行的关系，既要描绘未来发展光明前景、营造良好预期；又要注意从客观实际出发，不盲目冒进；还要考虑营销环境的不确定性，适当留有余地。营销管理者树立战略思维，就是要高瞻远瞩、统揽全局，善于把握事物发展总体趋势和方向，真正做到向前展望、提前谋局，不断提高战略计划的系统性、预见性、创造性。

第1节 战略计划过程

营销战略是指企业根据自己的营销目标，在特定的环境中，按照总体计划所拟定的一系列行动方案和业务流程。业务流程是与客户价值的满足相联系的过程节点及执行方式有序组成的工作过程。价值创造、价值递送和业务流程都需要周密而有效的战略计划。计划是一种事先的安排，用以正确指导企业实现自己的目标。战略计划是企业根据外部营销环境和内部资源条件制定的涉及企业管理各方面（包括生产管理、营销管理、财务管理、人力资源管理等）的全局性的重大计划。放眼全局谋一域，把握形势谋大事，才能够从全局角度、以长远眼光看问题，从整体上把握事物发展趋势和方向，才能够确保制定科学可行的战略计划，并根据环境变化及时调整实施方案。战略计划强调企业组织的整体性，而不仅限于营销一个方面。尽管如此，营销部门在战略计划中仍起着重要作用。

战略计划过程是指企业的最高管理层通过制定企业的任务、目标、业务组合计划和新业务计划，在企业的目标、资源、能力与迅速变化的经营环境之间发展和保持一种切实可行的适应战略的管理过程。换言之，战略计划过程是企业及其各业务单位为生存和发展而制定长期总战略所采取的一系列重大步骤，包括规定企业使命、确定企业目标、安排业务组合、制定新业务计划（如图3－1所示）。

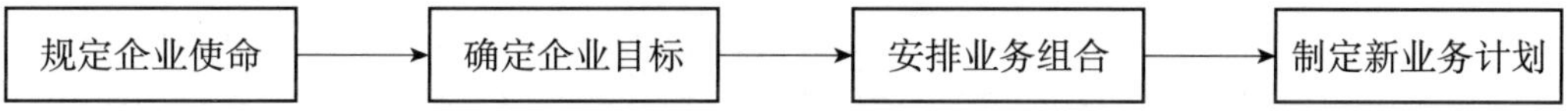

图3－1　战略计划过程

一、规定企业使命

企业在规定其使命时，可向股东、客户、经销商等有关方面广泛征求意见，并且需要考虑企业历史的突出特征、业主和最高管理层的意图、企业周围环境的发展变化、企业的资源情况、企业的特有能力等因素。

通常，企业要通过使命陈述或使命宣言具体阐述企业的使命。有效的使命宣言应具备市场导向、切实可行、鼓动性和感召力、具体明确等特点。

二、确定企业目标

企业使命还需要具体化为一系列各组织层级的目标，如贡献目标、市场目标、竞争目标和发展目标等（如表3－1和图3－2所示）。各级经理应当对其目标胸中有数，并对目标的实现完全负责，这种制度叫作目标管理。企业目标必须符合层次化、数量化、现实性和一致性等要求。

表 3－1　企业的使命与目标

类别	内容	
任务（5W1H）	What　做什么 Who　为谁服务 When　何时满足需求 Where　何处满足需求 Why　为什么这么做 How　如何满足需求	
目标	贡献目标	提供给市场的产品或服务（数量、质量）；节能环保目标；技术创新目标；利税目标；公益目标
	市场目标	市场渗透；新市场开发；市场份额提升；销售额增加；客户忠诚度提高
	竞争目标	行业地位的巩固或提升
	发展目标	企业资源扩充；生产能力提升；业务领域拓展

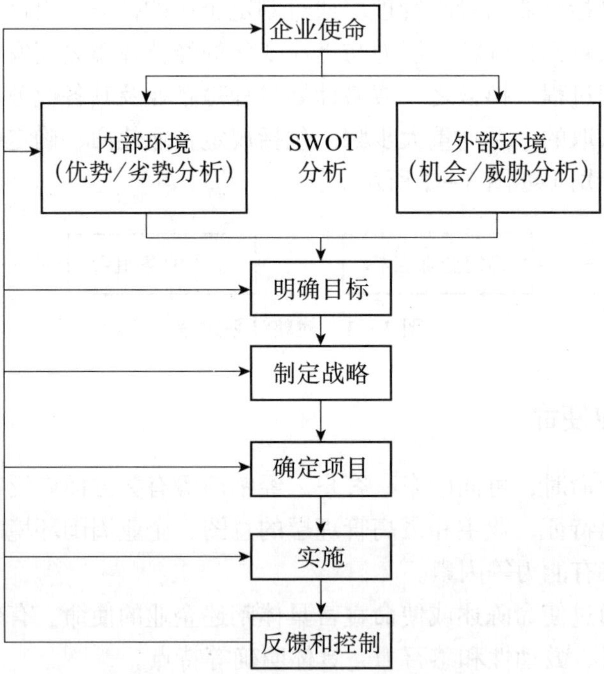

图 3－2　战略计划过程中的使命和目标

三、安排业务组合

大企业一般都有各种产品大类、产品、品牌等，也有许多业务部门。由于企业的资金有限，各个业务单位的增长机会、经营效益大不相同，因此，必须对现有的业务加以分析、评价，看看哪些应当发展、维持、减少、淘汰。就是说，必须合理安排业务组合，既要谋划长远，又要干在当下，把企业有限的资金用于经营效益最高的业务。

企业在安排业务组合时，首先要把所有业务分成若干战略业务单位（strategic business

unit，SBU）。**战略业务单位**是指企业内部具有特定的战略目标、使命和竞争对手，掌握有一定资源，由专人负责经营，能从企业战略获益，可以单独规划、独立核算的业务单位（如部门、产品线、品牌等）。

企业在安排业务组合的过程中还要对各个 SBU 的经营效益加以分析、评价，以便确定哪些业务单位应当发展、维持、减少或淘汰。最著名的分类和评价方法有以下两种。

1. 波士顿矩阵法。波士顿矩阵法是指由波士顿咨询集团创始人布鲁斯·D. 亨德森首次提出的用“市场增长率–相对市场份额矩阵”对企业 SBU 进行分类和评价的方法①（如图 3－3 所示）。

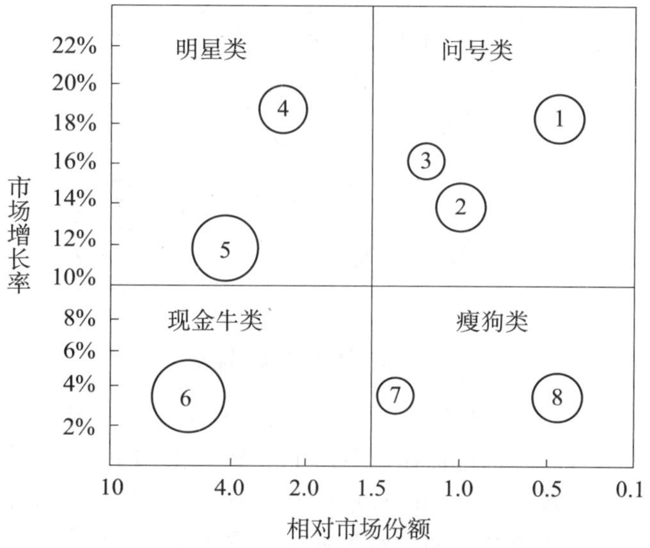

图 3－3　波士顿矩阵法

矩阵图 3－3 中的纵坐标表示企业各 SBU 的**市场增长率**（即特定地域及时间内销售额的增长速度）。市场增长率越高意味着市场越具有吸引力，因而就越需要投入更多的资源，以应对竞争者的挑战。假设以 10% 为分界线（当然，在实际应用中也可以其他点作为分界线），10% 以上为高增长率，10% 以下为低增长率。

矩阵图 3－3 中的横坐标代表相对市场份额。**市场份额**也叫“市场占有率”，是指企业某产品的销售量或销售额在市场同类产品销售总量或总额中所占的比重，通常以“%”来表示。相对市场份额则是指企业 SBU 的市场份额与同行业最大竞争者的市场份额之比。相对市场份额越高，意味着企业 SBU 的实力越雄厚，市场地位越稳固。假设以 1.5 为分界线，1.5 以上为高相对份额，1.5 以下为低相对份额。

矩阵图 3－3 中的 8 个圆圈代表企业的 8 个 SBU。这些圆圈的位置代表各 SBU 的市场增长率和相对市场份额的高低，各个圆圈的面积大小表示各 SBU 销售额的大小。该矩阵图把企业所有的 SBU 分为四种不同类型，每类 SBU 应采取不同的投资战略。

2. 通用电气矩阵法。通用电气矩阵法是指由通用电气公司首次提出的用“行业吸引力–业务力量矩阵”对企业 SBU 进行分类和评价的方法（如图 3－4 所示）。矩阵图中的

① Kotler P，Armstrong G. Principles of Marketing. 18th ed. Harlow：Pearson Education Limited，2021：63－65.

7个圆圈代表企业7个SBU。圆圈大小表示各个单位所在行业的市场规模，圆圈内的阴影部分表示各个单位的市场份额。例如，圆圈D表示SBU所在行业是一个相当大的行业，其市场份额也较高（37.5%）；圆圈B表示SBU所在行业是中等的，其市场份额为25%。

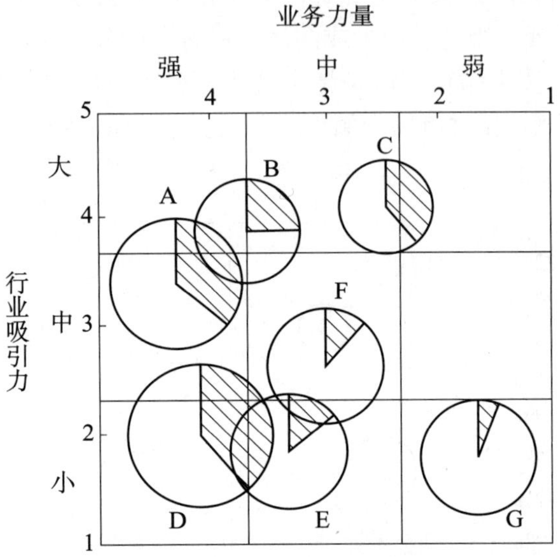

图3－4 通用电气矩阵法

企业在对SBU加以分类和评价时，除了要考虑市场增长率和市场份额，还要考虑许多其他因素。这些因素可以分别包括在以下两个主要变量之内。

一是行业吸引力，涉及企业外部的环境因素、所在行业因素以及市场因素等，包括市场大小、市场年增长率、历史利润率、竞争强度、技术要求、数字化程度、抵御通货膨胀的能力、能源要求、环境影响以及社会、政治、法律等因素。矩阵图3－4中的纵坐标代表行业吸引力，以大、中、小概括表示。

二是业务力量，即企业SBU在本行业中的竞争力，包括市场份额、市场增长率、产品质量、品牌信誉、分销网络、信息基础设施、生产能力、生产效率、原料供应、研发能力以及管理人员等方面。矩阵图3－4中横坐标代表SBU的业务力量或竞争力，以强、中、弱概括表示。如果行业吸引力大，企业SBU的业务力量又强，显然这种SBU是最好的。

企业对上述两大变量中的各个因素都要给出分数（最高为5分），而且各个因素都要加权，求出各个变量的加权平均分数。

依各SBU在矩阵图中的不同位置而安排不同的投资战略。

新启迪3－1

资生堂出售日用品业务

日本的日化产品在全球市场占据一定地位，其中资生堂是主要厂商之一。2021年1月25日，资生堂宣布，正在考虑出售旗下在亚洲地区药店和超市销售的低价格日用品业务，包括化妆品、沐浴露、洗发水、护肤产品在内的各类日用品。目前，其个人护理业务包括Ag DEO 24、水之密语（AQUAIR）、海帆（SEA BREEZE）、丝蓓绮（TSUBAKI）、珊珂（SENKA）、吾诺（UNO）六大品牌。资生堂考虑把这块业务出售给欧洲一家大型私募股权公司，售价超过 1 000 亿日元，相当于 62 亿元人民币。

资生堂之所以考虑出售日用品业务，最主要还是因为疫情下业绩恶化。首先，越来越多的人佩戴口罩，化妆品消费量明显下降。其次，以中国游客为主的赴日游客需求受疫情影响急剧减少。第三，消费者担心疫情传染，减少了光顾商店的次数，即使逛商店也尽量避免美容顾问面对面的促销，因此在百货店等分销的高价护肤品业绩下滑。2020 财年资生堂预计亏损金额将达 300 亿日元，约合 19 亿元人民币。与拥有 20% 以上利润率的高端化妆品业务相比，尽管日用品拥有一定的知名度，但利润率仅为 5%～10%。为了挽回业绩，资生堂不得不考虑出售盈利能力相对较弱的日用品业务，从而把营销资源集中于百货店和专卖店销售的高端化妆品。这个消息传出后，资生堂股价 22 日收盘上涨超过 4%，可以看出市场对资生堂的出售方案较为看好。

随着推进科技创新、企业创新、产品创新、市场创新、品牌创新，中国化妆品品牌正在成为资生堂等化妆品厂商的有力竞争者，越来越多的中国年轻消费者开始购买国产品牌，也有不少中国品牌开始进入日本市场。

资料来源：日本资生堂将出售旗下日用品业务部门 包括 TSUBAKI、uno 等系列.（2021－01－25）. 人民网.

四、制定新业务计划

企业在制定业务组合计划之后，还应对未来的业务发展方向做出战略计划，即制定企业的新业务计划或增长战略。企业发展新业务的方法有以下三种。

1. 密集增长。**密集增长**是指企业在现有业务领域内寻找未来业务发展机会的一种增长战略。如果企业尚未完全开发潜伏在现有产品和市场中的机会，则可采取密集增长战略。根据产品与市场的对应关系，可将这一战略分为以下三种：（1）市场渗透，即企业通过改进广告、宣传和推销工作，在某些地区增设商业网点，借助多渠道将同一产品送达同一市场以及短期降价等措施，在现有市场上扩大现有产品的销售。包括：努力使现有客户多购买本企业的现有产品；吸引竞争者的客户，使之购买本企业的现有产品；想办法在现有市场上把产品卖给从未买过本企业产品的客户。（2）市场开发，即企业通过在新地区或国外增设新商业网点或利用新分销渠道，加强广告促销等措施，在新市场上扩大现有产品的销售。（3）产品开发，即企业通过增加花色、品种、规格、型号等，向现有市场提供新产品或改进产品（如图 3－5 所示）。

	现有产品	新产品
现有市场	市场渗透	产品开发
新市场	市场开发	多元化

图 3－5　产品 / 市场矩阵

2. 一体化增长。**一体化增长**是指企业利用产业链中的直接关系在供产、产销方面实行纵向或横向联合的一种增长战略。如果企业所处行业很有发展前途，而且企业在供、产、销等方面实行一体化能提高效率，加强控制，扩大销售，则可实行一体化增长战略。这种战略包括以下三种：（1）后向一体化，即企业通过收购或兼并若干供应商，或者拥有和控制其供应系统，实行供产一体化。（2）前向一体化，即企业通过收购或兼并若干中间商，或者拥有和控制其分销系统，实行产销一体化。（3）水平一体化，即企业收购、兼并同类产品生产经营企业，或者在国内外与其他同类企业合资生产经营等（如图 3－6 所示）。

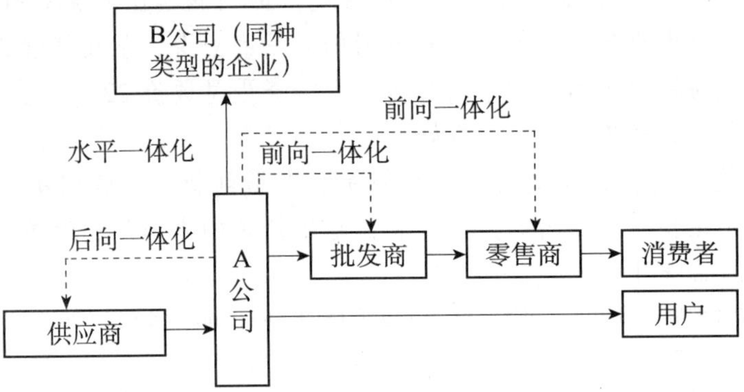

图 3－6　一体化增长战略

3. 多元化增长。**多元化增长**是指企业有选择地增加产品种类，跨行业生产经营多种产品和服务，扩大企业的生产范围和市场范围，使企业的特长得到充分发挥，人力、物力、财力等资源得到充分利用，从而提高经营效益。多元化增长包括如下主要方式：（1）同心多元化，即企业利用原有的技术、特长、经验等发展新产品，增加产品种类，从同一圆心向外扩大业务经营范围。（2）水平多元化，即企业利用原有市场，采用不同的技术来发展新产品，增加产品种类。（3）复合多元化，即大企业收购、兼并其他行业的企业，或者在其他行业投资，把业务扩展到其他行业，新产品、新业务与企业的现有产品、技术、市场几乎没有关系。

第 2 节　目标营销

市场细分（segmenting）、选择目标市场（targeting）以及市场定位（positioning）构成了目标营销战略（即 STP 战略）的全过程（如图 3－7 所示）。在移动互联网、人工智能、物联网、云计算、数字化等现代信息技术迅速发展的新时代，传统的 STP 战略应适当加入新方法。

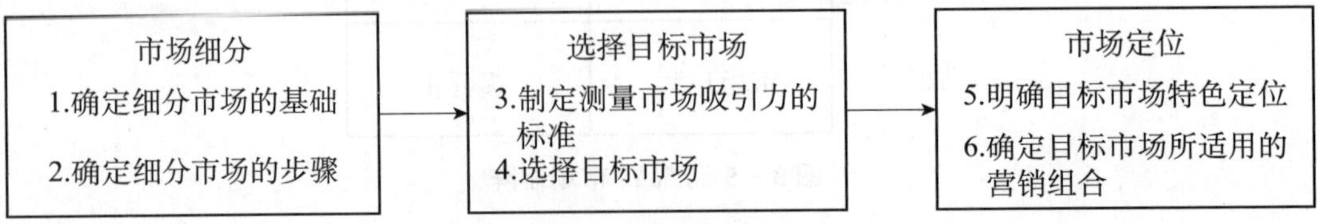

图 3－7　STP 战略

一、市场细分

市场细分要依据一定的细分变量来进行。不论是消费者市场还是产业市场，开展市场细分工作都要依据一定的细分变量，而且市场细分必须满足一定的条件才有效。

（一）消费者市场细分的依据

消费者市场的细分变量主要有地理变量、人口变量、心理变量和行为变量等，企业可以直接利用这些变量进行消费者市场细分，也可以将这些变量组合运用。

地理细分是指企业按照消费者所在的地理位置以及其他地理变量（包括位于城市还是乡村、气候条件、交通运输状况等）来细分消费者市场。

人口细分是指企业按照人口统计变量（包括年龄、性别、收入、职业、教育水平、家庭规模、家庭生命周期阶段、种族、国籍等）来细分消费者市场。人口统计变量一直是细分消费者市场的重要变量，主要是因为人口统计变量比其他变量更容易测量。

心理细分是指按照消费者的生活方式、个性等心理变量来细分消费者市场。消费者的欲望、需要和购买行为不仅受人口变量影响，而且受心理变量影响，所以还要进行心理细分。生活方式是人类与一定的社会条件相互作用而形成的活动形式和行为特征的有机体。来自不同的亚文化圈、社会阶层或具有不同职业的人可能有不同的生活方式。

行为细分是指企业按照消费者购买或使用某种产品的时机、所追求的利益、使用者情况、某种产品的使用率、品牌忠诚度、待购阶段和消费者对产品的态度等行为变量来细分消费者市场。图 3－8 展示了借助不同的行为变量来细分一个市场的各种方法。

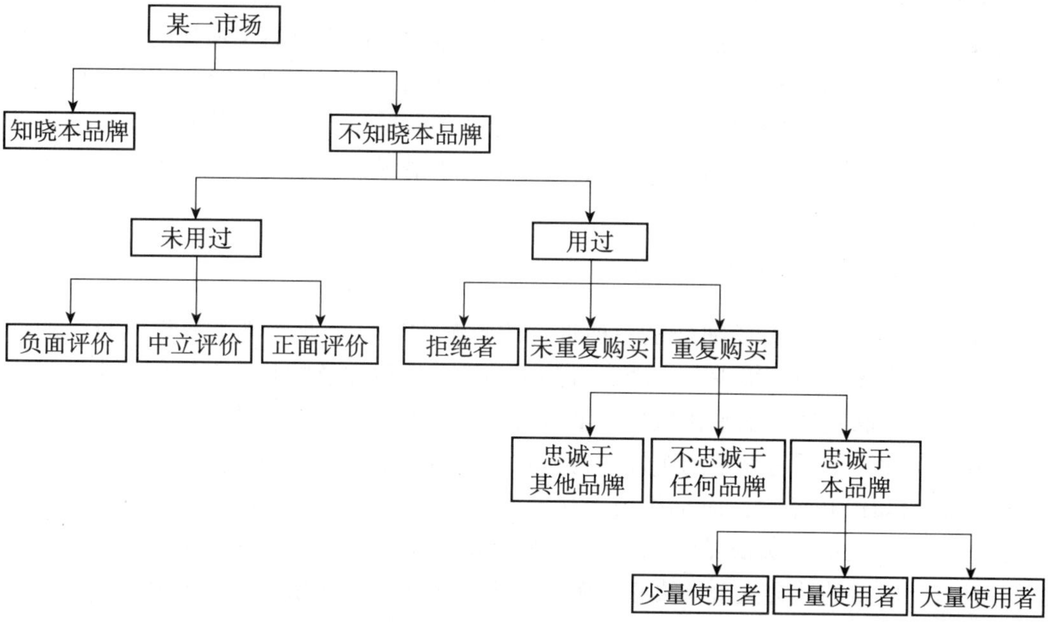

图 3－8 将各种不同的行为变量用于细分某一市场

时机细分是指根据消费者产生购买意向、实施购买行为或使用所购物品的时间进行市场细分。

品牌忠诚是指价格、质量等诸多因素使消费者对某一品牌的产品情有独钟并长期购买这一品牌产品的行为。品牌忠诚度的高低，可用客户重复购买次数、购买挑选时间和对价格的敏感程度等标准进行衡量。

（二）产业市场细分的依据

细分产业市场的变量，除了与消费者市场细分变量相同的变量（如利益、使用者、使用率、忠诚度、待购阶段、态度等），还有最终用户、客户规模、客户位置、采购方式等常用的变量。

由于存在不同的市场结构（例如市场被分成产业市场和消费者市场），因而需要采取两阶段细分的方法：第一阶段将市场划分为比较容易界定的若干群体，第二阶段进行更加彻底的市场细分（如图3－9所示）。

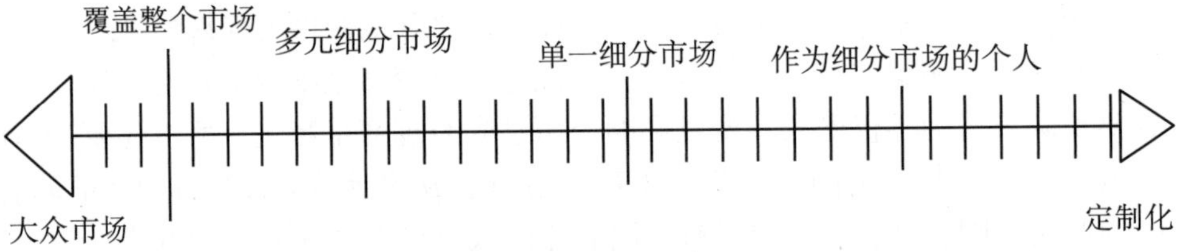

图3－9　市场细分由粗到细

（三）市场细分的有效标志

有效的市场细分，必须使细分后的市场具备如下条件：（1）可区分性，即在不同的子市场之间，在概念上可清楚地加以区分。（2）可测量性，即细分后子市场的大小及其购买力的数据资料能够测量和推算，否则，将不能作为制定营销方案的依据。（3）可进入性，即细分后的子市场应能够借助营销努力进入，企业的营销组合策略等能够在该市场上发挥作用。（4）可盈利性，即细分后的市场有足够的需求潜量且有一定的发展潜力，其规模足以使企业获利。

（四）数字化时代的市场细分

由上可知，传统的市场细分是一种垂直的营销方法，企业基本上是根据自己的标准自上而下进行市场细分，很少考虑消费者的主动性。值得注意的是，互联网技术已经将我们带入了一个互联互通的水平化世界，消费者希望自己的个性为企业所重视。而且，消费者越来越社交化，不再是简单的个体。他们在决定所有购买产品或服务的品牌时，不再仅仅依赖自己的知识和经验，而是积极地从周围现实和虚拟环境中获取线索和更加详细的信息，来支持自己的购买决策。因此，企业在市场细分时，一定要将消费者理解成彼此关联并具有社区感的社会人群。真正了解一个人，关键是要了解这个人同其他人的关系或纽带。

在数字化时代，企业应在市场细分的同时，更加关注消费者的社区化。消费者是具有共同的目标、共享价值观和身份且在乎彼此的一群人，而不再是简单的个体。市场细分和社区化既有相似性又有差异性（如表3－2所示）。

表 3－2　市场细分与社区化

	市场细分	社区化
范式	客户作为个体	客户作为社区创造者
变量	地理、人口、心理、行为	目的性、价值观、身份识别
企业-客户关系	垂直化：客户作为被动的目标细分群体	水平化：客户作为积极的社区成员
目标	基于相似性对客户进行细分	基于内聚性和影响力的社区潜在身份识别

资料来源：科特勒，卡塔加雅，许丁宦．营销制胜．北京：中国人民大学出版社，2019：137.

二、市场选择

市场细分的目的在于有效地选择并进入目标市场。目标市场是指企业拟投其所好，为之服务，且其需求具有相似性的客户群。在市场细分的基础上，正确选择目标市场，是关系目标营销战略成败的关键环节。

（一）目标市场涵盖战略

企业在决定为哪些子市场服务，即确定目标市场涵盖战略时，有三种选择。

1. 无差异营销。**无差异营销**是指企业在市场细分之后，不考虑各子市场的特性，而只注重子市场的共性，决定只推出单一产品，运用单一的营销组合，力求满足尽可能多的客户的需求（见图 3－10）。这种战略的优点是产品的品种、规格、款式简单统一，有利于标准化及大规模生产，有利于降低生产、存货、运输、研发、促销等成本费用。其主要缺点是单一产品要以同样的方式广泛销售并让所有购买者都满意是不可能的。特别是当同行业中有几家企业都实行无差异营销时，在较大的子市场中的竞争将会更加激烈，而在较小的子市场中的需求却得不到满足。由于较大的子市场内的竞争异常激烈，因而往往是子市场越大，利润越小。这种追求最大子市场的倾向叫作“多数谬误”。多数谬误是指过多的企业都把同一个子市场作为目标市场，共同争夺市场潜量有限的客户群体，造成某种产品供给远远超出市场需求的情形。充分认识这一谬误的严重性，能够增强企业进入较小子市场的兴趣。

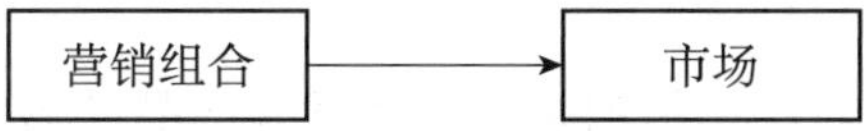

图 3－10　无差异营销

2. 差异营销。**差异营销**是指企业决定同时为几个子市场服务，设计不同的产品，并在渠道、促销和定价方面都加以相应的改变，以适应各个子市场的需要（见图 3－11）。定制化营销（customization marketing）是指数字经济条件下企业与客户实时互动，并为客户量体裁衣式地定制其所需产品或服务的一种颇具竞争力的营销方式。企业的产品种类如果同时在几个子市场都占有优势，就会提高消费者对企业的信任感，进而提高重复购买率；而且，通过多样化的渠道和产品线进行销售，通常会使总销售额增加。差异营销的主要缺点是会使企业的生产成本和营销费用（如产品改进成本、生产成本、管理费用、存货成本、促销成本等）增加。

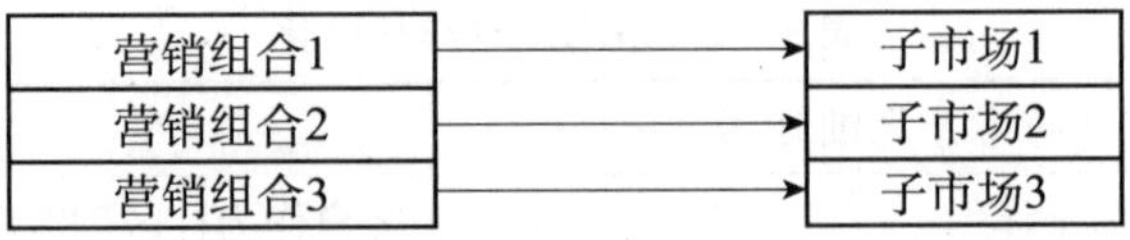

图 3－11　差异营销

有些企业曾实行超细分战略，即许多市场被过度地细分，导致产品价格不断上涨，影响产销数量和利润。于是，一种被称为反市场细分的战略应运而生。反市场细分战略并不反对市场细分，而是“异中求同”地将多个过于狭小的子市场组合起来，以便能以较低的价格去满足这一市场的需求。

3. 集中营销。**集中营销**是指企业集中所有力量，以一个或少数几个性质相似的子市场作为目标市场，试图在较小的子市场上获得较高的市场份额（见图 3－12）。实行集中营销的企业，一般是资源有限的中小企业，或是初次进入新市场的大企业。由于服务对象比较集中，对一个或几个特定子市场有较深入的了解，而且在生产和营销方面实行专业化，因此，可以比较容易地在这一特定市场取得有利地位。如果子市场选择得当，企业可以获得较高的投资收益率。但是，实行集中营销有较大的风险，因为目标市场范围比较狭窄，一旦市场情况突变、竞争加剧或消费偏好改变，企业可能陷入困境。

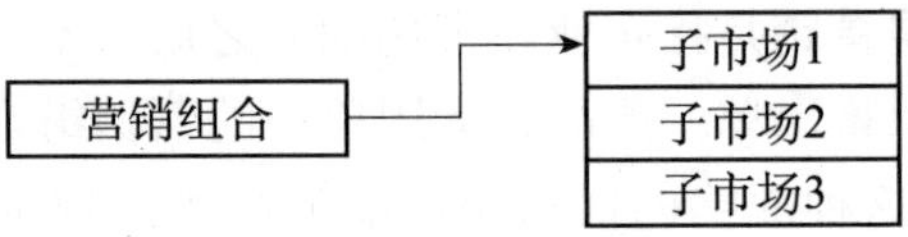

图 3－12　集中营销

（二）目标市场涵盖战略的选择

上述三种目标市场涵盖战略各有利弊，企业在选择时需考虑五方面的因素：

1. 企业资源。如果企业资源雄厚，可以考虑实行差异营销；否则，最好实行无差异营销或集中营销。

2. 产品同质性。产品同质性是指产品在消费者感知性能、特点等方面相似的程度。对于同质产品或需求上共性较大的产品，宜实行无差异营销；反之，对于异质产品，则应实行差异营销或集中营销。

3. 市场同质性。市场同质性是指消费者在对某一产品的需要、欲望、购买行为以及对企业营销战略的反应等方面相同或者相似的程度。如果市场上所有客户在同一时期偏好相似，购买的数量相似，并且对营销刺激的反应相似，则可视为同质市场，宜实行无差异营销；反之，则为异质市场，宜采用差异营销或集中营销。

4. 产品所处的生命周期阶段。处在导入期和成长期的新产品，营销的重点是启发和巩固消费者的偏好，最好实行无差异营销或针对某一特定子市场实行集中营销；当产品进入成熟期后，市场竞争激烈，消费者需求日益多样化，可改用差异营销战略以开拓新市场，满足新需求，延长产品生命周期。

5. 竞争者目标市场涵盖战略。一般说来，企业的目标市场涵盖战略应与竞争者有所区别，反其道而行之。如果强大的竞争者实行无差异营销，则企业应实行集中营销或更深一层的差异营销；如果企业面临的是较弱的竞争者，必要时可采取与之相同的战略，凭借实力击败竞争对手。

除了对目标市场进行传统的评估之外，还要仔细考察每个目标市场的内部适应性（如图 3－13 所示）。

细分市场的吸引力 \ 企业的资源优势	强	弱
大	最好的情况 细分市场有吸引力，且适合企业资源	较差的情况 细分市场有吸引力，但不适合企业资源
小	较差的情况 细分市场无吸引力，但适合企业资源	最差的情况 细分市场无吸引力，也不适合企业资源

图 3－13　细分市场的吸引力与企业的资源优势

分析表明，有些目标市场之所以没有吸引力，主要原因就在于：（1）目标市场的选择及其需求满足与企业的组织结构和业务流程不协调；（2）企业目前还没有能力满足该目标市场的需求；（3）现有管理程序和营销战略尚不完善，需要先找出存在问题并加以改进之后才能够有效地对目标市场施加影响。

三、市场定位

企业选择目标市场之后会发现，在同一市场上有许多同种产品出现。为了使自己生产或销售的产品获得稳定的销路，企业需要从各方面赋予产品一定的特色，树立产品鲜明的市场形象，以求让客户形成稳定的认知和特殊的偏爱，这就是市场定位。

市场定位是指企业针对潜在客户的心理进行营销设计，创立产品、品牌或企业在目标客户心目中的某种形象或个性特征，保留深刻的印象和独特的位置，从而取得竞争优势。市场定位的实质是在目标市场上取得竞争优势，确定产品在客户心目中的适当位置并留下深刻的印象，以吸引更多的客户。图 3－14 展示的是一家车险公司的服务特色和市场定位。

（一）市场定位的步骤

企业市场定位的全过程可以通过三个步骤来完成，即确认本企业的竞争优势，准确选择相对竞争优势，明确显示独特的竞争优势。

（二）市场定位的依据

1. 产品属性定位。在确定产品定位和客户偏好的过程中，企业可以从消费者那里了解产品的重要属性、本企业品牌的市场位置、其他品牌的市场位置等，从而形成感知定位图。这是一种借助图形的各种维度描述产品或品牌在消费者心目中地位的方法。借助感知

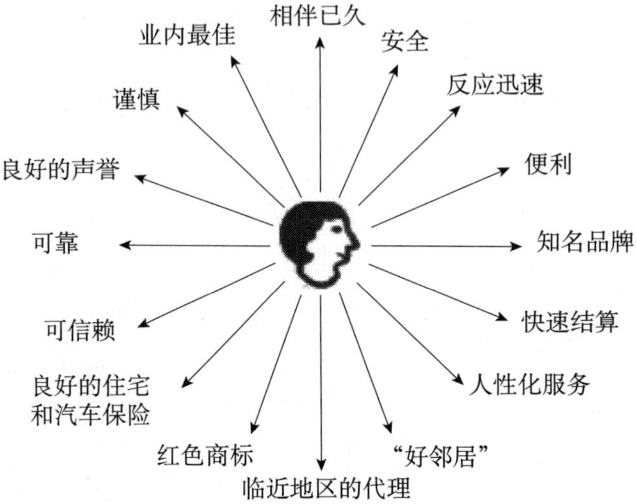

图 3－14　车险公司的市场定位

定位图，企业可以很好地区分与竞争品牌相比的竞争优势，采取有效的营销行动。

2. 客户利益定位。它是指根据产品带给消费者的某项特殊利益定位。如一些连锁超市强调"天天平价"，以吸引精打细算的消费者。

3. 产品用途定位。它是指根据产品的某项用途定位。如广告词为"怕上火喝王老吉"的王老吉凉茶，定位于消暑降火的功能饮料。

4. 使用者定位。它是指针对不同的产品使用者进行定位，从而把产品引导给某一特定客户群。

5. 使用场合定位。它是指一些产品用多种不同的使用场合进行定位。如小苏打可以作为冰箱除味剂，也可以作为调味汁和卤肉的配料，不同的企业可以据此进行不同的定位。

6. 竞争者定位。它是指以某知名度较高的竞争者为参考点来定位，在消费者心目中占据明确的位置。如七喜饮料的广告语"七喜非可乐"在一定程度上强化了七喜在消费者心目中的形象。

7. 质量价格组合定位。如海尔家电产品定位于高价格、高品质，华联超市定位于"天天平价，绝无假货"。

新启迪3-2

市场定位与信息收集

收集关于定位的定量信息，最简单的一种方法是测量态度或属性。这种方法将受访者在区分和选择不同产品时所考虑的主要因素纳入调查项目，对受访者进行单独访问，或者通过网络调查或电话访问的调查方式来收集信息，将要调查的这些因素用语义级差表呈现给受访者进行选择。

图 3－15 中的语义级差表是对商店形象和定位所做的一次调查。这里要求受访者对两个竞争性商店的六个重要属性进行评比，而这六个属性是在进行定量调查之前就确定下来的，包括：质量、价格、员工服务态度、产品范围、现代化程度和停车便利程度。图中只给出了一个受访者的答案，显示了该受访者对理想中的商店的描绘，即理想商店在上述属

性方面是如何表现的。从最终目的来考虑，可以对调查样本中的受访者进行平均分组，并且通过这样的分组来看在定位和要求方面的不同。需要指出的是，如果理想化的要求在所调查的样本中差距很大，就可以首先使用聚类分析法对样本进行分组，然后再确定对细分市场的其他备选要求。

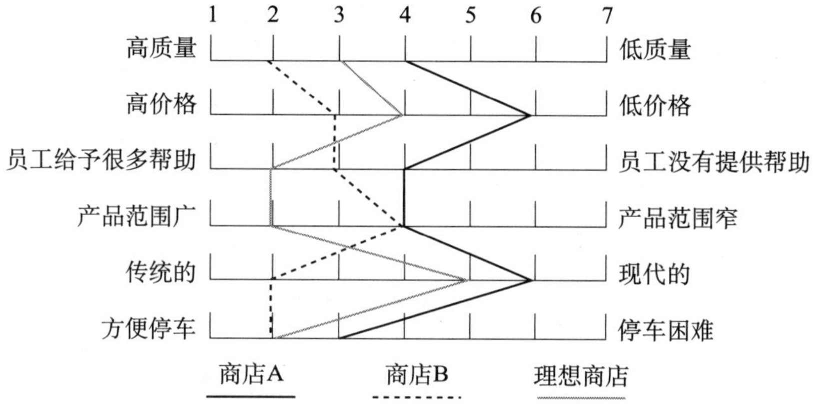

图 3－15　通过语义级差法建立商店形象

（三）市场定位的方法

1. 初次定位。它是指新创办企业初入市场，企业新产品投入市场，或产品进入新市场时，企业通过营销组合使产品特色符合所选择的目标市场的过程。

2. 重新定位。它是指企业改变产品特色，改变目标客户对其原有的印象，使目标客户对其产品形象有一个重新认识的过程。

市场竞争局势和购买者需求偏好是千变万化的，因此，企业有时会因时代特征、社会文化的变化而修正定位或重新定位。借助感知定位图（如图 3－16 所示）可以说明速溶咖啡的重新定位过程。感知定位图是消费者感知和偏好的视觉表征，展示了市场状况的定量描述以及消费者看待不同产品、服务和品牌的视角维度。消费者在感知 A、B、C、D 四种品牌速溶咖啡口味浓淡及其个性形象（新潮或传统）的差异，显示了三个细分市场的浓淡口味与新老形象的最理想组合，即理想点。细分市场 3 偏好味浓传统的速溶咖啡，品牌 D 恰好具备上述特点，能够很好地满足细分市场 3 的需求。品牌 A 的口味和形象比较适中，但是任何细分市场都不需要它。品牌 B 和 C 则分别适应了细分市场 1 和 2 的需求。为使速溶咖啡体现出与时俱进、前卫新潮的新形象，品牌 A 可以转移至 A′位置去吸引细分市场 1，在形象上与品牌 B 一致，而在口味上则彰显差异。品牌 A 也可以向 A″ 位置转移，在口味上与品牌 C 一致，同时保持形象上的差异。在重新定位过程中，是选择向 A′还是 A″ 位置转移，要考虑企业资源能力、竞争者意图、市场需求趋势等多种因素。

企业在重新定位时，首先，应考虑将品牌转移到另一个细分市场所需要的成本，包括产品品质改变费用、包装费用和广告费用。一般来说，定位修正或再定位的跨度越大，所需成本越高。其次，要考虑品牌定位于新位置后可能产生的收益。收益大小是由以下因素决定的：某一目标市场的消费者人数，消费者的平均购买率，同一细分市场竞争者的数量

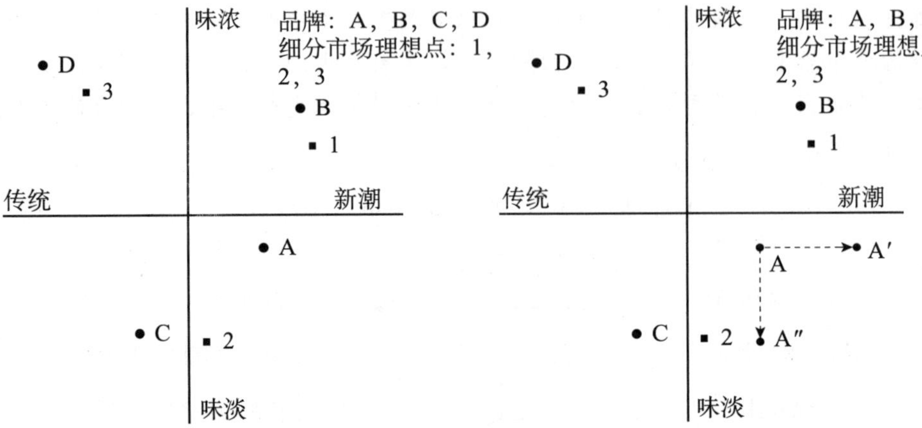

（a）速溶咖啡的原有定位　　（b）速溶咖啡的新定位

图 3－16　速溶咖啡的重新定位

和实力，以及在该细分市场中为品牌修正或再定位要付出的代价。

3. 对峙定位。它是指企业选择靠近现有竞争者或与现有竞争者重合的市场位置，争夺同样的客户，彼此在产品、价格、分销及促销等方面差别不大。

4. 避强定位。它是指企业回避与目标市场上的竞争者直接对抗，将自身的位置确定于市场的“空白点”，开发并销售目前市场上还没有的某种特色产品，开拓新的市场领域。

（四）竞争参照框架

苹果首次推出 iPhone 时就非常重视品牌定位，及时告知消费者该品牌不是以前的通信设备以及为什么它优于其他品牌。这个类别不仅是由品牌名称引起的，而且是通过将 iPhone 与传统手机进行初次广告比较。一旦人们了解了 iPhone 的主要通信功能，就会引入一些额外功能，比如互联网搜索和电子邮件，以强调其与其他手机的不同之处。这就是竞争参照框架的妙用。

竞争参照框架是指企业在营销调研预测的基础上对目标市场和竞争品牌的细致描述和深入分析。竞争品牌是指满足相同市场需求、向同一目标市场提供各种质量、特色、规格和型号产品或服务的不同品牌。

在品牌定位实践中，企业首先要基于目标市场的客户需求分析及潜在市场潜量判断，确定品牌所在的竞争产品大类；然后，企业通过共同点和差异点分析，将竞争产品大类中与本品牌最具有竞争性的生产者和目标市场确定为本品牌的竞争参照框架。之后，企业还要向目标市场传播这种参照框架。品类成员是指构成某一产品大类、具有某种共同特征的各种产品或品牌。洗发水、牙膏、沐浴乳都是便利品（日用品）品类的成员，而牙膏又是中华牙膏、田七牙膏、高露洁牙膏等成员组成的产品品类。品牌有时会被客户接纳为某一品类成员，然而事实上该品牌标识设计者或生产者并不属于此品类，这时企业就要使客户知晓品牌的实际身份，向目标客户群体传播自己的品牌身份。

表明品牌所属的产品大类的主要途径是传递品类利益、举例比较以及产品描述。当品牌进入已具有众多品牌的产品品类时，品牌定位最大的挑战是如何找到长期存在的差异点。

第3节　营销计划实施

确定了市场细分、市场选择和市场定位战略之后，还需要制定、实施企业的营销计划，建立营销组织，实施营销控制（如图3－17所示）。

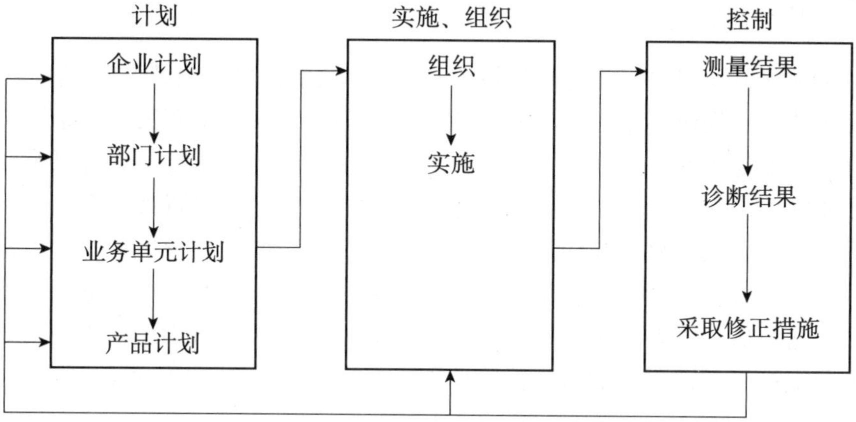

图3－17　营销计划、实施、组织、控制

一、营销计划

（一）SWOT分析

SWOT分析是制定营销计划的基础。它是指将企业内部优势劣势和外部环境的机会和威胁用矩阵形式排列，然后用系统分析的方法，把各种因素相互匹配加以分析，从中得出相应结论的决策过程。其中，S（strengths）是优势，W（weaknesses）是劣势，O（opportunities）是机会，T（threats）是威胁。战略应是一个企业“能够做的”（即企业强项和弱项）和“可能做的”（即环境机会和威胁）之间的有机组合（如图3－18所示）。

内部	优势 有助于企业实现目标的内部能力	劣势 对企业实现目标的能力造成干扰的内容限制
外部	机会 企业可以用来发挥优势的外部因素	威胁 对企业绩效形成挑战的现有外部因素和潜在外部因素
	积极	消极

图3－18　SWOT分析

（二）营销计划的含义和类型

营销计划是指在企业结合当前营销状况（包括市场状况、产品状况、竞争状况、分销状况和宏观环境状况等）进行 SWOT 分析，并对财务目标和营销目标、营销战略、营销行动方案以及预计利润表的确定和控制过程。无论是对营销部门还是对其他职能部门而言，营销计划都具有重要作用，它往往是其他行动计划的起点，包括产品计划、品牌计划、市场计划等。

（三）营销计划的内容

营销计划主要由以下八个部分组成：（1）内容摘要：可使管理层迅速抓住计划的要点。（2）营销状况：提供与市场、产品、竞争、分销和宏观环境有关的背景数据。（3）机会和威胁分析：概述企业外部的主要机会与威胁、企业内部的优势与劣势以及在计划中必须注意的主要问题。（4）营销目标：确定想要达到的销售量、投资报酬率、市场份额、利润额等目标。（5）营销战略：描述为实现计划目标而采用的主要营销方法。包括目标市场的选择和市场定位战略、营销组合策略、费用水平预估等。（6）行动方案：回答应该做什么、谁来做、何时做、需要多少成本等。（7）预计的利润表：概述计划所预期的财务收益情况。（8）营销控制：说明将如何监控该计划的实施（如表 3－3 所示）。

表 3－3　营销计划的内容

内容摘要

对计划的主要目标进行简要概括，帮助高层管理者迅速掌握计划要点。

当前营销形势

目标市场和企业地位，包括市场、产品偏好、竞争和分销方面的信息：

- 市场描述：界定子市场，评价营销环境中可能影响购买行为的因素。
- 产品总述：显示产品线及产品的销售额、价格和毛利。
- 竞争总述：说明企业的主要竞争对手及其市场定位，本企业为产品质量、定价、分销和促销所制定的战略。
- 分销总述：描述近期销售趋势和主要分销渠道发展动态。

机会和威胁分析

阐明产品可能面对的主要威胁和机会，帮助管理层掌握对企业及其战略可能有重要影响的发展趋势和动态。

目标和问题

陈述企业在计划期内要实现的营销目标，以及可能影响目标实现的关键问题。

营销战略

概述业务单位为创造客户价值和关系所依据的总体营销思维逻辑，以及目标市场、市场定位和营销支出水平等具体情况。企业将如何为客户创造价值以获取客户价值回报？营销战略阐释每个营销组合要素的具体战略，并且解释每项战略如何对可能出现的威胁、机会及其他关键问题作出回应。

行动计划

清楚地说明营销战略如何转化为特定的行动计划，以回答下述问题：做什么？何时做？谁对此负责？花费多少？

预算

详述支持性的营销预算，编制损益表。预算要精确显示预期收益（预测的销售量和平均净价）与预期成本（生产、分销和营销）。预算一经管理层批准，就成为原材料采购、生产计划、人员计划和营销运作的基础。

续表

控制
概述用于监测进展的控制措施，使管理层能够了解实施结果并发现未能实现目标的产品，列明测量营销投资回报的方法。

二、营销计划实施

分析营销环境、制定营销战略和营销计划是解决营销活动“应该做什么”“为什么要这样做”的问题；而营销计划实施则是要解决“由谁去做”“什么时候做”“怎样做”的问题。营销计划实施是指将营销计划转化为行动方案的过程，以期完成使命，实现计划目标。

（一）营销计划实施步骤

1. 制定行动方案。为了实施营销战略，必须制定详细的行动方案，明确营销战略实施的关键决策和任务，并将执行决策和任务的责任落实到个人或小组。另外，还应包含具体的时间表，定出行动的确切时间。

2. 建立组织结构。组织结构是企业在职、责、权方面的动态结构体系，其本质是为实现组织战略目标而采取的一种分工协作体系。企业的正式组织在营销计划实施过程中起着决定性作用。组织结构必须同企业战略相一致，同企业本身的特点和环境相适应，通过明确的分工和有效的协调，实现内部各项决策和行动。

3. 设计决策和报酬制度。决策和报酬制度直接关系到营销计划实施的成败。

4. 开发人力资源。营销计划最终是由企业内部的工作人员来实施的，人力资源的开发涉及人员的考核、选拔、安置、培训和激励等问题。

5. 建设企业文化。企业文化是一个企业内部全体人员共同持有和遵循的价值标准、基本信念和行为准则，包括企业环境、价值观念、模范人物、仪式、文化网五个要素。良好的企业文化能够把全体员工团结在一起，为营销计划实施奠定坚实的基础。

6. 确定管理风格。管理风格指在管理过程中所一贯坚持的原则、目标及方式等方面的总称。管理风格与企业文化直接关联，不同的战略要求不同的管理风格，这主要取决于企业的战略任务、组织结构、人员和环境。

（二）营销计划实施的常见问题

企业在实施营销计划过程中出现问题的原因主要有以下几个方面：（1）计划脱离实际。企业的营销战略和营销计划通常是由上层的专业计划人员制定的，而实施则要依靠营销管理人员。（2）长期目标和短期目标相矛盾。营销战略通常着眼于企业的长期目标，涉及今后3～5年的经营活动。但对具体实施这些战略计划的营销人员通常是根据他们的短期工作绩效，如销售量、市场份额或利润率等指标来进行评估和奖励的。因此，营销人员常选择短期行为。（3）因循守旧的惰性。新的战略如果不符合企业的传统和习惯就会遭到抵制。（4）缺乏明确具体的实施方案。

三、营销组织

营销组织是指企业内部涉及营销活动的各个职位及其结构。有效的组织能够跟随市场变化和技术革新而不断地进行自我调整。我国线上经济全球领先，在疫情防控中发挥了积极作用，线上办公、线上购物、线上教育、线上医疗蓬勃发展并同线下经济深度交融。数字经济的发展也会给营销组织的创新带来机会和挑战。

新启迪3-3

营销部的演变

企业的营销部是随着营销管理哲学的不断发展演变而来的，大致经历了单纯的销售部、兼有附属职能的销售部、独立的营销部、现代营销部、现代营销企业五个阶段。

单纯的销售部

将生产观念奉为营销哲学的企业大都采用这种形式。一般说来，所有企业都是从财务、生产、销售和会计这四个基本职能部门开始发展的。财务部负责资金的筹措，生产部负责产品制造，销售部通常由一位副总经理负责，管理销售人员，兼管若干营销调研和广告宣传工作（见图3－19（a））。在这个阶段，销售部的职能仅仅是推销生产部生产出来的产品，生产什么、生产多少、销售什么、销售多少、库存管理等完全由生产部决定，销售部对产品的种类、规格、数量等问题，几乎没有发言权。

兼有附属职能的销售部

将推销观念奉为营销哲学的企业需要进行经常性的营销调研、广告宣传以及其他促销活动，这些工作逐渐变成专门的职能，当工作量达到一定程度时，便会设立一名营销主任，负责这方面的工作（见图3－19（b））。

独立的营销部

随着企业规模和业务范围的进一步扩大，原来作为附属性工作的营销调研、新产品开发、广告促销和为客户服务等营销职能的重要性日益增强。于是，营销部成为一个相对独立的职能部，作为营销部负责人的营销副总经理同销售副总经理一样直接受总经理的领导，销售和营销成为平行的职能部门（见图3－19（c））。

现代营销部

尽管销售副总经理和营销副总经理需要配合默契和相互协调，但是他们之间往往是一种彼此敌对的关系。销售副总经理倾向于短期行为，侧重于取得眼前的销售量；而营销副总经理多着眼于长期效果，侧重于制定适当的产品计划和营销战略，以满足市场的长期需要。销售部和营销部之间矛盾冲突的解决过程，形成了现代营销部的基础，即由营销副总经理全面负责，下辖所有营销职能部和销售部（见图3－19（d））。

现代营销企业

企业仅仅有了上述现代营销部门，还不等于是现代营销企业。现代营销企业取决于企业内部各种管理人员对待营销职能的态度，只有当所有的管理人员都认识到企业一切部门的工作都是“为客户服务”，“营销”不仅是一个部门的名称而且是一个企业的经营哲学时，这个企业才能算是一个“以客户为中心”的现代营销企业。

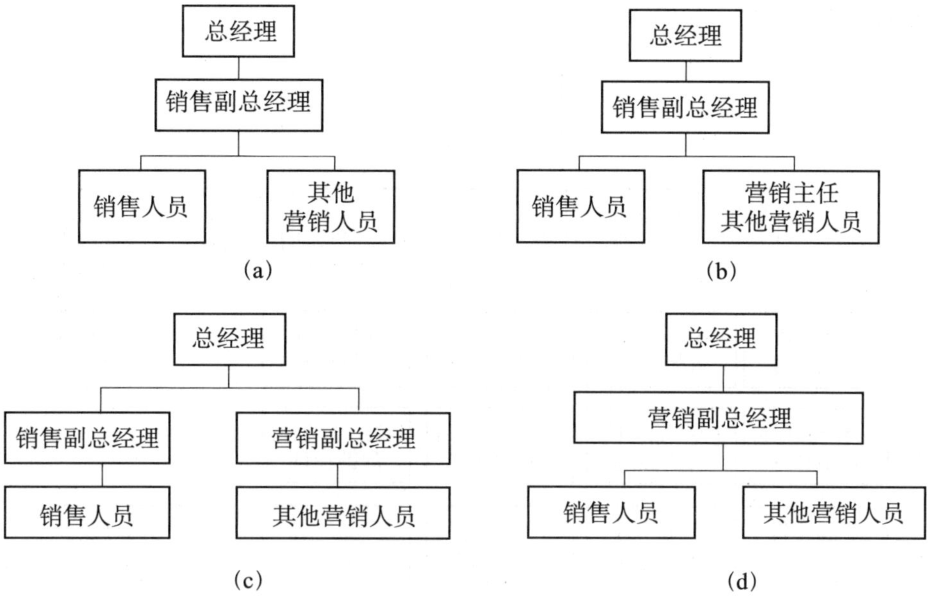

图 3－19 营销部的演变

（一）职能型组织

这是最古老也最常见的营销组织形式。它强调营销各种职能如销售、广告和调研等的重要性。从图 3－20 可以看出，该组织形式把销售职能当成营销的重点，而广告、产品管理和调研职能则处于次要地位。

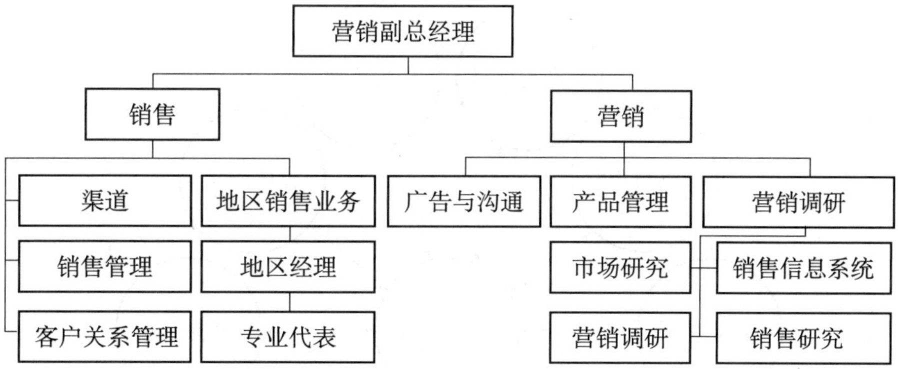

图 3－20 职能型组织

（二）产品型组织

产品型组织是指在企业内部按产品类型或类别设立组织机构和负责人的制度，用以协调职能型组织中的部门冲突。在企业所生产的产品差异很大、产品品种太多，以至于按职能设置的营销组织无法处理的情况下，建立产品经理组织制度是适宜的。其基本做法是，由一名产品营销经理负责，下设几个产品大类经理，产品大类经理之下再设几个具体产品经理负责各具体的产品（如图 3－21 所示）。

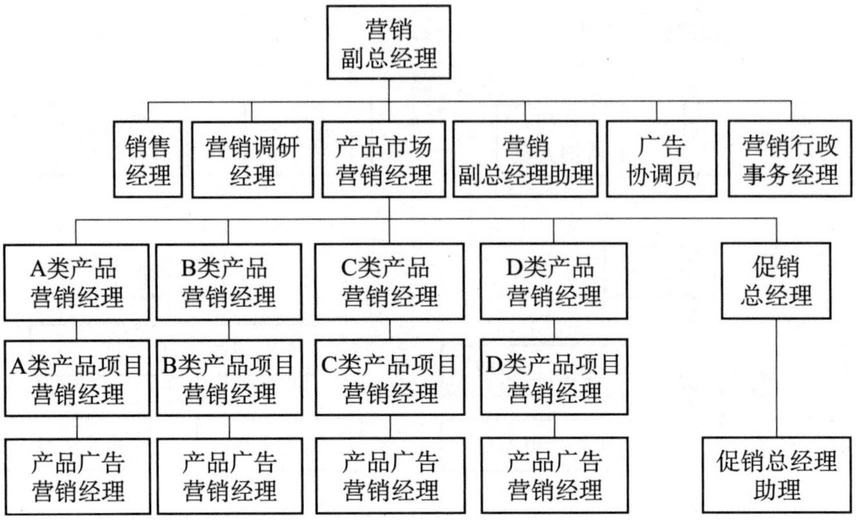

图 3－21　产品型组织

有一种产品型组织可称为辐射式系统（如图 3－22 所示），产品经理位于中间，辐射到有工作往来的各有关部门。产品经理的职责是制定产品开发计划并付诸实施，监测结果和采取改进措施。具体可分为六个方面：（1）发展产品的长期经营和竞争战略。（2）编制年度营销计划和进行销售预测。（3）与广告公司、经销商、代理商一起研究广告的文稿设计、节目方案和宣传活动。（4）激发推销人员和经销商经营该产品的兴趣。（5）收集产品、市场情报，进行统计分析。（6）倡导新产品开发。

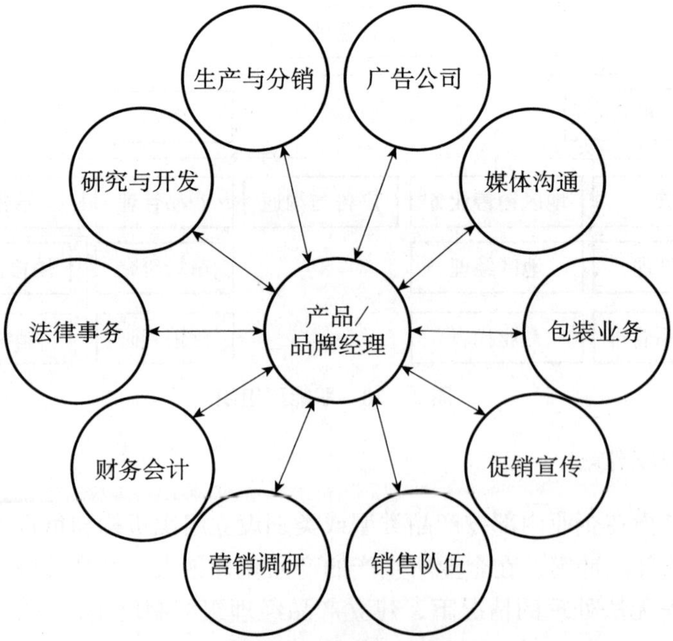

图 3－22　辐射式系统

产品型组织形式的优点在于产品经理能够有效地协调各种营销职能，并对市场变化做出积极反应；同时，由于有专门的产品经理，即使那些较小品牌的产品也不会被忽视。不过，该组织形式也存在不少缺陷。（1）缺乏整体观念。各个产品经理相互独立，他们会为保持各自产品的利益而产生摩擦。（2）部门冲突。产品经理未必具备确保其有效履行职责的应有权威，只能靠劝说的方法取得广告部、销售部、制造部和其他部门的配合与支持。（3）多头领导。由于权责划分不清楚，下级可能会得到多方面的指令。例如，产品广告经理在制定广告战略时接受产品营销经理的指导，而在预算和媒体选择上则受制于广告协调部。

产品型组织还可以采取产品团队的形式，有垂直型、三角型和水平型（如图 3－23 所示）。在采取三角型和水平型产品团队形式时，每一个主要品牌都要接受品牌资产管理团队（由影响品牌绩效的各相关职能部门代表组成）的管理。

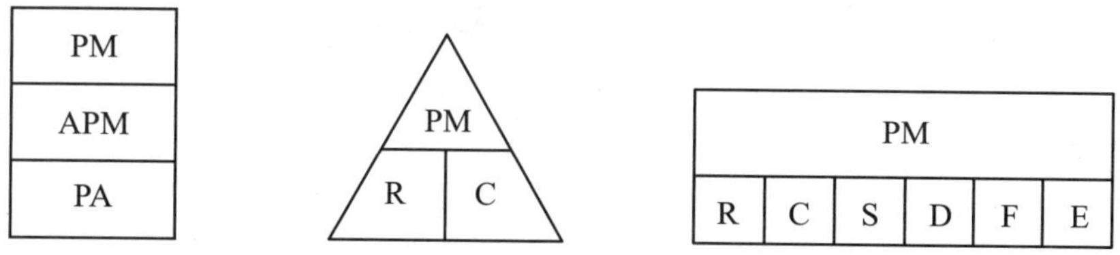

（a）垂直型产品团队　（b）三角型产品团队　（c）水平型产品团队

PM= 产品经理　APM= 产品副经理　PA= 产品助理　R= 市场分析员　C= 传播专员
S= 销售经理　D= 分销专员　F= 财务专员　E= 工程师

图 3－23　产品团队的三种形式

（三）市场型组织

当企业拥有单一的产品大类，面对各种不同偏好的消费群体，以及使用不同的分销渠道时，建立市场型组织是可行的。许多企业都在按照市场系统安排其营销机构，使市场成为企业各部门为之服务的中心。

市场型组织是指按照客户群体或细分市场建立相应组织机构、安排管理人员的方法，其基本形态如图 3－24 所示。一名市场主管经理管理几名市场经理（市场经理又称市场开发经理、市场专家或行业专家）。市场经理开展工作所需要的职能性服务由其他职能性组织提供并保证。其职责是负责制定所辖市场的长期计划和年度计划，分析市场动向及企业应该为市场提供什么新产品等。他们的工作成绩常用市场份额的增加来判断，而不是看其市场现有盈利状况。市场型组织的优点在于，营销活动可以按照满足各类不同客户的需求来组织和安排，这有利于企业加强销售和市场开拓。其缺点是权责不清和多头领导，这与产品型组织类似。

（四）地理型组织

如果企业的营销活动面向全国，那么它会按照地理区域设置其营销机构（见图 3－25）。其机构设置包括：一名负责全国销售业务的销售经理，若干名区域销售经理、地区销售经理和地方销售经理。为了使整个营销活动更为有效，地理型组织形式通常与其他类型的组织形式结合起来使用。

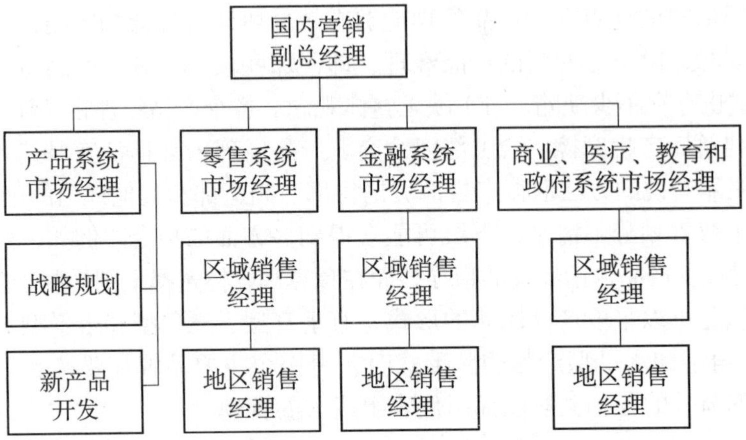

图 3－24　市场型组织

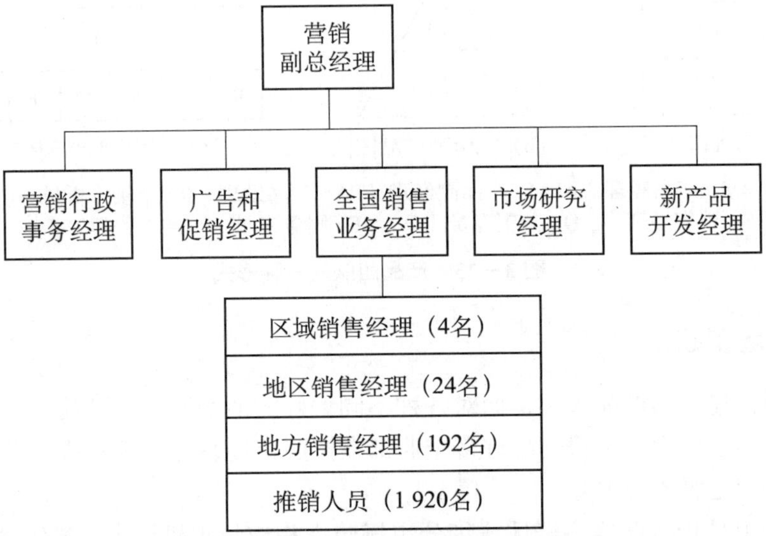

图 3－25　地理型组织

（五）矩阵型组织

矩阵型组织是职能型组织与产品型组织相结合的产物，它以直线指挥系统为职能部门组成的垂直领导系统为基础，又建立一种横向的领导系统，两者结合起来就组成一个矩阵的组织形式（见图 3－26）。

（六）营销部和其他部门的关系

为确保企业整体目标的实现，企业内部各职能部门应密切配合。但实际上，各部门间的关系常常表现为激烈的竞争和明显的不信任，其中有些冲突是由于对企业最高利益的不同看法引起的，有些是由于部门之间的偏见造成的，还有些则是由于部门利益与企业利益相冲突造成的。营销部和其他部门的分歧如表 3－4 所示。

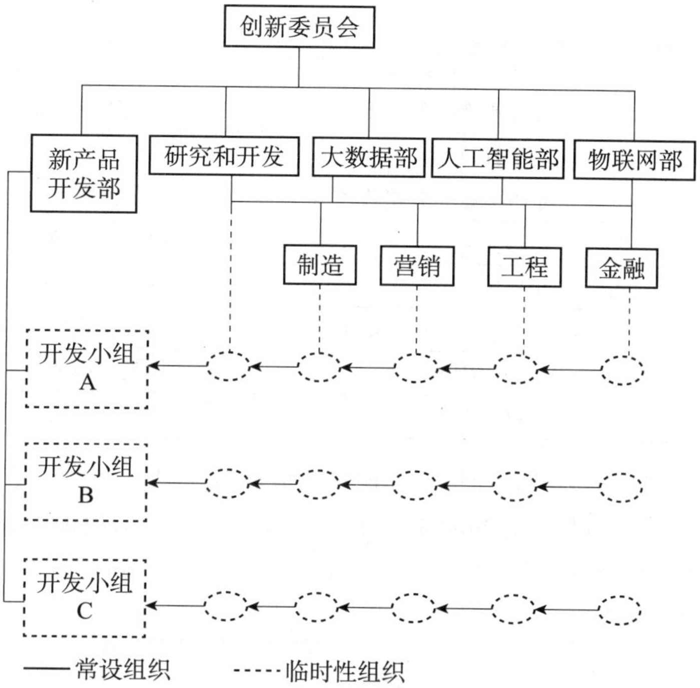

图3-26　矩阵型组织

表3-4　营销部与其他部门的主要冲突

部门	其他部门的侧重点	营销部的侧重点
研发部	基础研究	应用研究
	内在质量	直观质量
	功能特点	销售特点
工程部	设计前置时间长	设计前置时间短
	型号较少	型号较多
	标准部件	任意部件
采购部	产品线窄	产品线宽
	标准零件	非标准零件
	原材料价格	原材料质量
	经济批量采购	大量采购以防断档
	定期性采购	适应客户需要随时采购
制造部	生产前置时间长	前置时间短
	长期生产少数型号	短期生产多种型号
	型号不变	型号常变
	标准订货	随意订货
	产品结构简单	造型美观
	一般质量控制	严格质量控制

续表

部门	其他部门的侧重点	营销部的侧重点
财务部	按原则严格控制支出	根据直觉确定支出
	刚性预算	弹性预算
	定价着眼于补偿成本	定价着眼于市场开发
会计部	标准交易方式	特殊交易条件与折扣
	报告较少	报告较多
信用部	要客户全面公开财务状况	对客户价格低限度的使用调查
	长期信用风险	中期信用风险
	严格的信用条件	放松信用条件

在市场导向和客户导向型企业里，人们已达成如下共识：营销不仅是营销部的职能，而且是企业上下所有部门都应有的职能（如图 3－27 所示）。即使是最好的营销部，也不能弥补因其他部门缺乏对消费者的重视所带来的损失。客户导向型企业的各部门应具有“一切为了客户”的意识。

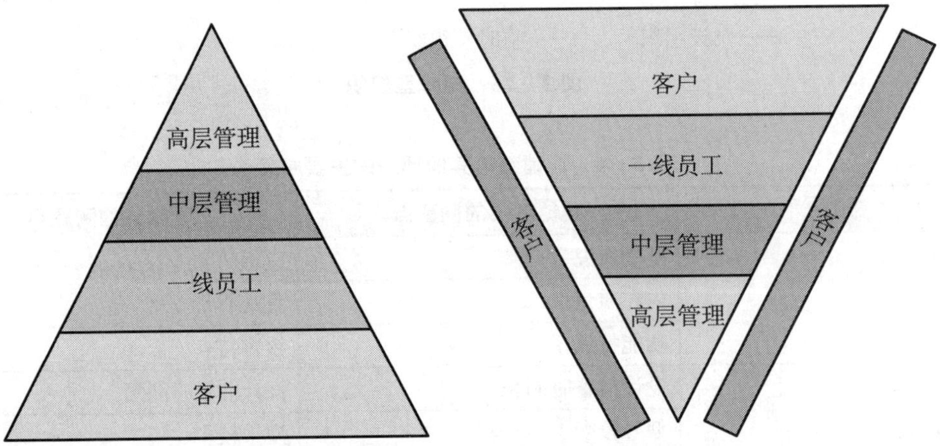

(a) 传统组织结构图　　(b) 客户导向组织结构图

图 3－27　客户导向型组织结构

四、营销控制

由于在营销计划的实施中会出现许多意外情况，因此营销的成功离不开对营销计划实施情况的监测、检查。**营销控制**是指通过检查营销计划的实施情况，看计划与实际绩效是否一致，如果不一致或没有完成计划，就要找出原因，并采取适当措施和正确行动，以保证营销计划完成的过程，实现有效的控制。营销控制的类型如表 3－5 所示。

（一）年度计划控制

年度计划控制是指企业在本年度内采取控制步骤，检查实际绩效与计划之间是否有偏差，并采取改进措施，以确保营销计划实现与完成的过程。年度计划控制的核心是目标管理，其目的是确保企业实现其年度计划中的销售、利润及其他目标（如图 3－28 所示）。

表 3－5　营销控制的类型

控制类型	主要责任人	控制目的	方法
年度计划控制	最高管理层和中层管理者	检查计划目标是否实现	销售分析，市场份额分析，营销费用对销售额比率分析，财务分析，基于市场的平衡计分卡分析
盈利能力控制	营销审计人员	检查企业哪些业务盈利或亏损	分析各产品、地区、客户群、销售渠道、订单等的盈利能力
营销效率控制	职能管理部门和营销审计人员	评价和提高效率	销售队伍、广告、促销、分销渠道的效率分析
营销战略控制	最高管理层和营销审计人员	检查企业在不同市场、产品和渠道的机会把握	营销效益等级评价，营销审计，营销杰出表现，企业道德与社会责任评价

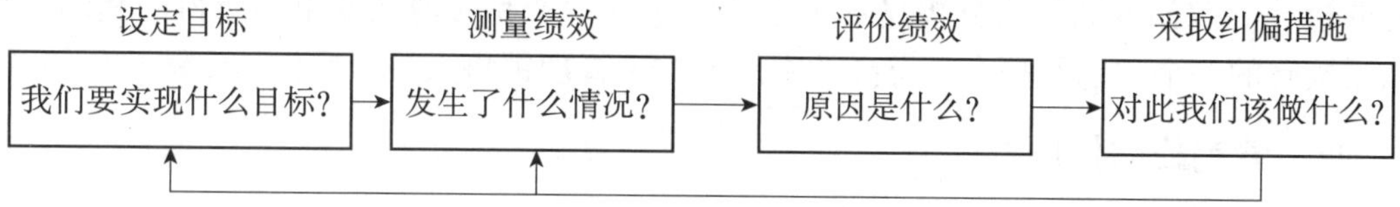

图 3－28　年度计划控制

年度计划控制需要检查与销售有关的营销费用，以确定企业在达到销售目标时的费用支出。营销费用对销售额比率是一种主要的检查方法。营销管理者的工作就是密切注意这些比率，以发现某个比率是否失去控制。当一项费用对销售额比率失去控制时，必须认真查找原因。某企业的营销费用 / 销售额比率为 30%，其构成是：销售队伍费用 / 销售额比率为 15%，广告费用 / 销售额比率为 5%，促销费用 / 销售额比率为 6%，营销调研费用 / 销售额比率为 1%，销售行政费用 / 销售额比率为 3%。管理层需要监控各种比率的异常波动。由图 3－29 可以看出，广告费用 / 销售额比率在 8%～12% 之间正常波动，但是在第 15 期比率出现异常，超过了控制上限。这种情况的出现有两个可能：一是企业费用控制良好，只是某些罕见的特殊事件所致；二是费用失控，此时，必须找出原因。由图 3－29 可知，广告费用 / 销售额比率从第 8 期开始持续上升，若每一次都是独立事件的话，6 次连续上升的概率只有 1/64。在第 15 期数据出现之前，就该对这种异常现象进行彻查。

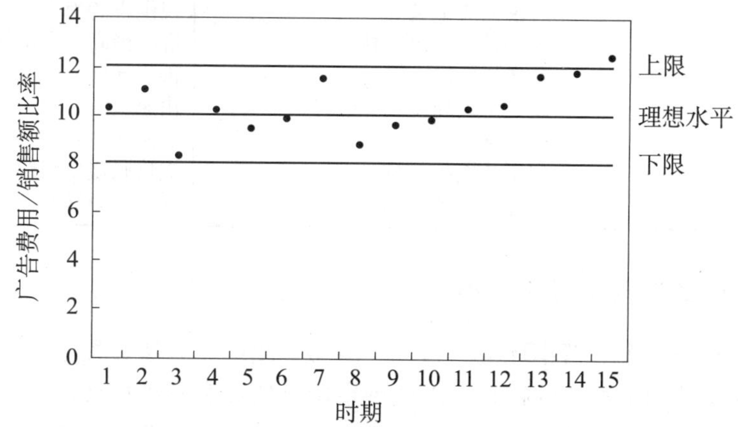

图 3－29　广告费用 / 销售额比率

（二）盈利能力控制

盈利能力控制是指通过测定不同产品、不同销售区域、不同客户群体、不同渠道以及不同订单规模等方面的盈利能力，对营销计划的实施情况进行监测、调控的过程。由盈利能力控制所获取的信息，有助于管理人员决定哪些产品的营销活动应该扩大、收缩或取消。一方面，企业可以通过对销售利润率、资产收益率、资产管理效率等财务比率指标进行分析，综合评估和考察盈利能力；另一方面，企业在对盈利能力进行详细分析的基础上，根据企业发展需要做出适当的调整，排除不利因素以更好地实现企业发展。

（三）营销效率控制

营销效率控制是指对销售人员、广告、促销、分销等方面的投入产出情况进行监测、调控的过程。假如盈利能力分析显示出企业关于某一产品、地区或市场所得的利润很少，那么紧接着的一个问题便是有没有高效率的方式来管理销售人员、广告、促销及分销。

（四）营销战略控制

由于营销环境变化很快，往往会使企业制定的目标、战略、方案失去作用。因此，营销控制必定涉及战略控制问题。营销战略控制是指企业采取一系列行动，使实际营销工作与原计划尽可能一致，通过不断审核和信息反馈，对营销战略不断修正完善，以确保取得最佳营销绩效的过程。表 3－6 展示了营销绩效较差、良好和卓越的营销实践。

表 3－6　提升营销绩效的最佳实践

较差	良好	卓越
产品驱动	市场驱动	驱动市场
大众市场导向	细分市场导向	利基市场导向和客户导向
提供产品	提供附加产品	提供客户解决方案
平均水平的产品质量	超过平均水平的产品质量	卓越的产品质量
平均水平的服务质量	超过平均水平的服务质量	卓越的服务质量
最终产品导向	核心产品导向	核心竞争力导向
职能导向	流程导向	结果导向
把主动权交给竞争对手	与竞争对手一致	超越竞争对手
利用供应链	考虑供应链偏好	视供应商为合作伙伴
利用经销商	为经销商提供支持	视经销商为合作伙伴
价格导向	品质导向	价值导向
平均速度	超过平均速度	快速反应
等级化	网络化	团队化
垂直型组织结构	扁平化组织结构	战略联盟型组织结构
股东驱动	利益相关者驱动	社会价值导向

（五）营销审计与营销投资回报

营销审计是对一个企业营销环境、目标、战略、组织、方法、程序和业务等进行全面性、系统性、独立性和定期性的核查，以便确定困难所在和各种机会，并提出行动计划的建议，改进营销管理效果。营销审计实际上是在一定时期对企业全部营销业务进行总体效果评价，其主要特点是不限于评价某些问题，而是对全部活动进行评价。

营销管理者需要经常测量营销投资回报，以便确定企业营销支出是否恰当。一些企业不顾财务回报便花费巨资投入大型营销方案，自认为营销投资对打造品牌和建立客户偏好总会产生无形的收益，没必要紧盯着财务数据。但是，在经济下行环境下必须将营销活动和财务绩效结合起来考虑。营销投资回报率作为测量营销绩效的重要指标，是指营销投资的净回报除以营销投资成本。不少企业开始用客户导向的测量指标来审核获得客户、维系客户、客户终身价值和客户资产等对营销回报的影响。图 3－30 表明，营销费用的投资回报就是更有价值的客户关系，也就是说，营销投资可产生持续改善的客户价值和客户满意，进而提升获得新客户和维系老客户的能力，最终增加单个客户的终身价值和企业总体的客户资产。

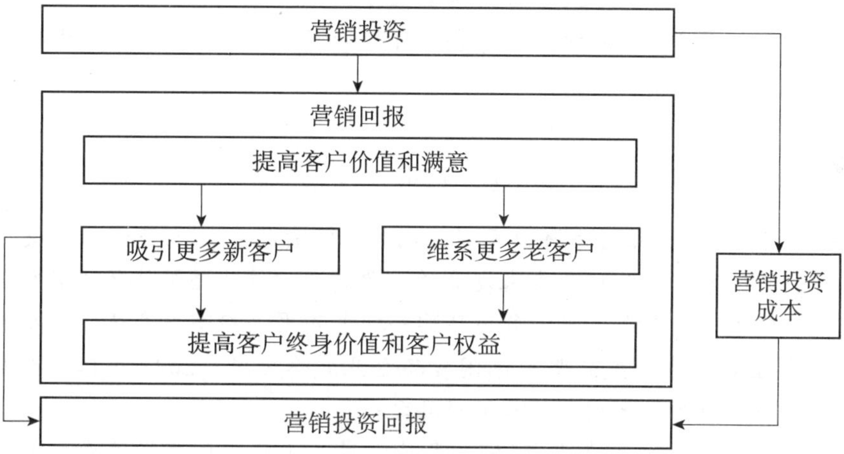

图 3－30　营销投资回报率

本章小结

一个企业发展成功与否，最终取决于能否制定出切实可行的长期战略计划，以及实施战略计划的具体条件和能力。只有那些具备明确的发展愿景、使命目标和市场定位的企业，才能在日趋复杂的营销环境中保持主导地位，而不会被竞争对手所击垮。战略计划过程就是明确企业前瞻性、全局性、基础性、针对性发展问题的过程。实施市场细分、市场选择和市场定位等在内的目标营销战略，可以确保在营销实践中抓重点、补短板、强弱项，有效地满足市场需求。营销计划的制定实施、组织、控制，是企业管理营销活动的关键环节。建立高效率的营销组织，妥善处理好营销部门与其他职能部门的关系，站在战略的高度，努力增强总揽全局的能力，加强营销计划实施进展的监控和营销审计，对于取得整体营销管理的成功至关重要。

即测即评

扫描二维码可在线自测并查看答案。

基本概念

营销战略	战略计划过程	战略业务单位	市场增长率
市场份额	密集增长	一体化增长	多元化增长
无差异营销	差异营销	集中营销	市场定位
竞争参照框架	营销计划	营销组织	营销控制
营销审计			

思考题

1. BCG 矩阵法和 GE 矩阵法有哪些内在的联系和相同点？
2. 消费者市场细分和产业市场细分有哪些差异？
3. 为了确保营销战略计划顺利实施，营销部应如何处理好和其他职能部门的关系？

本章案例

洽洽的“坚果+”战略

2020 年，疫情改变了人们的消费习惯，尤其在零食行业，消费者对于健康、安全的需求大幅提升，健康零食成为行业未来发展的重要趋势。作为坚果休闲食品行业龙头企业的洽洽，依托“坚果 +”战略，凭借多年品牌和技术积累，在坚果赛道上成功领跑，由全球领先的瓜子企业向全球领先的坚果休闲食品企业战略迈进。2021 年春节期间，洽洽小黄袋每日坚果成为最受消费者欢迎的坚果产品之一。

国际坚果与干果协会主席麦克–沃宁曾指出，过去十年中国坚果产量增长 96%，跃升为世界第二大坚果生产国。供给端的飞速发展，背后是国内坚果消费市场的爆炸式增长，实现坚果产业连续十年复合年均增长率为 15.4%。坚果作为行业大单品，正在不断释放千亿市场潜力。这意味着会有更多人购买坚果炒货，也将有越来越多的零食商家看好坚果炒货市场，从而加入这场激烈的竞争。

休闲食品行业普遍存在品牌之间的同质化竞争，原料、口味、包装、规格等方面的产品同质化以及产品线趋同化现象明显。面对激烈的市场竞争环境和迅速变化的需求偏好，洽洽在自身全产业链、核心技术和制造工艺优势的基础上，以保鲜为核心，以升级现有品类为破局点，发布了两款洽洽“坚果 +”的战略新品：洽洽小蓝袋益生菌每日坚果和洽洽早餐每日坚果燕麦片。洽洽通过新口味激活市场，新产品重塑消费者食用习惯，新场景吸引目标人群，引起坚果行业新一轮发展浪潮。为确保产品质量，洽洽与布勒集团联合开发世界领先的坚果烘烤设备。该设备采用瑞士工艺进行八段精准控温，激发坚果酥脆口感的同时保证营养不流失。洽洽还首发行业每日坚果六大新鲜标准，在加固企业“新鲜”战略核心竞争力的同时，也填补了行业新鲜标准的空缺，为行业树立了标杆。

2020 年初，洽洽在做好疫情防控工作的同时，也进行了线上营销策略升级。3 月，洽洽联合天猫送 1 吨瓜子，“嗑瓜子自由”话题阅读量超 1 900 万；6 月，洽洽抖音全民任务“搞点东西洽洽吧”视频总播放量超 1 亿；8 月，洽洽透明工厂云直播，央视新闻在微博、抖音、快手及新闻客户端4大新媒体平台同步直播，当日全平台累计观看量1 607万+；11月，洽洽线上抖音挑战赛、线下全国社区广场舞大赛圆满收官，线上话题视频总播放量突破3亿+，参与视频超3.6万个。洽洽不断用跨界营销满足着年轻化市场需求的期待，联合薇娅、罗永浩等头部网红主播，以及赵薇和人民日报等扩大宣传；联手多位国家级专业营养师，开展专场直播，为洽洽坚果加持新卖点，探索引领大众消费的零售新模式，极大地提升了品牌影响力，让新鲜健康的洽洽坚果成为亿万消费者的首选。

思考题：请从市场、产品、营销三个维度谈谈洽洽“坚果+”战略计划带给你的启示。

实训练习

1. 实训资料：调研某企业。

2. 任务：

（1）了解该企业的使命、目标以及未来业务发展。

（2）了解企业的目标市场和市场定位。

（3）了解该企业采用的营销组织形式。

（4）了解该企业在营销计划实施和控制方面采取了哪些措施。

3. 要求：

（1）结合课程理论知识，分析该企业在具体的目标市场选择和市场定位等营销实践中有哪些成功之处。

（2）分析企业在营销计划、组织、实施和控制过程中是否存在问题，并提出相应的建议和对策。

第2篇

应对新需求

第4章 信息收集与需求预测

引 例

近年来，随着工业化和城市化的快速发展，气体传感器以其高灵敏度和广泛的应用受到越来越多的关注，如工业厂房排放监测、室内外环境污染检测、呼吸传感分析等领域，都要用到各种气体传感器。同时，在物联网市场高速发展的背景下，气体传感器在智能家居、可穿戴设备、智能移动终端等领域的应用需求迅速增长。在全球市场中，气体传感器应用需求不断增长，到2021年，全球气体传感器市场规模将达到9.2亿美元。得益于先发优势、市场需求规模以及完备产业链，国内传感器企业在激光粉尘传感器技术水平和产业规模方面处于有利地位，且凭借在粉尘、CO2、VOC气体传感器配套领域的组合策略，持续提升市场占有率。

营销启示

在营销实践中，及时了解营销环境的发展变化，全面掌握市场需求的相关信息，进而准确预测未来的市场规模，对于取得营销成功至关重要。在万物互联时代，传感器作为现代信息获取的重要手段处于信息技术链条的前端，是推动互联网、大数据、人工智能和实体经济深度融合的关键技术，已成为支撑万物互联、万物智能的基础产业。基于营销环境分析，可以预见到，随着对智能化、信息化的发展，工业转型升级、环境监测、空气品质改善、智能家居、医疗器械开发等各个领域对气体传感器的需求持续升级，新兴细分市场不断涌现，日益多元化的应用将创造更加庞大的市场规模。

| 知识思维导图 |

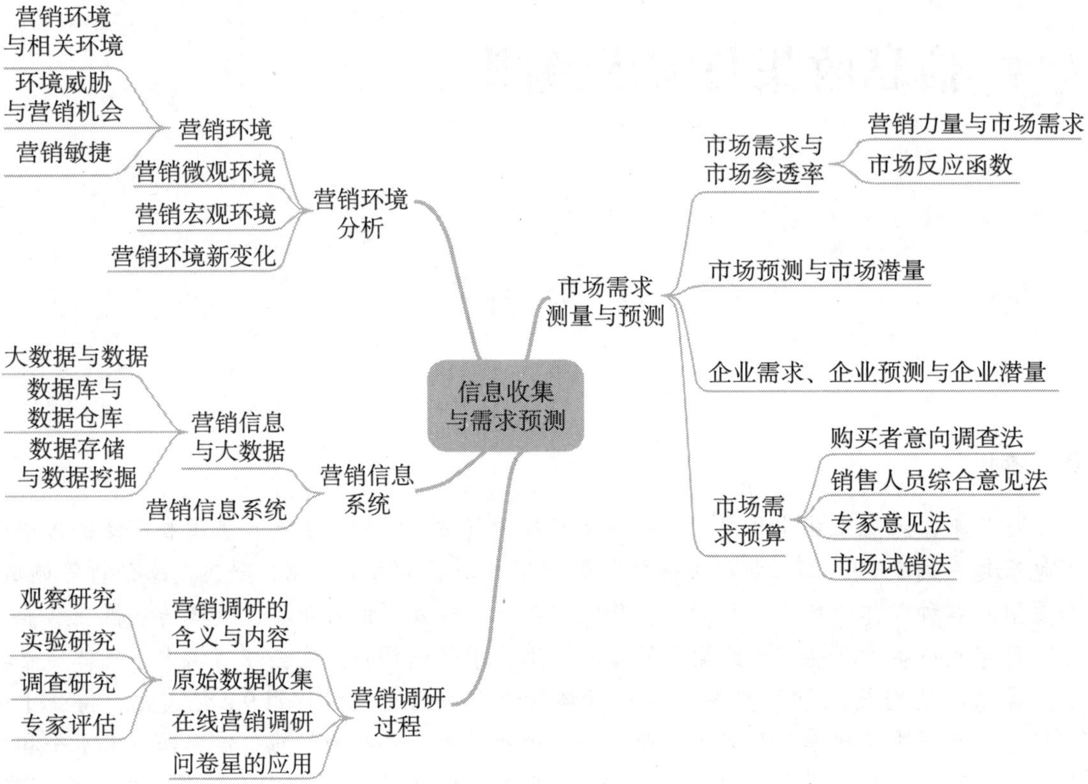

| 本章重点 |

- 企业营销微观与宏观环境因素。
- 大数据时代营销信息系统的构成。
- 营销调研的主要方法以及在线营销调研新趋势。
- 问卷星的应用。
- 市场需求测量与预测的主要方法。

企业营销无国界。以互联网、大数据、人工智能等为代表的现代信息技术日新月异，给企业营销环境带来了许多新变化。营销管理者应善于从世界发展大势和国内发展大局出发，注重需求调研预测，关注市场需求新趋势，积极面对和化解前进中遇到的内外矛盾，把握好主要矛盾和次要矛盾、矛盾的主要方面和次要方面的关系，优先解决主要矛盾和矛盾的主要方面，以此带动其他矛盾的解决，在解决内外矛盾的实践中推进企业营销高质量发展。营销管理者要努力提高驾驭复杂局面、处理复杂问题的本领，善于处理局部和全局、当前和长远、重点和非重点、机遇和挑战的关系，既整体布局又突出重点、既多点开花又精准发力、既讲原则的坚定性又讲策略的灵活性，并紧跟营销环境变化及时调整策略，准确识变、科学应变、主动求变，在权衡利弊中趋利避害、转危为机，在积极应对挑战中把握机遇，创造营销佳绩。

第1节　营销环境分析

一、营销环境

（一）营销环境与相关环境

营销环境是指影响企业营销活动及其目标实现的各种因素和动向，可分为宏观营销环境和营销微观环境（如图4－1所示）。[①]对于企业管理者来说，宏观是必须接受的，微观才是可以有所作为的。宏观环境只能承受，而微观环境则是努力后可以改变的。每个企业都和营销环境的某个部分相互影响、相互作用，我们将这部分环境称为相关环境。企业的相关环境总是处于不断变化之中。在一定时期内，经营最为成功的企业一般是能够适应相关环境的企业。新形势需要新担当、呼唤新作为。企业得以生存的关键，在于它在环境变化需要营销创新时所具有的自我调节能力，善于积极应对外部环境变化带来的风险挑战。适应性强的企业总是随时关注环境的发展变化，及时获取有价值的营销洞见，通过事先制定的计划来控制变化，以保证现行战略对环境变化的适应，以高质量供给满足日益升级的市场需求。营销洞见是指有关市场现象背后的原因及其对营销者具有启示性的诊断信息。

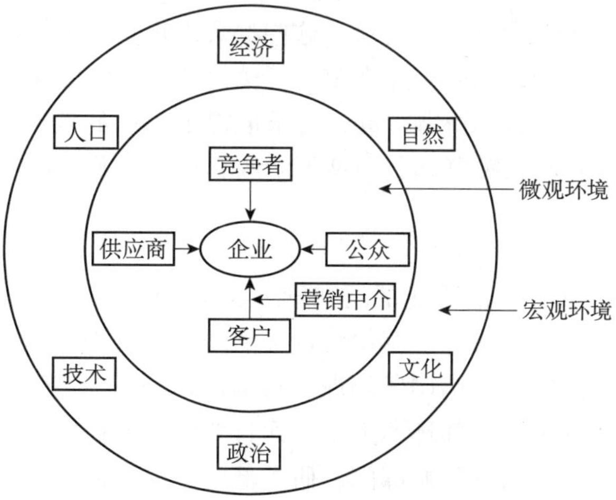

图4－1　营销宏观环境和微观环境

① Kotler P，Armstrong G. Principles of Marketing. 18th ed. Harlow：Pearson Education Limited，2021：84－86.

（二）环境威胁与营销机会

彩虹和风雨共生，机遇和挑战并存，这是亘古不变的辩证法则。营销环境发展趋势也是由环境威胁和营销机会二者构成。环境威胁是指环境中一些不利的发展趋势所形成的挑战，若不采取相应果断的营销行动，这种不利趋势将损害企业的市场地位。营销者应善于识别所面临的威胁，并按其严重性和出现的可能性进行分类，为严重性水平高且可能性大的威胁制定应变计划。尤其是，营销者应提高见微知著能力，善于用大概率思维应对小概率事件，既要有防范威胁的先手，也要有应对和化解威胁的高招；既要打好防范威胁的有准备之战，也要打好化险为夷、转危为机的战略主动战。

营销机会是指市场上出现的对企业营销富有吸引力的动向和趋势。这些机会可以按其吸引力以及每一个机会可能获得成功的概率来加以分类。企业在每一特定机会中成功的概率，取决于其业务实力是否与该机会所需要的成功条件相符合。

（三）营销敏捷

新冠肺炎疫情暴发给营销环境带来了巨大变化，数字化渠道、互动营销的重要性凸显，大量的客户数据和客户行为推动了营销实践创新，人们关注更多的是在购物过程中的消费者旅程，而不是购买活动本身。营销敏捷（marketing agility）随即引起越来越多管理者的重视。**营销敏捷**是指企业要在充分了解市场和有效执行营销决策之间快速及时迭代，以便及时适应并满足市场需求。营销敏捷概念涉及四个关键词：了解市场、速度、迭代、营销决策。营销敏捷所强调的是，企业要通过营销政策的高度灵活性来应对环境的快速变化。对外部环境做出快速反应，要求营销管理者具有大数据、销售、产品设计甚至金融背景。总之，营销敏捷需要更优秀的营销经理。①

二、营销微观环境

营销微观环境是指对企业服务客户的能力构成直接影响的各种力量，包括企业本身、供应商、营销中介、市场、竞争者和公众。这些都会影响企业为目标市场服务的能力。分析营销微观环境的意义在于，明确企业在整个价值链或营销系统中的位置和角色，促使企业与各微观环境因素紧密配合，协调行动，力求取得 1+1>2 的效果。事实上，数字技术的进步使企业能够与不同利益相关群体，包括下游的客户和上游的供应商，建立协作关系。

（一）企业

企业本身包括营销部、其他职能部门和管理层（如图 4－2 所示）。企业为实现目标，必须进行生产、采购、研发、财务、营销等业务活动。而营销部一般由营销副总裁、销售经理、推销人员、广告经理、营销调研经理、营销计划经理、定价专家等组成。营销部在制定决策时，不仅要考虑企业外部环境力量，而且要考虑企业内部环境力量。首先，要考虑其他业务部门（如制造部门、采购部门、研发部门、财务部门等）的情况，并与之密切

---

① K. Kalaignanam，K.R. Tuli，T. Kushwaha，L. Lee，and D. Gal. Marketing Agility：The Concept，Antecedents，and a Research Agenda. Journal of Marketing，2020，85（1）.

协作，共同研究制定年度和长期计划。其次，要以高层确定的企业任务、目标、战略和政策等为依据，制定营销计划，并报管理层批准后执行。

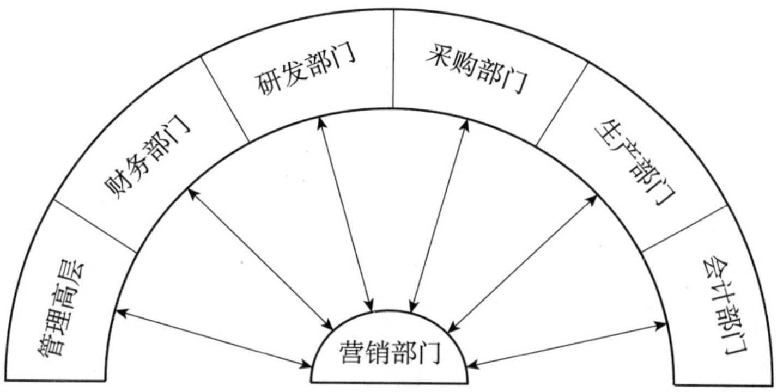

图 4－2　营销微观环境：企业

（二）供应商

企业越来越重视与供应链的其他成员（如供应商、经销商、代理商、最终客户等）展开深度合作，努力提升客户价值传递网络的性能。客户价值传递网络是指为了提升营销系统的整体绩效，由企业、供应商、经销商、代理商、最终客户等构成的相互密切合作、致力于客户价值传递的网络系统。供应商是企业整个客户价值传递网络中的重要环节，它是指向企业供应原材料、部件、能源、劳动力和资金等资源的企业和组织。营销经理必须关注供应品的及时性和成本变动、供应短缺或延迟会导致企业销售业绩下滑，客户满意度和忠诚度降低。供应品的成本提高会导致企业产品售价上升，进而影响产品的市场竞争力和销售量。许多企业把供应商视为创造和传递客户价值过程中的合作伙伴。

（三）营销中介

营销中介是指帮助企业销售、分销和促销并将产品送达最终购买者的经销商、代理商、辅助商等机构。营销中介包括：（1）经销商，即从事产品购销活动，并对所经营的产品拥有所有权的中间商，如批发商、零售商等。（2）代理商，即协助买卖成交，推销产品，但对所经营的产品没有所有权的中间商，如经纪人、生产者代表等。（3）辅助商，即辅助执行中间商的某些职能，为产品交换和物流提供便利，但不直接经营产品的企业或机构，如物流公司、电商平台、银行、保险公司、广告公司、咨询公司等。

（四）市场

市场既是企业服务的对象和目标，又是影响企业营销绩效的一个微观环境因素。只有更好地了解市场，才能有效地服务市场。根据购买者及其购买目的进行市场划分（如图 4－3 所示），市场的主要类型包括：（1）消费者市场，即为了个人消费而购买的个人和家庭所构成的市场。（2）生产者市场，即为了生产、取得利润而购买的个人和企业所构成的市场。（3）中间商市场，即为了转卖、取得利润而购买的批发商和零售商所构成的市场。（4）政府市场，即为了履行职责而购买的政府机构所构成的市场。（5）国际市场，即由国外的消费者、生产者、中间商、政府机构等所构成的市场。习近平指出，要“通过发挥内需潜力，使国内市场和国际市场更好联通，更好利用国际国内两个市场、两种资源，实现更加强劲可持续的发展”①。

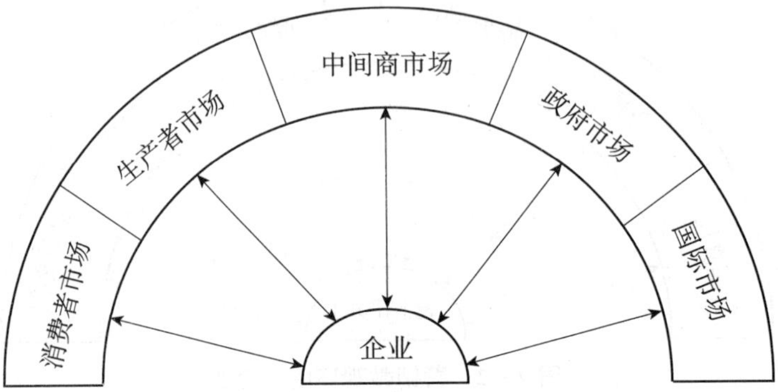

图 4－3　市场的主要类型

（五）竞争者

企业要想在市场竞争中获得成功，就必须比竞争者更有效地满足消费者的需要与欲望。良性的市场竞争应是开展你追我赶、共同提高的田径赛，而不是相互攻击的角斗赛。因此，企业所要做的不是仅仅迎合目标客户的需要，而是要通过有效的产品定位，使得企业产品与竞争者产品在客户心目中形成明显差异，从而取得竞争优势。竞争者包括：（1）愿望竞争者，即能够满足消费者目前的各种愿望的提供者。（2）一般竞争者，即能够以各种方法满足购买者某种愿望的产品提供者。（3）产品形式竞争者，即能满足购买者某种愿望的各种产品型号提供者。（4）品牌竞争者，即能满足购买者某种愿望的同种产品的各种品牌提供者。

新启迪4－1

横向竞争与纵向竞争

数字经济时代，企业的组织结构都在以分层和模块化的方式来设立。以汽车企业为例，人事、财务和IT构成了企业后台，统一向前提供服务；其次，业务前台围绕车的规划、研发、采购、制造、营销设立4～5个业务事业部，事业部内部横向开展流程化和模块化工作；最后，每个业务模块所服务的外部市场也是根据流程和模块来分布。例如，在营销领域，围绕营销调研、品牌咨询、媒体购买、口碑监测等形成了模块化的市场生态，每个模块内部多家供应商形成横向竞争。

横向竞争是指在模块和分层内部寻求产品和服务的替代者，比如Intel和AMD在PC芯片领域就是横向竞争。在阿里巴巴、腾讯、美团、谷歌、亚马逊等企业横向竞争领域几乎都有平台的存在。企业在寻求业务服务时，哪怕仅仅是在一个细分的模块，也必须考虑到背后的平台，而不能把业务预算切分成不同的蛋糕，让横向竞争者来竞标。

这是由于平台打破了传统价值链分层竞争的模式，从客户视角围绕客户价值链进行了

① 习近平：在企业家座谈会上的讲话.（2020－07－21）. 人民网.

纵向优化，相比较传统企业只有营销和销售部门面向客户，平台的每一个部门都在面向客户，甚至是后台的IT、财务和人事部门，都需要围绕提升客户体验来贡献价值。于是，企业服务市场的竞争态势就从价值链分割的横向竞争转向了价值链整合的纵向竞争。纵向竞争发生在一个渠道或者价值链之上，渠道的每个阶段或者价值链中的参与者，都从为消费者提供的最终产品和服务所产生的收入蛋糕中切分一块利益。

随着营销日益被平台和数据白盒化，营销领域的横向竞争日渐变成了围绕价值链上下游展开的纵向竞争：过去品牌的营销策略由4A公司和品牌商共同商定，今天双方却都需要将方案交给平台来审核，甚至平台直接为品牌量身定制策略，4A公司沦为执行方。

（六）公众

公众是指对企业实现营销目标构成实际或潜在影响的任何机构或群体（如图4－4所示），包括：（1）金融公众，即影响企业取得资金能力的任何机构，如银行、投资公司等。（2）媒体公众，即报纸、杂志、广播、电视、网站、公众号、平台等具有广泛影响的大众传播媒体。（3）政府公众，即对企业生产经营活动负有服务、监管等职能的有关政府机构。（4）民间组织公众，即各种消费者权益保护组织、环境保护组织、少数民族组织等。（5）地方公众，即企业所在地的居民、地方官员等。（6）一般群众。（7）企业内部公众，如董事、经理、员工等。

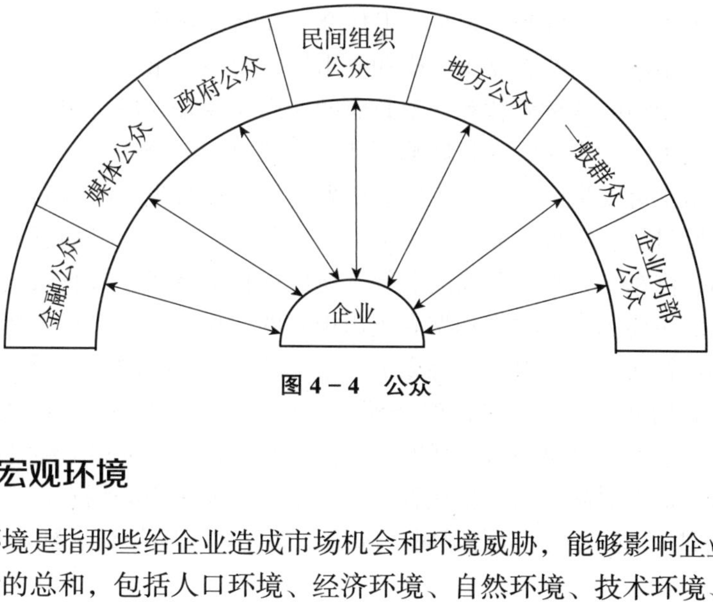

图4－4　公众

三、营销宏观环境

营销宏观环境是指那些给企业造成市场机会和环境威胁，能够影响企业运作和绩效的自然及社会力量的总和，包括人口环境、经济环境、自然环境、技术环境、政治和法律环境以及社会和文化环境（如图4－5所示）。及时监测营销宏观环境的发展变化，科学研判“时”与“势”，辩证把握“危”与“机”，对于企业加强营销管理，增强竞争实力，有效满足市场需求，确保行稳致远具有十分重要的意义。

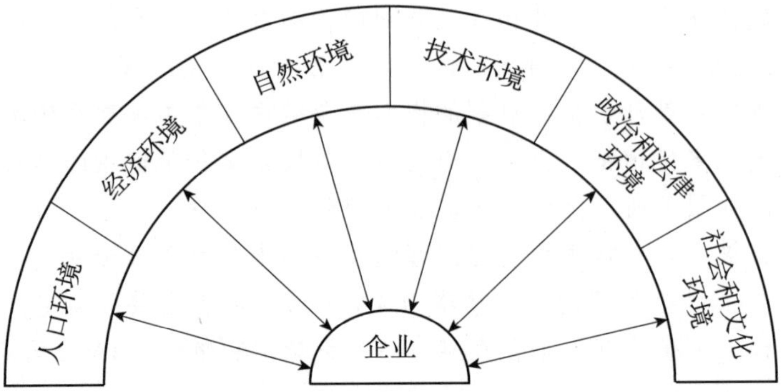

图 4-5 营销宏观环境

（一）人口环境

企业必须密切关注人口环境方面的动向，因为市场是由那些想买东西并且有购买力的人（即潜在购买者）构成的，这样的人越多，市场的规模就越大。目前人口环境方面的主要动向包括：（1）世界人口迅速增长；（2）人口出生率下降；（3）许多国家人口趋于老龄化；（4）家庭结构发生变化；（5）非家庭住户迅速增加；（6）许多国家的人口流动性大。

（二）经济环境

进行经济环境分析时，要着重分析以下经济因素：（1）消费者收入的变化。消费者收入是指消费者个人工资、红利、租金、退休金、馈赠等各项收入的总和，是影响社会购买力、市场规模大小以及消费者支出规模和支出模式的一个重要因素。可支配个人收入是指扣除消费者个人缴纳的各种税款和交给政府的非商业性开支后可用于个人消费和储蓄的那部分个人收入。可支配个人收入是影响消费者购买力和消费者支出的决定性因素。可随意支配个人收入是指可支配的个人收入减去消费者用于购买生活必需品的固定支出（如房租、保险费、分期付款、抵押借款）所剩下的那部分个人收入。可随意支配个人收入一般用来购买奢侈品、汽车、大型器具及度假等，所以这种消费者个人收入是影响奢侈品、汽车、旅游等销售的主要因素。（2）消费者支出模式的变化。（3）消费者储蓄和信贷情况的变化。（4）共享经济带来的变化。共享经济是指以获得一定报酬为目的，基于陌生人的、存在物品使用权暂时转移的一种新的经济模式。其本质是整合线下的闲散物品、劳动力、教育医疗资源等。这种共享是通过互联网媒介实现的。共享经济和随经济的蓬勃发展，“所有权”意义下降，而随时随地的“使用权”意义上升。使用不必拥有，凡事皆可出租。随经济是指运用智能科技，让消费者随时、随地、随支付、随渠道、随心所欲消费的商业趋势。

（三）自然环境

自然环境（物质环境）的发展变化也会给企业带来环境威胁和市场机会，所以，企业还要分析研究其自然环境方面的动向（如图 4-6 所示）。

	内部	外部
明天	**新的环保技术** 产品环保绩效是否受制于现有技术？ 新技术是否有潜力使企业绩效获得明显改进？	**可持续发展理念** 企业现行理念是否有利于解决社会问题和环境问题？ 现行理念是否有利于企业在技术、市场、产品和流程等方面的创新？
今天	**消除污染** 现有生产过程是否产生了废气、废水、废渣？ 企业能否从根源上消除废弃物或通过循环利用来降低成本和风险？	**产品功用** 假如企业在产品的整个生命周期都要负责任，那么在产品设计和开发阶段应重视哪些问题？ 企业能否在消除污染的同时创造价值并降低成本？

图 4－6　营销与自然环境

值得关注的自然环境方面的主要动向如下：（1）某些自然资源短缺或即将短缺；（2）环境污染日益严重；（3）政府对自然资源管理的干预日益加强。习近平指出，“绿水青山就是金山银山。要大力倡导绿色低碳的生产生活方式，从绿色发展中寻找发展的机遇和动力”①。

（四）技术环境

企业必须密切关注技术环境的发展变化，了解技术环境和互联网经济的发展对企业营销的影响：（1）新技术的创造性推动力。随着高新技术的不断发展，科技力量对产业结构升级和创新的影响日趋明显。一方面，新技术的产生给某些创新性企业带来了新的市场机会，促进新行业的诞生和发展；另一方面，颠覆性技术会给某些行业的企业造成严重的冲击，不断威胁其生存和发展（如表 4－1 所示）。（2）新技术革命有利于企业改善经营管理。（3）新技术革命将影响零售商业结构和消费者购物习惯。（4）产品生命周期缩短。

表 4－1　颠覆性技术的影响

颠覆性技术	受影响的产品
数码摄影	胶卷相机
移动电话	邮件、电报、固定电话
平板电脑	台式机
电子书	纸质书

产品生命周期是指产品从进入市场到退出市场所经历的市场生命循环过程。产品只有经过研究开发、试销，进入市场后，其市场生命周期才算开始。产品退出市场，标志着生命周期的结束。典型的产品生命周期一般可分为四个阶段，即导入期、成长期、成熟期和

① 习近平．继往开来，开启全球应对气候变化新征程——在气候雄心峰会上的讲话（2020年12月12日，北京）．人民日报，2020－12－13.

衰退期（如图 4－7 所示）。

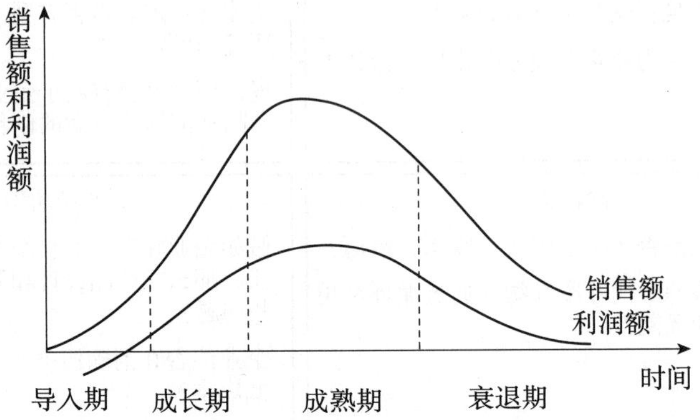

图 4－7 典型的产品生命周期

1. 导入期。新产品投入市场便进入导入期。此时，客户对产品还不了解，只有少数追求新奇的客户可能购买，销售量很小。为了扩大销路，需要大量的沟通和促销投入。在这一阶段，由于市场及技术方面的原因，产品不能大批量生产，因而成本高，销售额增长缓慢，企业不但没有利润，反而可能亏损。

2. 成长期。当产品在导入期的销售取得成功以后，便进入成长期。这时客户对产品比较熟悉，大量的新客户开始购买，市场逐步扩大。产品已具备大批量生产的条件，生产成本相对降低，企业的销售额迅速上升，利润也迅速增长。在这一阶段，竞争者看到有利可图，纷纷进入市场参与竞争，使同类产品供给量增加。而同时期需求的迅速增长，使产品价格维持不变或略有下降，市场竞争逐渐加剧。

3. 成熟期。经过成长期以后，市场需求趋于饱和，潜在的客户已经很少，销售额增长缓慢直至转而下降，标志着产品进入了成熟期。这个阶段的持续期一般比前两个阶段长，并给营销管理层带来巨大的挑战。大多数产品都处于生命周期的成熟阶段。

4. 衰退期。随着科学技术的发展，新产品或新的替代品出现，这将使客户的消费习惯发生改变，转向其他产品，从而使原来产品的销售额和利润额迅速下降。于是，产品进入了衰退期，直至退出市场。

（五）政治和法律环境

企业的营销决策还要受政治和法律环境的强制和影响。政治和法律环境主要指那些强制和影响社会上各种组织和个人的法律、政府机构和压力集团。要着重关注以下趋势：（1）与企业营销有关的经济立法；（2）公众利益团体发展情况；（3）“互联网＋”国家战略。

（六）社会和文化环境

社会文化是指一个社会的民族特征、价值观念、生活方式、风俗习惯、伦理道德、教育水平、语言文字、社会结构等的总和。它主要由两部分组成：一是全体社会成员所共有的基本核心文化；二是随时间变化和外界因素影响而容易改变的社会次文化或亚文化。正如《管子·宙合第十一》所言："乡有俗，国有法，食饮不同味，衣服异采，世用器械，规矩绳准，称量数度，品有所成。"人类在某种社会中生活，必然会形成某种特定的文化。

四、营销环境新变化

1. 经济变化节奏不断加快。在工业革命期间，人均生产率翻一番需要 60 年，而中国和韩国的人均生产率翻一番只用了 10 年时间。

2. 创新和知识爆炸趋势明显。每年因研发而产生的新知识量与 20 世纪 60 年代以前人类所有的知识总量相当。

3. 市场竞争压力持续加大。以计算机制造业为例，只有不断降低成本，每年以 30% 的速度提高产品性能才能保持竞争力。

4. 生产制造可以随处进行。企业一直都在寻找更为有利的生产地点以获得更多的经济利益，现在可以做到在世界上任何一个地方从事生产制造。

5. 组织结构创新效果明显。伴随对竞争力的不懈追求，新的企业组织结构不断出现，越来越多的企业通过重组、降低营业费用、减少组织层级、合并、创建联盟和伙伴关系等手段来建立优势。

6. 环境保护意识日益增强。企业行为对环境的影响受到更多机构或群体的关注。客户在要求更多经济利益的同时，越来越注重环境保护。

第 2 节　营销信息系统

市场需求是多种多样的。没有多样性，就没有人类文明。多样性是客观现实，将长期存在。企业借助营销信息系统，就可以从多样性需求中更精准地掌握客户的个性、偏好、生活方式、购买行为及其他信息，从而提升营销决策水平。

新启迪4-2

用数据洞察对抗直觉决策

你本来打算在比萨店买一个 12 寸的比萨，不巧的是 12 寸的卖光了。于是，店员问你，能不能换两个 6 寸的？在直觉的驱动下，你是善解人意地说"好"，还是拒绝店员这个"无理要求"呢？如果同意了店员的提议，那很遗憾地告诉你，你亏了 2 个 6 寸的比萨！虽然 12=6×2，但是比萨算的是面积，这不是一维的问题，而是二维的问题。1 个 12 寸的比萨等于 4 个 6 寸比萨的面积，所以要换 4 个才合理！

当我们谈论比萨的直径或半径的时候，人类的信息处理能力遭到了挑战：我们不善于把它想象成面积，以致商家未敢将价格制定得非常透明。

如果你去买一支牙刷，需要 15 块钱。而后边的人告诉你说，隔壁街区的店只卖 7 块钱，你会不会说我现在不买了，跑到隔壁街区去买？有可能，你想省这个钱。但如果你买衣服，衣服是 500 块钱，而后边的人告诉你说，隔壁街区的店卖 492 块钱，你还会去吗？

大部分人都选择放弃了。

虽然都是省8块钱，但人会倾向于做出不一样的选择。人为什么会这样？很简单，就是当你花钱的时候，8块钱相对于15块钱是一个巨大的节省，但是8块钱相对于500块钱是一个很小的节省，这和我们的视觉偏差是一样的。

正确的做法就是尊重数据事实。在两个选择中，要做出的决策都是8块钱值不值得我花20分钟去节省它。因此，在做购买决策时要用数据说话，用数据洞察对抗直觉决策。

一、营销信息与大数据

（一）大数据与数据

大数据是一种规模大到在获取、存储、管理、分析方面远远超出传统数据库软件工具能力范围的数据集合。它是需要新处理模式才能具有更强的决策力、洞察发现力和流程优化能力的海量、高增长率和多样化的信息资产。

数据是指事实或观察的结果，是对客观事物的逻辑归纳，是用于表示客观事物的未经加工的原始素材。数据可以是连续的值，比如声音、图像，称为模拟数据；也可以是离散的，如符号、文字，称为数字数据。

数字经济时代，数据的来源很多，比如出行记录、消费记录、浏览的网页、发送的消息等。企业的数据量呈倍数增长，而且每年新增的数据量只会越来越大，早就超出了人脑能够处理的数据量级。管理者再也不能仅凭直觉做决策，而应该整合、分析海量数据，从数据中获取智能洞察。数字化转型的本质也就是利用数字技术为企业发展赋能，为决策提供智能大脑。

（二）数据库与数据仓库

数据库是指按数据结构来存储和管理数据的计算机软件系统。数据库是数据管理的新方法和技术，它能更合适地组织数据、更方便地维护数据、更严密地控制数据和更有效地利用数据。

数据仓库是一个主题导向的、集成的、相对稳定的、反映历史变化的数据集合，用于决策支持。数据仓库是在数据库已经大量存在的情况下，为了进一步挖掘数据资源、为了决策需要而产生的，它并不是所谓的“大型数据库”。建设数据仓库的目的，是为前端查询和分析奠定基础，有较大的冗余，所以需要的存储也较大。

（三）数据存储与数据挖掘

数据存储是指将数据流在加工过程中产生的临时文件或加工过程中需要查找的信息，以某种格式记录在计算机内部或外部存储介质上的过程。

数据挖掘是指利用人工智能、机器学习、模式识别、统计学、数据库、可视化技术等，高度自动化地分析企业的数据，进行归纳推理，从大量含有噪声的数据中提取有效信息的过程。

二、营销信息系统

营销信息系统是指由人员、计算机程序及相关数据所构成的相互作用的复合体，企业借以进行数据收集、存储、挖掘，进而分析、评估和发布适当准确的相关信息，为改进营销计划、实施和控制工作提供依据。营销信息系统处于环境与营销管理者（即信息使用者）之间。各种营销数据由环境流向企业营销信息系统，营销信息系统则将数据加以转换，并通过营销信息流程传导给管理者，管理者依据这些数据制定各种计划、方案，由此形成的各种数据又通过营销沟通流程回到环境（如图 4－8 所示）。

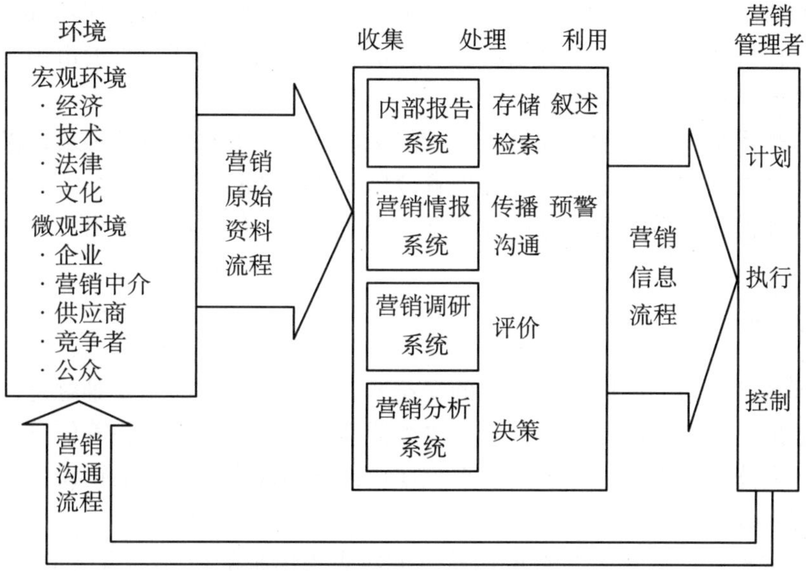

图 4－8　营销信息系统的构成

（一）营销环境

营销信息系统是企业收集、处理并利用相关环境数据的工具。相关环境包括宏观环境与微观环境，十分广泛且经常变化。企业在制定决策时必须明确哪些范围内的环境最值得研究。随着信息技术的发展，企业可以获得大量营销信息。通过网站、手机 App、电子邮件、社交媒体、微博、微信等数字化渠道，消费者给企业创造了大量的信息，包括消费者之间的互动信息。企业应收集与人口、价格水平、消费方式等相关的数据，以及竞争者的过去、现在与未来等有关信息。自信息收集到传送给管理者再到对环境做出反应，整个过程的时间性很重要。有效的营销信息系统应能向决策者提供迅速、准确、可解释的信息。

（二）营销信息系统的构成

营销信息系统由四个子系统构成。

1. 内部报告系统。它是指向管理者提供有关销售、成本、存货、现金流量、应收账款等各种反映企业经营现状的信息的系统。许多企业建立了行之有效的内部数据库。内部数据库是指从企业网络数据资源中收集的关于消费者和市场信息的集合。市场部提供有关客户特征、销售交易和网站访问的信息。会计部提供有关销售、成本、现金流量的记录。生产部提供生产计划、装运和存货情况等。管理者必须以产品、地区、推销员为基础进行分类，并深入分析有关目前与过去销售及成本的信息。

2. 营销情报系统。它是指营销管理者用以了解有关外部环境发展趋势的信息的各种来源与程序。借助该系统，可将环境最新发展的信息传递给有关管理者。企业一般比较重视普查数据、各企业统计数据及营销调研这三个方面。企业经常采用的营销情报技术包括直接观察消费者、向企业员工询问、参照竞争者产品、互联网调研、监测网络热点、监测消费者在线聊天等。

3. 营销调研系统。它是指对营销环境和市场需求进行观察、实验和调查，并对调研结果进行收集、评价，进而传递给决策者的信息系统。营销调研部门负责市场调查、消费者偏好测验、销售研究、广告评估等工作。

4. 营销分析系统。它是指从改善经营或取得最佳经营效益的目的出发，借助各种数理分析模型和信息处理技术，帮助营销管理者分析复杂营销问题的信息系统。该系统包括先进的统计程序和模型，借助这些程序和模型，企业可以从信息中发掘出更有价值的启示和结论。

（三）营销管理者

营销管理者已成为上述四个子系统的受益者。他们所面临的主要难题是，在冗繁的信息堆里如何抽出足够的时间去从事计划、决策活动。许多管理者面临着信息负荷过重的问题，以致无法阅读全部数据。许多信息系统在设计方面最容易出现的错误，就是没有考虑到管理者能否有效地利用众多的信息。

1. 信息获取模式。管理者在获取信息方面所表现出来的模式、风格是有明显差别的。信息获取模式是指管理者决定收集何种数据、以何种方式收集以及需要多少信息。营销信息系统的设计人员、营销人员以及采购人员，在向营销信息系统投资之前，必须慎重地考虑该系统的可靠性和易用性，以便充分发挥其效用。

2. 有效的营销信息系统。有效的营销信息系统一般应具备如下特征：（1）它能向各级管理者提供从事工作所必需的一切信息。（2）它能够对信息进行选择，以使各级管理者获得与他能够且必须采取的行为有关的信息。（3）它提供信息的时间限于管理者能够且应当采取行动的时间。（4）它提供所要求的任何形式的分析、数据与信息。（5）它所提供的信息一定是最新的，并且所提供信息都是有关管理者最易了解和消化的。

第3节　营销调研过程

一、营销调研的含义与内容

营销调研的真正价值是获得客户洞察。客户洞察是由营销信息生成的对客户和市场的全新理解，企业以此为基础创造客户价值，建立和维系客户关系。

营销调研是指系统地设计、收集、分析并报告与企业营销有关的数据和研究结果的营销活动。最主要的营销调研活动有：市场特性确定、市场潜量开发、市场份额分析、销售分析与竞争分析等。

营销调研是一个复杂的过程，包括界定营销问题和调研任务、编制调研计划、收集信息、分析信息、展示调研结果和制定营销决策等（如图 4－9 所示）。在此过程中，既有定量研究又有定性研究。

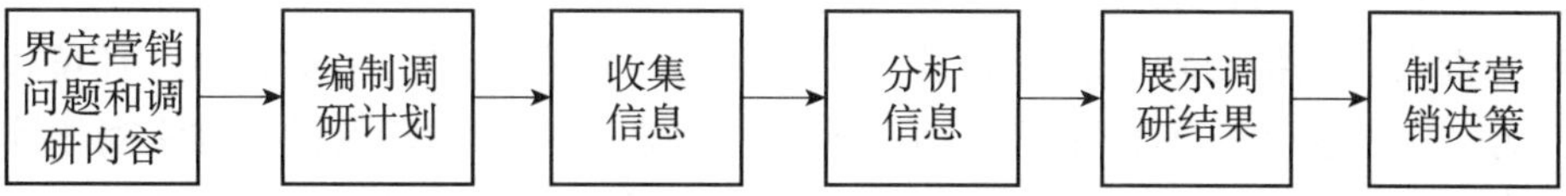

图 4－9　营销调研过程

营销调研部门将大量的时间与精力用在收集数据上，因为只有收集到充足的原始数据，才有可能得出正确的营销调研结果。所以，营销管理人员必须对收集数据的主要方法有所了解。解决某一问题所需要的信息，也许已经存在，也许尚不存在。经过编排、加工处理的数据，称为二手数据；企业必须亲自收集的数据，称为一手数据或原始数据。一般地，营销调研人员首先考虑的是利用二手数据。

二、原始营销数据的收集

当现有数据来源不能提供解决营销问题所需的数据时，企业必须进行原始数据的收集。收集原始数据的主要方法有以下四种。

（一）观察研究

观察研究是指通过观察相关的人、行为和环境以及正在进行的某一特定营销过程，来收集原始数据的方法。例如，在超市的天花板上安装摄像机，追踪客户在店内的购物过程，据此考虑重新陈列产品，以便客户选购；还可以在商店内某些产品货架上安装摄像机，跟踪客户目光的移动过程，以弄清客户如何浏览各种品牌产品。此外，观察研究还借助大数据、云计算、物联网、人工智能、脑科学等新兴科技来研究售货技术、客户行为、客户反应等营销问题。其主要优点在于客观实在，能如实反映问题。不足之处是运用这种方法很难捕捉到被观察者的内在信息，譬如他们的收入水平、受教育程度、心理状态、购买动机以及对产品的印象等。此外，对被观察者的行为或环境无法加以控制。

（二）实验研究

实验研究是指将选定的刺激措施引入被控制的环境中，进而系统地改变刺激程度，以测定客户的行为反应。由于排除或控制了许多没有研究意义的因素，研究人员所观察到的影响可以认为是某些刺激措施所致。控制环境的目的在于将那些也可能解释被观察现象的竞争性假设排除掉。如果把实验本身视为一个由许多投入影响主体并导致产出的系统，可对实验法有一个更清楚的认识。

1. 实验主体。是指可被施以行动刺激，以观测其反应的单位。在营销实验中，主体可能是消费者、商店及销售区域等。由于人是营销实验的最后主体，因此必须注意处理好如下问题：测量仪器问题，即如何找到一个能准确地测量知觉、偏好或购买行为的工具；配合组问题，即在实验开始之前如何找到一组可供比较的主体；一致性问题，即在实验中对相同的环境投入因素如何确保其可比性的展露度；反应偏差问题，即如何从参与实验的群体中获得可信赖的行为。

2. 实验投入。是指研究人员将测试其影响力的措施变量。在营销实验中，实验投入可能是价格、包装、陈列、销售奖励计划或其他企业变量。

3. 环境投入。是指影响实验投入及其主体的所有因素。在营销实验中，环境投入包括竞争者行为、天气变化、不合作的经销商等。一般来讲，许多环境投入因素对于实验结果并无太大影响，而那些对结果有影响的环境投入则得到了某种程度的控制或至少可加以测量。比较棘手的是那些尚未被觉察或虽已被觉察但其对结果的影响不能控制或测量的环境投入。解决这一难题的办法有两种：一是扩大样本量，淡化例外环境因素造成的影响；二是设立一个相当于实验组大小但不接受实验投入因素的控制组，这是因为该控制组能掌握所有非控制投入因素的影响，以利于调整被混淆的实验组产出。

4. 实验产出。是指销售额变化、客户态度与行为变化等营销实验的结果。在评估营销刺激的影响时，销售额既是最后的产出也是最有力的产出。为便于对实验结果进行评估，在实验前就应预先制定决策准则。例如，如果两种包装所导致的销售差异等于或大于某数值，则企业应选择那种较受欢迎的包装投入生产；如果两种包装的销售差异小于某一数值，则任何一种包装都可投入生产。在这里，选择销售差异的数值是关键。

（三）调查研究

调查研究是指通过考察了解市场需求的现状及其发展趋势，直接获取有关数据资料并加以科学分析的研究方法。企业借助调查研究可以获得较为广泛的数据，它们对许多问题的研究都较具实用性。通过调查可以收集的信息包括社会经济特征，消费者态度、意见、动机以及公开行为等。在营销调研中，调查研究是收集有关产品特征、广告文稿、广告媒体、促销及分销渠道等信息的有效方法。整个调查研究过程由四个主要步骤组成（如图 4－10 所示）。

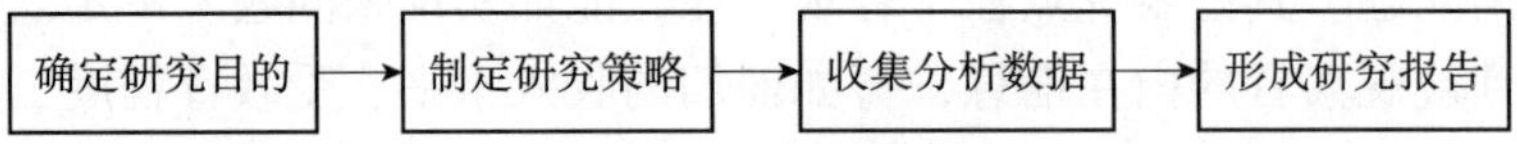

图 4－10　调查研究过程

1. 确定研究目的。研究目的可能是进一步了解市场，也可能是寻求增加销售额的构想，还可能是寻找数据证实或推翻原有的见解。确定研究目的可以使问题进一步简化。

2. 制定研究策略。为实现业已确定的研究目的，研究人员还必须确定调查方法、研究工具与抽样方式。这三方面的内容构成了一套研究策略。

（1）调查方法。调查方法有多种，其中一些调查方法的适宜时间、相对优缺点如表 4－2 所示。

表 4－2　不同调查方法的相对优缺点比较

调查方法	适宜时间	相对优点	相对缺点
入户访问	最多 1 个小时	可以展示产品或服务； 可以进行较为深入的访问； 访问环境轻松，反馈率高； 较容易控制访问的进行。	访问成本高，需要大量的人力和时间； 入户困难； 被调查者容易受到访问人员的影响。
街头拦截访问	5～15 分钟	访问地点集中，易于监督访问人员的工作； 成本相对于入户访问来说较低。	访问环境复杂，可能影响被调查者作答； 不适合调查复杂或不便公开的问题。
传统电话调查	15 分钟	费用较为合理； 容易控制访问过程。	调查对象受限； 调查内容较为浅显。
计算机辅助电话调查	15～20 分钟	减少了人工访问的错误； 数据即时输入。	需要相应设备。
全自动电话调查	15 分钟	被调查者自行控制访问； 调查报告生成迅速。	对被调查者的要求较高，要会使用电脑。
邮寄调查	5～15 分钟	调查范围广； 保密性强。	调查周期长； 问卷回收率低。
网络调查	视情况而定	不受时间和空间限制； 收集数据迅速。	调查对象受限； 被调查者必须会使用电脑及网络。

（2）研究工具。研究工具的选择，主要取决于所要收集的信息类型与收集方法。如果只需少量答案，则最好用电话访问或邮寄问卷。问卷调查的主要步骤如图 4－11 所示。

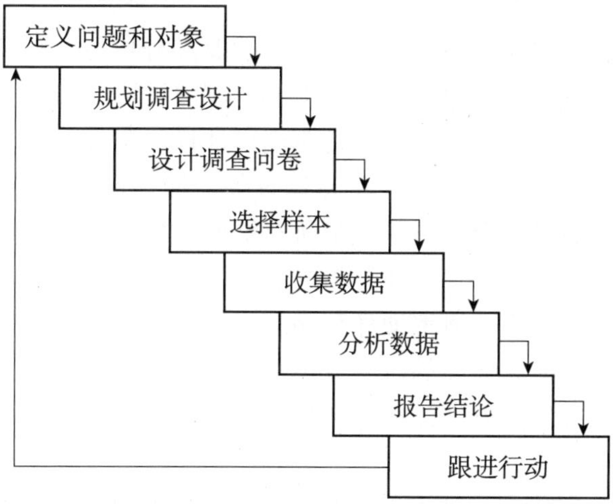

图 4－11　问卷调查的主要步骤

拟定一份完善的问卷需要有相当的技巧与学问，并要特别注意问题的类型、措辞、形式以及次序。在问题类型上易发生的错误，主要是提一些无法回答的问题、不愿回答的问题、不必回答的问题，而忽略了必须回答的问题。每个问题都应根据研究目的来确定是否必要。问题类型确定后，问题形式的不同也会导致不同的调查结果。问题形式有开放式和封闭式两种。开放式问题是指反应者（被访者）可自由回答的问题。反应者的回答方式可能是二选一（称为二元化问题），也可能是多选一（称为多重选择问题），还可能是选择一个数量指标（称为量表化问题）。开放式或封闭式问题的选择，会影响反应者的思路、访问成本以及将来的分析质量。在问题形式确定后，问题措辞也必须慎重处理。问卷设计人员必须力求措辞简明扼要、没有偏见、不引人误答。"是否""曾否"等措辞与提问的次序有关。一般来讲，开始的提问必须能引起回答者的兴趣，所以开放式问题适宜放在前面提问。困难问题或私人问题应留在后面，以免回答者产生厌烦情绪而中断回答。涉及品牌或支持者的问题也应留在后面。中立性问题应合理安排，以免扰乱回答者的思考过程。分类性的问题也应留在后面，因为这类问题一般很难引起人们的兴趣。

信息收集可以通过邮寄、电话、个人访谈和互联网获得。表4－3展示了不同信息收集方法的优缺点。

表4－3　不同信息收集方法的优缺点

	邮寄	电话	个人访谈	互联网
灵活性	差	好	非常好	好
数据质量	好	一般	非常好	好
对访问者影响的控制能力	非常好	一般	差	一般
样本控制	一般	非常好	好	非常好
数据收集速度	慢	非常快	快	非常快
应答率	低	低	高	高
成本费用	低	一般	高	非常低

（3）抽样方式。抽样调查是指从研究对象中抽取部分单位进行调查，并用调查结果来推断总体的一种调查方法。根据抽取样本单位的方式不同，抽样调查大致可以分为两类：一类是概率抽样，或称随机抽样；另一类是非概率抽样。我国一般只把概率抽样称作抽样调查，而把非概率抽样称为典型调查、重点调查等。抽样调查涉及三个问题：抽样单位、抽样方式及样本数目。抽样单位是指总体中所有被调查的对象或范围。例如对消费者调查的抽样单位可能是某省（或市、县、乡等）的所有消费者家庭。抽样方式随研究目的不同而有所不同，探索性研究仅用非概率抽样程序就可以了，但为了对总体进行正确的定量估计，必须使用随机抽样，使总体中的每一成员被抽中的机会均等，并使总体中的次数分布与样本分布相适应。通常从两方面评价某种抽样方式的优劣：一是精确度标准；二是调查费用的多少。

3. 收集分析数据。在确定了研究策略之后，营销调研人员还需进行数据的实地调查、收集工作。分析数据是指对数据进行整理、编码、分类、制表、交叉分析及其他统计分析的工作过程。

4. 形成研究报告。调查研究的最后一项工作是从大量数据中抽象出重要的证据来证实研究的结果，进而形成系统、完整的研究报告。报告的开始部分要有摘要，把主要发现和建议写出来，而将详细的技术性问题留在报告正文内，待管理人员有时间或有兴趣时再仔细阅读。

（四）专家评估

专家评估是指将专家作为获取市场信息的来源，组织相关领域的专家运用专业知识和经验，通过直观归纳，对市场需求的现状及未来变化进行综合分析与研究，找出需求变化发展规律，进而作出科学预测、判断的研究方法。

当企业没有充足的时间来进行一项严谨的科学抽样调查，或即使用科学研究方法也不能收集到适当的数据时，采取专家主观估计的数据不失为一种好办法。

三、在线营销调研

在线营销调研是指通过互联网调查、在线焦点小组、基于网络的实验或者追踪消费者在线行为来收集原始数据的营销调研过程。

（一）在线营销调研的方式

1. 以互联网作为媒介开展营销调研。企业可以把调查问卷放到网站或社交平台上，也可发送电子邮件邀请人们填答。

2. 创建在线面板，提供定期反馈，组织现场讨论，或安排在线焦点小组讨论，借以收集营销信息。

3. 网上实验调研。企业可以在不同的网站、不同的时间进行实验，以不同的价格、头条新闻或产品特征，来调研、测试、了解消费者的反应，比较各种营销决策的相对优势。

4. 建立虚拟购物环境。利用虚拟购物环境来测试客户对新产品的反应，调研相应营销计划的可行性。当客户访问虚拟网站或转向其他网站时，企业可以根据点击率了解其购买行为特征。

（二）在线营销调研的优势

在线营销调研比传统的调研方式收到调研结果的回复率高、速度快，而花费的成本低，尤其是省去了邮资、电话、采访和数据处理的成本。样本规模对成本的影响微乎其微。一旦调查问卷设置完毕，10 个受访者和 10 万个受访者的在线成本差别不大。调研人员借助电子邮件或在特定网站上发布信息的方式，轻松快速地同时对数以千计的受访者进行调查。由于受访者自己输入信息，回复可以瞬间完成。信息一到，调研人员就可以汇总、审核、共享调研数据。基于互联网的调查往往更具有趣味性、互动性和吸引力，更容易得到受访者的配合与支持，因而回复率更高，受访者的覆盖面更广。

在线营销调研既可以基于互联网开展定量调查和收集数据，又可以通过在线焦点小组、微信和社交网络开展定性研究。利用网络会议在世界任何地方、任何时间都可以和偏远地区的参与者进行焦点小组访谈。在线焦点小组是指在网络上聚集一组人，与训练有素的主持人讨论产品、服务或组织，以便获得有关消费者态度和行为的定性洞察。在线焦点小组的参与者可以使用自己的网络摄像头，在家里或办公室登录焦点小组会议，了解访谈内容，进行实时互动和面对面的讨论。在线焦点小组可以在任何语言环境中进行，并可同声传译，将来自不同国家和地区的人有效地联系在一起。调研人员几乎可以在任何地方实时查看访谈现场，省去了差旅和设备成本。

（三）在线营销调研的劣势

在线营销调研的不足之处是无法控制样本。如果看不到受访者，调研人员很难知道受访者是些什么样的人。为解决这一问题，不少企业使用选定社区和受访者面板的方法进行在线调研，也有企业致力于开发自己的社交网络，用以获取客户信息和客户洞察。

四、问卷星的应用

问卷星是一个专业的在线问卷调查、测评、投票平台，专注于为用户提供功能强大、人性化的在线设计问卷、采集数据、自定义报表、调查结果分析系列服务。与传统调查方式和其他调查网站或调查系统相比，问卷星具有快捷、易用、低成本的明显优势，大量企业和个人广泛使用。

问卷星使用流程分为下面几个步骤：

1. 在线设计问卷：问卷星提供了所见即所得的设计问卷界面，支持多种题型以及信息栏和分页栏，并可以给选项设置分数（可用于量表题或者测试问卷），可以设置跳转逻辑，同时还提供了数十种专业问卷模板供您选择。

2. 发布问卷并设置属性：问卷设计好后可以直接发布并设置相关属性，例如问卷分类、说明、公开级别、访问密码等。

3. 发送问卷：通过发送邀请邮件，或者用 Flash 等方式嵌入公司网站或者通过 QQ、微博、邮件等方式将问卷链接发给好友填写。

4. 查看调查结果：可以通过柱状图和饼状图查看统计图表，卡片式查看答卷详情，分析答卷来源的时间段、地区和网站。

5. 创建自定义报表：自定义报表中可以设置一系列筛选条件，不仅可以根据答案来做交叉分析和分类统计（例如统计年龄在 20～30 岁之间女性受访者的统计数据），还可以根据填写问卷所用时间、来源地区和网站等筛选出符合条件的答卷集合。

6. 下载调查数据：调查完成后，可以下载统计图表到 Word 文件保存、打印，或者下载原始数据到 Excel、导入 SPSS 等软件做进一步的分析。

第 4 节　市场需求测量与预测

企业从事需求测量，主要是进行市场需求和企业需求两个方面的测量和预测。市场需求和企业需求的测量都包括需求函数、预测和潜量等重要概念。

一、市场需求与市场渗透率

估计某个产品的市场需求是评价营销机会的重要步骤，但在大多数情况下，人们对市场需求含义的理解并不准确。市场需求的确切定义应当是：某个产品的市场需求是指一定的客户在一定的地理区域、一定的时间、一定的营销环境和一定的营销方案下购买的总量（如图 4－12 所示）。

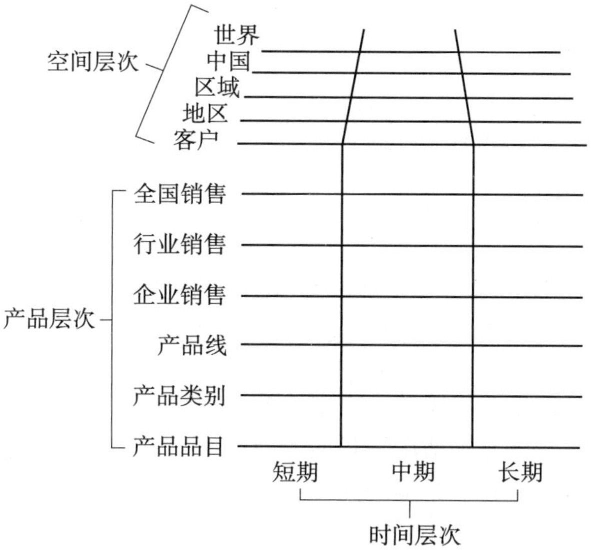

图 4－12 90 种 (6×5×3) 市场需求

（一）营销力量与市场需求

市场需求一般对产品价格、产品改进、促销和分销等都表现出某种程度的弹性。因此，预测市场需求必须掌握对产品价格、产品特征以及营销预算等的假设。我们可用营销力量（marketing efforts）来描述企业所有刺激市场需求的活动。其影响力可分为四个层次：（1）营销费用水平，即所有花费在营销上的支出。（2）营销组合，即在特定期间内企业所用营销工具的类型与数量。（3）营销配置（marketing allocation），即企业营销力量在不同客户群体及销售区域的配置。（4）营销效率，即企业使用营销费用的投入产出比。

（二）市场反应函数

市场需求不是一个固定的数值，而是一个函数，即市场需求受营销费用水平、营销组合、营销配置、营销效率等各种因素的影响。因此，市场需求也称为市场需求函数或市场反应函数。在图 4－13 中，横轴表示在一定时间内行业营销费用，纵轴表示受企业费用影响的市场需求的大小，曲线表示所估计的行业营销费用与市场需求之间的对应关系。

可以想象，即使没有任何需求刺激，不开展任何营销活动，市场对某种产品的需求仍会存在，我们把这种情形下的销售额称为基本销售量（亦称市场最小量）。随着行业营销费用的增加，市场需求一般亦随之增加，且先以逐渐增加的比率增加，然后以逐渐降低的比率增加。在营销费用超过一定数量后，即使营销费用进一步增加，市场需求也不再随之增长。一般把市场需求的最高界限称为市场潜量。

市场最小量与市场潜量之间的距离表示需求的营销灵敏度，即表示行业营销对市场需求的影响力。市场有可扩张市场和不可扩张市场之分。可扩张市场是指需求规模受营销费

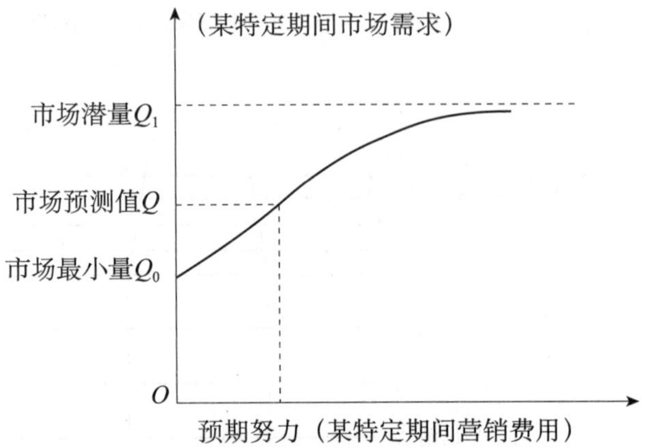

图 4－13 行业营销费用

用水平的影响很明显的市场，如服装、家电、旅游市场等。不可扩张市场是指几乎不受营销水平影响，其需求不会因营销费用增长而大幅度增长的市场，如食盐、医疗市场等。需要指出的是，市场需求函数并不是随时间变化而变化的需求曲线，即它并不直接反映时间与市场需求的关系。市场需求曲线只表明当前营销力量与当前需求的关系。

市场渗透率是指对当前市场需求和潜在市场需求的一种比较，即：市场渗透率＝目前市场需求 / 潜在市场需求

较低的市场渗透率，表明有很大的增长潜力；较高的市场渗透率，意味着企业要花更多的营销成本去吸引潜在客户。市场渗透率越高，市场中的价格竞争越激烈，利润率会降低。

二、市场预测与市场潜量

行业营销费用可以有不同的水平，但是在一定的营销环境下，考虑到企业资源及发展目标，行业营销的费用水平必须是有计划的。与预定的营销费用相对应的市场需求称为市场预测。**市场预测**是指在一定的环境条件和营销费用情况下估计的市场需求。

市场预测是估计的市场需求，但它不是最大的市场需求。最大的市场需求是指对应于最大的营销费用的市场需求，这时，进一步增强营销力量，不会刺激产生更大的需求。**市场潜量**是指在一定的营销环境条件下，当行业营销费用逐渐增高时，市场需求达到的极限值。营销环境变化深刻地影响着市场需求的规模、结构以及时间等，也深刻地影响着市场潜量。例如，对于某种产品来说，市场潜量在经济繁荣时期要比在萧条时期高。这种关系可以用图 4－14 表示。企业一般无法改变市场需求曲线的位置，因为这是由营销环境决定的，企业只能根据营销费用水平，确定市场预测在函数曲线上的位置。

三、企业需求、企业预测与企业潜量

企业需求是指在市场总需求中企业所占的需求份额，公式为：

$$Q_i = S_i Q$$

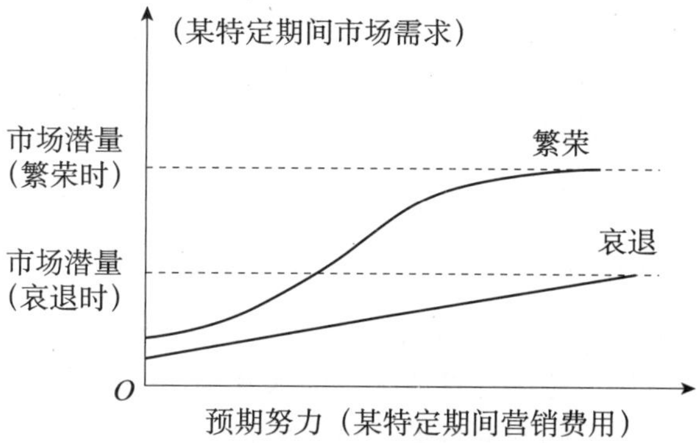

图 4－14　营销环境对市场潜量的影响

式中，Q_i 为企业 i 的需求；S_i 为企业 i 的市场份额，即企业在特定时间内，在特定市场上某产品销售额占总销售额的比例；Q 为市场总需求。与市场需求一样，企业需求也是一个函数，称为企业需求函数或销售反应函数。根据上式，可以看出，它不仅受市场需求决定因素的影响，还受任何影响企业市场份额因素的影响。

企业需求表示受不同水平的企业营销力量刺激所产生的企业预计销售额。也就是说，营销力量的大小决定了销售额的大小。与计划水平的营销力量相对应的一定水平的销售额，称为**企业销售预测**。因此，企业销售预测就是根据企业确定的营销计划和假定的营销环境确定的企业销售额的估计水平。销售配额是指出于激励销售的目的而为某产品线、企业部门或销售人员设定的销售目标，通常比企业销售预测值略高。销售预算是指企业为了制定采购、生产和现金流量等相关决策而对销售预测规模的保守估计。销售预算既要考虑销售预测，又要避免过高的风险，一般销售预算要略低于企业销售预测值。

企业潜量是指当企业的营销力量相对于竞争者不断增加时，企业需求所达到的极限。很明显，企业需求的绝对极限是市场潜量。如果企业的市场份额为 100%，即企业成为独占者时，企业潜量就等于市场潜量。但这只是一种极端状况。在大多数情况下，企业销售量小于市场潜量。这是因为，每个企业都有自己的忠诚购买者，他们一般不会转而购买其他企业的产品。

四、市场需求预测

市场需求预测一般要经过三个阶段，即环境预测、行业预测和企业销售预测。环境预测就是分析通货膨胀、失业、利率、消费者支出和储蓄、企业投资、政府开支、净出口以及其他一些重要因素，最终做出对国民生产总值的预测。以环境预测为基础，结合其他环境特征进行行业销售预测。最后，根据对企业未来市场份额的估计，预测企业销售额。市场需求预测的主要方法有以下几种。

（一）购买者意向调查法

购买者意向调查法是指通过一定的调查方式选择一部分潜在购买者，直接向他们征询未来某一时期购买商品的意向，并以此为基础对市场需求做出预测的方法。市场总是由潜在购买者构成的，预测就是预估在给定条件下潜在购买者的可能行为，即要调查购买者。

这种调查的结果比较准确可靠，因为只有购买者自己才知道将来会购买什么和购买多少。

在满足以下三个条件的情况下，购买者意向调查法比较有效：（1）购买者的购买意向是明确清晰的。（2）这种意向会转化为实际购买行动。（3）购买者愿意将其意向告诉调查者。

（二）销售人员综合意见法

销售人员综合意见法是指将具有丰富销售经验的人员组织起来，先由预测者介绍预测目标、内容和预期的市场形势等背景情况，要求其利用平时掌握的信息再结合提供的背景，对市场需求前景提出自己的预测意见，最后由预测者进行综合分析，得出预测结论的方法。在不能直接与客户见面时，企业可以通过听取销售人员的意见估计市场需求。销售人员综合意见法的主要优点是：（1）销售人员经常接近购买者，对购买者意向有较为全面深刻的了解，比其他人有更充分的知识和更敏锐的洞察力，尤其是对受技术发展变化影响较大的高科技产品。（2）由于销售人员参与企业预测，因而他们对上级下达的销售任务有较大的信心完成。（3）通过这种方法，也可以获得按产品、区域、客户或销售人员划分的各种销售预测。

一般情况下，销售人员所做的需求预测必须经过进一步修正才能利用。这是因为：（1）销售人员的判断总会有些偏差，受近期销售业绩的影响，其判断可能会过于乐观或过于悲观，即常常走极端。（2）销售人员可能对经济发展形势或企业的营销总体规划不了解。（3）为使下一年度的销售大大超过任务指标，以获得升迁或奖励的机会，销售人员可能故意压低预测数字。（4）销售人员也可能对这种预测没有足够的知识、能力或兴趣。

（三）专家意见法

专家意见法是指集合有关领域的专家意见、经验、知识和判断能力进行市场预测的一种方法。企业也可以利用诸如分销商、供应商及其他一些专家的意见进行预测。由于这种方法是以专家为索取信息的对象，用这种方法进行预测的准确性，主要取决于专家的专业知识和与此相关的科学知识基础，以及专家对市场变化情况的洞悉程度，因此专家必须具备较高的专业水平。

利用专家意见有多种方式。如组织一个专家小组进行某项预测，这些专家提出各自的估计，然后交换意见，最后经过综合，提出小组的预测。这种方式的缺点是，小组成员容易屈从于某个权威或者大多数人的意见（即使这些意见并不正确），不愿提出与众不同的看法；或者虽然认识到自己的意见错了，但碍于情面不愿当众承认。

现在应用较普遍的方法是德尔菲法。其基本过程是：先由各个专家针对所预测事物的未来发展趋势独立提出自己的估计和假设，经调查主持者审查、修改，提出意见，再发回到各位专家手中，这时专家们根据综合的预测结果，参考他人意见修改自己的预测，即开始下一轮估计。如此往复，直到各专家对未来的预测基本一致为止。

专家意见法的主要优点是：（1）预测过程迅速，成本较低。（2）在预测过程中，各种不同的观点都可以表达并加以调和。（3）如果缺乏基本的数据，可以运用这种方法弥补。

专家意见法的主要缺点是：（1）专家意见未必能反映客观现实。（2）责任较为分散，估计值的权数相同。（3）一般仅适用于总额的预测，而用于区域、客户群、产品大类等的预测时，可靠性较差。

（四）市场试销法

市场试销法是指在小范围内进行产品销售试验，调查消费者对试销产品的反应和购买态度，测试其对企业营销计划的反应，收集其购买、重复购买的相关数据，并以此为基础进行市场预测的方法。企业收集到的各种意见的价值，不管是购买者、销售人员的意见，还是专家的意见，都取决于获得各种意见的成本、意见可得性和可靠性。如果购买者并没有认真细致的购买计划，或意向变化不定，或专家的意见并不十分可靠，就需要利用市场试销这种预测方法。特别是在预测一种新产品的销售情况和现有产品在新的地区或通过新的分销渠道的销售情况时，利用这种方法效果最好。

市场试销法预测需求基于这样的原则：购买产品的人或者是新消费者（试用者），或者是重复购买者，通过预测新消费者购买数和重复购买者购买数并加总，就可以预测出新产品的销售量。

预测销售总量 = 试用量 + 重复量
= 目标人口数 × 试用率 × 每次试用购买量
+ 重复购买率 × 试用人口 × 每个客户重复购买量 × 重复次数

式中，试用率 = 试用人数 / 测试总人数。[①]

本章小结

营销管理的成功有赖于企业对营销环境的有效适应和对市场需求的准确把握。在为目标市场服务的过程中，营销微观环境会给企业营销绩效带来直接的影响，因此，要致力于和微观环境因素保持和谐共赢的合作关系，力求取得 1+1>2 的效果。营销宏观环境会给企业营销带来机会或威胁，管理者必须密切关注、精准监测、灵活应对，以求趋利避害，确保营销活动行稳致远。营销信息系统和营销调研过程为企业及时掌握最新需求信息提供了便利，也为测量、预测市场需求奠定了基础。及时准确掌握市场需求信息及其最新动向，企业才能真正做到按需生产，确保产品适销对路，进而不断提升供给体系对市场需求的适配性，形成需求牵引供给、供给创造需求的更高水平动态平衡。新的营销环境下，企业营销应在优化升级生产、分配、流通、消费体系中发挥更大作用，在深化对内经济联系、增加经济纵深方面有更大作为，为增强畅通国内大循环和连通国内国际双循环的功能做出新贡献。

即测即评

扫描二维码可在线自测并查看答案。

---

① 法里斯，本德勒，普法伊费尔，等. 营销量化指标：第 2 版. 北京：中国人民大学出版社，2007：115.

基本概念

营销环境	营销敏捷	产品生命周期	营销信息系统
营销调研	市场渗透率	市场预测	市场潜量
企业需求	企业销售预测	市场试销法	

思考题

1. 营销宏观环境的发展变化会对企业营销的成功带来哪些影响？
2. 营销信息系统如何更好地为企业营销决策服务？
3. 数字经济时代给营销调研和需求预测带来了哪些新变化？

本章案例

早餐市场的需求预测

近年来，早餐市场逐渐成形，消费者在早餐上的花费也明显增多，消费意愿更强。且有预测，中国消费者早餐食品总消费将从2015年的1.334万亿元增至2021年的1.948万亿元。到2021年，在外食用早餐的市场销售额预计将突破8 400亿元。其中，传统早餐类型的消费量仍占主流，包子、豆浆、油条、煎饼等传统早餐品类占据着早餐市场的绝对份额。

2021年1月11日，星巴克中国推出“早餐优选组合”。该早餐新品系列在上海和台州率先登场，目前已覆盖整个江浙沪以及深圳地区的门店。星巴克这次推出的早餐有15元和19元两种组合，每份组合均包括一份主食加一杯现调蒸汽奶，消费者也可根据个人喜好，单点产品，还可以选择加价15元起将早餐组合中的饮品升级为星巴克咖啡。同时，购买任意咖啡加5元起还可以获得一款指定早餐食品。

在早餐的定价上，星巴克给人的印象是亲民，在渠道上也是很便利，用“咖快”在线下单，随后到店自提。星巴克中国称，“通过15元的价格，我们希望更多人可以品尝到星巴克美味、多元、便捷的早餐组合，从而鼓励大家重视早餐，倡导健康的生活方式。”

在经历了疫情的摧残下，中国整个的餐饮市场都很低迷。一些品牌乘胜追击探索出新的发展之路，一些品牌关门大吉。星巴克这个领头品牌自然不会轻易言败，对中国市场寄予厚望，从2023年开始，在中国的同店销售额每年将增长2%～4%，比之前的1%～3%提高一个百分点。

思考题：你对星巴克早餐的未来需求预测有何补充完善的建议？

实训练习

1. 实训资料：搜集国内外企业营销实践的相关数据资料，或开展营销调研获取信息数据。

2. 任务：根据本章对营销信息和营销调研的介绍，针对特定的案例企业，进行相关资料、数据和信息的搜集，或通过调查研究的方式，了解国内消费者对该企业的相关数据信息。

3. 要求：

（1）分析案例企业的市场状况。

（2）理解营销调研各种方法的运用。

（3）在分析过程中，理解营销调研对企业营销的贡献和价值。

第5章 客户忠诚与客户关系管理

引 例

百融云创通过应用大数据和机器学习技术，一方面挖掘并持续跟进对于某类金融产品有较高意向且有足够收入、资产支持还款同时信用风险较低的高价值客户，另一方面，根据客户行为大数据，构建画像标签，建立模型评估客户偏好并据此对客户进行分群，最终增加转化率，实现精准匹配客户的需求。以信贷场景存量客户交叉营销为例，基于营销响应分、营销成单分，精准从沉睡客户/流失客户中找到贷款需求高的客户作为精准营销对象，通过对高响应客户进行短信、IVR、人工等手段进行营销，提高营销响应率，有效节约成本；同时无需求的客户不会被营销打扰，有需求的客户可及时找到合适的产品，逐步提升客户体验。

营销启示

传统营销存在获客成本高、转化率低、流失率高等问题，而注重挖掘数据价值的精准营销贯穿了从新客获取、存量经营到促活休眠客户、赢回失联客户的客户生命周期全过程，有效弥补了传统营销的不足。数字经济背景下，百融云创通过运用丰富的大数据营销应用实践经验，从大数据视角下对客户进行画像和分析，结合营销规则、营销评分精准识别现有活跃客户的新增需求，形成优质客户白名单，通过存量客户精准分层找到有意向客户，实现对现有存量及潜在客户的价值识别与跟踪，有效增进客户黏性，为加强差异化营销及客户关系管理奠定了坚实基础。

知识思维导图

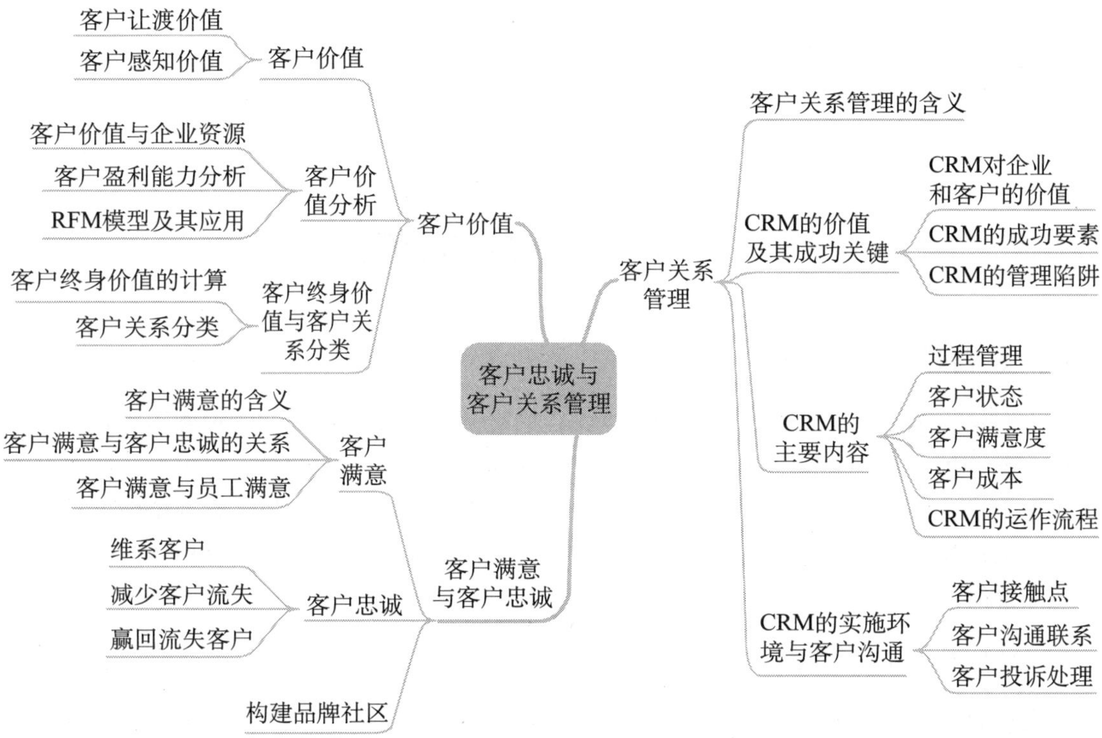

本章要点

- 客户价值的主要类型。
- 分析客户盈利能力的主要方法。
- RFM模型的主要指标及其用途。
- 减少客户流失和赢回流失客户的主要方法。
- 客户关系管理的价值及成功要素。

一花不是春，孤雁难成行。企业要行稳致远，必须有一大批忠诚客户的认同，和忠诚客户结成相互促进、相互支撑的发展共同体、命运共同体。赢得忠诚客户，需要企业用“真”“实”“亲”“诚”四个字来协调并管理客户关系，以真心对待客户。为客户递送实实在在的价值，凡是企业作出的承诺，都应该不折不扣地落到实处。诚心诚意对待客户，对客户投诉等问题要本着相互尊重、合作共赢的精神，加以妥善解决。在客户关系管理方面，机遇总比挑战大，办法总比困难多。客户价值理论、RFM 模型、服务利润链理论、营销漏斗模型等将为企业赢得客户满意和客户忠诚，提升客户关系管理水平提供强有力的理论支持。

第1节　客户价值

一、客户价值

在营销观念的指导下，企业应致力于客户服务和客户满意。而要实现客户满意，需要在多方面开展工作，并非人们所想象的“只要价格低，则万事大吉”。事实上，消费者在选择卖主时，价格只是考虑的因素之一，他们真正看重的是客户价值。**客户价值**是指客户感知的利得与利失之间的权衡，是对产品或服务效用的整体评价，包括客户让渡价值和客户感知价值。

（一）客户让渡价值

客户让渡价值是指客户总价值与客户总成本之间的差额（如图 5－1 所示）。客户总价值是指客户购买某一产品与服务所期望获得的一组利益，包括产品价值、服务价值、人员价值和形象价值等。客户总成本是指客户为购买某一产品所耗费的时间、精力、体力以及所支付的货币资金等。因此，客户总成本包括货币成本、时间成本、精力成本和体力成本等。

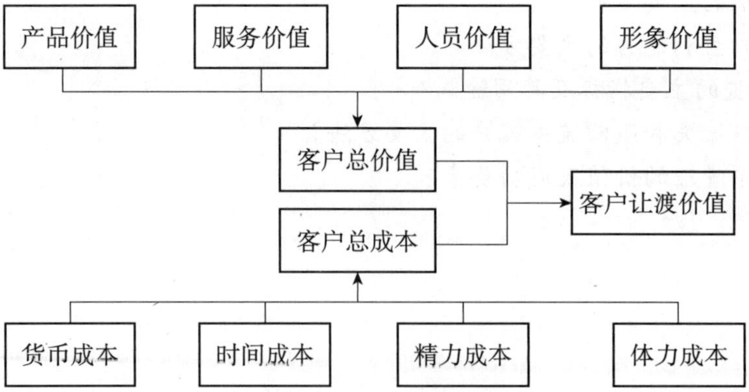

图 5－1　客户让渡价值

客户在购买产品时，总希望把货币、时间、精力和体力等各种成本降到最低，同时又希望从中获得更多的实际利益，以使自己得到最大限度的满足。因此，客户在选购产品时，往往从价值与成本两个方面进行比较分析，从中选择客户让渡价值最大的产品作为优先选购的对象。

企业为战胜竞争对手，吸引更多的潜在客户，就必须向客户提供比竞争对手具有更多客户让渡价值的产品，这样才能使消费者注意本企业的产品，进而购买本企业的产品。为此，企业可从两个方面改进自己的工作：一是通过改进产品、服务、人员与形象，提高产品的总价值；二是通过降低生产与销售成本，减少客户购买产品的时间、精力与体力的耗费，从而降低货币与非货币成本。

（二）客户感知价值

一般来讲，客户往往很难准确、客观地判断某种产品的价值和成本，而是根据感知价值行事。对某些客户而言，价值也许意味着以可承受的价格购买到的优质产品。然而对其他客户而言，价值或许意味着投入多、收获更大。**客户感知价值**是指客户所能感知到的利得与其在获取产品或服务中所付出的成本进行权衡后对产品或服务效用的整体评价。为了赢得客户满意和客户忠诚，很多企业都试图增加客户价值，但是如果客户没有感知到他正在获得价值，企业的努力就无法得到相应的回报。

二、客户价值分析

在许多场合下，客户价值又是指客户给企业带来的销售、盈利、市场份额、正面口碑等价值，即客户对企业的可能贡献。因此，企业必须测量客户终身价值，进行客户盈利能力分析，善于发现优质的高价值客户。企业和客户之间的交换也是等价交换。企业要赢得客户，必须为对方创造价值、递送价值。将欲取之，必先予之。客户要想和企业保持长期的互利交换关系，也必须对企业有价值回报。

（一）客户价值与企业资源

营销是吸引和维系盈利客户的艺术，然而并不是每个客户都能给企业带来盈利。著名的“80/20”法则认为，只有顶部 20% 的客户为企业创造了 80% 的利润。更为极端的情形是：20% 最有价值的客户创造 150%～300% 的利润，而 10%～20% 最没有价值的客户会把企业利润降低 50%～200%，中间 60%～70% 客户大致持平。这就表明，企业可以通过淘汰最差的客户来增加盈利。企业无法也没有必要使所有的客户都满意，因为企业资源是有限的，而且并不是每一个客户对企业来说都是盈利的。区分哪些客户盈利，哪些客户亏损非常必要，准确测量并有效管理客户的盈利性对于企业提高营销绩效具有重要的意义。

企业就是资源、资产和能力的集合。在追寻和挖掘客户价值的过程中，企业必须及时评估资源，有效地组合、配置资源。资源组合为分析评估企业资源现状提供了非常有用的模型，更有利于营销管理者识别那些特别需要关注而且有大量盈利客户的业务领域（如图 5－2 所示）。

在图 5－2 中，纵轴代表企业资源对客户价值创造的重要性，横轴代表这些资源相对于竞争者资源的优劣势。企业资源可以分为四种类型：

1. 皇冠宝石。皇冠宝石是指那些在客户价值创造和差异化等方面比竞争对手更有优势的资源。企业需要密切关注并维护好这些资源，同时，也要时常审视仅仅依靠这些资源能否保证企业的长远发展。

2. 没落贵族。没落贵族是指那些虽然比竞争对手有优势但对客户价值创造却没有多大贡献的资源。营销环境和客户需求的不断变化，使这些资源失去了往日的重要性，甚至变得过时。企业应该以长远的眼光审视这些资源，评估其保留成本，去除或减少这些资源，聚焦更有吸引力的业务领域。

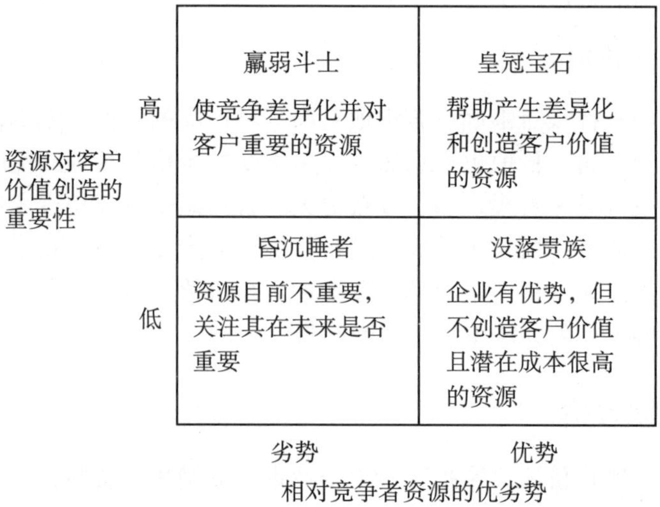

图5－2　资源组合

3. 羸弱斗士。羸弱斗士是指对手强而自己弱，同时对于创造客户价值有着举足轻重作用的资源。有心而无力，明知这些资源非常重要，可惜自己不具备。企业必须努力强化这部分资源的挖掘和积累。

4. 昏沉睡者。昏沉睡者是指那些既没有竞争优势也不对客户价值创造产生重要作用的资源。尽管这部分资源现在不重要，但企业仍要关注它们在未来是否会变得更重要。

（二）客户盈利能力分析

1. 当前价值与潜在价值。要分析客户盈利能力，必须从客户的当前价值与潜在价值两个维度入手。客户当前价值是指客户现在能给企业带来的利益，是已经实现的价值。客户潜在价值是指客户在未来一段时间内预计会给企业带来的价值。客户的潜在价值不仅与客户当前的价值有着密切联系，而且与目前可以预见并分析的其他一些指标高度相关，例如客户日后的成长能力、发展前景，以及客户对企业产品或服务的满意度等。综合各种指标便可以预测企业日后对某客户的销售量，从而测量该客户未来会给企业带来多大的价值。

企业需要关注客户回报率以及能从现有客户和潜在客户身上创造价值的效率。企业最大的客户能得到细致周到的服务和享受最大的折扣优惠，但并非总能为企业带来最大利润；最小的客户支付全价，得到的服务最少，但是和这些客户做生意的高交易成本会降低利润；中等客户得到较好的服务，盈利率也可能会最高。

2. 盈利客户。盈利客户是指能在一段时间内不断给企业带来盈利收入的客户，企业同客户进行交易所获得的收入大于所付出的成本。这里强调的是终身收入和成本，不是某一单笔交易所产生的利润。营销人员可以测量各个细分市场和来自不同渠道的客户盈利能力。大多数企业并不能测量单个客户的盈利能力。例如银行就面临同样的问题。因为一个客户往往使用银行所提供的多种服务，这些交易跨越银行不同部门，很难准确测量出每一个客户给银行带来的盈利或者亏损。

3. 客户盈利分析。在图 5－3 所示的客户盈利分析图中，客户纵向排列，产品横向排列。每个方格中的正负号代表向客户出售某产品时的盈利情况。客户 C_1 很明显是一个高获利客户，因为他买了两个对企业而言有利润的产品 P_1 和 P_2。客户 C_2 是混合型客户，因为他购买了一个对企业而言有利润的产品 P_1 和对企业而言无利润的产品 P_3。客户 C_3 是亏损客户，因为他买了一个对企业而言有利润的产品 P_1 和两个对企业而言无利润的产品 P_3 和 P_4。

产品	C_1	C_2	C_3	
P_1	+	+	+	高获利产品
P_2	+			获利产品
P_3		-	-	亏损产品
P_4			-	高亏损产品
	高获利客户	混合型客户	亏损客户	

客户

图 5－3　客户-产品盈利分析

（三）RFM 模型及其应用

RFM 模型是测量客户价值和客户盈利能力的重要工具和手段。该模型通过客户的最近购买行为、购买频率以及消费金额三项指标来描述客户的价值状况。

1. 最近购买（recency）。最近购买是指客户最近一次购买企业产品或服务的行为距离现在的时间。购买时间越近，客户价值就越大。1 年前光顾过的客户肯定没有 1 周前的客户价值大。要吸引一个几个月前才上门的客户购买，比吸引一个一年多以前来过的客户要容易得多。与客户建立长期关系的意图并不仅仅是销售产品或服务，而是想办法让客户愿意与企业持续往来，长期互动，进而赢得客户忠诚。

如最近购买的客户呈增长势头，则表明企业正在稳健成长。反之，如果最近购买的客户越来越少，则表明企业开始下行之路。

2. 购买频率（frequency）。购买频率是指客户在一定期间内购买企业产品或服务的总次数。最常购买的客户，也是满意度和忠诚度最高的客户。客户购买次数增多意味着从竞争者那里争得的市场份额也在增加。

3. 消费金额（monetary）。消费金额是指客户在一定时期内购买企业产品或服务所花费的总金额，体现了客户给企业带来的盈利。消费金额越多，该客户价值越大。在营销实践中，80% 的收入往往来自 20% 的客户。排名前 10% 的客户所花费的金额可能比下一个等级多出至少 2 倍，一般要占企业总销售额的 40% 以上。

可以将以上三个指标简称为近度、频率和额度，每个指标都与关键客户特征相对应。频率和额度会影响客户的生命周期价值，近度会影响客户的保留率（维系率）。当企业利用读者人数、官网的访问频次、微信互动率、邮件打开率等指标测量客户价值和客户忠诚度时，也可以用参与度（engagement）代替额度，RFM 模型就变为 RFE 模型。参与度也可以反映访问时长、访问页面数、每页所花费时间等指标的实际情况。

在营销实践中，购买时间越近，客户对企业促销的反应越积极。购买频率越高，客户对企业促销活动就越关注，购买的产品或服务越满意。消费金额将注重生活品质的高价值客户和生活节俭的低价值客户区别开来。

RFM 模型动态显示了客户价值及其特征，为企业个性化沟通和服务提供了依据，便于企业采取更具针对性的营销战略战术。

新启迪5-1

RFM 模型在电脑设备公司的应用

广东一家办公设备及耗材零售企业，下设 100 余家连锁配送中心。进入 2021 年，公司业务发展迅速，老客户也多了起来，由此而引起的营销成本越来越高。公司渴盼找到一种有效方法来区分、识别客户，以便在适当的时间、向适当的客户传递适当的产品服务信息，推动老客户重复购买，从而降低营销费用。

企业把客户购买日期到 2021 年 3 月 31 日的天数算出来，得到 R 参数，进而依 R 值大小对客户划分成数目大致相同的 5 个等级，R5 级表示购买时间最接近 3 月 31 日，R1 级表示购买时间离这一天最远。

对于 R5 级客户，企业借助电子邮件、公司网站、直邮广告、公众号等及时向他们提供产品目录及奖励积分的信息资料。对于 R4 级客户，除了借助上述手段及时传播相关信息之外，还会再用顺丰快递邮去一份新推出的产品目录及奖励积分计划。对于 R3 级以下客户则不采用催促购买、提醒购买的促销方式。实践表明，R5 级客户对企业促销邮件的回复率是 R4 级的 3 倍，因为这些客户刚完成交易不久，所以会更注意同一公司的产品信息。企业对 R5 级客户及时跟进邮件反馈，借助交叉销售、追加销售等措施，积极向客户推荐需求相关度高的产品或服务，并且提供额外的重复购买奖励，收到了更加明显的促销效果。

实践证明，除参数 R 外，与重复购买行为关联最紧密的是参数 F。企业依据 F 值将客户分为 F5~F1 五组，进而采取不同的促销策略。对于截至 2021 年 3 月 31 日购买超过 5 次以上的客户，除借助数字工具传播产品信息之外，每月额外邮寄一次产品目录；对购买不足 2 次的客户，将每两个月邮寄一次。

相对而言，参数 M 与购买频率之间的关系不那么紧密。如果用 M 值对客户分类，平均消费金额高的客户的反馈率并不见得比平均交易金额低的客户要多。但客观上永远会存在这样一些客户，他们对一些促销活动反应冷漠，但偶尔一次的大额采购往往给企业带来意外惊喜。因此有必要根据 M 值把客户分为 M5~M1 五组。

将客户分别按照 R、F、M 值分组后，每一个 RFM 代码都对应着一个客户组，企业可以从中挑选出若干组有针对性地、差异化地实施不同的营销对策。

三、客户终身价值与客户关系分类

（一）客户终身价值的计算

研究者和实践者已经提出各种不同的方法计算客户终身价值（CLV）。哥伦比亚大学的唐·莱曼（Don Lehmann）和哈佛大学的苏尼尔·古普塔（Sunil Gupta）建议用下式来计算一个潜在客户的 CLV：

$$\mathrm{CLV}=\sum_{t=0}^{T}\frac{(p_t-c_t)r_t}{(1+i)^t}-AC$$

式中，p_t= 客户在时间 t 支付的价格；

c_t= 在时间 t 用于服务客户的直接成本；

i= 折现率或该企业的资本成本；

r_t= 在时间 t 客户持续购买的概率；

AC= 吸引客户的成本；

T= 估算 CLV 的时间区间。

估算 CLV 的关键是时间长度。一般来说 3～5 年是比较合理的。有了时间与其他数据资料就可以利用电子表格计算 CLV（见表 5－1）。

表 5－1　客户终身价值的计算

	第 0 年	第 1 年	第 2 年	第 3 年	第 4 年	第 5 年	第 6 年	第 7 年	第 8 年	第 9 年	第 10 年
客户数量	100	90	80	72	60	48	34	23	12	6	2
每客户收入		100	110	120	125	130	135	140	142	143	145
每客户可变成本		70	72	75	76	78	79	80	81	82	83
每客户利润		30	38	45	49	52	56	60	61	61	62
每客户获取成本	40										
总成本或总利润	－4 000	2 700	3 040	3 240	2 940	2 496	1 904	1 380	732	366	124
现值	－4 000	2 454.55	2 512.40	2 434.26	2 008.06	1 549.82	1 074.76	708.16	341.48	155.22	47.81

在表 5－1 中，莱曼和古普塔用 10 年的时间长度对 100 个客户的 CLV 进行了计算。在此例中，企业吸引或获得每一客户的成本是 40 美元，共获得了 100 名客户。因此，在初始年度，企业支出 4 000 美元。企业每年都会流失一部分客户。10 年间企业从这些客户身上获得的总利润为 14 922 美元，总的净现值（减去吸引或获得客户的成本）是 9 286.52 美元，每个客户的净现值是 92.87 美元。

使用无限长度的时间计算 CLV 可以避免主观时间确定的限制。在无限时间长度的情况下，如果边际利润（价格减去成本）和客户维系率并不随着时间变化而改变，则现有客户的 CLV 可以简化为下式：

$$\mathrm{CLV}=\sum_{t=1}^{\infty}\frac{mr^t}{(1+i)^t}=m\frac{r}{(1+i-r)}$$

换言之，CLV 简化为利润（m）乘利润乘数$[r/(1+i-r)]$。

表 5－2 说明 r 和 i 不同组合的利润乘数。表 5－2 所呈现的是一个估计客户 CLV 的简单方法。例如，当客户维系率为 80%，折现率为 12%，利润乘数为 2.5。所以，在这种情况下，现有客户未来的 CLV 就是该客户的年利润率乘以 2.5。

表 5－2　利润乘数

客户维系率	折现率			
	10%	12%	14%	16%
60%	1.20	1.50	1.11	1.07
70%	1.75	1.67	1.59	1.52
80%	2.67	2.50	2.35	2.22
90%	4.50	4.09	3.75	3.46

（二）客户关系分类

企业只有向客户提供比其他竞争者更多的价值才能保持忠诚客户，在竞争中立于不败之地。客户在购买过程中也在寻找能够满足自己需求并且能够提供最大预期价值的厂商，同时希望自己付出的成本和承担的风险最小，即感知价值最大。

1. 分类的必要性。面对各种消费行为各异、忠诚度不同的客户，企业在资源配置时不能同等对待。与非盈利性客户建立起紧密的关系可能会使企业付出的成本大于取得的收益，得不偿失。如果对此类客户投入资源过多，而对重要的潜在客户重视不足，往往会给竞争者以可乘之机，致使高价值客户转向竞争者。对企业来说，同客户建立紧密的关系也存在一定的风险。只有正确识别出需要建立紧密关系的优质客户才能赢得竞争优势，提高企业绩效。

对客户分类方法的研究大多采用客户价值来计算客户能给企业带来的收益与成本支出之间的差额，识别出优质客户。然后将资源重点分配到那些较高价值的客户，对其实施客户维系策略。客户价值的判别标准就是 CLV，该标准通过客户当前价值与增值潜量测量客户未来对企业的总体价值，通过该总体价值的大小判断客户是否为优质客户。

在客户盈利性和关系水平不同的现实情况下，企业更希望与那些盈利性强的高价值客户保持较高的关系水平。将企业与客户的关系进行分类有助于细化并强化双方关系。如果企业给予客户同样或类似的承诺，却无法满足客户的所有需求，很容易导致企业承诺与企业提供价值的能力不匹配，客户满意度和忠诚度下降，出现客户流失。

2. 客户关系的主要类型。根据企业对客户提供的价值以及竞争优势的来源，可将企业与客户关系水平从弱到强划分为熟人关系、朋友关系、合作伙伴关系。企业对不同关系类型的客户提供的价值有所差别，获取竞争优势的来源也分别包括满意、信任和承诺。

（1）熟人关系。企业对熟人可以仅提供达到本行业平均水平的产品或服务，即向客户提供不低于竞争对手的同等价值。由于该类客户只寻求同等价值、标准化产品和重复购买，通过建立熟人关系获得可持续竞争优势的机会很有限。但是，企业可以从熟人关系的交易中捕捉需求信息，积累客户数据，获得其他企业难以模仿的优势。借助熟人关系获取客户的成本比较低，企业赢得竞争优势的来源是客户满意。

（2）朋友关系。由于客户需求存在差异，企业借助朋友关系，可以提前预测消费者需要什么样的产品，开发符合客户需要的产品来满足细分市场的差异化需求，促使客户为企业的卓越表现支付更高的价格。差异化的独特性产品或服务更容易得到客户的认同，进而对企业产生高度的信任，这样，企业就能够获得一定的竞争优势。借助朋友关系获取客户的成本比熟人关系有所提高，企业赢得竞争优势的来源是客户满意加信任。

（3）合作伙伴关系。企业可以利用积累的客户数据和高效的信息系统向合作伙伴类型的客户提供高度个性化的产品或服务，来满足客户多样化、差异化、独特性需求。客户肯定愿意为这种个性化产品或服务支付更高的价格，并且对未来长远的互利交换关系做出承诺。借助合作伙伴关系获取客户的成本比较高，企业赢得竞争优势的来源是客户满意、信任以及承诺。

新启迪5-2

戴森连锁店的“金卡计划”

戴森连锁店为了加强与客户联系，跟踪研究流动客户，建立了一个消费者信息系统，可反映400万消费者的基本信息及其消费习惯。系统显示，有2.5%的客户消费额居然占到公司总销售额的33%，而这2.5%的客户正是公司特别关注和研究的。为了留住这些高端客户，公司实施了“金卡计划”。

戴森连锁店认真研究了客户消费习惯和偏好发现，他们最关心的是与店员的充分交流，客户希望店员能够与他们一起分享商品信息，甚至一些小的不被注意的细节也能够赢得客户的好感。于是，公司决定提供一些费用不是很高的个性化优惠条件，例如免费包装、免费咖啡、赠券等。戴森还邀请那些高度忠诚的客户参加一些重大的庆典仪式和会议，借此机会，公司员工也可以有更多的机会细致地观察客户的消费态度和行为习惯，同时，也使得这些客户感到了自己身份的特殊性，进一步增加了他们对公司的认同感和归属感。

一年后，金卡计划取得成功。成员增加到了40万人。在这一年的时间里，举办了多次艺术演出、时尚研讨会，还尝试了一些降价活动。金卡客户非常满意，表示很乐意继续购买戴森商品，从而增加了产品销售。

3. 分类带来的利益。一般来讲，和企业打交道的客户千差万别、形态各异，而对单个客户分别计算价值并实施个性化管理无疑会增加企业的成本。同时，客户购买行为较为复杂，若不进行细分，分别深入考察，很难做出准确的预测和判定。如果将客户关系进行分类，只需掌握各种关系类型的特点，便可针对每一类客户群分别制定营销策略。这势必会提高营销管理的针对性，确保整个企业通过客户关系的有效管理为各类客户创造最优价值。

以往，企业与单个客户的关系往往是一对多发散式（如图 5－4 所示）。在这种关系模式下，企业一般用 CLV 来计算未来客户盈利能力，即通过计算客户在生命周期各个阶段给企业创造的利润来确定客户的终身价值。由于客户数量巨大，企业的客户数据库中也存储了海量信息，对这些信息进行甄别、计算，然后制定针对每个客户的具体营销组合近乎不可能。

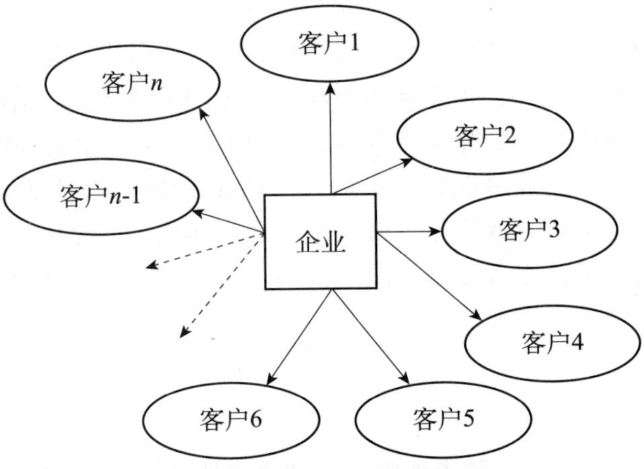

图 5－4　单一关系模式

将这种一对多的发散式互动关系模式转化为根据关系水平进行客户分类，在客户细分基础上制定相应的营销策略，就可以确保企业营销效率更高，营销工作更具针对性。客户组合关系管理模式是提高 CRM 质量的有效模式（如图 5－5 所示）。

企业还可以通过客户关系分类，分别制定每种关系下的客户维系策略。区别客户不同情况，采取不同维系策略，至少可给企业带来如下利益：（1）有利于减少对客户信息的搜寻、记载、分析、处理所付出的成本和精力。（2）有针对性地制定营销策略有利于使企业有限的营销资源发挥更大的综合效用。（3）有利于识别发现交叉销售的机会，从而提高客户忠诚度和盈利性。

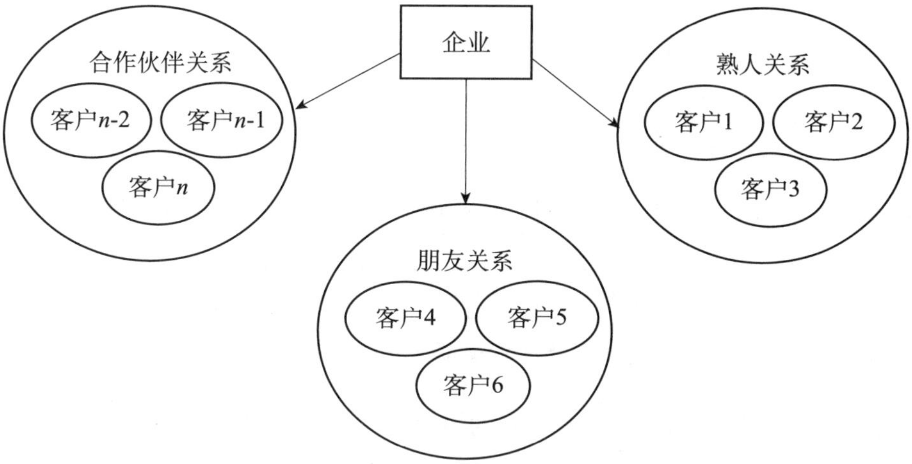

图 5－5　客户组合关系模式

第 2 节　客户满意与客户忠诚

一、客户满意

（一）客户满意的含义

客户满意是指客户将产品和服务满足其需要的绩效与期望进行比较所形成的感受。客户是否满意，取决于购买后实际感受到的绩效与期望（客户认为应当达到的绩效）的差异：若绩效小于期望，客户会不满意；若绩效与期望相当，客户会满意；若绩效大于期望，客户会十分满意。

客户期望的形成，取决于客户以往的购买经验、朋友和同事的影响以及营销者和竞争者的信息与承诺。若企业使客户的期望过高，则容易引起购买者的失望，降低客户满意程度。但是，如果企业把期望定得过低，虽然能使买方感到满意，却难以吸引大量的购买者。客户将这种感受（评价）同期望进行比较，就会形成自己对某种产品、品牌满意、十分满意或不满意等感觉。

基于情感–属性关系的客户满意理论认为，客户的负面消费情感受外在因素、内在因素和情境因素的影响，客户的正面情感主要体现为兴趣和喜欢两个方面，而客户满意又受客户正面情感和负面情感的影响，因此，满意是基于客户对产品属性和情感关系做出的判断（如图 5－6 所示）。

客户满意具有极强的主观性和差异性。不同客户对同一产品或服务可能会做出不同的满意评判。即使同一客户对同一产品或服务，也会因不同时间、不同环境、不同情感而做出不同的满意评价。客户在对预期和实绩评判时，不一定说实绩大于预期就一定产生客户满意，小于预期就一定产生不满意，这与客户的情感状态有关。当客户拥有良好的情绪状态时，实绩小于预期，客户也不一定不满意，就像心情很好的消费者可能会原谅服务人员

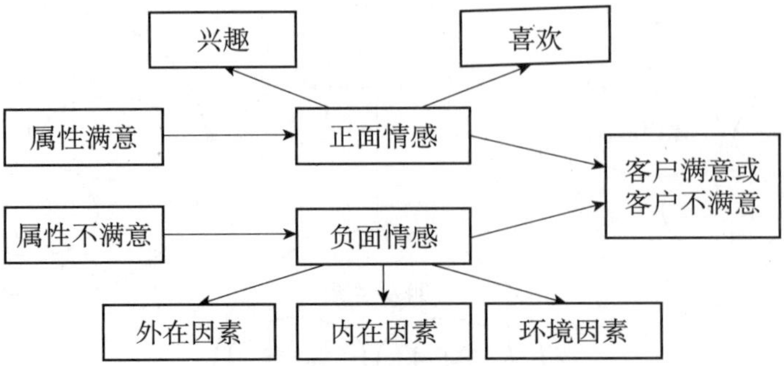

图5－6　基于情感–属性关系的客户满意模型

微小的过失一样；相反，当客户拥有不好的情绪状态时，实绩即使大于预期，客户也未必满意。比如，对医护人员的服务评价，患者的评价往往比家属的评价低得多，原因是患者自己的心情不好，而不是因为医护人员的过失。

（二）客户满意与客户忠诚的关系

满意的客户会变得忠诚并向他人正面传播企业，积极推荐企业的品牌。研究表明，不满意的客户、稍微满意的客户和完全满意的客户在忠诚度方面存在很大差别。满意度轻微的下降，会导致忠诚度巨大的下滑。总体而言，客户忠诚和客户满意是正相关的关系。不过，在不同行业和不同竞争环境下，客户满意和客户忠诚之间的关系也会有差异。在高度竞争市场，一般满意和完全满意的客户之间忠诚度有巨大差异；而在非竞争市场（如电信、石化等行业），客户无论满意与否都会保持高度忠诚（如图5－7所示）。

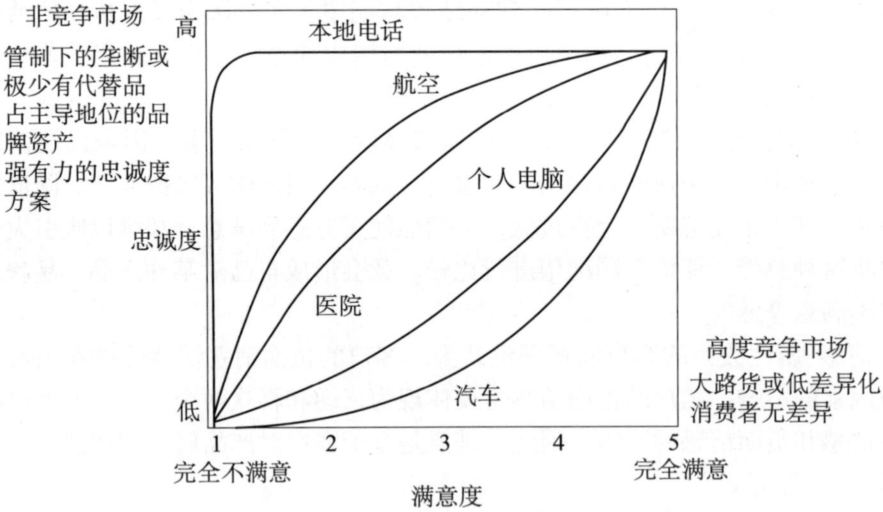

图5－7　忠诚度与满意度的关系

忠诚客户的花销更多，逗留的时间更长。失去一位客户不仅意味着失去一份销售额，还意味着失去客户终身的购买量。客户终身价值是指客户购买企业产品或服务总量的价值。除了吸引和保留住客户，许多企业还希望不断提高其客户份额。客户份额是指企业产品或服务在一个客户该类消费中所占的比重。企业所追求的目标不再是赢得大量客户的部分业务，而是争取现有客户的全部业务，例如，通过成为客户购买产品的独家供应商，或说服客户购买更多的本企业产品，或向现有产品和服务的客户交叉销售别的产品和服务，以获得所属产品类别中更大的客户购买量。

（三）客户满意与员工满意

企业员工的流动率与客户满意度密切相关，因此，服务企业必须重视员工的招聘和培训。良好的培训和优厚的工资待遇，会促使员工更热情周到地为客户提供服务，在自己喜欢的岗位上为企业创造价值。作为服务企业，员工敬业爱岗，保留率高，很少有人跳槽离岗，也说明企业整体形象好，管理素质高，能够留得下优秀的员工和杰出的人才。企业形象好，客户熟悉的员工多，将会进一步激发光顾企业、购买产品和服务的热情。客户到服务企业购买服务，很多是奔着熟人来的。

热情的客户会经常光顾，购买更多的服务，甚至还会把自己的满意感、美好感受、熟悉的员工告诉更多的亲朋好友，动员他们多来光顾。

詹姆斯・赫斯克特（James L. Heskett）提出的服务利润链理论揭示了优秀员工对企业生存发展的重要作用。服务利润链理论指出，企业利润来自客户忠诚度，客户忠诚度来自客户满意度，企业提供的服务价值决定客户满意度，内部员工满意度和忠诚度决定服务价值，客户满意度由员工满意度决定（如图 5－8 所示）。服务企业对优秀员工的雇用、培训和奖励，是提升企业内部服务质量的关键环节。因此，企业要善待员工，提升其收入和个人价值。正如习近平所指出的那样："员工要有收入。人们到企业就业是为了取得收入，收入低于预期、低于市场决定的平均工资，就招不来人。"[①]员工对企业的好感、信任、忠诚、感恩、回报等经常会反映在为客户服务的具体行动上。客户对优秀员工的高度责任意识、自律观念、奉献精神、友爱情怀等杰出表现和尽职行为，也会有所感动，客户满意度便随之上升。

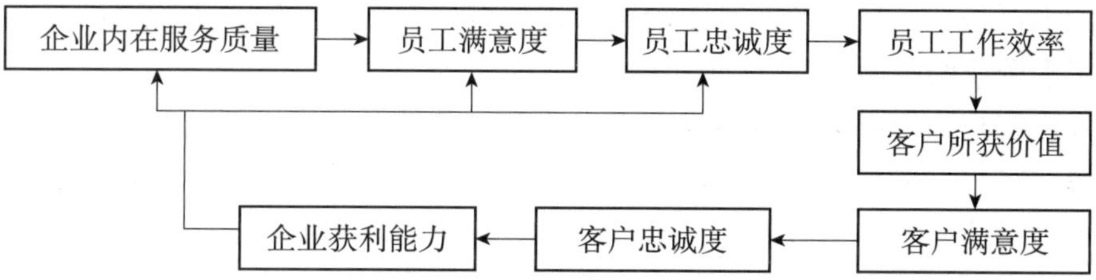

图 5－8　服务利润链

员工的热情细致周到服务，会进一步推动客户满意升级为客户忠诚。客户忠诚的主要表现是多次重复购买，频繁光顾，自觉传播企业正面口碑。忠诚客户的增加，客户保留率的提升，又为企业应对竞争、增加销售、提升绩效奠定了坚实基础。

员工的杰出绩效和良好表现应得到企业的奖励和肯定，应成为企业全体员工努力的方向和目标。而正能量、好风气的形成，又会为企业上下尽其全力为外部客户服务，创造客户价值，增进客户满意和忠诚，确保企业销售和利润可持续增长创造有利的氛围。总之，

① 习近平．在党的十八届五中全会第二次全体会议上的讲话（节选）（2015 年 10 月 29 日）．求是，2016（1）．

员工满意是客户满意的关键，也是企业在激烈竞争中得以生存发展的制胜法宝。

二、客户忠诚

客户忠诚是指客户根据自己以往的消费经验，对某一产品或服务所持有的情感上的依恋倾向，这种倾向可以通过客户的语言或行为表现出来。真正的客户忠诚是消费者的心理过程的函数。传统的消费者决策理论认为，消费者是通过获得有关产品或服务属性信息，然后形成评价标准，并对这些属性进行比较判断，最后形成一种综合性评价。

客户忠诚可以通过四个阶段形成：（1）认知忠诚，它是指客户基于对企业品牌及其利益的认知，确信企业产品或服务能够有效地满足客户需要而采取购买行动；（2）情感忠诚，它是指客户对企业品牌的一种积极有利的态度，由认知忠诚引致重复性购买预期；（3）意向忠诚，它是指客户受到企业营销激励后所产生的购买企业产品或服务的强烈意向和高水平承诺；（4）行为忠诚，它是指客户怀着忠诚企业产品或服务的强烈动机，克服各种阻力和障碍决定购买忠诚品牌的具体行为。

（一）维系客户

企业的客户可分为老客户和新客户。老客户是指第二次或更多次购买企业产品或服务的客户，是高度信任企业产品或服务而多次重复购买产品或服务的群体。新客户是指第一次购买本企业产品的客户。企业只有注重维系老客户，不断吸引新客户，才能获得稳定持续的发展。

营销实践表明，吸引新客户的成本通常是维系现有客户成本的5倍，而进攻性营销成本往往要比防御性营销成本高出很多。为吸引新客户，企业必须完成从不了解到了解、不信任到信任、不熟悉到熟悉等复杂而漫长的营销过程；而维系老客户所要做的只是经常性的提醒、提示，加深品牌在客户心目中的印象。二者相比，成本效益是显而易见的。所以，重要的不再是把尽量多的产品卖给尽量多的客户，而是要致力于说服已有客户更多地或者只购买本企业的产品。

在不知道客户为何离去或根本没有做出改变的条件下，很难使新客户成为老客户。作为一种资源，客户是稀缺的，寻找新客户的过程只能越来越困难。另外，不满意或抱怨会通过口碑传播迅速蔓延，也会阻止部分潜在客户转成为现实客户。大多数不满意的客户会默不作声、悄无声息地离企业而去，根本不给企业解决问题、挽留他们的机会。因此，企业维系客户的一个关键环节就是为客户投诉大开方便之门，重视和鼓励客户投诉。

建立良好的客户关系是发展新业务和维持原有业务的关键。订单常常是因为销售人员与客户的良好关系而签订的。要想同老客户密切合作下去，并通过老客户引荐发展新客户，就必须加强交流，增进共识，积极维系客户。

（二）减少客户流失

1. 客户流失原因与对策。客户流失的原因很多（如表5－3所示），企业需要针对不同情况，采取有效措施，减少客户流失。企业尤其需要做好如下工作：（1）确定客户维系率，并定期测量成效；（2）区分客户流失的不同原因，找出切实可行的改进机制；（3）将流失客户的利润亏损与减少客户流失的付出成本进行比较，权衡利弊，挽留客户。

表 5－3 客户流失的原因

寻求多样化	因好奇而追求购买多样化
对产品不满	产品的感知绩效低于预期水平
竞争者优势	认为其他产品更有价值，更令人满意
观念冲突	与企业的观点理念相左
丧失信任	客户不相信企业能实现承诺
需求中止	客户不再需要企业产品

2. 营销漏斗模型及其应用。图 5－9 展示的**营销漏斗模型**显示了吸引和维系客户的主要步骤。它是指以漏斗状呈现并用来测量、描述客户通过漏斗各环节由潜在客户转变为忠诚客户的模型。营销漏斗能够测量、识别出在客户决策流程每一阶段潜在客户的比例，从获悉产品信息、愿意尝试、定期购买、大量购买直至成为忠诚客户。

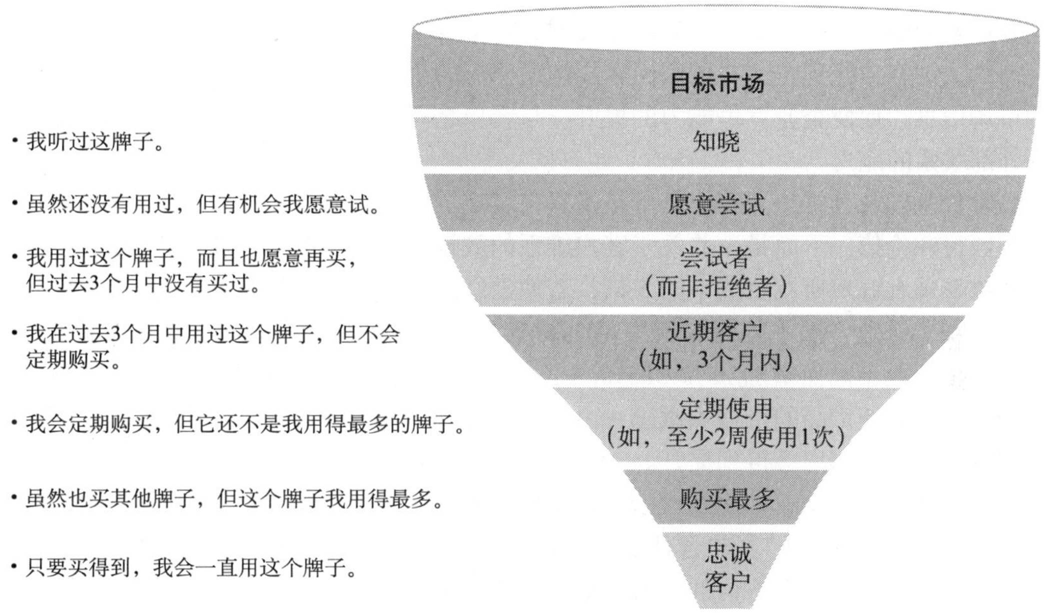

图 5－9 营销漏斗模型

为了改进营销工作，赢得更多忠诚客户，营销者需要计算客户转化率，即从营销漏斗的上一环节进入下一环节的客户比例，进而识别、发现客户转化的瓶颈或障碍，采取有效措施提升客户转化率。例如，近期客户比例明显低于尝试者，说明产品或服务有问题，不利于激励客户重复购买。营销漏斗模型不仅强调吸引新客户，还强调维系和挖掘现有客户。满意客户是企业的客户关系资本。企业从生存和发展的现实需要出发，必要时也可以出售这一资本，购买方就像为厂房、设备、品牌付款一样，也要为转来的客户基础支付代价。

3. 客户关系资本。客户关系资本是指企业所拥有的客户关系的价值属性，涉及社会互动、关系质量和网络联结三个关键要素，属于企业的战略性资源。

社会互动是指人与人、个人与群体、团体与团体之间为了满足某种需要而进行的交互作用和相互影响的活动过程。社会互动可以增强信息交换的强度、密度和广度。例如，经常讨论客户在新一年的需求变化可以促使企业对客户需求的了解。企业与交易伙伴的社会互动越强，企业信息交换也越密切。社会交互能增强企业对客户信息的认知能力。从本质上讲，社会交互是为了促使企业更好地理解客户的需求，更有效地与客户沟通。

关系质量是指客户对企业及其员工的信任感与客户对买卖双方之间关系的满意程度。企业与其客户之间的关系质量表现在双方在合作过程中共同的目标、规范和信任。良好的信任关系和相互的责任是维系关系的基本要素。关系管理是具有长久效应和价值的，也更容易促成双赢的结局，而当高质量的、不可替代的信任关系建立的时候，合作不容易破裂。互惠可以使得企业在更广的范围共享信息。目标的共享可以减少控制成本，促使企业投入更多的努力到创造性活动中。此外，建立在互惠和信任基础上的关系资本可以减少企业花在监控和交易上的实践成本，由于双方是互相信任的，可以增强交易的灵活性。

网络联结是指关键客户将自己带来的客户与企业联系互动所形成的新的网络纽带。企业同客户之间的关系资本不仅仅局限在关键客户本身，也会拓展到由关键客户所带来的其他客户，关键客户起到企业与更广泛客户沟通交流的桥梁。网络关系可以帮助企业获取更多的市场信息，促使企业竞争能力的提升。与客户之间建立广泛的网络同样也能增强企业管理外部关系的能力。

4. 客户基础及其维护。客户基础是指将与客户关系资本购买企业发生业务往来的所有客户的数目和价值。下面是一些关于客户维系的数据：（1）获取一位新客户的成本是企业获取并维系现有客户所花费成本的 5 倍，若使已经满意的客户产生转换行为，需要花费大量努力；（2）企业一般平均每年流失 10% 的客户；（3）如果企业将客户流失率降低 5%，则利润会依行业不同而增加 25%～85%；（3）老客户一般都会持续购买，积极向他人推荐企业产品，对企业产品的价格不敏感，由此还会降低企业的营运成本，因而在老客户整个生命周期中企业利润率会得到提升。

客户盈利性分析和营销漏斗模型有助于营销人员区别不同情况，对于不同忠诚度、盈利性、风险等情形各异的客户群体进行卓有成效的管理。客户基础对企业至关重要，其综合价值可给企业带来多方面的收益。成功企业致力于通过如下策略来提升客户基础的价值：（1）减少客户流失。甄选和培训熟悉业务、服务热情的员工，耐心细致地回答客户购买过程中的各种问题，努力提高客户满意度。（2）延长客户关系。客户和企业接触越深，就越有可能成为企业的长期客户。（3）提升客户价值。借助交叉销售、追加销售等手段，尽量增加每个客户为企业贡献利润的潜力。企业可利用新产品、新机会吸引现有客户购买，提高销售和利润收入。值得注意的是，当客户出现下述情况时交叉销售就难以盈利，如：要求每个产品都提供许多服务，多次退货，总是在各种促销方案中反复挑选。（4）舍弃低利客户。企业尽力从低利润客户那里赢得尽可能多的利润，若不理想则必须舍弃这部分客户。为了避免直接舍弃低利润客户，可以鼓励他们尽量多购买产品，或者减少一些特色服务，或者让他们为一些低利润的项目支付更高的费用。新冠肺炎疫情期间，一些银行、旅行社陆续对曾经免费的服务开始收费，以确保能够有最低的收入。企业还可以阻止那些盈利性差的潜在客户进入。免费客户不用付费或支付很低的费用，实际上是真正付款的客户在补贴免费客户。（5）聚焦高价值客户。企业集中精力为高价值客户服务，并用一些特殊的方法来加深互利关系，如生日问候、赠送礼品、邀请参加企业活动等。

（三）赢回流失客户

无论企业提供产品特性如何，不论企业多么努力，出现客户流失是不可避免的。企业要致力于赢回流失客户，重新吸引不满意的客户（如图 5－10 所示）。通常，将从前的客户重新吸引回来，比寻找新客户更容易，因为企业知道客户的名字和购买历史，关键是要对现有客户进行采访，对流失的客户进行问卷调查。经过分析后，只赢回那些具有较强盈利潜力的客户。

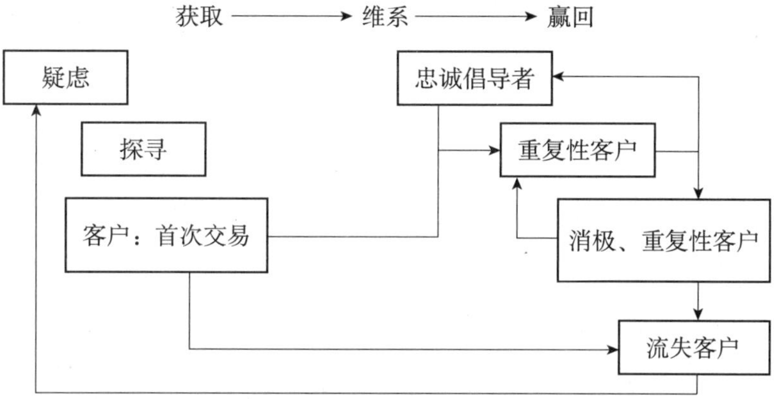

图 5－10　赢回流失客户

培养客户忠诚，需要企业与客户亲密互动，开发客户忠诚计划，设立俱乐部会员计划，建立制度性联系，建立品牌社区等。

三、构建品牌社区

数字经济时代，企业借助互联网，可以构建品牌社区，加强客户互动协作，共创价值。**品牌社区**指一个由消费者和企业职员组成且身份认同，活动重点围绕品牌展开的专门社区。品牌社区具有如下特征：（1）一种与品牌、企业、产品或社区内成员之间相关联的同类意识；（2）一系列有助于展现该社区核心价值的共享仪式、故事和传统；（3）普遍适用于整个社区和单个社区成员的共同道德责任感和义务。

为了让在线社品牌社区更加富有成效，企业应采取如下措施：（1）提升信息交换的及时性。为话题讨论设置固定时间，对回复及时而且有益的成员进行奖励，增加社区接入点。（2）提升所发信息的关联度。将焦点关注与话题本身，对论坛按照类别分成条块，鼓励客户预选自己的兴趣偏好。（3）对社区里的讨论进行延展。让客户的自我表达变得更容易，对回应的长度不设限，允许对客户所发信息的关联度进行评估。（4）增加信息交换的频率。发起一些比赛，使用大家熟悉的一些社交网络工具，为访客创造一些特殊机会，对积极参与或提供帮助的成员表达谢意。

第3节　客户关系管理

一、客户关系管理的含义

客户关系管理（customer relationship management，CRM）是一种经营管理战略，该战略通过应用信息技术将企业的客户资料整理起来，为企业提供一种全面、可靠而完整的认识，从而使客户与企业间所有的过程和互动能够有助于维系和拓展这种互利关系。

CRM 的目的是通过经营过程和数字技术整合来改进客户服务、提升客户的满意度和促进客户维系，其焦点是自动化并改善与销售、营销、客户服务和支持等领域的客户关系有关的商业流程（如图 5－11 所示）。

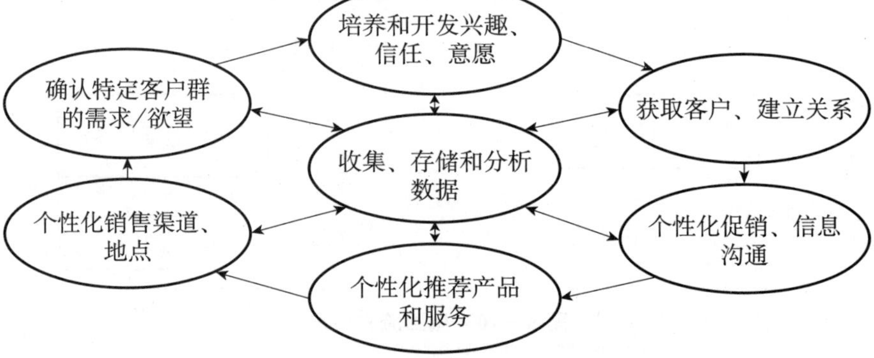

图 5－11　客户关系管理的主要流程

CRM 既是一套营销管理的原则、制度，也是一种管理软件和数字技术，致力于缩减销售周期和销售成本、增加收入、寻找扩展业务所需新的市场和渠道以及提高客户的价值、满意度、盈利性和忠诚度。CRM 应用软件将不同营销人员在不同时间针对不同客户、不同产品最佳营销实践具体化，并借助先进的数字技术来协助企业实现预定目标（如图 5－12 所示）。CRM 在整个客户生命期中都以客户为中心，这意味着 CRM 应用软件将客户当作企业运作的核心。CRM 应用软件简化协调了各类业务功能（如销售、营销、服务和支持）的过程并将注意力集中于满足客户的需要上。CRM 应用还将多种与客户交流的渠道，如面对面、电话接洽、微信联络以及 Web 访问协调为一体，这样，企业就可以按客户的喜好使用适当的渠道与之进行交流。

二、CRM的价值及其成功关键

CRM 为企业提供了迅速收集客户信息，确定特定时期内最有价值的客户，并通过提供定制的产品和服务提高客户忠诚的良机。

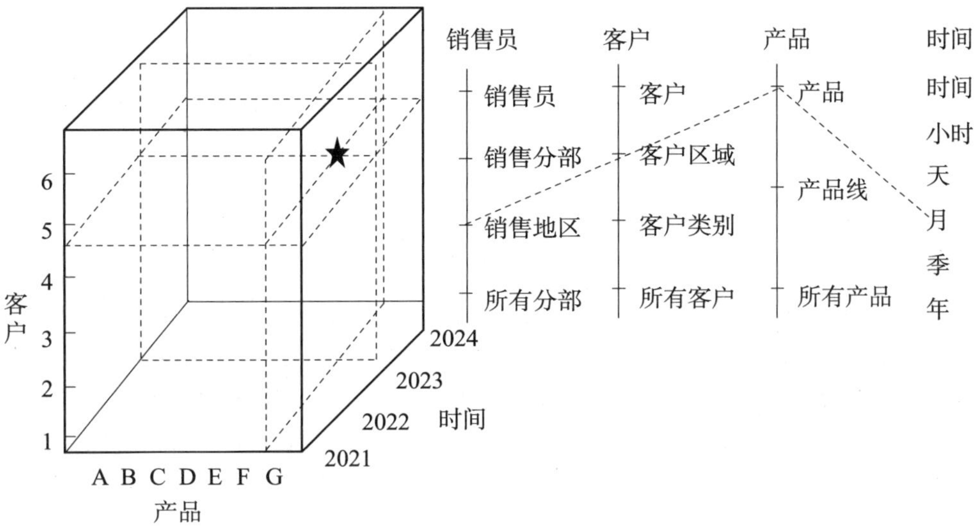

图 5－12　客户关系管理的数据支持

（一）CRM 对企业和客户的价值

CRM 可为企业带来如下竞争优势：（1）通过客户和企业之间个性化的互动，递送卓越的客户价值，提升客户份额。（2）向客户证明企业是可靠的、值得信任。（3）加强与客户的联系沟通，维系客户和建立客户忠诚。（4）围绕客户需求提升企业的应变能力，增加交叉销售、捆绑销售和追加销售的机会。（5）促进企业信息基础设施建设，支持企业应对变幻莫测的价格，推动企业变革创新，改变企业在实现经营目标过程中落伍的习惯行为。

CRM 虽然有可能影响到客户的个人隐私，带来一定的机会成本，但可得到企业可持续的个性化服务，从令人满意的优质服务中享受更多乐趣和价值（如图 5－13 所示）。

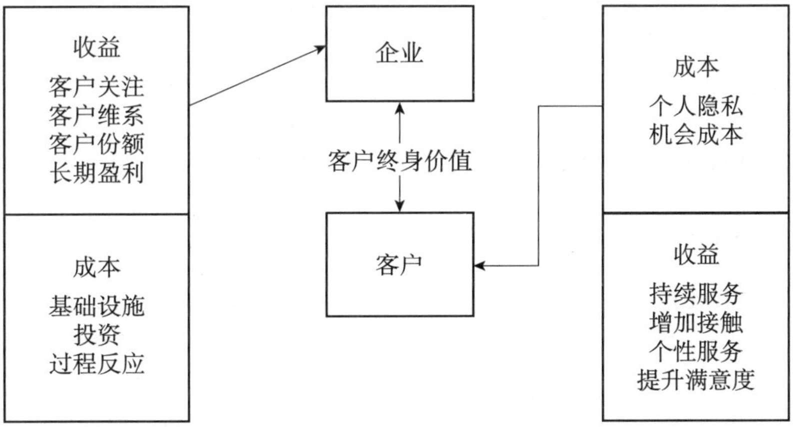

图 5－13　CRM 给企业和客户带来的利益

（二）CRM 的成功要素

CRM 的成功实施与以下因素密不可分：（1）跨越所有媒体（呼叫中心、人员、零售网点、价值链成员、互联网）整合销售、营销和服务职能的决策者。（2）存储客户信息和具有恰当分析工具的数据库，用于分析数据，了解客户行为。（3）根据数据分析得到的经营原则，确保企业对客户的了解能够为决策者提供决策依据。（4）有利于客户关系持续改善的业绩考评。（5）与企业运营支持（或内部决策系统）的有机融合。

（三）CRM 的管理陷阱

CRM 的成功运作，还需要警惕以下管理陷阱：（1）缺乏周密完善的客户战略，CRM 的成功依赖于明智地选择战略客户和定位，这比计算机系统、软件、呼叫中心和其他技术都更重要。（2）在企业做好充分的组织动员、机构调整、流程优化之前，就仓促导入 CRM 系统。事实上，CRM 不仅影响与客户接触的过程，而且影响内部组织结构和运作系统，必须做好企业内部的优化和调整。（3）以为 CRM 技术越高端、越先进越好，忽视信息技术与客户战略的匹配。

新启迪5-3

冀衡建材的客户关怀

浙江台州面临一场 50 年未遇的台风，冀衡建材公司一个经销商大客户的仓库正好位于海堤内 40 米处，由于位置特殊连保险公司也拒绝投保。在台风紧急警报发布后，该经销商还存有侥幸心理，以为台风未必在当地登陆。冀衡公司的客户经理早前曾一再告诫对方必须改变仓库位置并参加保险，该经销商一直未有动作。冀衡公司感觉这次台风很强，派客户经理专程赶往台州，劝经销商马上把货物转移至安全的地方。这次，他终于听了劝告。台风和海啸真的发生了，在同一仓库放货的另一客户遭到灭顶之灾，价值 100 多万元的水泥、建材全部冲入大海，顷刻倾家荡产。事后，该经销商对冀衡公司客户经理一再致谢，庆幸自己接受了善意的劝告，花 1 万多元的仓储和搬运费保住了价值 60 多万元的货物。经销商说："其实你们完全可以不予理会，也用不着这样费心。因为这完全是我们买断的货，损失多少与你们无关。你们把我真正当成自家人了，今后还有什么理由不和你们长期合作？"

三、CRM的主要内容

（一）过程管理

一般来讲，CRM 把过程分成四个阶段：兴趣需求搜集阶段、方案设计阶段、交售阶段和跟踪阶段。跟踪计划与业务计划结合起来进行，把计划分为日程表、周计划和月计划。日程表主要报告当天的事情进展如何；周计划报告客户的状态有没有改变；月计划报告有没有完成计划。日、周、月三个阶段的工作都是可以量化的，根据这些量化的数据从而预测下个阶段的工作。强调管"过程"，并不是说不管结果。在 CRM 的理念中，每一个结果都视为阶段性的，这一阶段的结果是下一阶段的开始，周而复始，不断循环（如图 5－14 所示）。

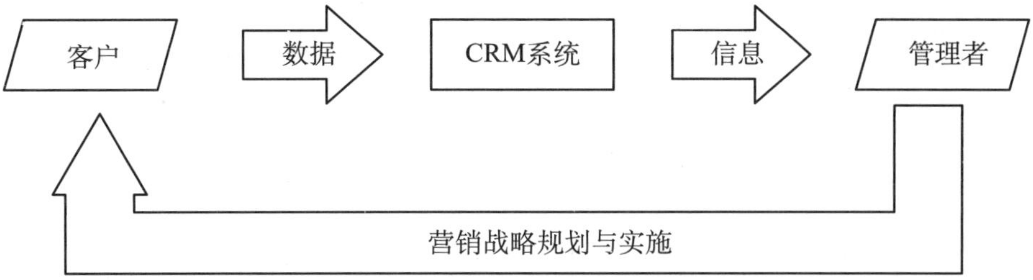

图 5－14　CRM 的过程管理

（二）客户状态

除了管理过程以外，CRM 还可以对客户状态进行有效的分析与管理，发现流失客户或即将流失客户，及时采取相应措施（如图 5－15 所示）。澳洲某银行每天会将所收集的客户数据放到数据仓库中，并且设定了一些智能分析机制，对客户交易状态进行管理，对一些非正常的交易金额，即大额的提款和存款进行专门的处理。一旦有客户状态异常的情况发生，数据仓库会自动做出相关统计，并将统计的结果提交给营销部门，由营销人员及时与客户进行接触，找出客户状态异常的原因。一次这家银行发现，一位 77 岁的老太太提款金额较大，得知老人提款是要为女儿买房后，银行立即与老人的女儿联系，表示愿意为其提供买房的贷款。结果是：（1）老人原来要从银行提的款项又全部作为存款留在银行；（2）银行为其女儿办理了一笔贷款；（3）其女儿也将自己在其他银行的存款转存到这家银行。真是一举三得，共同受益。

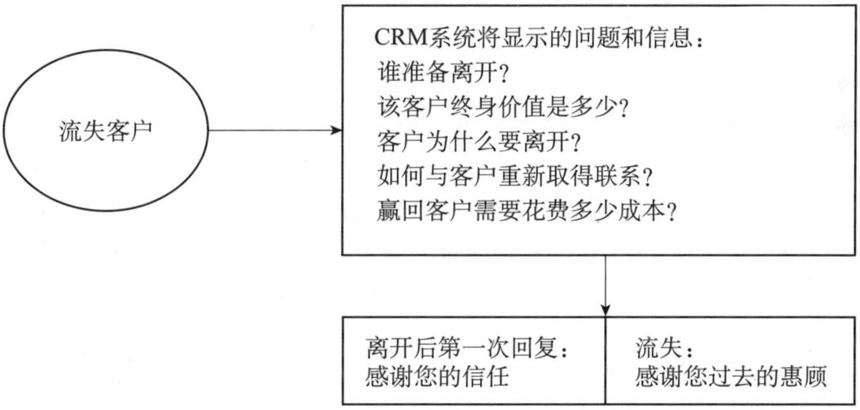

图 5－15　流失客户的监控与对策管理

借助 CRM，企业通过与客户之间不断的互动，提供信息和客户作交流，以便影响客户的行为，进而留住客户，不断增加企业的利润。通过实施 CRM，能够分析和了解处于动态过程中的客户状况，从而搞清楚不同客户的利润贡献度，以便于选择应该供应何种产品给何种客户，以便于在合适的时间，通过合适的渠道去和客户从事交易活动（如图 5－16 所示）。

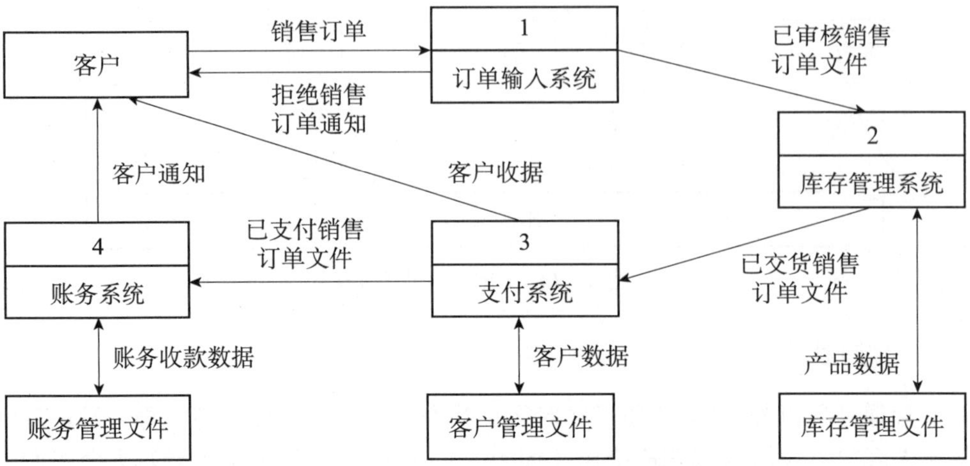

图 5－16　CRM 中的交易支付系统

（三）客户满意度

从行为角度来讲，满意度是客户经过长期沉淀而形成的情感诉求，它是客户在历次交易活动中状态的积累。CRM 最重要的是建立一套完整的客户信息系统，通过对过程的管理，随时了解客户状态。因而有人提出企业必须像管理其他资产一样对客户进行管理，做到像了解企业产品一样了解客户，像了解库存变化一样了解客户的变化，这其中的道理是显而易见的。透过 CRM 可以清楚掌握客户的状态和特征，避开传统管理带来的经营误区：（1）由于 CRM 提供了数据分析，可以使企业找到自己的客户，避免到处撒网寻找客户带来的资源浪费。（2）对企业来讲，重要的是能够给企业带来盈利的客户，而不仅仅是因为客户的购买量大。在资源有限的条件下，要更多关注那些让企业盈利的客户。必要时应剔除一些服务成本太高的客户。（3）CRM 可以帮助企业总结归纳出最忠诚客户的标准，销售人员就可以据此寻找新客户。

从经济角度来讲，客户满意度更为重要。企业的客户服务处于一般水平时，客户的反应不大；一旦服务质量提高或降低一定限度，客户的赞誉或抱怨将呈指数增加。CRM 不断对所有客户资料进行分析，可以有效掌握口碑曲线的走向，为企业改进或加强客户服务提供数据资料。

（四）客户成本

CRM 所创造的全新商业模式，将彻底改变客户服务机制的作用。企业由此可以准确预测客户服务的成本，估算出每一元钱的回报。企业可以清楚地知道每一客户能产生多少业务，可能购买什么以及维持他们的成本是多少。这使得企业可以根据每一客户创造盈利的潜能提供相应水平的服务。培育客户忠诚，需要企业加大投入。在客户重复购买情况下，企业加大投入就会形成客户忠诚（如图 5－17 所示）。

企业将客户终身价值与获得该客户所要付出的成本（简称获客成本）进行比较，符合企业营销战略而且成本较低的客户，就是要纳入关系客户计划的期望客户，将其发展为企业的关系客户，导入客户网络系统，确定为企业的目标市场，用适当的营销组合策略、企业相对优势锁定客户，增加其转换成本，提升其加入企业客户网络的利益（如图 5－18 所示）。

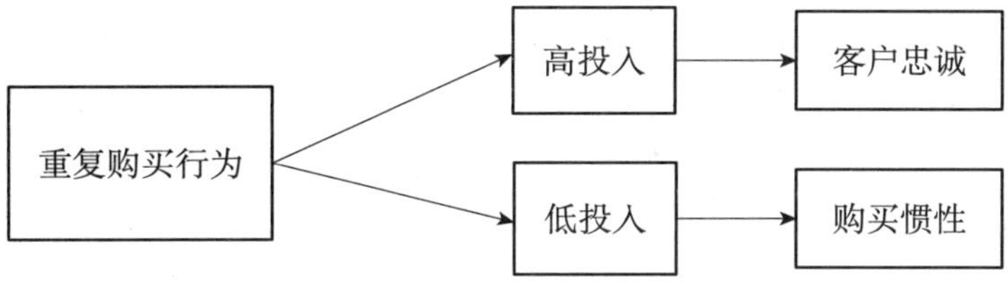

图 5－17　客户忠诚与企业投入

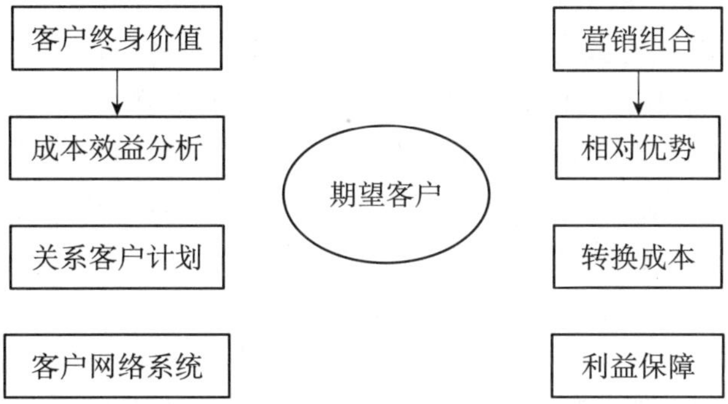

图 5－18　获客成本对客户关系的影响

传统理念认为，“客户就是上帝”；而 CRM 理念认为，“客户并非都是上帝”。营销实践表明，有相当比例的客户是会让企业产生亏损的，例如，服务费用过高的客户，形成呆账、死账的客户，带来诉讼的客户等。在有些企业，20% 客户带来的利润，又被 20%～30% 客户形成的亏损吃掉了。一家商业银行 20% 高端客户带来的收入是所花费用的 6 倍以上，而最底层 20% 客户所花费的成本却是他们带来收入的 3～4 倍。

与传统的“客户忠诚度计划”不同，CRM 能够将客户分层高度个人化。例如某航空公司推出的 CRM 系统，让公司票务人员和服务代理及时了解到每一位客户的简历和价值。这套系统不仅能够采集、分享、更新客户状况的数据，及时将客户发展为会员，还能为关系客户提供服务补救的财务手段。这家航空公司能够以较低的成本费用，发展、维系并扩大会员队伍，掌握高端会员个人偏好等细节，又有力地促进了服务质量的提高和可持续营销的开展（如图 5－19 所示）。

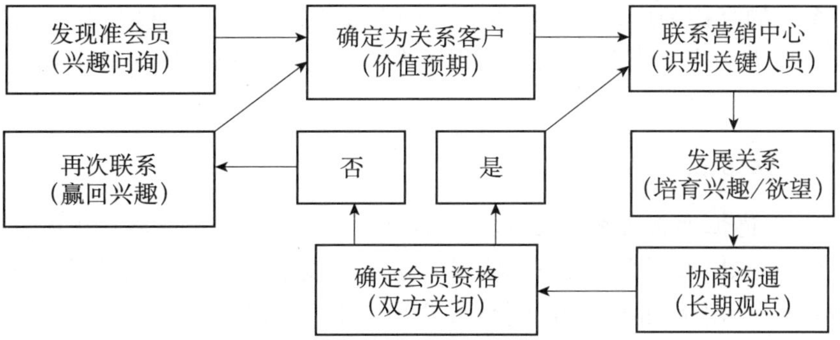

图 5－19　关系客户的发现过程

（五）CRM的运作流程

1. 搜集资料。利用大数据、云计算、人工智能等手段，多种渠道搜集客户资料、消费偏好以及交易历史数据，存储到客户数据库中。企业各职能部门或分公司，都有自己的数据库，但由于相互之间的信息是封闭的，就会出现企业的不同部门要求老客户填新客户数据表的问题。借助CRM，把不同的客户数据库加以整合、共享，有助于企业将不同部门的产品销售给同一客户，既可以增加利润，减少重复成本，同时更能够巩固与客户的互利关系。

2. 分类与建立模型。依据各种变量把客户分成不同的类型，描述每一类客户的行为模式。数据分析可以采用在线分析处理的方式进行，生成各类报告。运用业务数据仓库的处理手段，对数据进行加工和数据挖掘，分析各数据指标间的关联关系，建立关联数据模型用于模拟和预测。这一环节所取得的成果，不仅能反映目前企业的业务现状，同时也会对未来业务计划的调整起到有效的导向作用。通过分析可以得知，哪些客户一收到促销信息会毫不考虑就丢弃，或是他们偏好哪一类促销活动，也会知道哪些潜在客户已经不存在了。

3. 设计营销方案。企业对于各类客户往往一视同仁，但用CRM的观念来看，这样做显然是不经济的。CRM要求在设计营销方案时必须“看人下菜碟”，好钢要用在刀刃上，钱要花在要紧处。

4. 活动测试、实施与整合。借助CRM，企业可以对过去营销活动的数据、资料进行相关分析，通过客户服务中心或呼叫中心能够及时地反映出营销活动的效果，便于及时调整营销方案。

5. 绩效分析与考核。CRM可以通过客户数据和销售信息的综合分析，建立起行之有效的绩效考核体系。一旦出现差错或失误，顺着活动的模式、路径分析，就可以很快查出问题出在哪个部门、哪个员工。

四、CRM的实施环境与客户沟通

CRM要得以顺利导入和成功实施，既需要企业高层统一意志，高度关注，大力投入，强力推进，也需要各职能部门之间相互配合。CRM为企业可持续营销提供了强有力的技术保障，但是决定企业营销成功的关键是人而不是物。对于市场竞争的反应，客户需求的满足，管理系统的维护利用，应对流程变革的态度等，都是人在起作用。因此，CRM的实施环境需要以人为本，充分调动人的积极性，最大限度地发挥人的主观能动作用（如图5－20所示）。

（一）客户接触点

CRM是一个谨慎地管理客户接触点的细节，最大限度地提高客户忠诚度的过程。**客户价值管理**是与CRM相关的一个概念，它是指企业对客户基础价值的最优化。客户价值管理是对单个客户与潜在客户展开的分析，用于制定营销策略，赢得与维系客户，引领客户行为。客户接触点是指客户会接触到品牌和产品的任何机会，包括实际接触体验、人际

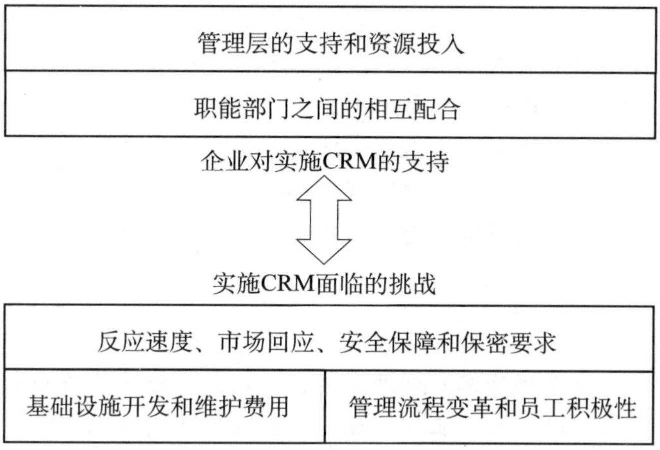

图 5-20　CRM 的实施环境

传播和大众传播、不经意的观察等具体细节。对于酒店来说，顾客接触点包括房间预订、柜台登记和结账离开、熟客优惠项目、客房服务、商务服务、健身设施、洗涤服务、餐厅和酒吧等。

（二）客户沟通联系

CRM 使得企业能够通过有效利用个人客户信息，提供优质的实时客户服务。基于对每个有价值客户的了解，企业能实现产品、服务、体验活动、信息和媒体定制化。

越来越多的企业正在借助电子邮件、网站、电话呼叫中心、微信群、视频号、数据库、大数据软件等来强化企业与客户间的持续联系。虽然现有技术能帮助企业进行 CRM，但企业需要谨慎操作，不要试图用过多的电话自动回应系统或社交网络工具来满足客户相关需求。许多客户仍然喜欢与一个活生生的客服代表进行交谈，以获得更为人性化的服务。

（三）客户投诉处理

管理者应致力于通过客户投诉来了解客户对企业产品或服务的切身感受，高度重视并妥善处理投诉问题，增进客户满意。研究表明，在客户购买行为中有 25% 是不满意的，但只有 5% 会投诉，95% 认为不值得投诉或者不知如何投诉、向谁投诉，他们能够做的就是和企业一刀两断，再也不打交道。

在所有投诉客户中，有 54%～70% 的客户在投诉得到圆满解决后，还会一如既往地和企业联系。如果客户投诉很快得到解决，该数字甚至会上升到惊人的 95%。客户对企业的投诉得到令人满意的解决之后，平均每人会把处理的情况告诉 5 人。而不满意的客户，平均每人会告诉 11 人。如果其中的每个人再继续转告他人，传播负面口碑的人数就会呈指数级增长。

事实上，不论营销计划设计、执行得多么好，失误总是难免发生。企业能够做的就是为客户投诉提供方便，免费热线电话、网站、微信、电子邮件都能快速地实现双向沟通。3M 公司的产品改进创意有 2/3 来自客户投诉。

考虑到许多客户并不一定会投诉，企业应对能够快速传播客户投诉及反馈的社交媒体等进行主动监控，并采取如下措施：（1）设立每周7天每天24小时免费热线受理机制。（2）尽快回应客户投诉。企业反馈越慢，客户不满意情绪就越会滋长，会导致更大规模和范围的负面口碑传播。（3）真诚地向客户承担责任，解决问题。（4）安排耐心细致、能够换位思考、富有同理心的服务人员，迅速解决客户投诉，确保客户满意。事实上，有些投诉客户并不一定指望得到补偿，而只是希望得到企业的关注和尊重。

本章小结

企业要想赢得客户就必须为客户创造价值，包括客户让渡价值和客户感知价值。企业创造的客户价值越高，就越能赢得客户青睐，就越可能将满意客户发展为忠诚客户。由此可见，客户价值是企业赋予客户的价值，是客户所追求的价值，更是客户选择营销者的依据和标准。客户价值又是企业选择目标客户的重要依据。企业为了生存发展，必须选择有价值的客户，并为之提供优质的产品或服务，以获得应有的回报。换言之，营销者也很看重客户给企业带来的销售、盈利、正面口碑等价值，即客户对企业的可能贡献，因此，需要测算客户终身价值，进行客户盈利能力分析等。企业和客户之间的交换也是等价交换。企业要赢得客户，必须为对方创造价值、递送价值。客户要想和企业保持长期的互利交换关系，也必须对企业有价值回报。为此，企业需加强客户关系管理，积极导入CRM系统，精准测算客户成本和客户价值，有效配置营销资源，妥善处理客户投诉，维系互利客户关系，努力减少客户流失，与客户保持沟通交流，将客户关系资本和客户基础做大做强，为企业可持续营销打下坚实基础。

即测即评

扫描二维码可在线自测并查看答案。

基本概念

客户价值	客户让渡价值	客户感知价值	客户忠诚
营销漏斗模型	品牌社区	客户关系管理	客户价值管理

思考题

1. 企业在创造顾客价值的过程中如何匹配资源？
2. 建立顾客忠诚的主要途径有哪些？
3. 客户关系分类能给企业带来哪些利益？
4. 客户关系管理包含哪些主要内容？

本章案例

海珠健身房的客户维系

近年来，国内大型健身俱乐部开得越来越多。除了装修不同以外，有氧器械区、力量器械区、私教区、团体课区基本相同，各种课程也基本相同。于是，客户流失率居高不下便造成了健身俱乐部开门火爆却难以为继的普遍现象。

开业初期一般都是用低价吸引大批会员涌入，而当会员过多时，健身房又会忽略会员的需求，不重视会员体验。到店率低导致会员续卡率低，两三年过后，如果没有更多的会员加入，健身房就会面临倒闭的风险。

海珠健身房为了提升客户体验，主动与客户建立直接联系，以客户为导向提供周到、细致、有趣的服务，让健身房不只是锻炼的地方。健身房设置了签到机制，让会员至少能够保证到健身房的最低次数，签到10次可以享受续费优惠，并且设置奖品，签到次数越多，后面的奖品就越具有吸引力。健身房还采取有效措施，让新会员每次来都能与健身房员工互动交流，与老会员融洽相处，尽量将他们培养成为长期的忠诚会员。

为便于通过数据分析及时掌握客户的需要，海珠健身房还接入了SaaS管理系统，从满足会员需求出发，维护好客户的关系。管理者发现，现在的人们更加追求新潮和智能，不再满足于传统器械硬件，而热衷于追求智能硬件带来的时尚、有趣。为此，及时增加了智能健身器械、设施，让健身更有趣。

思考题：海珠健身房在维系客户关系方面有哪些值得借鉴的地方？假如你是管理者，下一步将采取哪些措施来提升客户忠诚度？

实训练习

1. 实训资料：根据全班同学的人数，任意选择2～4家企业，分组深入企业深入调查了解客户关系管理实践及其在具体企业的创新发展。

2. 任务：根据本章对客户忠诚与客户关系管理的相关理论知识，针对特定的案例企业，进行相关资料、数据和信息的收集整理，了解客户关系管理的重要性和具体操作。

3. 要求：

（1）分析案例企业导入CRM前后销售额、利润额、市场份额、客户满意度和忠诚度的变化。

（2）理解企业实施CRM的必要性和实施CRM过程中遇到的主要难题。

（3）在调查讨论过程中，进一步理解客户忠诚对企业营销的价值。

第6章 市场购买行为分析

引 例

2021年1月底，IDC公布了2020年第四季度全球智能手机出货量数据，全球智能手机出货量为3.859亿部，比上年同期增加4.3%。其中，前五名数据如下：苹果9 010万部，同比增加22.2%，市场份额为23.4%；三星7 390万部，同比增加6.2%，市场份额为19.1%；小米4 330万部，同比增加32%，市场份额为11.2%；OPPO 3 380万部，同比增加10.7%，市场份额为8.8%；华为3 230万部，同比减少42.4%，市场份额为8.4%。值得注意的是，小米在2020全年的出货量同比增长率为17.6%，是前五名中增长最快的厂家。小米的迅速发展与其高超的营销技法密不可分，尤其是小米精于研究消费者购买行为及其决策过程，善于采取有效措施吸引消费者购买的做法值得称道。例如，在小米11发布前夕，网上就传出了小米11的官方售价，宣称“小米商城”泄露，手机起步价为4 599元，这个价格相比上一代提高了600元。不少用户表示小米越卖越贵，已经不是曾经那个小米了。但是，最终发布会的时候，手机价格却还是和上一代一样3 999元起步。这样的价格信息落差，让许多消费者认为小米11价格便宜，非常值得购买。截至2021年1月27日，小米11的销量仅在21天内就突破100万台。这是小米手机历史上销量最快过百万的高端旗舰机。

资料来源：小米11成小米手机史上销量过百万最快高端旗舰机，https：//new.qq.com/rain/a/20210127A06VN100.

营销启示

以前的手机销售全靠产品说话，而现在商家开始侧重于消费心理探索。如果你是一位急需购买手机的用户，这一前一后的价格落差肯定会让你在第一时间毫不犹豫地购买这款产品，并且认为这是个良心商家，产品很便宜。当然，也有人认为这是商家在做价格测试，想看看消费者能接受的价格区间。事实上，这是企业在购买者产品预期和产品感知性能上做文章，目的是让产品感知性能超越购买者产品预期，从而达到消费者购后满意的效果。

| 知识思维导图 |

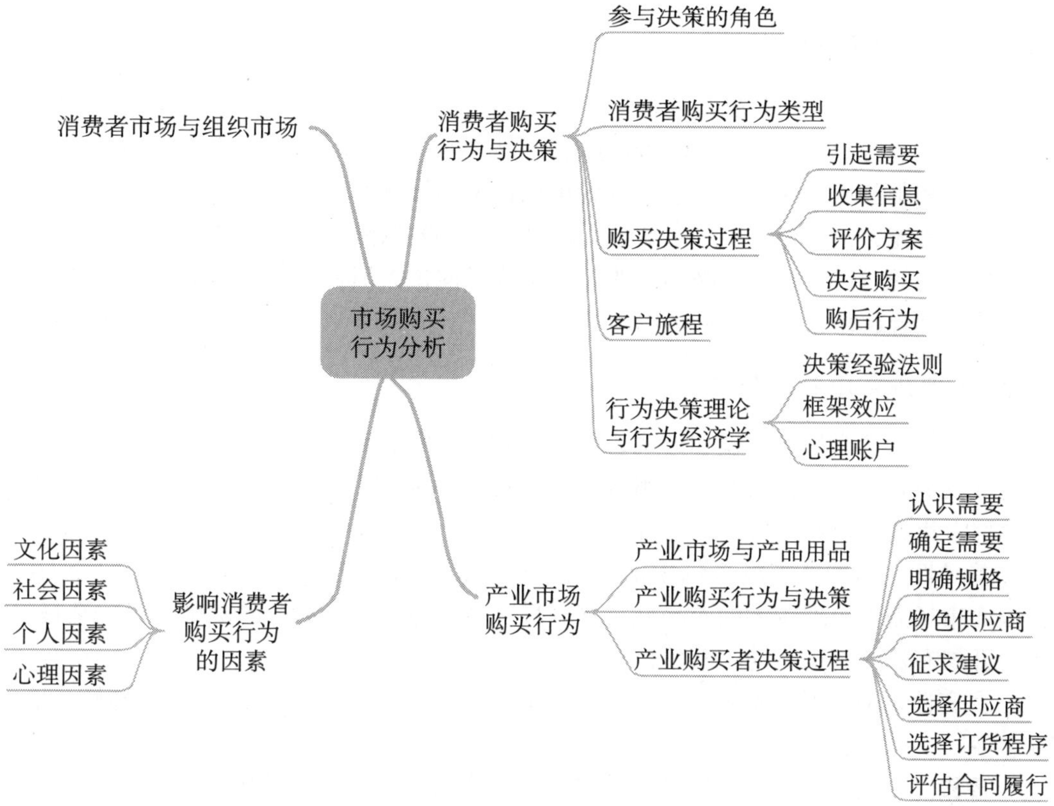

| 本章重点 |

- 影响消费者购买行为的主要因素。
- 复杂购买行为类型下的消费者购买决策过程。
- 产业购买决策的影响因素以及购买决策过程。

营销是以满足人们日益增长的美好生活为目的，创造、传播、传递和交换对个人和社会有价值的供给物，通过市场变潜在交换为现实交换的过程。其终极目的是通过满足市场需要赢得企业可持续发展。立足新发展阶段，贯彻新发展理念，构建新发展格局，我国将积极释放消费需求，拓展消费新模式，把消费潜力充分释放出来。因此，企业必须重视和研究市场购买行为，以便相机采取适当的营销战略战术。

第1节　消费者市场与组织市场

一、消费者市场

按客户购买产品和服务的目的或用途的不同，市场可分为消费者市场和组织市场。**消费者市场**是指所有为了满足个人消费而购买产品和服务的个人和家庭所构成的市场。生活消费是产品和服务流通的终点，故消费者市场也称为最终产品市场。一般而言，组织市场虽然购买数量庞大，但最终服务对象还是消费者，仍要以满足消费者的需要为中心。在构建新发展格局的时代背景下，必须以改善民生为导向扩大消费，并且把扩大消费同改善人民生活品质结合起来，充分挖掘国内市场潜力。

（一）消费者市场的特点

1. 分散性。从交易的规模和方式看，消费者市场购买者众多，市场分散，成交次数频繁，但交易数量小，绝大部分产品和服务都通过中间商销售，以方便消费者购买。因此，面向消费者市场的企业应特别注意分销渠道的选择、设计及管理。

2. 差异性。消费者市场提供生活消费用产品，购买者是受不同因素影响的个人或家庭，因而市场需求呈现较大的差异性、多样性。企业应在市场细分的基础上准确选择目标市场，开展有效的营销活动，满足目标客户的消费需求。

3. 多变性。消费者市场产品的专业技术性不强，同种产品较多，消费者选择余地大，需求多变。

4. 替代性。消费者市场产品种类繁多，不同产品之间往往可以互相替代，这与组织市场的情况差异较大。

5. 非专业性。消费者在决定实施购买行为时，不像组织市场的购买决策那样需要一套行之有效的审批手续或审批程序，而是具有自发性、冲动性，而且，消费者市场的购买者大多缺乏相应的产品知识和市场知识，购买行为属非专业性购买，他们对产品的选购受广告宣传的影响较大。

（二）消费者市场的购买对象

如果以消费者的购买习惯为划分标准，消费者的购买对象一般分为以下四类：

1. 便利品。又称日用品，是指消费者日常生活所需的需重复购买的产品。消费者在购买这类商品时，一般不愿花很多的时间比较价格和质量，愿意接受其他替代品，多数选择就近购买。因此，便利品的生产者应注意分销的广泛性和经销网点的合理分布，以便消费者能及时就近购买。

2. 选购品。它是指价格比便利品高，消费者花较多时间对许多同类产品进行比较之后才决定购买的产品。消费者在购买前，对不同品牌、厂家的商品的差异了解不多（这一点是区分特殊品和选购品的主要界限），因而在决定购买前总是要对同一类型的产品从价格、款式、质量等方面进行比较。生产经营选购品的企业应将销售网点设在商业区，并将同类产品销售点加以集中，以便客户进行比较和选择。

3. 特殊品。它是指消费者有特殊偏好并愿意花较多时间和精力去购买的消费品，如珠宝、古玩、高档家具等。消费者在购买前对这些商品已经有了一定的认识，偏爱特定的品牌，不愿接受替代品。为此，企业应注意争创名牌产品，扩大本企业产品的知名度。

4. 非渴求品。它是指消费者不了解或即使了解也未必有购买意愿的消费品。如人寿保险、创新产品、献血等。

如按商品的耐用程度和使用频率分类，消费者的购买对象可分为耐用品和非耐用品。非耐用品是指使用次数较少、消费者需经常购买的商品，如食品、化妆品等。生产这类产品的企业，要特别注意销售点的设置，以方便消费者的购买。耐用品是指单位价值较高，购买频率较低，需要许多人员推销和服务，销售价格和利润较高，能多次使用、寿命较长的商品。消费者购买这类商品时，决策较为慎重。生产这类商品的企业，要注重技术创新，提高产品质量，同时要做好售后服务，满足消费者的购后需求。

在新发展格局下，中国市场潜力将充分激发，进而创造更多需求。中国人均国内生产总值已经突破 1 万美元，有超过 4 亿中等收入人口，2020 年商品零售市场规模约为 6 万亿美元。中国经济的不断发展，人民群众对美好生活的追求，将对更加多样化高品质的产品、技术、服务产生更多需求。[①]

二、组织市场

企业所服务的客户不仅包括广大消费者，也包括生产企业、商业企业、政府机构等各类组织，这些组织构成了原材料、零部件、机器设备、供给品和生产性服务的庞大市场。为了提高企业产品的市场份额，扩大产品销售，满足组织市场的需要，开展 B2B 营销，企业必须了解组织市场的购买行为特征及购买决策过程。**B2B 营销**是指企业对企业的营销，具有单笔订单金额高、决策参与部门多、决策周期长、客户数量相对较少而集中等特点（如图 6－1 所示）。

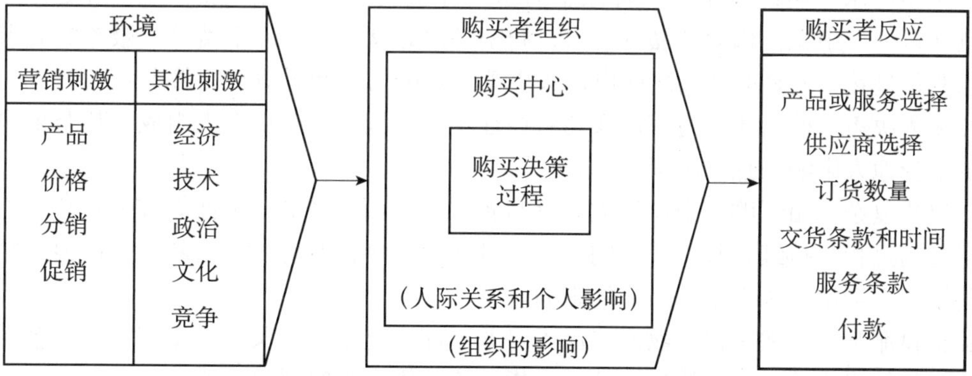

图 6－1　组织购买行为模型

① 习近平．构建新发展格局　实现互利共赢——在亚太经合组织工商领导人对话会上的主旨演讲（2020年11月19日，北京）．人民日报，2020－11－20.

（一）组织市场的构成

组织市场是由各种组织机构形成的对企业产品和服务需求的总和。它可分为三种类型：产业市场、中间商市场和政府市场。

1. 产业市场。产业市场又叫生产者市场或业务市场，是指由购买产品或服务并将之用于生产其他产品或服务，以供销售、出租或供应给他人的个人和组织组成的市场。通常由以下产业组成：农业、林业、水产业、制造业、建筑业、通信业、金融业和保险业等。产业购买者所购买的用于加工、生产、经营的产品或服务，叫作产业用品。

2. 中间商市场。中间商市场是指由购买产品和服务并将之转售或出租给他人以获取利润为目的的个人和组织组成的市场。中间商不提供形式效用，而是提供时间效用、地点效用和占有效用。中间商市场由各种批发商和零售商组成。批发商是指购买产品和服务并将之转卖给零售商和其他商人以及产业用户、公共机关用户和商业用户等，但不把商品大量卖给最终消费者的商业单位。零售商则是指将产品或服务直接提供给最终消费者的商业单位。

3. 政府市场。政府市场是指由那些为执行政府的主要职能而采购或租用商品的各级政府单位组成的市场，也就是说，一个国家政府市场上的购买者是该国各级政府的采购机构。各国政府通过税收、财政预算等掌握了相当大一部分国民收入，为了开展日常政务，政府机构经常要采购物资和服务，形成了一个很大的市场。政府机构往往是市场活动的最大买主，占 20%～30% 的份额。

（二）组织市场的特点

组织市场同消费者市场在构成主体方面有根本区别，相应地，二者的购买行为也就不尽相同。**组织市场购买行为**是指各类正规组织机构确定对产品和服务的需求，并在可供选择的品牌与供应商之间进行识别、评价和挑选的决策过程。与消费者市场购买行为相比，组织市场购买行为具有以下几个特点。

1. 派生需求。组织需求是一种派生需求，即组织机构购买产品是为了满足客户的需要。也就是说，组织机构对产品的需求，归根结底是从消费者对消费品或服务的需求中派生出来的。显然，皮鞋制造商之所以购买皮革，是因为消费者对鞋的需求。

2. 多人决策。购买决策过程的参与者往往不止一人，而是由多人组成。甚至采购经理也很少不受他人影响来独立决策。

3. 过程复杂。由于购买金额较大，参与者较多，而且产品技术性能较为复杂，组织市场购买行为过程将持续较长一段时间，几个月甚至几年都有可能。这就使企业很难判断自己的营销努力会给购买者带来怎样的影响。

4. 提供服务。一般来讲，物质产品本身并不能满足组织购买者的全部需求，企业还必须为之提供技术支持、人员培训、及时交货、信贷优惠等便利与服务。

随着互联网的发展与普及，B2B 电子商务已经成为组织购买的重要形式。它是指两个或两个以上的企业或组织之间利用互联网进行贸易的过程，包括信息、产品、服务的交换。互联网改变了企业之间的沟通方式，也改变了企业与员工共享信息的方式。

第 2 节　影响消费者购买行为的因素

人们的消费行为、购买决策在很大程度上受到文化、社会、个人和心理等因素的影响（如图 6 - 2 所示）。

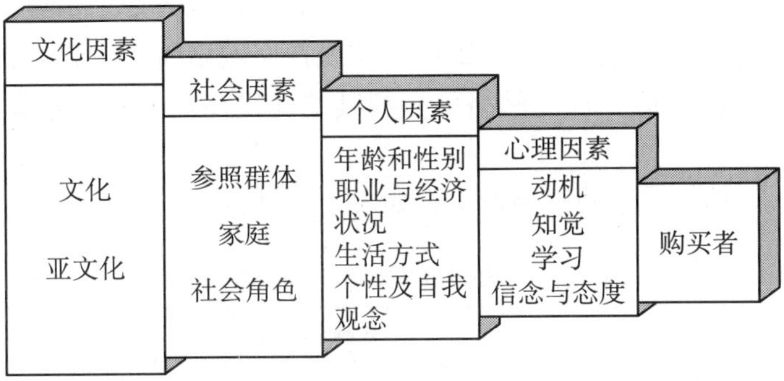

图 6 - 2　消费者购买行为的影响因素

一、文化因素

（一）文化

文化是区分一个社会群体与另一个社会群体的主要因素，是人们通过学习获得的区别于其他群体的行为特征的集合，包括价值观念、伦理道德、风俗习惯等。向上向善的文化是一个国家、一个民族休戚与共、血脉相连的重要纽带。①

（二）亚文化

亚文化是在较大文化内与其他群体共存的一个群体，其成员具有的共同信仰、特征或经历等能提供更为具体的认同感，如民族亚文化、种族亚文化、区域亚文化和社会阶层亚文化等。数字化时代最具影响力的亚文化群是 YWN（年轻人、女性和网民）。年轻人是新产品和新技术的最先试用者和变革者。女性是信息的收集者和家庭购买决策者，是管家、财务部长、采购主管、资产主管的结合体。网民是有表现力的传播者、社会的润滑剂以及互联网世界的内容贡献者。

二、社会因素

人们在做出购买决定时，一般乐于听取所信赖之人的意见以降低购买决策中的潜在风险，并从他人的想法和行为中获取慰藉。因此，消费者购买行为也受到诸如参照群体、家庭、社会角色等一系列社会因素的影响。

① 习近平：在全国抗击新冠肺炎疫情表彰大会上的讲话．（2020 - 09 - 08）．新华网．

（一）参照群体

参照群体是指个人在形成其购买或消费决策时用以作为参照、比较的个人或群体。参照群体可分为直接参照群体和间接参照群体。直接参照群体又称为成员群体，即某人所属的群体或与其有直接关系的群体。间接参照群体是指某人的非成员群体，即此人不属于其中的成员，但又受其影响的群体。

随着信息与网络技术的发展，社会生活中又诞生了一个新的群体——虚拟群体，它主要基于虚拟社区而非地域性社区。网络从时间和空间上根本改变了传统的社会交往和人际沟通的方式，形成了许多独特的观念、准则。在线社交网络就是供人们社会交往或者交换信息和意见的博客、微信群、社交网络平台和其他在线交流社区，例如百度贴吧、58同城、赶集网、人人网等。

参照群体对个人具有重要的影响作用，如表6－1所示。

表6－1　参照群体对个人的影响表现

	个人具体表现
获取信息	•向专业协会或独立的专家群体寻求关于各种品牌的信息 •向专业生产或销售产品的人寻求信息 •向拥有可靠品牌信息的朋友、邻居、亲戚或同事寻求相关品牌知识和经验（如A品牌和B品牌哪个更好） •独立测试机构的认同与否会影响个人对品牌的选择 •对专家行为的观察（如维修人员购买的电视机品牌）会影响品牌选择
维系关系	•为了迎合同事，个人购买某一特定品牌的决策受到同事偏好的影响 •购买某一特定品牌的决策受到与其有社会交往的人的影响 •购买某一特定品牌的决策受到家庭成员偏好的影响 •为满足他人对自己的期望，个人的品牌选择会受到影响
展现价值	•认为购买某一特定品牌会提高自己在他人心目中的形象 •认为购买或使用某一特定品牌的人拥有自己所希望拥有的品质 •有时觉得像广告中使用某一特定品牌的人那样也不错 •认为购买某一特定品牌的人会受到他人的羡慕与尊重 •认为购买某一特定品牌有助于向他人展示自己希望成为什么样的人

（二）家庭

家庭是指居住在一起，由拥有血缘、婚姻或者领养关系的两人或更多人组成的群体。家庭是社会的基本单位，也是社会中最重要的消费者购买组织，强烈影响着人们的价值观、人生态度和购买行为。一个人在一生中一般要经历两个家庭。第一个是原生家庭，即父母的家庭，在父母的养育下逐渐长大成人，然后组建自己的家庭，即第二个家庭。消费者做购买决策时，必然要受到这两个家庭的影响，其中，受原生家庭的影响比较间接，受现有家庭的影响比较直接。

（三）社会角色

社会角色是指与人们的某种社会地位、身份相一致的权利、义务的规范和行为模式，是人们对具有特定身份的人的行为期望。一个人在一生中会参加许多群体，如家庭、俱乐部及其他各种组织。社会角色的不同在某种程度上会影响消费者购买行为。

三、个人因素

（一）年龄和性别

消费者的年龄和性别会对消费者行为产生明显的影响。消费者的年龄通常是决定需求的重要因素。人从出生到死亡要经历婴儿期、儿童期、青年期、成年期、中年期和老年期六个阶段，处于不同年龄段的消费者有不同的需求心理和行为，而产品和服务通常只吸引某个特定年龄段的人群。需要注意的是，现代社会信息的扩散范围与影响力惊人，使不同年龄段的人群在信息获取、心态和行为上趋同，年龄界限逐渐模糊。男性和女性生理上的先天差别导致了不同的心理和行为，使两性的消费产品及购买决策过程差异显著。男性消费者购物目的明确，决策比较理性，接受稳定可靠的商品，追求快捷、简单的购物过程；而女性消费者购物目的不够明确，通常有更多的计划外购物，喜欢时尚可爱的商品，决策偏于感性，常常乐于货比三家，在商场里流连忘返。

（二）职业与经济状况

不同职业的消费者扮演着不同的社会角色，承担并履行各异的责任和义务，有不同的价值观和行为准则，对商品的需求和兴趣也各不相同。经济状况的好坏、收入水平的高低对消费者的购买行为有更为直接的影响，人们的消费心理和购买模式往往随着经济状况的变化而变化。现在的消费升级就是指消费结构的升级，即各类消费支出在总消费支出中的结构升级和层次提高，它直接反映了消费水平和发展趋势，表现为品牌选择、消费方式、消费观念的升级。

（三）生活方式、个性及自我观念

生活方式是理解消费者行为的通俗概念，是人们生活、花费时间和金钱的方式的统称，它反映了人们的活动、兴趣和意见。不同生活方式显然有不同的购买需求。个性是一个人所特有的心理特征，它导致一个人对所处环境相对一致和持续不断的反应。**自我观念**是指人们基于自身特性而进行自我认知的一种方法。自我观念包括理想自我观念和现实自我观念。理想自我观念指个人期望的自己的形象。现实自我观念指个人实际如何看待自己。人们总是不断努力，试图实现理想的自我观念。

四、心理因素

（一）动机

动机是一种驱使人满足需要、达到目的的内在动力，是一种升华到足够强度的需要，它能够及时引导人们去探求满足需要的目标。我国古代哲学家荀子认为，“人生而有欲”（《荀子·礼论》），“饥而欲饱，寒而欲暖，劳而欲休，此人之情性也”（《荀子·性恶第二十三》)。美国心理学家亚伯拉罕·马斯洛认为，人是有欲望的动物，需要什么取决于已经有了什么，只有尚未被满足的需要才影响人的行为，已满足的需要不再是一种动因。人的需要是以层次的形式出现的，按其重要程度的大小，由低级需要逐级向上发展到高级需要，依次为生理需要、安全需要、社会需要、尊重需要和自我实现需要（如图 6－3 所示）。

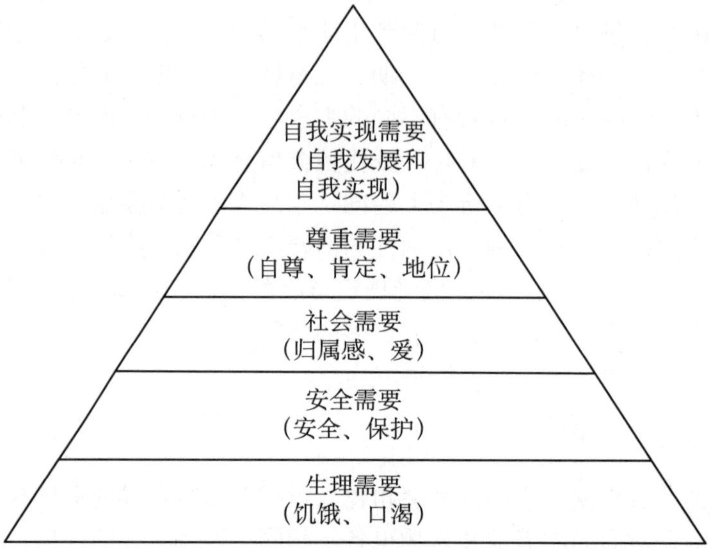

图 6－3　马斯洛需要层次理论

人们也会有满足功利性需要与享乐性需要的动机。功利性需要是指消费者对产品的客观、有形的属性的需要，比如一部汽车每升汽油的里程数、一条牛仔裤的耐穿性等。享乐性需要是消费者将产品用来满足对刺激、自信或幻想的需要，具有主观性和经验性。

（二）知觉

具有相同的激励和目标的两个人，其行为可能大不一样，这是由于他们对情况的知觉各异。**知觉**是指感觉器官与大脑对刺激做出解释、分析和整合的创造性过程，它不仅取决于刺激物的特征，而且依赖于刺激物同周围环境的关系以及个人所处的状况。人们之所以对同一刺激物产生不同的知觉，是因为人们要经历三种知觉过程。

1. **选择性注意**。人们在日常生活中接受众多的刺激，不可能全部加以注意，而只关注那些自己感兴趣或者对自己有意义的事物和信息。研究表明，人们更多地关注那些与当前需要有关的刺激物、期待的刺激物以及与一般情况相比有较大差别的刺激物。

2. **选择性曲解**。它是指人们将接收到的信息加以扭曲，使之合乎自己的认识或意愿的倾向。选择性曲解使客户对信息的理解不一定符合信息的原貌，营销人员对此往往无能为力。

3. **选择性记忆**。它是指人们倾向于保留那些能够支持其态度和信念的信息，而可能忘记与自己信念不一致的信息。

人们对于刺激物的理解是通过感觉进行的。感觉是指通过视觉、听觉、嗅觉、味觉、触觉器官对刺激物的反应。随着感觉的深入，将感觉到的材料通过大脑进行分析综合，从而得到知觉。研究发现，参与者只要触摸一件物品 30 秒或更短时间，就能对产品产生更强的依赖感。这种感觉提高了他们想购买该产品的意愿。另有研究表明，店铺里地面的材质也能影响购买者对商品的评价：柔软的地毯能带来放松的情绪，而瓷砖地面会造成疲劳感，可能引发批评。

（三）学习

人们要行动就得学习。**学习**是指由于经验而引起的个人行为或行为潜能的持续性改变。[①] 人类行为大都来源于学习。一个人的学习是通过驱使力、刺激物、提示、反应和强化的相互影响而产生的。驱使力是指存在于人体内驱使人们产生行动的内在刺激力，包括原始驱使力和学习驱使力。前者是先天形成的内在驱使力，如饥饿、口渴等。后者是后天形成的内在驱使力，如自豪、羡慕等。刺激物是可以满足内在驱使力需要的产品或服务。提示是激起消费者购买行为的外部原因。由于营销环境不断变化，新产品、新品牌不断涌现，消费者必须经过多方收集有关信息，才能做出购买决策，这本身就是一个学习过程。

学习分为以下两类。

1. 行为学习。它是指由曾重复经历和体验所产生的自动反应过程。消费者是通过驱使力、提示、反应与强化四个步骤从重复经验中学习的。强化是指通过某一事物增强某种行为的过程。

2. 认知学习。消费者从思考、推理和问题解决等非直接体验中学习，称作认知学习。这种类型的学习是指把两个或多个想法联系起来，或是根据简单观察到的他人行为结果来调整自己的行为。

（四）信念与态度

通过学习，人们获得了自己的信念与态度，而信念与态度又反过来影响人们的购买行为。信念是指一个人对事物所持有的确定性看法。企业应关注人们头脑中对产品或服务所持有的信念，即本企业产品和品牌的形象。人们根据自己的信念采取行动，如果一些信念妨碍了购买行为，企业就要运用促销手段去影响或修正这些信念。态度是指一个人对某些事物或观念长期持有的好与坏的评价、感受和由此导致的行动倾向。态度能使人们对相似的事物产生相当一致的行为。

第 3 节　消费者购买行为与决策

数字革命深刻地影响了消费者行为。消费者从搜索到购买、支付、使用和处理产品的方式都发生了变化。消费者的媒体习惯也发生了巨大改变，这就使得营销人员不得不认真对待，更有效地与消费者接触和互动。图 6－4 展示了消费者购买行为模型，营销组合及

---

① 符国群．消费者行为学．北京：高等教育出版社，2001：171.

各种刺激导致购买者黑箱过程，结果则表现为购买者一系列反应。购买者黑箱就是营销者需要揭示的购买者行为及其决策过程。

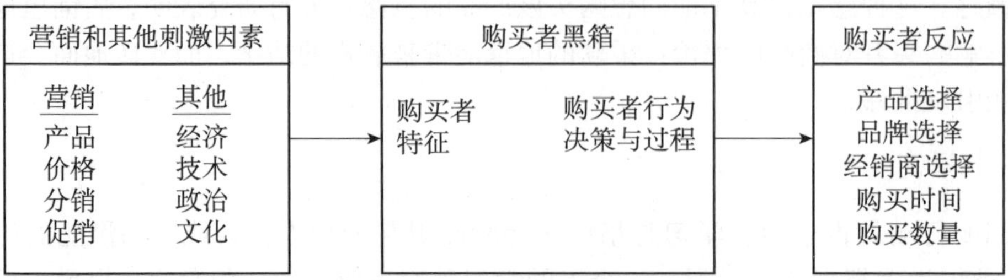

图 6－4　消费者购买行为模型

一、参与决策的角色

人们在购买决策过程中可能扮演不同的角色，包括：（1）发起者，即首先提出或有意向购买某一产品或服务的人。（2）影响者，即其看法或建议对最终决策有一定影响的人。（3）决策者，即对是否买、为何买、如何买、何处买等购买决策做出完全或部分最终决定的人。（4）购买者，即负责具体采购工作的人。（5）使用者，即实际消费或使用产品或服务的人。

消费者的购买行为按照购物目的不同可分为个人购物和家庭购物两种模式。个人购物是为了个人消费而购买产品，而家庭购物则是为了家庭成员共同使用而购买产品。当消费者进行个人购物时，可能同时扮演上述五种角色，而在进行家庭购物时，往往是由家庭成员承担不同的决策参与角色，随着购买环境和产品的不同，家庭成员在购买决策过程中的角色往往也会发生变化。一般而言，以下四个因素决定了家庭决策是由夫妻双方共同制定，还是由其中一方制定：（1）性别角色印象。坚持传统性别角色印象的夫妻往往会按照产品的性别类型来做出决策，即产品被分为“男性化的”和“女性化的”。（2）配偶资源。向家庭贡献更多资源的配偶拥有更大的影响力。（3）消费经验。夫妻中拥有更多购买经验的一方更多地制定决策。（4）社会经济地位。中产家庭比上层和下层家庭有更多共同决策的倾向。

当家庭成员认为自己很重要或很有新意，或对备选方案有强烈的看法时，决策容易增加成员之间的冲突。冲突的程度决定了家庭决策的类型。影响家庭购买决策冲突程度的一些特定因素包括：（1）投入程度。在家居住的青少年比住在集体宿舍的大学生更关心家庭所购买的物品。（2）产品效用。一位喜欢喝咖啡的妈妈与她爱喝可乐的儿子相比，前者显然对于购买新的咖啡机更感兴趣。（3）责任担当。人们更可能在有长期影响和约束的购买决策上产生意见分歧，例如对于是否养一只宠物狗的家庭决策，家庭成员很可能在谁负责遛狗和喂食等问题上发生冲突。（4）权力掌控。在传统家庭中，丈夫比妻子拥有更多的决策权，而妻子比最年长的孩子拥有更多的决策权，依此类推。在家庭决策中，如果一个成员总是利用所拥有的权力优先考虑满足自身需求，便容易产生冲突。

二、消费者购买行为类型

消费者购买决策随购买行为类型的不同而变化。较为复杂和金额大的决策往往凝结着购买者的反复权衡和多人的参与决策。消费者每次决策所必须付出的努力程度构成了一个连续统一体（如图 6－5 所示），一端为惯例反应行为，另一端则为广泛解决问题。有许多决策是落在中间区域的，称为有限解决问题。

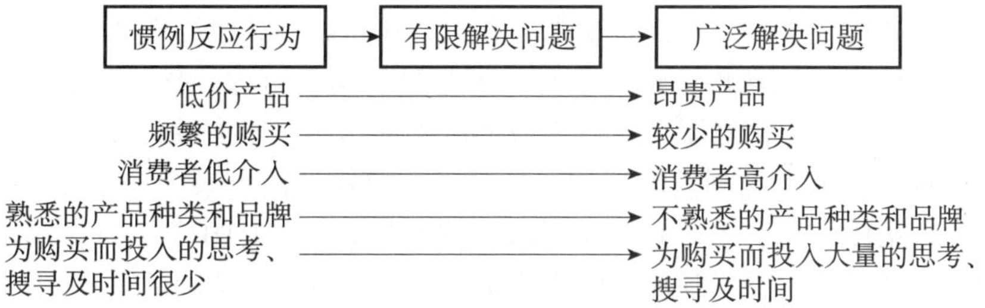

图 6－5　消费者购买决策行为的连续统一体

根据购买决策参与者的介入程度和品牌间的差异程度，也可将消费者购买行为分为四种类型（见表 6－2）。

表 6－2　消费者购买行为类型

品牌差异	介入程度	
	高度介入	低度介入
品牌差异大	复杂型购买行为	变换型购买行为
品牌差异小	协调型购买行为	习惯型购买行为

1. 习惯型购买行为。它是一种对于价格低廉、经常购买、品牌差异小的产品，不需花时间进行选择，也不进行信息收集、产品评价就进行购买的最为简单的购买行为类型。消费者只是被动地接收信息，出于熟悉而购买，也不一定进行购后评价。企业可以用价格优惠、电视广告、独特包装、销售促进等方式鼓励消费者试用、购买和再购其产品。

2. 变换型购买行为。它是一种对于品牌差异明显的产品，不愿花长时间来选择和估价，而是不断变换所购产品品牌的购买行为类型。消费者这样做并不是因为对产品不满意，而是为了寻求更多的尝试、比较、体验和评价。针对这种购买行为类型，企业可采用销售促进和占据有利货架位置等办法，保障供应，鼓励消费者购买。

3. 协调型购买行为。它是一种对于品牌差异小而购买风险大的产品，花费大量时间和精力去选购，购后又出现不满意、不平衡的心理，为寻求平衡而在使用过程中继续收集产品信息的购买行为类型。有些产品品牌差异不大，消费者不经常购买，而购买时又有一定的风险，所以，消费者一般会比较，只要价格公道、购买方便、机会合适，消费者就会决定购买。购买以后，消费者也许会心理不平衡或不够满意，在使用过程中，会了解更多情况，并寻求种种理由来减轻、化解这种失衡感，以证明自己的购买行为是正确、明智的决策。经过由不协调到协调的过程，消费者会有一系列的心理变化。针对这种购买行为类型，企业应注意运用定价策略和人员推销策略，选择最佳销售地点，并向消费者提供有关产品评价的充分信息，使其在购买后坚信自己做了正确的决定。

4. 复杂型购买行为。它是一种对于品牌差异大的产品，广泛收集相关信息，慎重选择，仔细比较后才购买，以求降低风险的购买行为类型。当消费者购买一件贵重、不常买、有风险又非常有意义的产品时，由于产品品牌差异大，消费者对产品缺乏了解，因而需要有个学习过程，以广泛了解产品性能、特点，从而对产品做出某种评价，最后决定购买。对于这种复杂型购买行为，企业应采取有效措施帮助消费者了解产品性能及其相对重要性，并介绍产品优势及其给购买者带来的利益，从而影响其最终选择。

此外，模仿他人的从众购买选择也是一种常见的消费行为。导致从众购买的因素有：（1）文化压力。不同的文化对服从有或大或小的推动作用。西方社会强调独立、自由、冒险、探索等精神，注重个人利益的追求，反映了脱离服从而推崇个人主义的特点。相反，东方文化则具有集体主义、集体利益、团队忠诚支配个人需要的特点。（2）制裁异类。个体有理由相信群体将会运用“制裁”的手段来惩罚与群体行为不同的行为。（3）承诺义务。人们对群体的奉献越多，对成员身份越重视，就越有遵循群体规定的动机。（4）乐群从众。随着群体力量的积累，成员会更加依从。对抗多数人的要求往往比对抗少数人更为困难，特别是在从众心理占上风的时候。（5）彰显特质。那些具有资深、富有或高度自信等特征的个体，总是力图树立或提高自己在多数人心目中的形象，便利用自己的资源和影响力激励那些从众购买的人。

三、消费者购买决策过程

在复杂型购买行为中，消费者购买决策过程由引起需要、收集信息、评价方案、决定购买以及购后行为五个阶段构成（见图 6－6）。

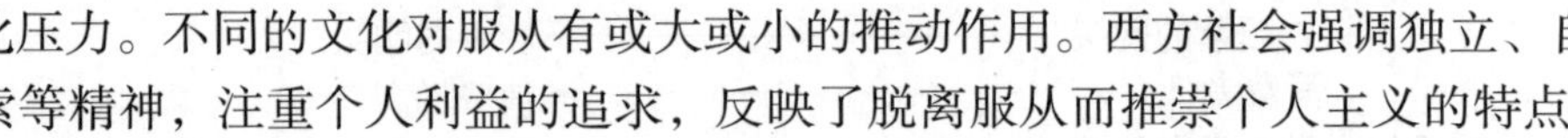

图 6－6　消费者购买决策过程

（一）引起需要

消费者的需要往往由两种刺激引起，即内部刺激和外部刺激。营销人员应注意识别引起消费者某种需要和兴趣的环境，并充分注意两方面的问题：一是了解那些与本企业的产品有实际或潜在关联的驱使力；二是消费者对某种产品的需求强度会随着时间的推移而变动，并且被一些提示所触发。在此基础上，企业还要善于安排提示，促使消费者对企业产品产生强烈的需求，并立即采取购买行动。

（二）收集信息

一般来讲，引起的需要不是马上就能满足的，消费者需要寻找某些信息。消费者的信息来源主要有个人来源（家庭、微信群、朋友圈、邻居、熟人），商业来源（广告、推销员、网红、平台主播、经销商、包装、展览），公共来源（互联网、报刊、广播、电视、消费者评审组织等），经验来源（处理、检查和使用产品）等。营销人员应对消费者使用的信息来源认真加以识别，评价各自的重要程度，询问消费者最初接收品牌信息时有何感觉等。

在互联网、物联网、人工智能、大数据、云计算等数字化技术迅猛发展的时代背景下，大部分消费者更愿意相信朋友、家人、微信圈的人。很多人在社交媒体上向陌生人求助，并采纳他们的建议，而较少依赖广告宣传和专家意见。

最需要收集信息以及所收集的信息量最大的往往是那些对产品有适度了解的消费者。如图 6－7 所示，个人已有的产品知识与收集信息所付出的努力之间存在倒 U 型关系。产品知识极为有限的消费者可能会觉得自己没有能力进行广泛的信息搜寻。实际上，他们可能连从何下手都不知道。

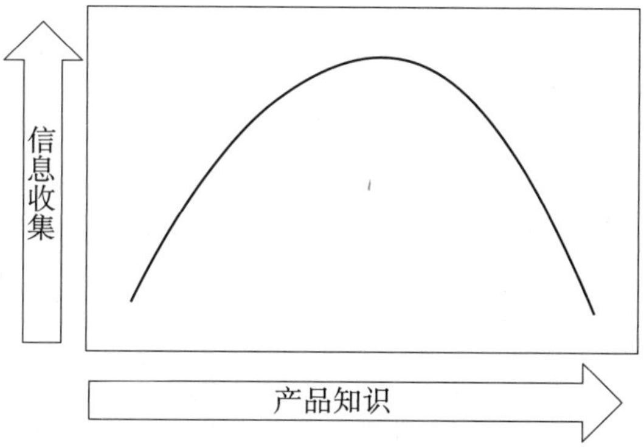

图 6－7　信息收集量与产品知识之间的关系

（三）评价方案

消费者对产品的判断大都建立在自觉和理性基础之上。消费者的评价行为一般涉及以下几个问题。

1. 产品属性，即产品能够满足消费者需要的特性。

2. 属性权重，即消费者对产品有关属性所赋予的不同的重要性权数。

3. 品牌信念，即消费者对某品牌优劣程度的总体看法。

4. 效用函数，即描述消费者所期望的产品满足感随产品属性的不同而有所变化的函数关系。

5. 评价模型，即消费者对不同品牌进行评价和选择的程序和方法，例如期望–价值模型就是消费者常用的评价模型，即消费者根据产品属性的重要性，结合正面和负面的品牌信念来评价产品。①

消费者选择某种产品主要标准有两类：一类是理性公开的标准；一类是情感隐蔽的标准。前者偏重实用性，后者偏重象征性（如图 6－8 所示）。

在营销调研中，当被问及购买决策时，大多数消费者会为自己的选择辩解，为自认为具有逻辑和符合理性的选择行为找出各种理由，包括产品价格、实际效用、可获得性、消费习惯等。

---

① 郭国庆. 市场营销管理——理论与模型. 北京：中国人民大学出版社，1995：82－91.

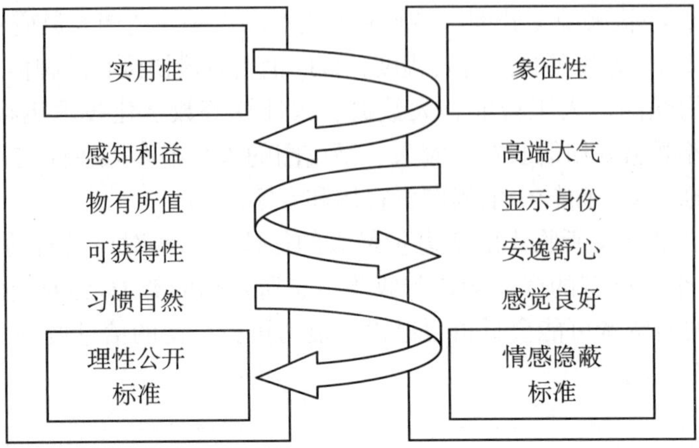

图6－8　消费者选择产品的标准

当消费者必须在两个合意的选择中做出取舍时，就面临着双趋冲突（approach-approach conflict）。双趋冲突是指两种对个体都具有吸引力的需要目标同时出现，而由于条件限制，个体无法同时采取两种行动所表现的动机冲突。双趋冲突有两个条件：两种以上有吸引力的目标；无法同时采取两种行动。一位女性可能会为是回家度假还是和朋友去滑雪旅游而烦恼不已，或者是她不得不选择观看哪场电影。

认知失调理论的基本要义为，当个体面对新情境必须表明自己态度时，往往会出现新的理解与旧的信念相冲突的状况。为了消除由此带来紧张不适感，个体倾向于采用两种方式进行自我调适：一是对于新认知予以否认；二是寻求更多新认知的信息，提升新认知的可信度，借以彻底取代旧认知，从而获得心理平衡。

新启迪6-1

行为定价

行为定价不是针对某一个体行为做出的策略，而是在一个整体情境之下，通过对价格做设定，用合适的方式与消费者进行沟通，来引导消费者购买企业真正想要销售的商品。

在一个实验中，有两款酒，一瓶售价500元，另一瓶是1 000元。如果只有这两种选择，60%的人选择500元的酒，40%的人选择1 000元的。但是，实验者又增加了一瓶1 500元的酒，结果，选择1 000元的消费者增加了25%，变成了65%。由此可以看出，消费者是非理性的，当增加一个选项的时候，他会觉得1 000元的酒更物有所值。所以，在行为定价中，不是只改变一个产品的价格，而是需要设定一个情境（即增加一个价格选项），消费者可能就会受到商家引导，选择价格较高的产品。

另外一个有趣的实验是，实验方发给两组人同样的止痛药，他们告诉第一组人，这片药2.5元，而告诉第二组人，这片药0.1元。当实验方问参与实验的人该药是否有效，能否缓解疼痛时，第一组有85.4%的人认为有效，第二组有60%的人认为有效。很明显，价格会影响消费者对产品价值的认知。这个实验表明，消费者是非理性的，他们会根据价格设定来感知产品价值。所以，企业应该从整体上考虑在什么情况下，消费者非理性的决策会影响购买决策，让消费者觉得付出更多的钱能够获得更大的价值。

（四）决定购买

评价行为会使消费者对可供选择的品牌形成某种偏好，从而形成购买意图。但是，在购买意图和决定购买之间，有两种因素会起作用：一是他人态度；二是意外情况。

消费者修正、推迟或者回避做出某一购买决定，往往是受到了感知风险的影响。感知风险包括：（1）功能风险，即消费者所购产品的性能、质量可能没有达到自己的期望水平，或低于竞争产品的水平而产生的风险；（2）身体风险，即消费者所购产品可能威胁到使用者或其他人身体健康的风险；（3）财务风险，即消费者所购产品的价值难以超越购买成本，从而带来财务损失的风险；（4）社会风险，即消费者购买、使用某产品可能与社会、团体规范或个人职业、身份、地位等不相适应以致让人觉得有失体面的风险；（5）心理风险，即消费者购买产品后可能会出现后悔、内疚、纠结等心理压力，影响消费者心理健康的风险；（6）时间风险，即消费者购买产品后可能会出现产品故障、瑕疵、落伍过时等而为另找满意产品必须付出时间成本的风险。感知风险的严重性随着所涉及金钱数额、属性不确定性程度以及消费者的自信程度而变化。营销人员必须了解引起消费者有风险感的因素，进而采取措施来减少消费者感知风险。

（五）购后行为

消费者对购买产品的满意度（S）是其产品预期（E）和该产品感知性能（P）的函数，即 $S=f(E, P)$。若 $E<P$，则消费者不满意；若 $E=P$，则消费者满意；若 $E>P$，则消费者非常满意（如图 6－9 所示）。消费者根据自己从卖主、朋友以及其他来源所获得的信息形成产品期望。如果卖主夸大产品的优点，消费者将会感受到不能证实的期望。这种不能证实的预期会导致消费者不满意。事实上，那些有保留地宣传产品优点的企业，反而使消费者产生高于预期的满意度，并树立起良好的产品形象和企业形象。

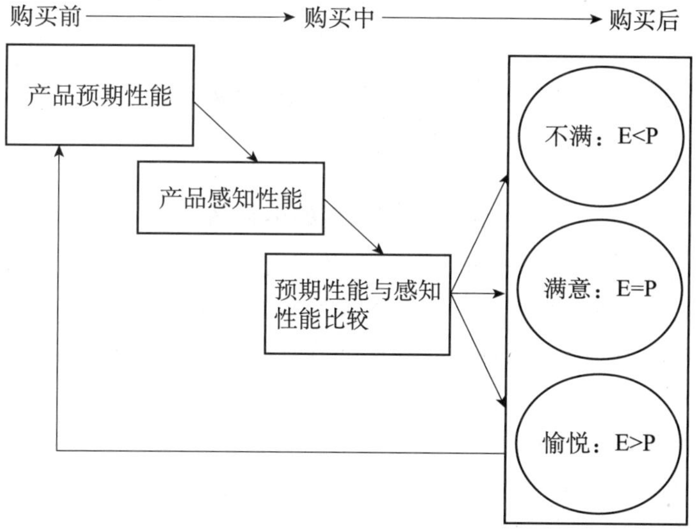

图 6－9　消费者购后行为

消费者对购买的产品是否满意，将影响到以后的购买行为。如果对产品满意，则在下一次购买中可能继续购买，并向他人宣传该产品的优点。如果对产品不满意，则会尽量减少失衡感，因为在人的意识中存在着一种在自己的意见、知识和价值观之间建立协调性、一致性或和谐性的驱动力。心理不平衡的消费者可以通过放弃购买或退货来减少失衡感，也可以通过寻求证实产品价值比价格高的有关信息来减少失衡感。

当消费者对产品或服务不满意时，有三种可能采取的行动：（1）提出索赔。消费者可以直接要求厂商或零售商赔偿、退款。（2）负面传播。向朋友表达对商家或产品的不满，并且抵制这家厂商。（3）投诉反映。消费者可以采取合法行动来反对企业、投诉或在社交媒体上发表负面评论。

企业还应跟踪调查客户如何使用和处置产品（如图6－10所示）。影响客户购买频率的一个重要因素就是产品的消耗率，客户消耗产品的速度越快，就越快再度购买。企业还要了解客户是如何丢弃产品的，尤其是那些容易破坏环境的产品，企业要引导客户正确使用和处置。有时，了解产品丢弃和处置情况也会给企业带来市场机会，尤其是在产品的循环利用方面。

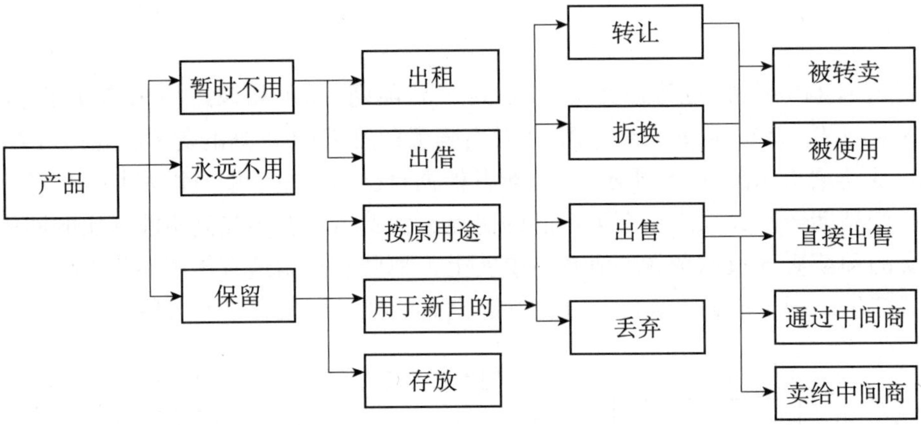

图6－10　购后使用与处置

新启迪6-2

超出客户预期的小礼品

2021年元旦过后，营销部整理出近一年的成交客户，安排营销人员逐一进行电话回访，告知客户企业将会安排销售经理、家居顾问和安装技术工程师在本周六前来做产品维护与保养，请客户务必确认当天在家。实际操作过程是，准备好给客户的惊喜小礼品（事先切不要告知客户），带到客户家里，给客户同时送上礼品和服务，务求达到超出客户预期的效果，并且搜集客户的建议和意见，进行整理改进。这一举措收到明显效果，既增进员工与客户之间的感情，又为今后的再次销售做好了准备。

科特勒指出，以往消费者的购买决策经历了4A过程，即了解（aware）、态度（attitude）、行动（act）和再行动（act again）。而在信息技术迅速发展、互联互通的数字化新时代，消费者购买决策过程转变为 5A，即了解（aware）、吸引（appeal）、询问（ask）、行动（act）和拥护（advocate）。

四、客户旅程

客户旅程（customer journey）是指随着时间推移导致客户品牌购买行为、品牌参与互动和品牌倡导推荐全过程的持续体验的总和。[①] 简言之，就是从客户首次获悉品牌、与企业接触，到下单并享受产品或服务期间与企业互动，进而向他人推荐倡导品牌的全过程。

企业可将客户旅程的梳理和优化作为打造最佳客户体验的手段，借助改造、重塑、优化与客户的互动方式，持续为客户提供高价值服务。通过拆解客户旅程，分析客户全流程接触点的体验，挖掘出客户体验痛点，并将这些痛点进行优先级排序，着力优化那些影响关键业务环节的体验。例如，当共享租车早期投入市场时，用户的核心痛点之一是“车主拒单率高，租客被拒体验不佳”。此时应采取的对策是：通过有效的运营手段，在车主端为客户提供基于成单率的激励措施，在租客端进行基于车主接单率的优先级排序，并在客户被拒时给予适度优惠券补偿，甚至“免费升舱”到更高级别的车辆。

随着智能手机的普及和移动终端的快速发展，企业与客户的接触点进一步增加，并呈现碎片化趋势，客户开始期待在任何时间、任何地点实现线上和线下无缝融合的产品和服务体验。此时的客户体验应围绕连接“人-设备-服务”三者之间展开，无论是从线上到线下，还是从线下到线上，客户旅程可以从数字渠道或传统渠道中的任一环节进入场景中，并获得相关产品和服务。

新启迪6-3

盒马鲜生由客户旅程优化到商业模式创新

典型的客户旅程可以分为认知、到达、准备、购买、体验、物流、售后七个消费阶段。盒马鲜生从客户旅程的角度为客户带来了无缝融合的跨渠道客户体验。它关注客户线上线下的体验融合性，将线上线下并行发展。在一些线下的关键接触点，充分利用线上工具进行辅助，并在体验细节上围绕产品、场景、情感等维度进行了创新。

作为新零售的典范，盒马从创立之初就开始从客户旅程的角度思考为客户提供价值的理念和方式。盒马基于客户价值去决定不同渠道的投入，集中力量打造核心产品，并将“人-商品-数字工具-金钱”串联起来，创新客户旅程和触点体验，让数字产品承担起线下购物中的助手，甚至智能导购的角色，创造了传统商超客户的购物体验。这一创新也为盒马实现了普通商场 3 倍的坪效，用户转化率高达 35%，用户黏性和线上转化率均远高于普通电商。

阿里巴巴、腾讯、百度、京东等互联网企业的客户体验在持续创新，从聚焦于关键客户接触点到聚焦于跨渠道全流程客户体验的优化。客户不仅希望获得最佳客户体验，被赋

① Kotler P，Armstrong G. Principles of Marketing. 18th ed. Harlow：Pearson Education Limited，2021：171.

权的客户还将满足且超越客户预期视作理所应当。客户再也不会主动探索某个品牌、某个产品，而是希望在自己的生活场景中“被触达”或“被吸引”。

面对这种环境变化，企业再也无法像以往那样仅从提供产品的角度思考问题，而需要重新定义客户愿景。例如，对于银行而言，购车客户对银行的需求仅局限于车贷，但是客户的愿景可能是“拥有人生中的第一辆梦想车”。此时，银行应基于为客户这个“梦想”的价值，在购买车、驾驶车、装饰车、分享车、置换车等多个客户旅程进行布局，进而创新客户服务方式，将一整套解决方案有效嵌入“车生活”的客户场景。

通过对购车客户旅程进行梳理和创新，营销者可以实现跨渠道的客户引流、决策、购买、交付、留存和传播。通过卓有成效的营销活动，客户可以便捷地在手机 App、线上门店、4S 店等多渠道选择自己钟爱的车型，通过 VR 对车的内外部深入了解，客户还可以在线完成试驾预约，进行车辆的个性化定制，并在 4S 店付款提车。

随着业务复杂性的提升，企业与客户建立连接的渠道和触点不断增加，并延伸到生态价值链的各个环节，此时的客户体验管理如果仅围绕单一产品或服务进行客户旅程的优化，显然割裂了客户的整体品牌体验。因此，在汽车销售和车生活之间，需要重新定义客户的愿景，以获取端到端的客户生命周期价值为核心，通过多个客户旅程的整合，为客户提供一站式全场景车生活解决方案。

新启迪6-4

优步由客户旅程引发的业务创新

优步（Uber）的诞生全面颠覆了客户的打车旅程，它从客户的痛点出发，用手机 App 寻车告别了人们路边招手打车的尴尬和低效，用透明的价格缓解了人们行程中不停看计价器的不安，用实时定位增加了出行旅程的透明度，用无现金支付提升了出行的便利性，并通过评价反馈机制有效提升客户的服务体验。这样的客户旅程再造满足并超越了客户的用车预期，创新了客户的出行体验。优步并没有就此止步，而是开始从生态系统的角度重新思考客户的出行旅程，不仅与客户的出行还与客户的生活方式建立更多连接。为此，优步布局了 UberEats 外卖，还与 Yelp、Snapchat、Pandora 等平台进行战略合作，为客户提供基于位置的动态集成生活服务。优步通过布局客户出行和生活方式，增加了客户旅程的丰富触点，创新了与客户的连接方式，让客户的出行生活变得更加便利和愉悦。

五、行为决策理论与行为经济学

（一）决策经验法则

从营销的角度看，行为决策理论对于指导企业制定正确的营销战略和策略具有重要的指导意义。例如，行为决策理论认为，人的理性介于完全理性和非理性之间。在高度不确定和极其复杂的现实决策环境中，人的知识、想象力和计算力是有限的，因此人的理性也是有限的，直觉往往比逻辑分析方法运用得更多。受决策时间和可利用资源的限制，决策者即使充分了解和掌握有关决策环境的信息，也只能做到尽量了解各种备选方案的情况，而不可能做到全部了解，决策者选择的理性是相对的。当消费者预测未来结果或事件发生的概率时，经常采用如下决策经验法则：

1. 便利法则。消费者往往会根据最先想到或最容易想到的记忆中的事例来做出预测。

2. 代表性法则。消费者往往会根据一项结果对其他事例的代表性或相似性来做出决策。

3. 锚定与调整法则。消费者在做出初步基本判断之后，往往会根据新增的信息来调整最初的基本判断（即锚定点）。例如，星期天，小明、大牛等几个朋友要雇一条船游昆明湖，小明负责和船夫讨价还价，船夫开价 100 元，小明经过一番唇枪舌剑，正准备以 80 元成交时，大牛却坚决不肯接受。小明把大牛拉到旁边问他为什么那么顽固、那么小气。大牛说，昨天别人以 80 元成交，今天我们一定要比 80 元低，才能显示我们杀价的本领。

（二）框架效应

框架效应是指同一问题两种逻辑相似的说法却导致不同的判断，或同一选择用不同方式呈现时人们行为会发生改变的现象。同样一幅画，用两个不同的框架把这幅画裱起来，那么在我们眼中很可能有不同的反应和接受的程度。再如，在一个白色的正方形里画一个黑色的正方形，和在一个黑色的正方形里画一个白色的正方形，虽然正方形大小都是一样的，但是在白色正方形里黑色的正方形看起来比较大，在黑色正方形里白色的正方形看起来比较小，这就是框架效应。在定价、促销等营销实践中，用不同的营销策略往往会引致不同的决策和结果。

在某个打印机商店，打印机定价是 3 000 元，如果送货要外加 200 元，许多客户会觉得已经付了钱买打印机，还要付额外的运费，都宁愿自己把打印机带回家，省下 200 元。但是，如果用另外一个方式来定价，打印机的定价是 3 200 元，包括运费在内，如果客户自己把打印机带回家，可以扣减 200 元，许多客户会觉得反正送货费用已经包含在打印机的 3 200 元里，也就懒得自己把打印机带回家扣除那 200 元了。

（三）心理账户

芝加哥大学行为科学教授萨勒（Richard Thaler）提出的心理账户（mental accounting）学说，认为人的头脑里有一种心理账户，人们把实际上客观等价的支出或者收益在心理上却划分到不同的账户中。心理账户是消费者在心理上对结果（尤其是经济结果）的分类记账、编码、估价和预算等过程。在消费决策过程中，往往是把过去的投入和现在的付出加在一起作为总成本来衡量决策的后果。人们都有两个账户，一个是经济学账户，一个是心理账户，心理账户的存在影响着消费行为决策。经济学账户里，每一块钱是可以替代的，只要绝对量相同。在心理账户里，对每一块钱并不是一视同仁，而是视不同来处，去往何处采取不同的态度。这种对金钱分门别类的分账管理和预算的心理过程就是“心理账户”的估价过程。

新启迪6-5

心理账户的影响

理查德·萨勒曾讲过他的一个故事。一次去瑞士讲课，报酬还不错，他很高兴，讲课之余就在瑞士作了一次旅行，整个旅行非常愉快，而实际上瑞士是全世界物价最贵的国家。第二次在英国讲课，也有不错的报酬，就又去瑞士旅行了一次，但这一次到哪里都觉得贵，感觉特别不舒服。

为什么同是去瑞士旅行，花同样的钱，前后两次的感受完全不一样呢？原因就在于第一次他把在瑞士赚的钱跟花的钱放在了一个账户上；第二次不是，他把在其他地方赚的钱花在了瑞士的账户上。

跟团旅游同样如此。先付掉旅行所有的费用和先付一部分钱，然后每次门票费再另付，对游客来说可能旅游路线和支付费用都一样，但感觉是完全不同的。前一种是怎么玩乐都高兴，因为钱已付了；后一种情绪变化会比较大，因为总在掏钱。因此，千万不要让痛苦分阶段，既然痛苦不可避免，就应让痛苦一次到位，剩下的全都是好的。

第4节　产业市场购买行为

一、产业市场与产业用品

在某些方面，产业市场与消费者市场具有相似性，都有人为了满足某种需要而担当购买者角色，制定购买决策等。然而，产业市场在市场结构与需求、购买单位性质、决策类型与决策过程及其他各方面，又与消费者市场有明显差异。

（一）产业市场特点

1. 购买者数量少，购买规模大。由于国家或地方的产业政策布局，一些行业在地理上往往集中在某些地区，产业购买者购买批量大。

2. 产业市场的需求是引申需求，波动性较大，缺乏弹性。产业购买者对产业用品或服务的需求是从消费者对消费品的需求引申、派生出来的。消费者需求的少量增加会导致产业购买者需求的大幅增加。产业市场的需求在短期内尤其缺乏弹性，因为生产者不能在短期内使生产方法有很大的改变。

3. 专业人员购买，而且往往直接购买。产业购买者一般由经过培训的专业人员负责采购产业用品特别是技术性强的产业用品。对于单价高而技术性强的产业用品，往往是越过中间商从厂家直接采购。

（二）产业用品

产业用品是产业市场的购买对象。产业用品是指产业购买者购买以后用于加工、生产、经营的产品或服务。消费品和产业用品的主要区别就在于购买目的不同。一台割草机，如果有人买去用于自家草坪的定期割草，这台割草机就是消费品；如果有人买去是为了给客户除草，用于做环境整理维护的生意，这台割草机就是产业用品。

（三）产业用品分类

根据产品用途的不同，产业用品可以分为两大类：第一类是中间型产业用品（如原辅材料、零部件等），例如阀门、管件、仪表、工具等，主要服务于下游产业用品企业；第二类是最终产业用品，主要服务于工业或工程。

根据参与生产过程和价值转移的情况，也可将产业用品划分为三大类：材料和部件、资本项目、供应品和服务。

1. 材料和部件（materials and parts）。材料和部件是指完全参与生产过程，价值全部转移到最终产品的产业用品，又可以分为原材料以及半制成品和部件两大类。原材料包括农产品（小麦、棉花、家畜家禽、水果和蔬菜）和天然产品（鱼类、水产品、木材、原油、铁矿石）。半制成品和部件则由铁、纱线、水泥、电线等材料和小型电机、轮胎、铸件等零部件组成。

2. 资本项目（capital items）。资本项目是指辅助生产进行，实体不形成最终产品，价值通过折旧、摊销的方式部分转移到最终产品之中的产业用品。资本项目包括设施装备和配套设备。设施装备是指工厂、车间、办公室等建筑物以及发电机、钻床、电梯、大型计算机系统等重型设备。重型设备通常是为特殊用户的需要而特别设计和制造的产业用品。建筑物和重型设备这些固定资产需要使用一定年限，有一定的折旧期限，购买整套设施和主要设备所需资金通常是借入的。配套设备是指市场价格低、使用寿命短的小型设备，包括轻便的工程设备、手动工具、升降机、装卸车以及办公设备等。

3. 供应品和服务（supplies and services）。供应品是指维持企业正常生产经营所消耗的不形成最终产品而且价值较低、消耗较快、购买批量较小、可替代性较强的产业用品。供应品包括磨具、润滑剂、燃料、清洁用具、纸张等生产补给品和油漆、钉子、扫帚等维修保养品。服务包括维修保养服务（玻璃清洗、环境保洁、物流快递、电脑维修等）以及商业咨询服务（法律咨询、管理诊断、营销调研、数据处理、广告策划、银行保险投资等金融服务）。

二、产业购买行为与决策

（一）产业购买行为类型

产业购买者行为类型大体有三种。其中：一种极端情况是直接重购，基本上属惯例化决策；另一种极端情况是全新采购，需要做大量的调查研究；介于二者之间的是修正重购，也需要做一定的调查研究。

1. **直接重购**。它是指企业的采购部门或采购中心根据过去和供应商打交道的经验，从供应商名单中选择供货企业，并直接重新订购以前采购过的同类产业用品。此时，购买行为是惯例化的。在这种情况下，列入供应商名单的供应商应尽力保持产品质量和服务质量，并采取其他有效措施来提高采购者的满意程度。未列入名单的供应商要试图提供新产品或开展某种令客户满意的服务，以便使采购者考虑从它们那里购买产品，同时设法先取得一部分订货，之后逐步争取更多的订货份额。

2. **修正重购**。它是指企业的采购部门为了更好地完成采购工作任务，适当改变要采购的某些产业用品的规格、价格等条件或供应商。这种行为类型较复杂，因而参与购买决策过程的人较多。这种情况给“门外的供货企业”提供了市场机会，并给“已入门的供货企业”造成了威胁，前者应加大沟通和促销力度，开拓新客户；后者则要设法巩固现有客户，保护既得市场。

3. **全新采购**。它是指产业购买者首次采购某种产业用品，需要了解信息最多，购买决策过程最复杂的产业购买行为类型。全新采购的成本费用越高、风险越大，那么需要参与购买决策过程的人数和需要掌握的市场信息就越多。因此，供货企业要派出精锐的推销人员小组，向客户提供市场信息，帮助客户解决疑难问题。

在直接重购情况下，产业购买者要做出的购买决策最少；而在全新采购情况下，产业购买者要做出的购买决策最多，通常要做出以下具体决策，即决定产品规格、价格幅度、交货条件和时间、服务条件、支付条件、订购数量、可接受的供应商和选定的供应商等。

（二）产业购买决策的参与者

产业购买决策过程中，除了专职的采购人员，会有其他一些人员也参与购买决策过程。所有参与购买决策过程的人员构成采购组织的决策单位，即采购中心。企业采购中心通常包括五种成员：

1. 使用者，即具体使用产业用品的人员。使用者往往是最初提出购买某种产业用品意见的人，他们在计划购买产品的品种、规格决策中起重要作用。

2. 影响者，即在企业外部和内部直接或间接影响购买决策的人员。他们通常协助企业的决策者决定购买产品的品种、规格等。企业的科研人员或技术顾问是最主要的影响者。

3. 采购者，即在企业中有组织采购工作（如选择供应商、与供应商谈判等）的正式职权的人员。在较复杂的采购工作中，采购者还包括参加谈判的企业高层人员。

4. 决定者，即在企业中有批准购买产品权力的人。在标准品的例行采购中，采购者常常是决定者；而在较复杂的采购中，企业领导人常常是决定者。

5. 信息控制者，即在企业外部和内部能控制市场信息流使其流向决定者、使用者的人员。如企业的购买代理商、技术人员等。

当然，并不是任何企业采购任何产品都必须有上述五种成员参加购买决策过程。企业采购中心规模的大小和成员的多少会随着欲采购产品的不同而有所不同。

（三）影响产业购买者决策的因素

产业购买者做购买决策时受一系列因素的影响（如图 6 - 11 所示）。

1. 环境因素。即企业外部的环境因素，诸如一个国家的经济前景、市场需求、技术发展变化、市场竞争、政治法律等情况。

2. 组织因素。即企业本身的因素，诸如企业的目标、政策、程序、组织结构、体制等。

3. 人际因素。即决策参与者在企业中的地位、职权、说服力及其相互关系。

4. 个人因素。即各个参与者的年龄、受教育程度、个性等。

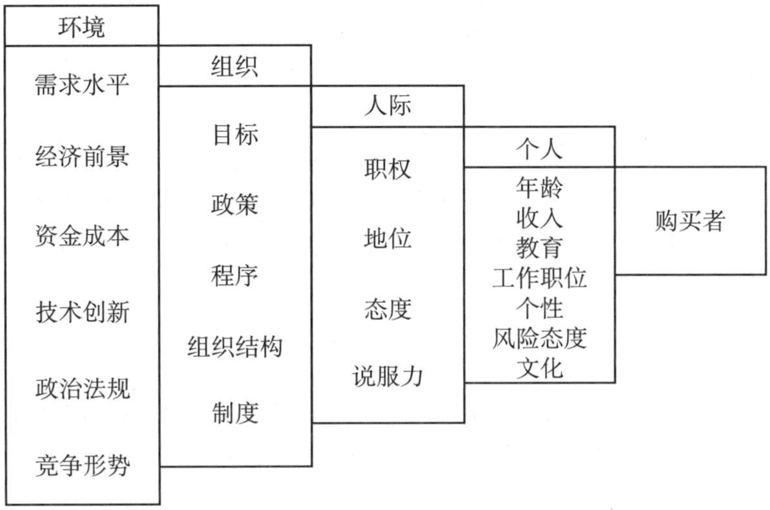

图 6－11　影响产业购买决策的因素

三、产业购买者决策过程

在直接重购这种最简单的行为类型下，产业购买者购买过程的阶段最少；在修正重购情况下，购买过程的阶段多一些；而在全新采购这种最复杂的情况下，购买过程的阶段最多，要经过八个阶段（如表 6－3 所示）。

表 6－3　不同产业购买行为类型的购买阶段

		购买行为类型		
		全新采购	修正重购	直接重购
购买阶段	认识需要	是	可能	否
	确定需要	是	可能	否
	明确规格	是	是	是
	物色供应商	是	可能	否
	征求建议	是	可能	否
	选择供应商	是	可能	否
	选择订货程序	是	可能	否
	评估合同履行	是	是	是

（一）认识需要

在全新采购和修正重购情况下，购买过程是从企业的某些人员认识到要购买某种产品以满足企业的某种需要开始的。

认识需要是由两种刺激引起的：（1）内部刺激。诸如企业最高管理层决定推出某种新产品，需要采购生产这种新产品的设备和原料。（2）外部刺激。如采购人员接触广告或参加展销会等，发现了更物美价廉的产业用品。

（二）确定需要

确定需要是指产业购买者确定并描述所需品种的总体特征和数量。标准品需要最易确定。至于复杂品种，采购人员要和使用者、工程师等共同研究，确定所需品种的特征和数量。供货企业的营销人员在此阶段要帮助采购单位的采购人员确定所需品种的特征和数量。

（三）明确规格

企业的采购组织确定需要以后，要指定专家小组对所需品种进行价值分析，明确所需品种的规格标准，并做出详细的技术说明，作为采购人员取舍的标准。

（四）物色供应商

在全新采购情况下，采购复杂的、价值高的品种，需要花较多时间物色供应商。供货企业的最高管理层要采取措施，千方百计提高本企业的知名度和美誉度。

（五）征求建议

即企业的采购经理邀请合格的供应商提出建议。如果采购复杂的、价值高的品种，采购经理应要求每个潜在的供应商都提交详细的书面建议。采购经理还要从合格的供应商中挑选最合适的，要求它们提交正式的建议书。因此，供货企业的营销人员必须善于提交与众不同的建议书，以获得客户的信任，争取成交。

（六）选择供应商

1. 选择供应商的传统做法。采购中心根据供应商产品质量、产品价格、信誉、经营灵活性、及时交货能力、技术服务等来评价和选择最有吸引力的供应商（如表 6－4 所示）。

表 6－4　评估供应商

属性	评定量表				
	权重	较差（1分）	一般（2分）	良好（3分）	优秀（4分）
价格	0.30				×
供应商声誉	0.20			×	
产品可靠性	0.30				×
服务可靠性	0.10		×		
供应商灵活性	0.10			×	
总分：0.30 × 4+0.20 × 3+0.30 × 4+0.10 × 2+0.10 × 3=3.5					

2. 供应商营销。事实上，上述传统做法虽然能使企业节约成本费用，但隐藏着很大的

风险。企业开始倾向于把供应商看作合作伙伴，开展供应商营销。供应商营销是指与上游供应商建立起良好的协作关系，帮他们提高供货质量，增强供货及时性，提高管理水平，以便获得廉价而稳定的上游资源，并在一定程度上影响和控制供应商，针对竞争对手建立起资源性壁垒。供应商营销的要点是：（1）确定严格的资格标准以选择优秀的供应商。这些标准可以包括技术水平、财务状况、创新能力、商业信誉、质量观念等。（2）积极争取那些成绩卓著的供应商使其成为自己的合作伙伴。

新启迪6-6

产业市场上的行为定价

从产业市场购买行为及其过程看，一般会有专业的采购人员，严格的采购指南，严谨的采购流程，相对是理性的购买。但是，也有一些适用行为定价的情况。例如，某营销咨询公司曾为打印机厂商做过价格策划。该厂商一直在市场上销售三款打印机，价值分别为800元、1 000元和1 400元。其中第二款的销量最大。营销咨询公司建议增加一款打印机。第四款打印机并不是一款全新的产品，只是在第三款的基础上加了一两项功能，但是要定更高的价格。结果显示，当厂商增加了第四款打印机后，第三款打印机的销量大幅提升。

（七）选择订货程序

即采购经理开订货单给选定的供应商，在订货单上列出技术说明、需要数量、期望交货期等。越来越多的企业倾向于签订一揽子合同，而不采取定期采购。

（八）评估合同履行

采购经理最后还要向使用者征求意见，了解他们对购进产品是否满意，检查和评价各个供应商履行合同情况，作为决定将来是否继续向某供应商采购产品的主要依据。

本章小结

营销的终极目的是通过满足市场需要赢得企业可持续发展，因此对于市场购买行为影响因素、购买行为类型、购买决策参与者以及购买决策过程各环节的考察，就成为决策者必做的功课。由于消费者市场和组织市场存在差异，因此，其购买行为与决策的影响因素、购买行为类型、购买决策参与者和购买决策过程也存在各自的特色和不同。无论走得多远，都不能忘记为什么出发。分析市场购买者的购买行为和购买决策过程，是为了针对不同情况、不同时机、不同参与者采取相应的营销措施和适当对策，以客户需求为导向，“以百姓心为心”，在确保购买者满意的前提下赢得更好的营销业绩。在数字经济背景下，由客户旅程引发的业务创新、产品创新、服务促销和营销模式创新日益为明智的管理者所重视。

即测即评

扫描二维码可在线自测并查看答案。

基本概念

消费者市场	B2B 营销	组织市场	组织市场购买行为
参照群体	社会角色	自我观念	选择性注意
选择性曲解	选择性记忆	客户旅程	直接重购
修正重购	全新采购		

思考题

1. 假如今晚你打算去听一场音乐会，票价是 200 元，在马上要出发的时候，你发现最近买的价值 200 元的电话卡丢了。你是否还会去听这场音乐会？假设昨天花 200 元买了一张今晚音乐会门票，在马上要出发的时候，突然发现门票弄丢了。如果你想要听音乐会，就必须再花 200 元买张门票，你是否还会去听？请用所学知识解释这种消费者行为。

2. 结合消费大数据揭示的不同地区、不同年龄段、不同收入水平消费者购买行为的差异，谈谈对中国消费者购买行为特殊性、复杂性的认识和理解。

3. 中国企业面对国内外不同产业购买者的行为类型及其决策过程，应采取哪些适当的营销策略？

本章案例

消费情境对消费者购买行为的影响

消费情境往往会影响消费者满足需求的方式。想象一位与配偶和两个孩子一起生活的上班族，每周可能会在回家的路上逛几次商店，购买衣服或家庭用品。但由于疫情的影响，现在居家办公，有了更多与家人在一起的时间，就会以不同的方式来满足对便利的需求，比如更多地在网上购物。

在购买频率高、单价低的商品类别中，消费情境常常超越消费观念发挥着更重要的作用。虽然消费者可能会觉得某家餐厅的品牌形象很吸引人，但实际用餐时选择哪家餐厅很大程度上取决于当时和谁在一起、在一天中什么时候消费以及消费情境场合。

消费者购买或消费某一类产品的频率越高，消费情境往往越重要。以保险为例，就与新冠肺炎疫情的发展和保单是否与旅行捆绑在一起密切关联。同样，与单独就餐相比，带孩子外出就餐的消费者更在意价格。与平常日子相比，消费者在周末更倾向于选择价格较高的餐厅。在汽车方面，如果买的是第一辆车，或者是买来通勤或接送孩子上学，消费者往往会对价格更敏感。而如果汽车的主要用途是休闲旅行，价格就不那么重要了。

尽管“开什么车决定了你是什么样的人”这样的消费观念很重要，但决定需求的两个主要因素却是消费情境式的：（1）是否为第一辆车；（2）车的具体使用场景，主要在高速公路上开还是在野外开。再如保健品，消费者打算在什么场景消费这些产品最重要。

当询问全球男性和女性在用餐时最想满足的情感需求时，得到的回答大致相似，区别在于消费者是与他人一起用餐还是独自用餐。欧美国家最常见的回答是“配偶或伴侣”，其中德国占36%，美国为40%。但在日本和中国，更多消费者会说他们是独自用餐。这一差异意味着营销者需要关注消费情境对购买行为决策的影响。

思考题：联系自己近期的购买行为经历，谈一谈消费情境对购买行为决策的影响。除了消费情境，还有哪些因素对购买行为决策的影响比较大？

实训练习

1. 实训资料：收集某企业调研预测产业购买者需求及其购买行为，进而采取相应营销对策的案例资料。

2. 任务：

（1）调查了解产业购买者的购买行为类型、购买决策参与者、影响其购买决策的主要因素及其购买决策全过程。

（2）考察了解作为供应商的企业如何调查预测产业购买者的决策过程，进而采取了哪些行之有效的营销策略，营销绩效如何，客户关系是否得以维系下去等。

3. 要求

结合课程中的理论知识，在调查访问过程中，注重观察不同行业或不同企业的产业购买行为有何差异，作为营销者采取的策略有何不同，进而做出评价并提出对策建议。

第3篇

组合新策略

第7章 产品策略

引 例

力高集团和深圳大学合作成立了健康建筑研究中心，推出了“一个防疫标准”和“三维健康人居”。作为行业首个防疫标准，包含500多个细节，涉及100多个生活场景。例如，业主回家时，从小区入口到自家楼层的电梯前室，整个归家全程可做到免接触。在交叉干扰风险最高的电梯轿厢，力高改良了电梯设计。通过在电梯井道中增加与外部连接的通风口，将室外的新鲜空气送进电梯。同时还设置了可调节的双速排风机，在疫情期间可以加大风量，让电梯内的病毒更容易排出。力高对业主日常的健康防护给予了更高的关注。首先，在规划设计阶段，就进行通风、噪声、采光、日照等多种参数的计算机模拟分析。其次，成立了专门的水质、空气质量检测实验室，研发了小区水质在线监测系统。水在流入业主家之前，有一套精细的净水系统，入户前会经过一层过滤器，在末端也安装了净水机和水质监测系统，监测到的数据实时同步到物业终端，一旦水质异常就会发出警报。最后，在业主入住后，也会一直有各项健康指数监测。

营销启示

根据世界卫生组织报告，在影响健康的各种因素中，除了遗传基因外，环境因素、医疗条件和生活方式占比高达85%。近年来，房地产行业的市场竞争出现如下特征：一是产品同质化程度越来越高。从户型到社区，各楼盘都大致相同。二是购买者越来越注重健康的生活环境。过去，客户买房子主要看户型，对空间大小和房间数量最敏感。现在，人们的美好向往不再仅仅是一个舒适的居住空间，还要有更健康、更智慧、更和谐的社区。三是运营和服务日益受到重视。力高公司从消费者所关心的核心利益出发，致力于产品创新，开启了“房地产＋大健康”新模式，大健康为房地产赋能，形成需求引领供给、供给创造需求的良性循环，为可持续营销奠定了坚实基础。

| 知识思维导图 |

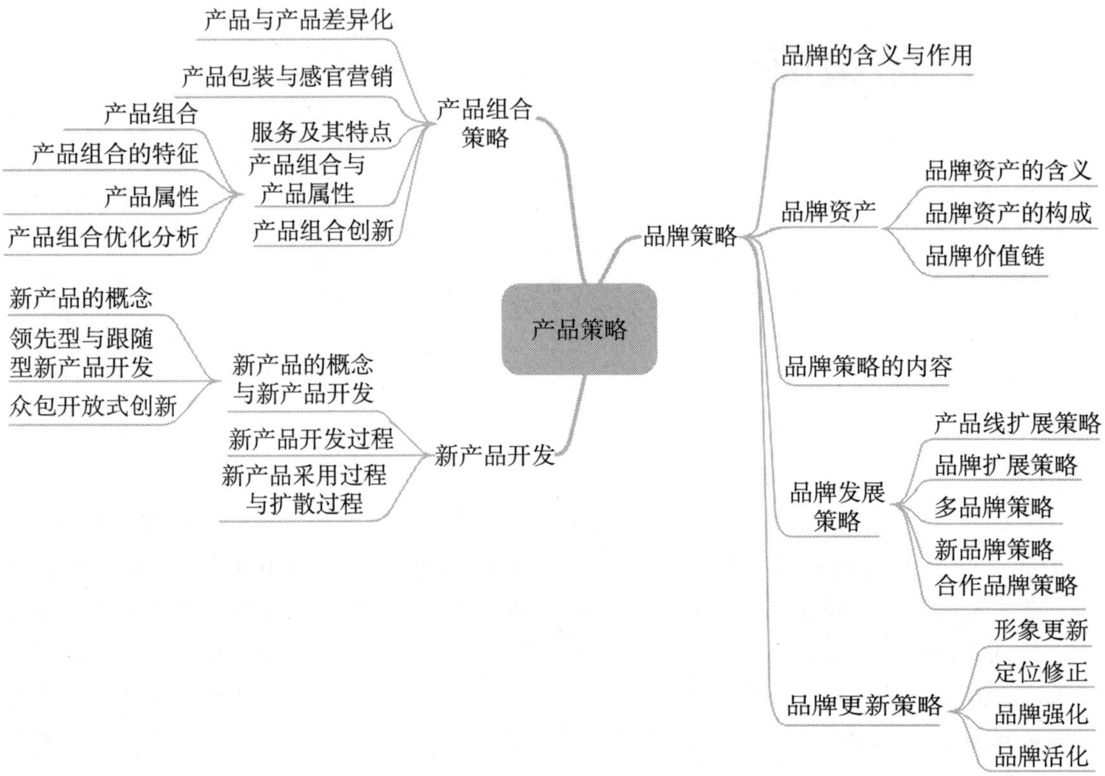

| 本章重点 |

- 产品组合的含义、特征与产品属性。
- 新产品开发、采用与扩散过程。
- 品牌资产、品牌价值链、品牌共鸣模型的含义。

企业的营销活动以满足市场需要为中心，而市场需要的满足只能通过提供某种产品或服务来实现。因此，产品是企业营销组合中的重要因素，直接影响和决定着其他营销组合因素的互动效果及绩效表现，对企业营销的成败关系重大。企业应致力于产品与服务质量的提高和组合结构的优化，积极推进产品创新、品牌创新，以更好地满足市场需要，取得更好的经济效益。

第1节　产品组合策略

一、产品与产品差异化

产品是指能够提供给市场的用于满足人们某种欲望和需要的任何事物，包括实物、服务、场所、组织、思想、理念等。产品整体概念包含核心产品、有形产品和附加产品三个层次（如图7－1所示）。

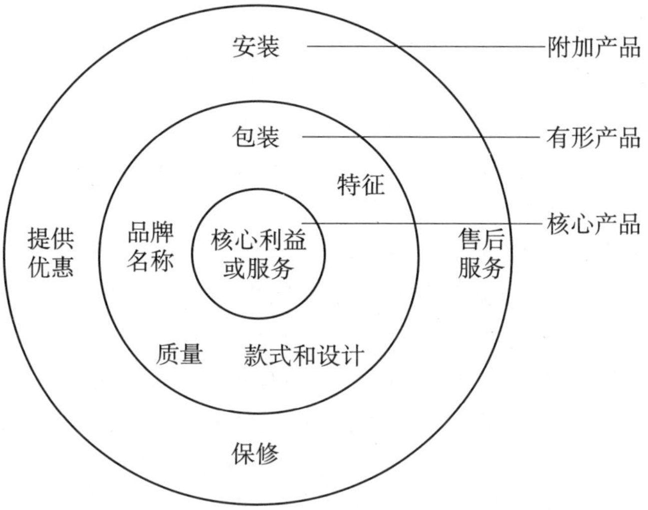

图7－1　产品整体概念

（一）核心产品

核心产品是指消费者购买产品时所追求的利益，是客户真正要买的东西，因而在产品整体概念中是最基本、最主要的部分。消费者购买产品，并不是为了占有或获得产品本身，而是为了获得满足某种需要的效用或利益。iPad购买者真正想要的不仅仅是一台平板电脑，他们要买的是文化娱乐、自我表达、工作效率、生活便利以及与家人朋友的联系，一个通向世界的可移动且个性化的窗口。

（二）有形产品

有形产品是指核心产品的载体，即向市场提供的实体和服务的可识别形象表现。如果有形产品是实体物品，则它在市场上通常表现为产品质量、特征、款式和设计、品牌名称和包装等。产品的基本效用必须通过某些具体的形式才能得以实现。营销者应坚持需求导向，着眼于客户购买产品时所追求的利益，努力提高产品质量以求更完美地满足客户需要，从这一点出发再去寻求利益实现的形式，进行产品设计。

（三）附加产品

附加产品是指客户购买有形产品时所获得的全部附加服务和利益，包括提供优惠、保修、安装、售后服务等。附加产品的概念源于对市场需要的深入认识。因为购买者的目的是满足某种需要，所以他们希望得到与满足该需要有关的一切。

在营销实践中，企业需要借助核心产品、有形产品和附加产品以及其他营销手段，实现产品差异化，赢得市场竞争优势。产品差异化是指企业致力于打造自身产品在质量、技术、功能、包装、价格、服务、渠道、形象等方面的多样性和特殊性，使客户能够将其与竞争产品明确区别开来，确保企业在市场竞争中占据有利地位的过程。

二、产品包装与感官营销

产品包装是指为在营销过程中保护产品、方便储运、促进销售，按一定的技术方法所用的容器、材料和辅助物等的总体名称。

商标或品牌是产品包装最主要的构成要素，占据产品包装整体的突出位置。适宜的包装形状有利于产品储运、陈列和促销，因此，形状是产品包装不可缺少的组合要素。颜色是产品包装最具促销作用的构成元素。突出产品特性的色调组合不仅能强化品牌形象，而且对客户有强烈的吸引力。产品包装中的图案如同广告中的画面，不仅是构成包装的重要组成部分，而且对于促进销售也有着非常重要的作用。包装材料的选择不仅影响包装成本，而且关系着产品的市场竞争力。标签一般印有包装内容和产品所包含的主要成分、品牌标志、产品质量等级、产品厂家、生产日期和有效期、使用方法等。

生理学、心理学的研究证明，在人们接收到的外界信息中，83% 以上是通过眼睛，11% 要借助听觉，3.5% 依赖触觉，其余的则源于味觉和嗅觉。基于产品包装形状、颜色、图案、材料、标签的感官营销日益引起营销管理者的重视，产品包装被赋予新的营销价值。

感官营销是指营销者利用人体感官的视觉、听觉、触觉、味觉与嗅觉，开展以“色”悦人、以“声”动人、以“味”诱人、以“情”感人的体验式情景营销，创造客户知觉体验新感觉，鼓励客户参与其中并有效调动其购买欲望和购买决策的营销模式。

三、服务及其特点

服务的本意是指履行职务，为他人做事，不以实物形式而是以提供劳动的形式满足他人需要，并使他人从中受益的一种有偿或无偿的活动。马克思说：“服务这个名词，一般地说，不过是指这种劳动所提供的特殊使用价值，就像其他一切商品也提供自己的特殊使用价值一样；但是，这种劳动的特殊使用价值在这里取得了‘服务’这个特殊名称，是因为劳动不是作为**物**，而是作为**活动**提供服务的。”[①]孙中山在《民权主义》第三讲说道：“人人当以服务为目的，而不以夺取为目的。”他还说，“服务就是我为人人，人人为我。”爱迪生说过，“我的人生哲学是工作，我要揭示大自然的奥秘，并以此为人类服务。我们在

---

① 马克思，恩格斯．马克思恩格斯全集：第 26 卷．北京：人民出版社，1972：435.

世的短暂的一生中，我不知道还有什么比这种服务更好的了。”总之，服务是一项惠及人类，造福社会，满足人民日益增长的美好生活需要的崇高事业。[①]

从营销学的角度看，服务是指不可感知却可被区分界定用于满足人类美好生活需要的活动。这种活动的生产与出售同其他产品既可相互独立，亦可联系在一起。在需要借助有形产品协助生产服务时，不会涉及有形产品的所有权转移问题。服务是在服务提供者与服务接受者（服务对象）互动的过程中完成的，服务提供者的目的是让服务对象获得利益和价值。同时，服务也是一种企业实行差异化战略的重要手段。通过服务差异化和服务创新，企业可以创建自己长期的竞争优势。

大多数服务都具有如下共同特征（如图 7－2 所示）。

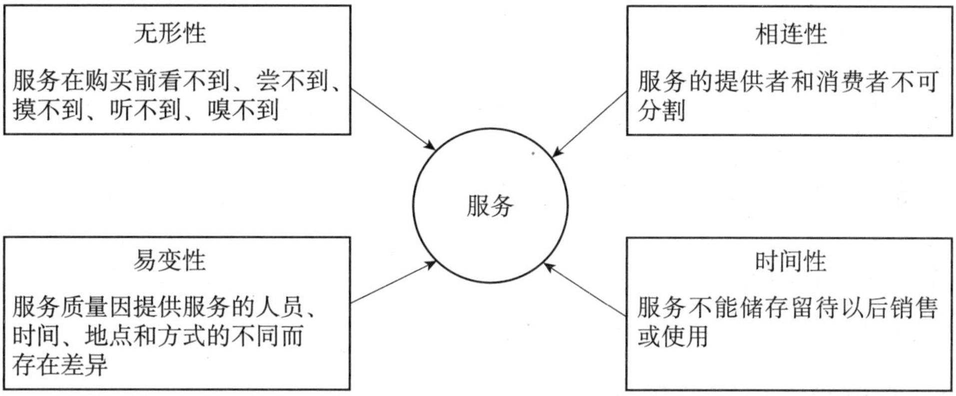

图 7－2　服务的特点

（一）无形性

首先，它是指与有形的消费品或产业用品相比较，服务及组成服务的元素往往是无形的，不能触摸或用肉眼看见。其次，不仅服务是无形的，甚至使用服务后的利益也很难察觉，或者要过一段时间享用服务的人才能感觉到利益的存在。因此，人们不可能在购买服务之前，去看、听、嗅、尝、摸到服务，而是必须参考许多意见、态度以及各种信息。再次购买服务时，则依赖先前的经验。

（二）相连性

由于服务本身不是一个具体的物品，而是一系列的活动或者说是过程，因此在服务的过程中消费者和生产者必须直接发生联系，生产的过程也就是消费的过程。也就是说，服务人员为客户提供服务时，也正是客户消费服务的时刻，二者在时间上不可分离。服务的这种特性表明，客户只有而且必须加入服务的生产过程才能最终消费服务。

值得注意的是，随着服务行业的发展，出现了服务提供和消费者消费分离的情境，也就是在服务产生的时候，消费者并不在现场。例如客户通过网络或电话委托银行购买外汇，在银行向客户提供服务时（按客户指定价格代购外汇），客户并不在场。日常生活中，

---

① 郭国庆．服务营销．5 版．北京：中国人民大学出版社，2021：4.

客户通过网络或者电话向中介机构购买外卖，在中介机构提供服务时（中介机构向指定餐厅购买食品），显然客户也没有在现场。研究表明，服务分离使得客户感知到了更多便利，但客户感知风险也随之上升。①

（三）易变性

易变性是指服务的构成成分及其质量水平经常变化，很难统一界定。服务行业是以“人”为核心的产业，人类个性的存在使得对于服务的质量检验很难采用统一的标准。一方面，由于服务人员自身因素（如心理状态）的影响，即使由同一服务人员所提供的服务也可能会有不同的水平；另一方面，由于客户直接参与服务的生产和消费过程，客户自身的因素，如知识水平、兴趣和爱好等，也直接影响服务的质量和效果。

（四）时间性

服务的无形性以及服务的生产与消费同时进行，使得服务不可能像有形的消费品和产业用品一样储存起来，以备将来出售，而且消费者在大多数情况下不能将服务携带回家。当然，提供服务的各种设备可能会提前准备好，但生产出来的服务如不当时消费，就会造成损失，如车、船、飞机等的空位，不过，这种损失不像有形产品损失那样明显，它仅表现为机会的丧失和折旧的发生。因此，时间性特征要求企业必须解决由于服务不能储存所引致的供求不平衡问题。

四、产品组合与产品属性

（一）产品组合

产品组合是指企业所生产或销售的全部产品大类、产品项目的组合。**产品大类**又称为产品线，是指功能相似，或销售给同一客户群，或经过相似分销渠道，或属于同一价格幅度的一系列产品。产品项目是指产品大类内由尺码、价格、外观、型号、花色、质地、颜色、配方、口味及其他属性来区别的具体产品。

（二）产品组合的特征

产品组合有一定的宽度、长度、深度和关联度。产品组合宽度是指一个企业有多少产品大类。产品组合长度是指一个企业的产品组合中所包含产品项目的总数。产品组合深度是指产品大类中每种产品有多少花色、品种、规格。产品组合关联度是指一个企业的各个产品大类在最终使用、生产条件、分销渠道等方面的密切相关程度。

（三）产品属性

产品属性是指为传递和实现消费者购买产品所追求的各种利益而赋予产品的质量、特征、款式和设计等，是产品性质和产品差异性的集合。消费者购买产品，是为了获取产品所提供的利益，而这些利益是通过质量、特征、款式和设计等产品属性来传递和实现的。

---

① Keh H T, Pang J. Customer Reactions to Service Separation. Journal of Marketing，2010，74(2)：55－70.

1. 产品质量。美国质量协会将质量定义为产品或服务满足客户明确或潜在需求的固有特性。**产品质量**是企业满足客户明确和隐含的需要，为客户创造价值，实现客户满意的能力和特征的总和。用西门子公司的话来说，质量就是"让我们的客户回头，而不是产品回头"。切实提高产品质量，维护广大消费者权益，才能实现让人民群众买得放心、吃得安心、用得舒心，从而强化客户忠诚，确保企业行稳致远，可持续发展。全面质量管理是一种企业全员参与持续改进产品、服务和经营质量，通过让客户满意和社会受益来确保企业可持续发展的管理方法。全面质量管理是为了充分满足客户需求，在最经济的水平下进行生产和提供服务，把企业各部门在研制质量、维持质量和提高质量方面的活动集成为一体的有效方法。若从使用要求和规定要求的角度来界定质量，可分为适用性质量和符合性质量。前者是指一组固有特性满足使用要求的程度，后者是指一组固有特性满足规定要求的程度。

2. 产品特征。产品特征是产品自身内在质量所形成的特色优势及其体现形式，一般指产品的外形、质量、功能、商标和包装等。它反映产品对客户的吸引力，是影响消费者认知、情感和行为的主要刺激物，也是彰显产品特色优势、实现产品差异化、提升客户价值的重要手段。

3. 产品款式和设计。提升客户价值的另一手段是产品款式和设计多样化。产品款式是对产品外观、造型、颜色、色泽等要素的简单描述。好的产品款式会吸引注意力，给人带来愉悦。产品设计是一个将消费者购买目的或需要转换为一个具体的有形产品的过程，是将某种计划、规划设想、解决方案，通过一定的载体，以美好的形式呈现给目标客户的一种创造性活动过程。好的产品设计，从观察客户开始，深刻理解客户的需求，创造产品使用体验。产品设计者应该少考虑产品技术规格，多考虑客户如何使用产品，如何从产品使用中获得更多价值。设计者深刻洞察客户需求，进行精心设计，会让产品既美观又实用，不仅体现产品功能的优越性，还便于加工制造，生产成本低，更有效地提升产品的市场竞争力。

（四）产品组合优化分析

1. 销售额和利润。产品组合状况直接关系到企业销售额和利润水平，企业必须进行产品大类销售额和利润分析与评价，并决定加强还是剔除某些产品线或产品项目。产品大类销售额和利润分析主要是指分析、评价现行产品大类中不同产品项目所提供的销售额和利润水平。图 7－3 是一条拥有五个产品项目的产品线。如图 7－3 所示，第一个产品项目的销售额和利润分别占整个产品大类销售额和利润的 50%、30%，第二个产品项目的销售额和利润均占整个产品大类的 30%。如果这两个项目突然受到竞争者的打击，产品线的销售额和利润就会迅速下降。因此，在一个产品大类中，如果销售额和盈利高度集中在少数产品项目上，则意味着产品大类比较脆弱。为此，企业必须细心地加以保护，并努力发展具有良好前景的产品项目。最后一个产品项目只占整个产品大类销售额与利润的 5%，如无发展前景，可以剔除。

2. 市场竞争局势。在产品组合优化分析的过程中，除了考虑销售额和利润因素外，还需要思考如何根据竞争者的产品大类来确立本企业产品的竞争优势。某企业 X 主要生产纸板产品，纸板的两个主要属性是纸张重量和成品质量，前者有 90 克 / 平方米、120 克 / 平方米、150 克 / 平方米和 180 克 / 平方米四个种类，后者可分为高、中、低三个等级。图 7－4 展示了企业 X 和四个竞争者 A、B、C、D 不同产品大类的位置。A 生产中质、低质的特重纸板，C 生产质量更高些的中、重、特重纸板，D 生产质量各异的轻纸板。X 生产的三种产品其重量和质量各不相同。X 的低重中质产品和 D、B 的产品构成竞争，但 X 的高重中质产品尚无直接的竞争对手。该产品地图还显示了未来新产品的可能位置，即目前还没有企业生产高重低质产品。假如 X 经过市场调研获悉高重低质产品不仅需求量大，而且利润可观，就可以考虑以较低的成本生产这种新产品，既弥补市场空缺，规避竞争，还可获得可观的利润。产品地图的另一好处是可以帮助企业识别细分市场，根据重量和质量区分纸张类型，普通印刷、销售点陈列广告和办公用品这三个行业需求偏好各异，而 X 的产品定位能够很好地满足普通印刷业的需求，但不能有效地服务其他两个行业。

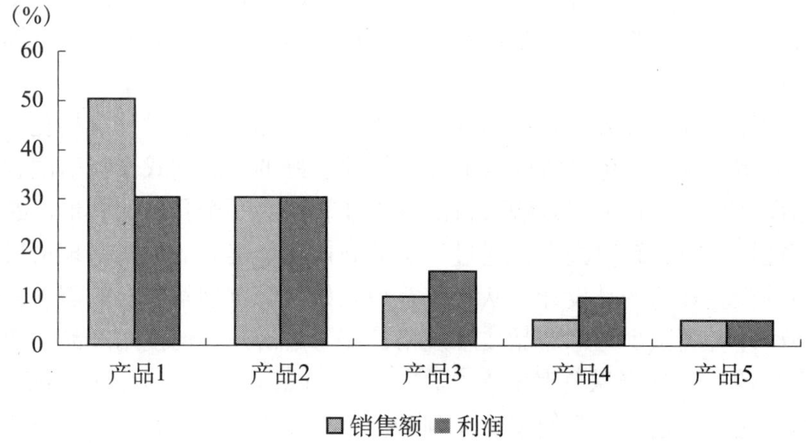

图 7－3　产品组合优化分析

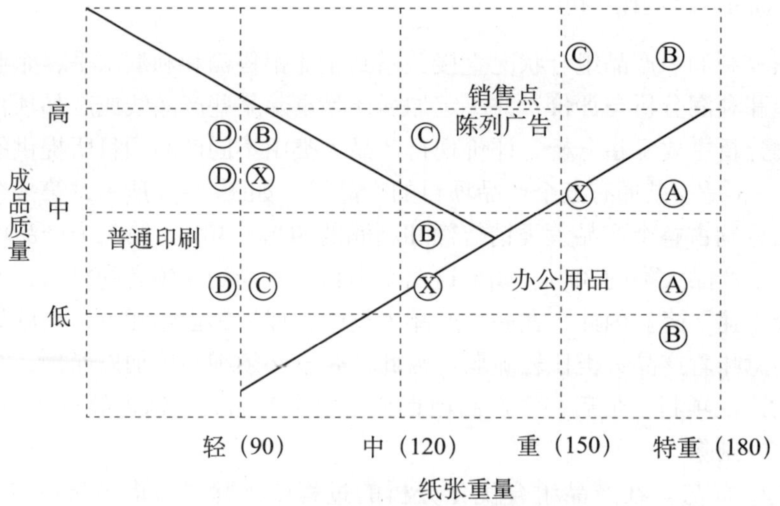

图 7－4　纸板行业的产品地图

四、产品组合创新

为了提升供给体系对市场需求的适配性，形成需求牵引供给、供给创造需求的更高水平动态平衡，企业必须注重产品结构调整，积极推进产品组合创新。

（一）扩大产品组合

扩大产品组合包括延伸产品组合的宽度和增强产品组合的深度。前者是在原产品组合中增加一个或几个产品大类，扩大经营范围；后者是在原有产品大类中增加新的产品项目。当企业预测现有产品大类的销售额和利润额在未来一段时期有可能下降时，就应考虑在现行产品组合中增加新的产品大类，或加强其中有发展潜力的产品大类。当企业打算增加产品特色，或为更多的子市场提供产品时，则可选择在原有产品大类内增加新的产品项目。

（二）缩减产品组合

当市场繁荣时，较长、较宽的产品组合会为企业带来较多的盈利机会。当市场不景气或原料、能源供应紧张时，缩减产品反而可能使总利润上升。这是因为从产品组合中剔除了那些获利很少甚至亏损的产品大类或产品项目，使企业可集中力量发展获利多的产品大类和产品项目。

（三）产品延伸

1. 产品延伸的主要方式。每一企业的产品都有其特定的市场定位。产品延伸策略指全部或部分地改变企业原有产品的市场定位，具体做法有向下延伸、向上延伸和双向延伸三种。

（1）向下延伸。指企业原来生产高档产品，后来决定增加低档产品。企业采取这种策略的主要原因是：1）企业发现高档产品的销售增长缓慢，不得不将产品大类向下延伸。2）企业的高档产品受到激烈的竞争，必须用进入低档产品市场的方式来反击竞争者。3）企业当初进入高档产品市场是为了树立质量形象，再向下延伸。4）企业增加低档产品是为了填补市场空隙，不让竞争者有机可乘。

企业在采取向下延伸策略时，可能会遇到如下风险：1）企业原来生产高档产品，增加低档产品有可能使名牌产品的形象受损，所以，低档产品最好用新的品牌，不要用原先高档产品的品牌。2）有可能会激怒生产低档产品的企业，导致其向高档产品市场发起反攻。3）企业的经销商可能不愿意经营低档产品，因为经营低档产品所得利润较少。

（2）向上延伸。指企业原来生产低档产品，后来决定增加高档产品。主要理由是：1）高档产品畅销，销售增长较快，利润率高。2）企业估计高档产品市场上的竞争者较弱，容易被击败。3）企业想使自己成为产品种类齐全的企业。

采取向上延伸策略也要承担一定风险：1）可能引起生产高档产品的竞争者进入低档产品市场，进行反攻。2）潜在客户可能不相信企业能生产高档产品。3）企业的销售代理商和经销商可能没有能力经销高档产品。

（3）双向延伸。指原定位于中档产品市场的企业获得市场优势以后，决定向产品大类的上、下两个方向延伸，一方面增加高档产品，另一方面增加低档产品，扩大市场阵地。

2. 产品延伸的利益。一般来说，产品延伸有以下好处：（1）满足更多的消费者需求。（2）迎合消费者求异求变的心理。（3）减少开发新产品的风险。（4）适应不同价格层次的需求。

3. 产品延伸的风险。产品延伸会带来如下负面作用：（1）品牌忠诚度降低。（2）产品项目的角色难以区分。（3）引起成本增加。

第2节　新产品开发

任何产品从上市行销到退出市场，都有其产品生命周期。典型的产品生命周期一般可由导入期、成长期、成熟期和衰退期构成。企业在产品生命周期的不同阶段应采取不同的营销策略。既然产品总有走向衰退的那一天，企业就必须注重新产品开发，实施产品创新。诚如习近平所倡导的："唯创新者胜。企业家要做创新发展的探索者、组织者、引领者，勇于推动生产组织创新、技术创新、市场创新。"[①] 新时代背景下，管理者更要守正创新、开拓创新，紧扣产业链供应链部署创新链，大胆探索发展之路。

一、新产品的概念与新产品开发

（一）新产品的概念

新启迪 7－1　新能源汽车业的服务创新

新产品是指与旧产品相比，具有新功能、新结构和新用途，能在某方面满足客户新需求的产品。包括以下三类：

1. 全新产品。**全新产品**是指应用新原理、新技术、新材料和新结构等研制成功的前所未有的新产品。这类产品的问世往往源于科学技术在某个方面的重大突破。

2. 换代产品。**换代产品**是指在原有产品的基础上，全部采用或部分采用新技术、新材料、新结构制造出来的产品。与原有产品相比，换代产品往往在产品外观、性能或者功能等方面有较大改进，可以为客户带来新的利益。

3. 改进产品。**改进产品**是指在原有产品基础上适当加以改进，使得产品在质量、性能、结构、造型等方面有所提高。

（二）领先型与跟随型新产品开发

领先型新产品开发是指企业首先研制、开发新产品，并率先将产品投放市场，从而在行业中确立技术领先和产品领先地位的新产品开发类型。

① 习近平：在企业家座谈会上的讲话（2020年7月21日）.（2020－07－21）. 新华网.

领先型新产品开发具有以下优点：

1. 成功的新产品开发使企业对新技术成果享有独占权，能够较早地建立起现实及潜在竞争对手进入市场的技术壁垒，并在新产品市场上处于主动地位。

2. 企业在新产品生产、管理方面拥有的丰富经验和不断扩张的市场需求，有利于企业扩大生产规模，提高产品质量，降低生产成本，获得对后进入市场者的竞争优势。

3. 企业还可以在必要时采取出售产品生产许可证的方式，从技术转让中获利。

领先型新产品开发所面临的风险，主要是投入大、成本高、开发周期长，由于市场的瞬息万变和研发的高风险性，新产品开发的结果难以预料（如表 7－1 所示）。一旦开发失败，往往会给企业造成巨大的损失，挫伤员工士气。

表 7－1　一个成功的新产品的估计成本（从 64 个新构想开始）

阶段	创意个数	通过比例	每个新产品创意的成本（元）	总成本（元）
创意筛选	64	1：4	1 000	64 000
概念测试	16	1：2	20 000	320 000
产品开发	8	1：2	200 000	1 600 000
市场测试	4	1：2	500 000	2 000 000
推向全国市场	2	1：2	5 000 000	10 000 000
合计			5 721 000	13 984 000

跟随型新产品开发是指企业密切关注市场上出现的新产品，一旦发现新产品获得成功，便立即组织力量生产出类似产品以进入这一市场的新产品开发类型。

跟随型新产品开发具有以下优点：（1）风险较小。（2）投资少，成本低。（3）开发的产品可能更具竞争力。其主要缺点是跟随型企业几乎在同一时期进入市场，面临的市场竞争比较激烈，产品必须比已有产品的性能和品质更高一筹，才可能得以生存、发展。

（三）众包开放式创新

众包开放式创新是指企业秉持开放创新的理念，邀请客户、员工、科研人员、工程师、普通群众等有关人员参与到新产品的创新过程中。将企业内外广泛的资源用于新产品开发，可以产生意想不到的新想法。众包（crowdsourcing）是一种新型的任务分配和执行模式，能把过去需要分配给特定个人完成的任务以自由自愿的形式外包给非特定的（而且通常是大型的）大众完成。众包能很好地利用人类的群集智能，协同配合，完成封闭式组织难以完成的任务，并且能以较低的成本获得更高的准确性。随着互联网、区块链、人工智能等现代信息技术的发展，社会网络已成为重要的众包平台。社会网络是指一个人同其他人形成的相对稳定的互动性、个人化和多样化人际交往关系。众包中的参与者通常会通过社会网络进行互联、沟通和交流。具有创新精神的企业不只是依赖新产品创意的一个来源，而是积极开发广泛的创新网络，从每一个可能的来源（如员工、客户、外部创新者等）获取创意灵感。管理者要注重发挥人工智能在产业升级、产品开发、服务创新等方面的技术优势，构建数据驱动、深度学习、跨界融合、共创分享、自主操控的智能经济形态，积极探索众包开放式创新的新途径。

二、新产品开发过程

新产品开发过程由八个阶段构成，即寻求创意、甄别创意、形成产品概念、营销战略开发、商业分析、产品开发、市场试销、批量上市（如图 7－5 所示）。

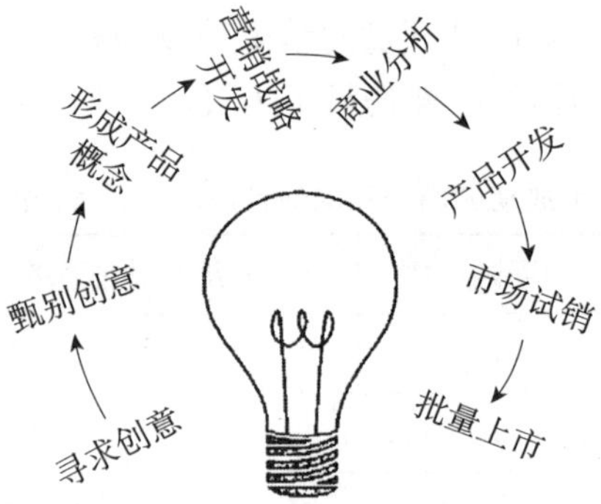

图 7－5　新产品开发过程

（一）寻求创意

新产品开发过程是从寻求创意开始的。这里的创意是指有关新产品开发的各种设想。虽然并非所有的设想或创意都能变成产品，但寻求尽可能多的创意却可为开发新产品提供更多的机会。新产品创意的主要来源有：客户、科学家、竞争者、销售人员和经销商、企业高管、营销调研公司、广告代理商等。

（二）甄别创意

甄别创意是指对寻求到的创意加以评估，研究其可行性，并挑选出可行性较强的创意，及时摒弃不理想的创意。

（三）形成产品概念

经过甄别后保留下来的产品创意还要进一步发展成为产品概念。产品创意是指企业从自己的角度考虑能够向市场提供的可能产品的构想。产品概念是指企业从消费者的角度、用消费者的话语对产品创意所做的详尽的描述。应注意这两者与产品形象的不同。产品形象指产品的视觉形象、品质形象和社会形象的有机统一，是消费者对产品所形成的特定印象。

企业必须根据消费者的要求把产品创意发展为产品概念。确定了最佳产品概念，进行产品和品牌的市场定位后，就应当对产品概念进行测试。产品概念测试是指用文字、图形描述或者用实物将产品概念展示给一群目标客户以测试他们的反应。企业可以借助快速成型技术在计算机上设计产品，制作出简易的模型展示给消费者，测试其反应。企业还可以利用虚拟现实技术进行产品概念测试。虚拟现实是一项综合集成技术，涉及计算机图形学、人机交互技术、传感技术、人工智能等领域，它用计算机生成逼真的三维视听等感觉，使人作为参与者借助手套、眼镜等传感设备，自然地对虚拟世界进行体验和交互。

（四）营销战略开发

形成产品概念之后，就进入营销战略开发环节。营销战略开发是指基于产品概念，为新产品设计初步的营销组合、目标市场等营销战略。

（五）商业分析

商业分析是指企业对新产品未来预计的销售额、成本和利润的预测和评估，以确认是否符合企业的目标。如果符合，就可以进行新产品开发。

（六）产品开发

产品开发是指将产品概念转化为实际产品，将产品创意转化为可行的市场供给物的过程。如果产品概念通过了商业分析，研发部门、工程技术部门及生产部门就可以把这种产品概念转变为产品，进入试制阶段。

（七）市场试销

市场试销是指将开发中的产品及其营销战略导入现实的营销环境进而测试市场反应以便进一步修正、完善、优化的过程。如果企业对新产品开发结果感到满意，就应着手用品牌名称、包装和初步营销方案把这种新产品装扮起来，把产品推向真正的市场进行试销。

（八）批量上市

在这一阶段，企业应当做以下决策：

1. 何时推出新产品。企业要决定推出新产品的合适时机。

2. 何地推出新产品。企业要决定在什么地方（某一地区、某些地区、全国市场或国际市场）推出新产品最适宜。选择市场时要考察这样几个方面：（1）市场潜量；（2）企业在该地区的声誉；（3）投放成本；（4）市场竞争形势；（5）对其他地区的影响力以及竞争渗透能力。

3. 向谁推出新产品。最理想的客户群一般应具备以下特征：（1）早期采用者；（2）大量使用者；（3）观念倡导者或意见领袖，并能为该产品做正面宣传。当然，完全具备这些特征的客户为数很少，企业可以根据这些标准为不同的客户群打分，从而找出最理想的客户群。

4. 如何推出新产品。企业要制定新产品投放市场的完备的营销战略。首先要对各项营销活动分配预算，然后规定各项活动的先后顺序，从而有计划地实施营销管理，确保新产品开发的成功（如图 7－6 所示）。

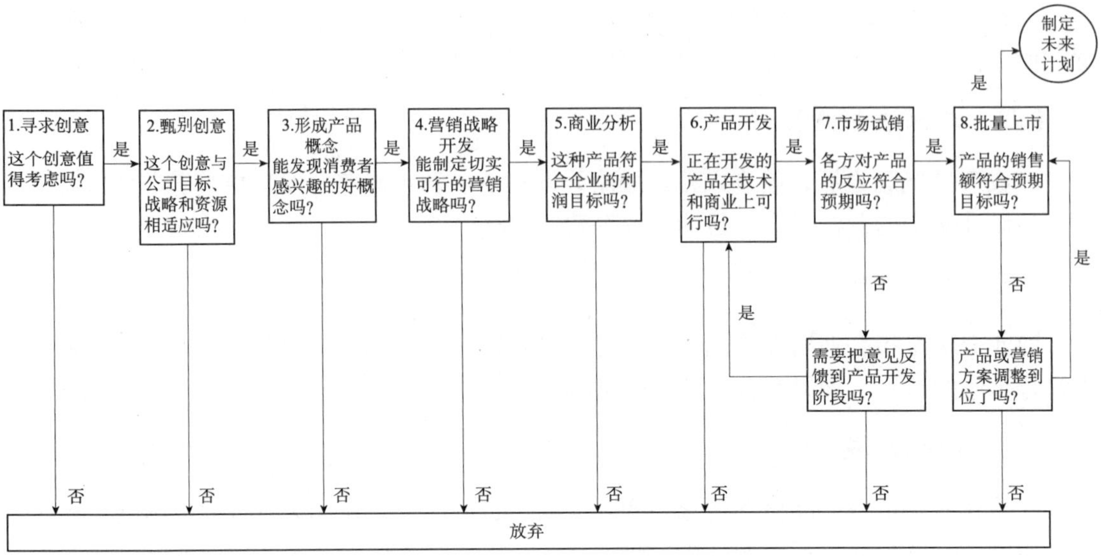

图 7-6　新产品开发流程图

三、新产品采用过程与扩散过程

（一）新产品采用过程

新产品采用过程是指消费者个人由接受创新产品到成为重复购买者的各个心理阶段。

1. 认识阶段。在认识阶段，消费者要受个人因素（如个人的性格特征、社会地位、经济收入、性别、年龄、文化水平等）、社会因素（如文化、经济、社会、政治、科技等）和沟通因素的影响。

2. 说服阶段。消费者常常要亲自试用新产品，以避免购买风险。不过，即使如此也不能促使消费者立即购买，除非营销人员能让消费者充分认识到新产品的特性。这包括：（1）相对优势，即创新产品被认为比原有产品好。（2）适用性，即创新产品与消费者行为及观念相吻合。（3）复杂性，即认识创新产品的困难程度。创新产品越是难以理解和使用，其采用率就越低。（4）可试性，即创新产品在一定条件下可以试用。（5）明确性，即创新产品在使用时，容易被人们观察和描述，容易说明和示范。创新产品的消费行为越容易被感知，其明确性就越强，采用率也就越高。总之，在说服阶段，消费者对创新产品将有确定性认识，他会多次在脑海里"尝试"使用创新产品，看看它是否适合自己。而企业的广告和人员推销将促使消费者提高对产品的认知程度。

3. 决策阶段。通过对产品特性的分析和认识，消费者开始决策，即决定采用还是拒绝该种创新产品。

4. 实施阶段。当消费者开始使用创新产品时，就进入了实施阶段。在决策阶段，消费者只是在心里盘算究竟是使用该产品还是仅仅试用一下，并没有完全确定。到了实施阶段，消费者就要考虑"我怎样使用该产品"和"我如何解决操作难题"等问题了。这时，营销人员要积极主动地向消费者进行介绍和示范，并提出自己的建议。

5. 证实阶段。人类行为的一个显著特征是，人们在做出某项重要决策之后总是要寻找额外的信息来证明自己决策的正确性。消费者购买决策也不例外。

（二）新产品扩散过程

新产品扩散过程是指新产品上市后随着时间的推移被越来越多的消费者采用的过程。也就是说，新产品上市后逐渐扩张到潜在市场的各个部分。扩散与采用的区别，仅仅在于看问题的角度不同。采用过程是从消费者角度考察个人由接受创新产品到成为重复购买者的各个心理阶段，而扩散过程则是从企业角度分析创新产品如何在市场上传播并被市场所采用的更为广泛的问题。

1. 新产品采用者的类型。在新产品的市场扩散过程中，由于个人性格、文化背景、受教育程度和社会地位等因素的影响，不同的消费者对新产品接受的快慢程度不同。罗杰斯根据这种接受程度快慢的差异，把采用者划分成五种类型，即创新采用者、早期采用者、早期大众、晚期大众和落后采用者（见图 7－7）。

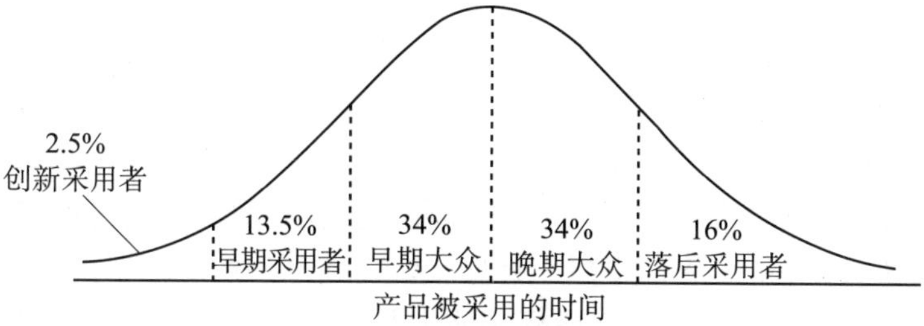

图 7－7　新产品采用者的类型

2. 意见领袖对扩散的影响。**意见领袖**是指人群中首先或较多接触信息，将经过自己再加工的信息传播给他人并对他人态度具有影响力的人。在新产品扩散过程中，意见领袖具有以下作用：（1）告知他人（追随者）有关新产品的信息；（2）提供建议以减少他人的购买风险；（3）向购买者提供积极的反馈或证实其决策。所以意见领袖是一个告知者、说服者和证实者。不过，意见领袖只是一个或几个消费领域的领袖，他们仅仅在这一个或几个领域施加自身的影响力，离开这些领域，他们不再是领袖，也就没有影响力了。

3. 意见领袖的特征。每一个社会阶层都有意见领袖。大多数情况下，信息是在每一个阶层内水平流动而不是在阶层之间垂直流动。意见领袖同其追随者有着显著不同的特征：（1）意见领袖交际广泛，同媒体和各种中间商联系紧密；（2）意见领袖容易接触，并有机会、有能力影响他人；（3）意见领袖具有高于其追随者的社会经济地位，但不能高出太多，否则，二者就难以沟通；（4）意见领袖乐于创新，尤其是当整个社会倡导创新时。

互联网环境使得意见领袖更富有影响力。尽管他们足不出户，仍可以影响成千上万的人，其影响力甚至可以遍及全世界。这种意见领袖有时也称为权力用户（power users）。权力用户是指在互联网环境下拥有强大的社会网络并且有能力直接或间接地影响消费者的购买决策的人。与线下意见领袖类似，权力用户在他们的工作和沟通中是积极的参与者，其社会网络不仅庞大，而且发展势头良好。其中，有些经营网络，是“搭台”的，有些网上发声，是“唱戏”的，往往能够左右互联网的议题，能量不可小觑。人数众多的追随者崇拜他们，并把他们当作可以信赖的信息源。在美国，品牌形象主要由权力使用者传播，6.2% 的社交媒体使用者传播了大约 80% 的品牌信息。

第 3 节　品牌策略

对于现代企业来说，品牌日益成为生存和成功的核心要素之一。习近平对品牌建设问题历来高度重视。2014 年 5 月，习近平在河南考察时指出，要“推动中国制造向中国创造转变、中国速度向中国质量转变、中国产品向中国品牌转变”①。

一、品牌的含义与作用

（一）品牌的概念

品牌是一种名称、术语、标记、符号、设计或其组合，其目的是借以辨认某个或某群销售者的产品及服务，并使之与竞争对手的产品和服务区别开来。品牌是一个集合概念，包括品牌名称、品牌标志、商标。品牌名称是指品牌中可以用语言称呼的部分。品牌标志是指品牌中可以被识别但不能用言语称呼的部分。企业在政府主管部门注册登记以后，就享有使用某个品牌名称和品牌标志的专用权，这个品牌名称和品牌标志受到法律保护，其他任何企业都不得仿效使用。因此，**商标**实质上是一种法律名词，是指已获得专用权并受法律保护的一个品牌或一个品牌的一部分。用于彰显品牌特征，便利识别品牌的名称、网站域名、品牌口号、形象代表、广告乐曲术语、标记、符号、设计或其组合，叫做品牌元素。

（二）品牌的作用

对消费者来说，品牌具有如下作用：（1）便于消费者识别产品的来源或产品制造厂家，更有效地选择和购买商品。（2）借助品牌，消费者可以得到相应的服务便利，如更换零部件、维修服务等。（3）品牌有利于保护消费者权益，如选购时避免上当受骗，出现问题时便于索赔和更换等。（4）便于消费者避免购买风险，降低购买成本，从而更有利于消费者选购商品。（5）好的品牌对消费者具有很大的吸引力，有利于消费者形成品牌偏好，满足消费者的精神需求。

对生产者来说，品牌具有如下作用：（1）促进产品销售，迅速占领市场。（2）稳定产品价格，降低价格弹性，增强对动态市场的适应性，减少经营风险。（3）便于市场细分和市场定位。（4）有助于新产品开发，节约新产品上市的成本。（5）利于企业抵御竞争者攻击，保持竞争优势。

---

① 中共中央文献研究室．习近平关于科技创新论述摘编．北京：中央文献出版社，2016：4.

二、品牌资产

（一）品牌资产的含义

新启迪 7－2　芳外品牌的文化价值

品牌资产是指品牌给产品或服务带来的超越其功能的附加价值或附加利益，既体现于消费者对有关产品品牌的想法、感受以及行为方式，也反映出品牌所带来的价格、市场份额以及盈利能力。隐含在品牌资产之下的基本资产是**客户资产**（customer equity），即所有忠诚的客户为企业带来的利润总和。品牌资产是品牌对客户影响力的体现，即由品牌所导致的客户对企业产品及其营销策略的反应，以及由此所引起的客户偏好和客户忠诚。企业可从四个客户感知维度测量品牌的价值和优势：（1）差异化：是什么因素使得该品牌独树一帜，与众不同。（2）关联度：客户感知的产品满足其需要的程度。（3）品牌知识：客户对该品牌的了解程度。（4）重视程度：客户关心、重视、敬重该品牌的程度。

品牌价值是一个品牌所具有的财务价值，即在某一时点，运用类似有形资产的评估方法，对品牌属性、品质、档次、品位、文化、个性等计算出来的价值金额（如图 7－8 所示）。

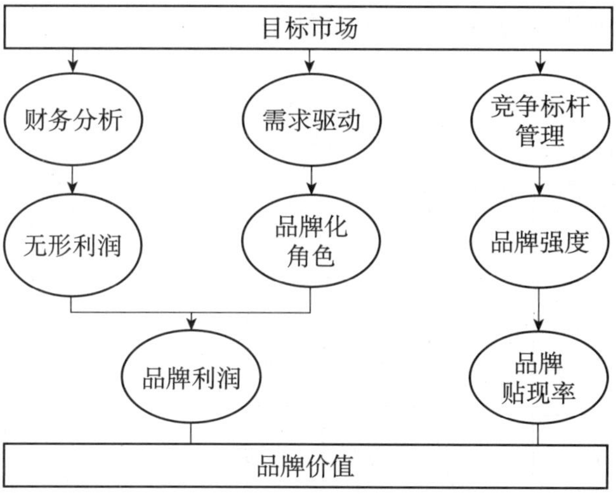

图 7－8　品牌价值的形成

（二）品牌资产的构成

品牌资产是一个系统概念，它由一系列因素构成，如图 7－9 所示。品牌资产源于消费者反应的差异，而这种差异又源于消费者的品牌知识，即消费者所有与该品牌相关联的想法、感受、印象、体验和信念。品牌资产主要体现在品牌营销所带来的感知、偏好和购买行为。

品牌名称和品牌标志是品牌资产的物质载体，品牌知名度、品牌美誉度、品牌联想和品牌忠诚度是品牌资产的有机构成，为消费者和企业提供附加利益是品牌资产的实质内

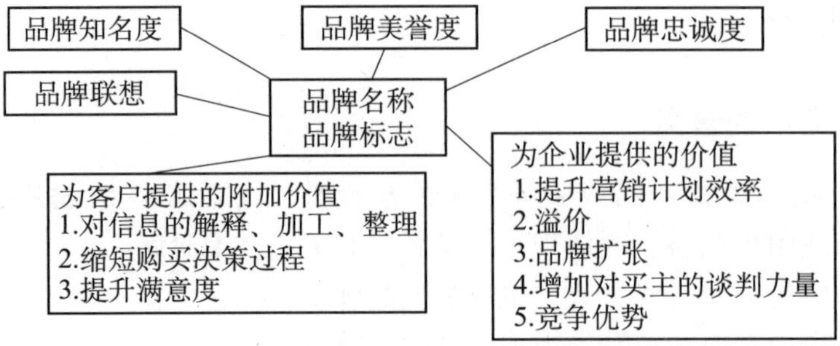

图 7－9　品牌资产系统

资料来源：Aaker D A. Managing Brand Equity Capitalizing on the Value of a Brand Name. New York：Free Press，1991.

容。而品牌建设是一个自下而上的渐进管理过程。首先，企业要确保客户识别和认知品牌，并将其与特定品类或需求相关联。其次，企业要从战略的高度将大量无形资产和有形资产与客户心智有机联系起来，借助品牌联想使消费者从内心世界稳固地建立起品牌应有的意义。再次，依据客户与品牌相关的判断和感受，引导和激发客户的适当反应。最后，将客户的品牌反应转化为强烈的客户忠诚。这种品牌建设模型可称为**品牌共鸣模型**。它是一种展示联系客户与品牌的心理纽带的强度以及所带来的双方感觉“同步”的活跃程度的模型，包含上述四个步骤和品牌建设六个模块构成的金字塔，金字塔的左边是品牌建设的理性路径，右边是品牌建设的感性路径（如图 7－10 所示）。

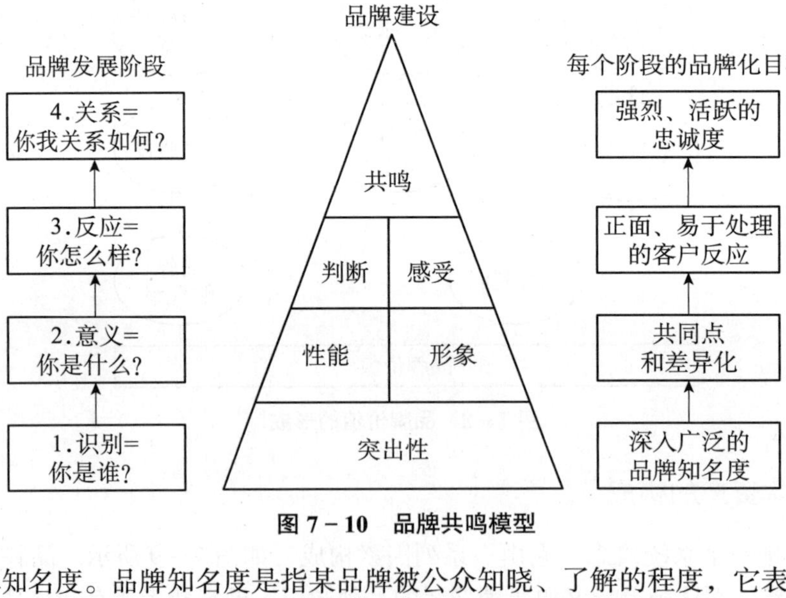

图 7－10　品牌共鸣模型

1. 品牌知名度。品牌知名度是指某品牌被公众知晓、了解的程度，它表明品牌为多少或多大比例的消费者所知晓，反映的是客户关系的广度。品牌知名度是评价品牌社会影响大小的指标。品牌知名度的资产价值体现在以下几方面：（1）有助于人们产生品牌联想。（2）使人们由熟悉而引发好感。（3）暗示承诺。品牌承诺是指营销者认为特定品牌是什么，应该为消费者做什么的一种愿景。（4）成为选购的对象。（5）弱化竞争品牌的影响。

2. 品牌美誉度。品牌美誉度是指某品牌获得公众信任、支持和赞许的程度。如果说品牌知名度是一个量的指标，那么品牌美誉度就是一个质的指标，它反映某品牌社会影响的好坏。

3. 品牌忠诚度。消费者在一段时间甚至很长时间内重复选择某一品牌，并积极推荐他人购买的倾向，称为**品牌忠诚**。品牌忠诚度是客户对品牌感情的量度，反映出一个客户转向另一个品牌的可能程度，是企业重要的竞争优势。品牌忠诚度是一项战略性资产，如果对它进行恰当的经营开发，就会给企业创造更多的价值。主要体现为：（1）降低营销成本。（2）增强渠道谈判力。（3）吸引新客户。（4）减少竞争威胁。

测量品牌忠诚度需考虑如下因素：（1）客户重复购买次数。（2）客户购买挑选时间。（3）客户对价格的敏感程度。

4. 品牌联想。心理联想是指事物之间的不同联系在人脑中的反映，是一种重要的心理现象和心理活动。**品牌联想**就是消费者想到某一品牌时能记起的与品牌相连的信息。品牌联想大致可分为三个层次：品牌属性联想、品牌利益联想、品牌态度。

（1）品牌属性联想。它是指对于产品或服务特色的联想，比如消费者认为产品或服务是什么。

（2）品牌利益联想。它是指消费者感知的某一品牌产品或服务属性所带来的价值和意义。品牌利益联想又可分为功能利益联想、象征利益联想和体验利益联想。功能利益是指产品或服务内在固有的可以提供给消费者的利益，一般与产品或服务的相关属性匹配，是消费者购买该产品或服务最基本的动机。象征利益是指产品或服务能提供给消费者的相对外在的利益，一般与使用者状况相匹配，有利于满足消费者的社交需要、自尊需要及其他较高层次的需要。体验利益是指消费者消费产品或服务后的感受，能使消费者获得愉悦感或者某种刺激。

（3）品牌态度。它是指消费者对品牌的难以改变的总体评价和选择，也是最高层次和最抽象的品牌联想。品牌态度通常建立在品牌属性和品牌利益上。比如说，消费者对旅馆的态度建立在其所在位置、客房、外观设计、服务质量、娱乐设施、食品质量、安全性和价格上。品牌态度有几个梯度，比如从厌恶到喜欢。

美好、积极的品牌联想意味着品牌被接受、认可、喜爱，富有竞争力，正在走向成功。品牌联想的价值包括：（1）帮助处理信息。品牌联想引发个人传播，亦即自身传播。（2）产生差异化。（3）提供购买理由。（4）促进品牌扩展。

品牌动力模型是一个建立在有意义的差异点框架基础之上展示品牌现有资产和成长机会的品牌资产测量系统（如图 7－11 所示）。对客户建立品牌购买倾向比较关键的因素是品牌联想是否有意义，是否差异化，是否彰显特质。这三种品牌联想可以导致消费者产生积极购买倾向，选择该品牌而不是其他品牌，愿意为该品牌支付更高的代价，执着地惠顾该品牌或决定未来购买该品牌。由此便会给企业带来更为理想的财务绩效，表现为品牌势力、品牌溢价和品牌潜力三项评价指标的提升。品牌势力是指美好、积极的品牌联想给某品牌带来的未来市场份额的提升。品牌溢价是指美好、积极的品牌联想所带来的某品牌与同类产品相比在同等价格水平上的增加值。品牌潜力是指美好、积极的品牌联想所带来的品牌市场份额提升的概率。品牌动力模型认为，品牌运作的合理性和市场竞争的有效性将决定品牌倾向，即在多大程度上品牌联想最终转化成为营销收益。

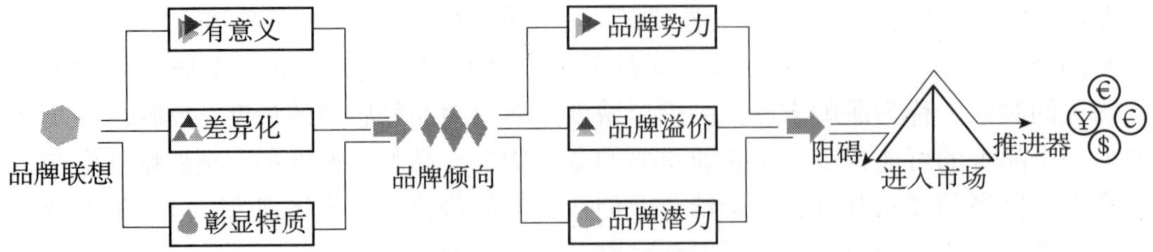

图 7－11　品牌动力模型

品牌联想要善于将品牌与其他因素联系起来，从而形成品牌资产并持续增值。这里所涉及的因素包括：企业自身（通过品牌战略）、国家或地理区域（通过产品原产地认证）、分销渠道（通过分销战略）、其他品牌（通过联合品牌）、人物形象（通过许可）、代言人（通过背书）、文体活动（通过赞助）、第三方评价（通过颁奖、获奖、点评等）。图 7－12 展示了品牌联想的各种因素。

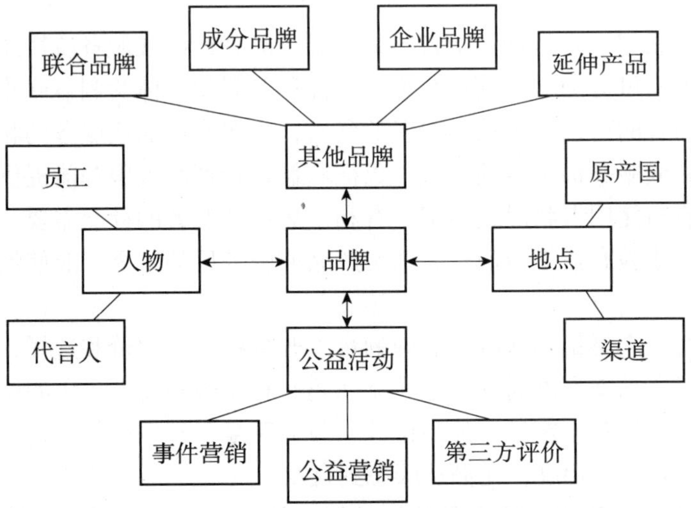

图 7－12　品牌联想的各种因素

图 7－12 中的**联合品牌**（co-branding），又叫做合作品牌，是指两个或多个知名品牌被组合用于一个共同的产品，联合开展营销活动。联合品牌可以从现有目标市场挖掘出更多的销售额，为新客户和渠道开发更多的机会，减少新产品推出的成本，提升市场的接受速度。成分品牌是联合品牌的一个特例，能够为材料、成分、零件和部件创造品牌资产。如果主产品的品牌不够强势，成分品牌则可以增进其差异化，彰显其高质量。

（三）品牌价值链

品牌价值链是一种评价品牌资产来源和产出的结构化方法，描述了企业针对现实客户和潜在客户制定营销方案、进行投资从而创造品牌价值的基本路径及各种营销活动过程（如图 7－13 所示）。针对特定目标市场的需求现状及其未来趋势，企业制定周密的营销方案，在产品开发、渠道建设、促销传播等各方面进行投资。这些努力和投入会改变客户心智，即客户对所有关于品牌的想法和感觉。客户心智会影响其购买行为以及对营销组合因素的反应方式，产生不同的意识、联想、态度、依恋和行动，进而影响到企业品牌溢价、市场份额、盈利能力等。投资方会从品牌的市场绩效指标评估该品牌给股东带来的价值。方案乘数、客户乘数和市场乘数可以增加或减少该品牌从一个阶段流向另一个阶段的价值。方案乘数决定营销方案影响客户心智的能力，是方案投资质量的函数。客户乘数决定客户心智创造的价值对市场绩效的影响程度，其影响因素包括竞争反应（其他竞争品牌的营销投资的数量和质量效果如何）、渠道支持（各中间商投入的品牌支援和销售努力如何）、客户规模（受品牌吸引的客户有多少、能否带来利润）等。市场乘数决定品牌的市场绩效所呈现的价值借由股东价值体现出来的程度，它取决于财务分析者和投资者的行为。

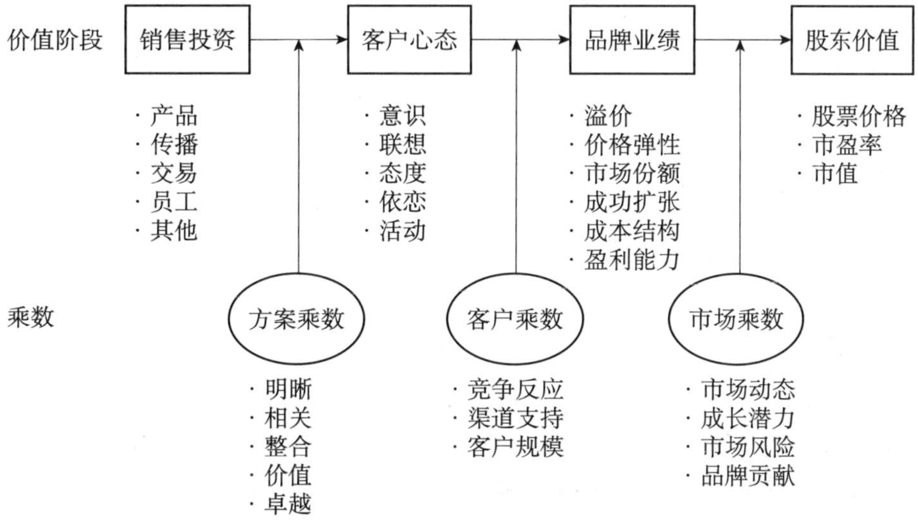

图 7－13　品牌价值链

三、品牌策略的内容

（一）品牌有无策略

品牌化会使企业增加成本费用，但可以使企业获得诸多利益。也有一些企业采取非品牌化策略，推出无牌产品。无牌产品是指在超市中出售的无品牌、包装简易且价格便宜的普通产品。企业推出无牌产品的主要目的是节省包装、广告等费用，降低价格，扩大销售。

（二）品牌归属策略

企业有三种可供选择的策略：企业使用自己的品牌，这种品牌叫作**企业品牌**、生产者品牌或全国性品牌；企业将产品大批量卖给中间商，中间商再用自己的品牌将物品转卖出去，这种品牌叫作中间商品牌或**自有品牌**。2020 年新冠肺炎疫情期间，自有品牌呈现出良好的销售表现（如图 7－14 所示）。

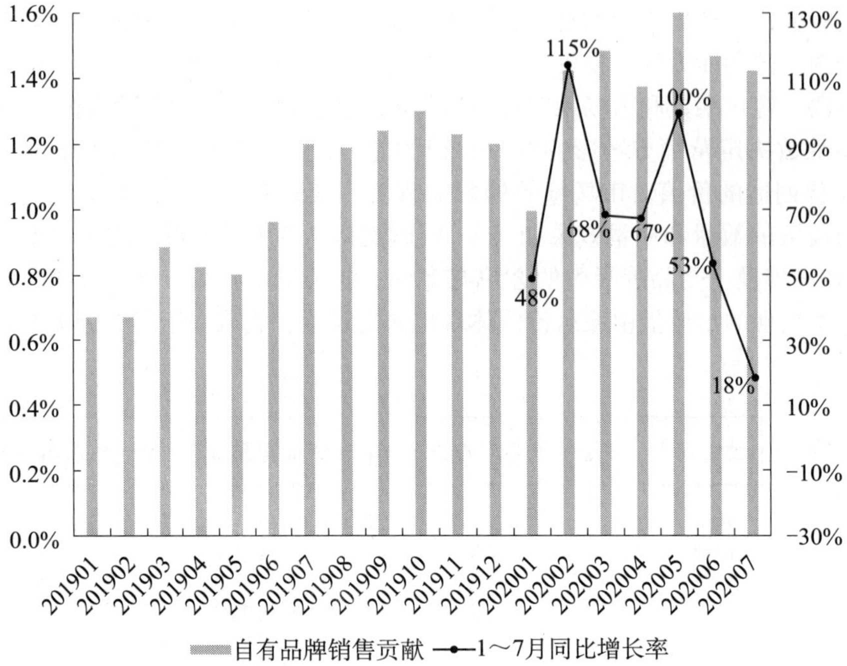

图 7－14　自有品牌的销售表现

（三）品牌统分策略

如果企业决定大部分或全部产品都使用自己的品牌，那么还要进一步决定产品是分别使用不同的品牌，还是统一使用一个或几个品牌。在这个问题上有四种可供选择的策略。

1. 个别品牌。个别品牌是指企业各种不同的产品分别使用不同的品牌。其好处主要是：（1）企业的整个声誉不受某种产品声誉的影响。（2）企业一向生产高档产品，后来推出较低档的产品，如果这种新产品使用自己的品牌，就不会影响企业高档产品的声誉。

2. 统一品牌。统一品牌是指企业所有的产品都使用一个品牌名称。例如，美国通用电气公司（GE）的所有产品都使用“GE”这个品牌名称。企业采取统一品牌名称策略的好处主要是：（1）企业宣传介绍新产品的费用开支较低；（2）如果企业的声誉好，其产品必然畅销。

3. 分类品牌。分类品牌是指企业的各类产品分别命名，一类产品使用一个牌子。

4. 企业名称加个别品牌。这种策略是指企业对不同的产品分别使用不同的品牌，但各种产品的品牌都冠以企业名称。

四、品牌发展策略

（一）产品线扩展策略

产品线扩展是指企业现有产品线使用同一品牌，当增加该产品线的产品项目时，仍沿用原有品牌，新产品往往都是对现有产品的局部改进，如增加新的功能、包装、款式和风格等通常会在这些产品的包装上标明不同的规格、不同的功能特色或不同的使用者。产品线扩展的原因是多方面的，如可以充分利用过剩的生产能力；满足新的消费者需要；率先成为全产品线的企业以填补市场的空隙；与竞争者推出的新产品竞争或得到更多的货架位置。

产品线扩展的利益有：（1）扩展产品的存活率高于新产品，而新产品的失败率通常在 80%～90%；（2）满足不同细分市场的需求；（3）完整的产品线可以防御竞争者的袭击。

产品线扩展的风险在于：（1）它可能使品牌名称丧失其特定的意义。产品线的不断加长，会淡化品牌原有的个性和形象，增加消费者认识和选择的难度。（2）有时原来品牌形象的影响力过于强大，给产品线的扩展造成混乱，加上销售数量不足，导致难以冲抵扩展产品的开发和促销成本。（3）当消费者未能区别出各种产品时，会造成同一种产品线中新老产品自相残杀的局面。

（二）品牌扩展策略

品牌扩展是指将现有品牌名称用到新类别的产品上，即将现有的成功品牌用于新产品或修正过的产品的一种策略。品牌扩展是实现品牌无形资产转移和发展的有效途径。

1. 品牌扩展的好处。（1）可以加快新产品的定位，保证新产品投资决策快捷准确。（2）有助于减少新产品的市场风险，缩短被消费者认知、认同、接受、信任的过程，降低新产品推广的成本费用。（3）有助于强化品牌效应，增加品牌这一无形资产的经济价值。（4）能够增强核心品牌的形象，提高整体品牌组合的投资效益。

2. 品牌扩展的弊端。（1）损害原有品牌形象。（2）容易造成品牌认知不清晰。（3）淡化品牌特性。

（三）多品牌策略

在相同产品类别中引进多个品牌的策略称为多品牌策略。证券投资者往往同时投资多种股票，投资者所持有的所有股票集合就是证券组合。为了减少风险、增加盈利机会，投资者必须不断优化证券组合。企业建立品牌组合，实施多品牌策略，往往也是基于同样的考虑，并且这种品牌组合的各个品牌形象之间既有差别又有联系，组合的概念蕴涵着整体大于个别的意义。

（四）新品牌策略

新品牌策略是一种为新产品设计新品牌的策略。当企业在新产品类别中推出一个产品时，可能发现原有的品牌名称不合适，或者对新产品来说有更好更合适的品牌名称，这时企业需要设计新品牌。

（五）合作品牌策略

合作品牌策略是指将两个或更多的品牌联合用在一个产品上，目的是使产品整体形象及其购买意愿得以强化。

五、品牌更新策略

（一）形象更新

新启迪 7－3　安奈儿品牌形象更新

形象更新就是品牌不断创新形象，适应消费者心理的变化，从而在消费者心目中形成新的印象的过程。图 7－15 是某咖啡品牌形象更新的实例。

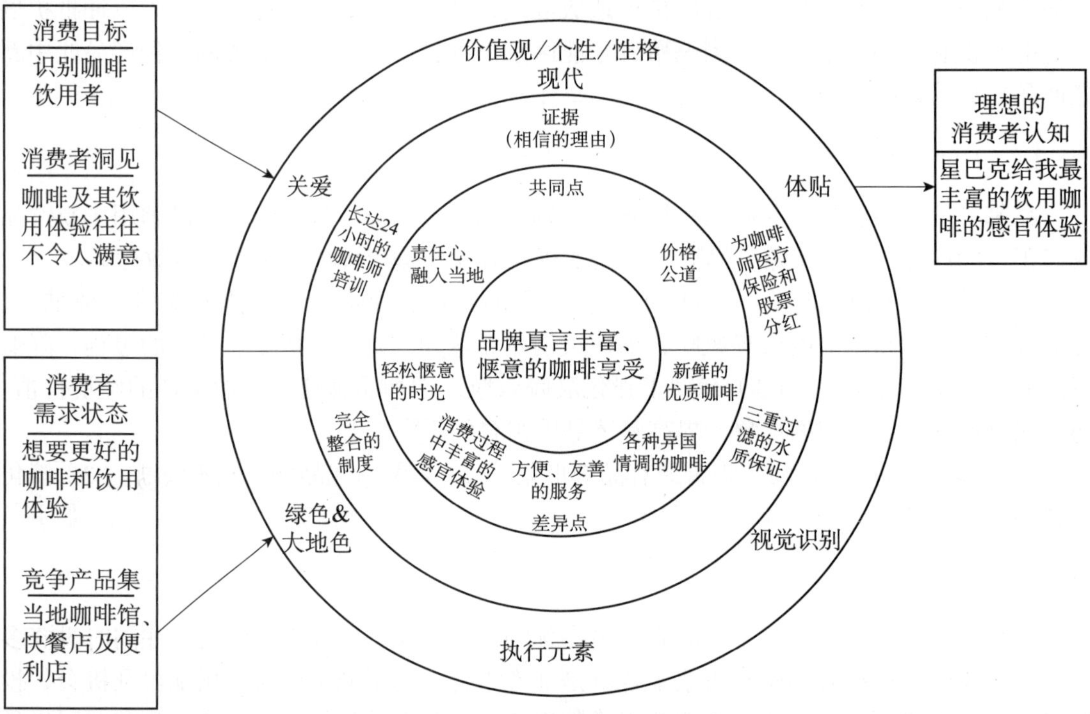

图 7－15　某咖啡品牌的形象更新

（二）定位修正

定位修正是指在企业建立品牌之后往往会根据市场需求和竞争形势的变化而不断完善、改进、调整自己的品牌定位，以便更好地适应生存和发展的需要，也可称为品牌重新定位、品牌再定位（如图 7－16 所示）。一般来讲，品牌定位可在三个层次上展开。

1. 基于产品属性对品牌进行定位，这是品牌定位的最低层次。值得注意的是，产品属性很容易被竞争者模仿。而且，更重要的是，客户对产品属性本身并不感兴趣，他们关心的是这些产品属性能够为自己带来什么利益。

2. 品牌名称与某种客户渴求的利益联系起来进行品牌定位。

3. 超越产品属性或产品利益，从信念和价值层面进行更强有力的品牌定位，在更高的情感层次上锁定客户。这是最高层次的品牌定位。

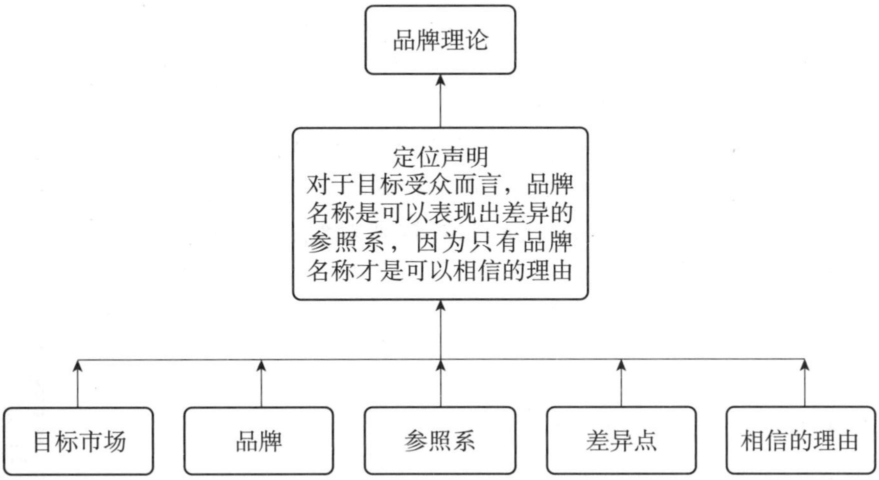

图7－16　定位修正

（三）品牌强化

品牌强化是指两家或两家以上品牌地位相当的企业为了扩大消费群体，提高现有消费群体的忠诚度和品牌美誉度，保持目前各自市场地位的一种品牌合作策略。品牌强化分为巩固型强化和创新型强化两类。巩固型品牌强化是指在以企业原有的或传承下来的品牌资产为基础，持续不断地朝着正确的方向正面宣传，不断巩固并强化原有的品牌优势。创新型品牌强化是指根据品牌资产增值与扩容的需要，通过技术创新、产品创新和市场创新等手段，进一步赋能和强化品牌资产。

（四）品牌活化

当营销环境发生变化，新的竞争者出现和革命性技术变革时，消费者需求偏好也会发生变化，品牌资产所依赖的原有根基就会发生动摇。此时，需要实施品牌活化。**品牌活化**是指企业借助消费者对老品牌的信任和忠诚，充分利用集体怀旧的氛围，通过寻根的方式重新唤回失去的品牌资产，重构新的品牌认知与品牌联想，为老品牌赋予新的生命力的过程。

习近平指出："大数据、云计算、移动互联网等新一代信息技术同机器人和智能制造技术相互融合步伐加快，科技创新链条更加灵巧，技术更新和成果转化更加快捷，产业更新换代不断加快，使社会生产和消费从工业化向自动化、智能化转变"①。企业品牌要想在竞争中处于不败之地，就必须重视技术创新，不断赋予品牌新的活力和价值。

本章小结

作为营销组合因素之一的产品，在满足市场需求、提高营销绩效、增强企业竞争实力等方面发挥着至关重要的作用。企业应从产品整体概念出发，以产品差异化适应各种不同

① 习近平．为建设世界科技强国而奋斗——在全国科技创新大会、两院院士大会、中国科协第九次全国代表大会上的讲话（2016年5月30日）．人民日报，2016－06－01．

购买者的需求，推进产品质量、产品特征、产品款式和设计创新，不断优化服务，开展服务营销。营销创新是企业爬坡过坎、发展壮大的根本。企业应借助产品组合优化分析，及时调整产品组合的宽度、深度和关联性，实施产品延伸，注重和加强新产品开发。新产品开发过程由寻求创意、甄别创意、形成产品概念、营销战略开发、商业分析、产品开发、市场试销和批量上市等步骤构成。品牌资产是企业的一项重要资产。企业应考虑实施产品线扩展策略、品牌扩展策略、多品牌策略和新品牌策略，并注重形象更新、定位修正、品牌强化和品牌活化等品牌更新策略。

即测即评

扫描二维码可在线自测并查看答案。

基本概念

产品	产品组合	产品大类	产品属性
产品质量	全新产品	换代产品	改进产品
众包开放式创新	新产品采用过程	新产品扩散过程	意见领袖
品牌	商标	品牌资产	客户资产
品牌价值	品牌共鸣模型	品牌忠诚	品牌联想
品牌动力模型	联合品牌	品牌价值链	企业品牌
自有品牌	品牌扩展	品牌强化	品牌活化

思考题

1. 产品整体概念和产品属性对于企业制定产品策略有何价值和意义？
2. 新产品采用过程和新产品扩散过程有哪些区别和联系？
3. 品牌共鸣模型和品牌动力模型对于企业品牌建设有何启示？

本章案例

长城汽车的品牌策略

2020年，数字经济、颜值经济、女性经济等新趋势迅速发展，车企传播语境也同步发生了翻天覆地的变化。长城汽车洞察趋势，由产品价值向用户价值转移，以个性化、潮流化内容打动用户，持续塑造更加共情、年轻的品牌形象。过去一年，长城汽车以产品底层逻辑重塑、携手用户共创品类品牌、借势直播探索新零售、跨界各大圈层等创新手法带来营销破圈，让品牌形象更富生机、更趋年轻化。

产品命名上，长城汽车突破传统逻辑，切合用户情感、价值取向，推出了哈弗大狗、哈弗初恋、长城炮、欧拉黑猫、坦克300等全新的具象化、场景化命名，在全网持续关注、讨论的发酵下，成为车市自带流量的人气网红，上市后即成为领导者。

长城汽车突破产品思维的传统逻辑，坚持“消费者和创造者合二为一”理念，让用户参与产品全生命周期，推动网红车型继续收割流量的同时，形成了用户共创型的品类品牌。如哈弗品牌通过“一字万金”全球征名，将新车命名权交给用户，并共创主题曲、成立哈狗帮，哈弗大狗多次成为热门话题，引发全网热议，拉近了与广大用户之间的距离。

紧随汽车消费市场女性用户占比显著提升的趋势，长城汽车也突破传统的用户构成认知，贴近女性用户心理，展开了多轮定制化营销。在网红节日，欧拉推出女性用户专属活动“520女神优先领养计划”；广州车展期间，WEY品牌邀请包括艺人、媒体、车主等300位女性用户，打造首个女性专场发布会，引发了用户强烈的情感共鸣。

对于新品的上市发布，长城汽车也创新模式，让用户不仅感受到产品的年轻定位，更看到企业的互联网化转型。如在以“做时间的对手”为主题的长城欧拉好猫上市发布会上，长城汽车首创无主持人发布会，并通过与猫爪击掌领取门票、会场通体炫酷连屏等富有新意的活动，将新产品展现得淋漓尽致。

思考题：长城汽车在品牌运作方面有哪些创新？

实训练习

1. 实训资料：收集某化妆品公司所有大类的相关资料。

2. 任务：了解近年来化妆品公司的产品命名、品牌策划和产品组合的优化和调整。

3. 要求：

（1）结合理论知识，理解产品组合优化分析的常用方法，企业调整产品组合尤其是产品延伸、品牌扩展的主要策略。

（2）结合市场环境和竞争特点，分析企业缩减产品组合的必要性，了解实施品牌扩展的成功。

第8章 定价策略

引 例

进入2021年以来，互联网平台企业利用资本优势大打价格战，社区团购让消费者足不出户只需动下手指即可享受价廉质优服务。互联网平台之所以敢于发起价格战，往往是通过技术升级降低了生产成本、规模效应大到能够薄利多销、商业模式改变并拥有其他盈利方式，愿意让渡一部分利润，让竞争者无力跟进，从而达到占领更大市场份额的目的，最终攫取超额利润。网络团购平台资本烧钱、低价圈地的做法引起了监管部门的关注。为此，国家市场监管总局要求阿里巴巴、腾讯、京东、美团、拼多多、滴滴等互联网平台企业必须严格规范社区团购经营行为，严格遵守“九个不得”：不得通过低价倾销、价格串通、哄抬价格、价格欺诈等方式滥用自主定价权，严禁以排挤竞争对手或独占市场为目的，以低于成本的价格倾销商品，不得破坏售卖商品包装的完整性，不得滥用自主定价权将平台售卖商品远低于市场价进行销售，不得销售假冒伪劣商品等。

营销启示

互联网平台企业利用技术手段推动业务创新和行业变革，加速行业升级迭代，这是不可逆转的时代发展趋势。但值得注意的是，互联网平台靠发动价格战，低价倾销抢占市场，由此换来的市场份额是不可持续的。优质产品和服务换来的口碑才是长期有效的。社区团购企业更应该思考如何把消费者留下，变成黏性更高的老粉丝。这不是单纯靠低价策略能做到的。从长远看，互联网平台企业开展社区团购业务拼的还是供应链和服务，靠有效对接供需两端，降低商品成本和提高营销效率，才能让消费者得到真实惠，最终赢得客户忠诚。

知识思维导图

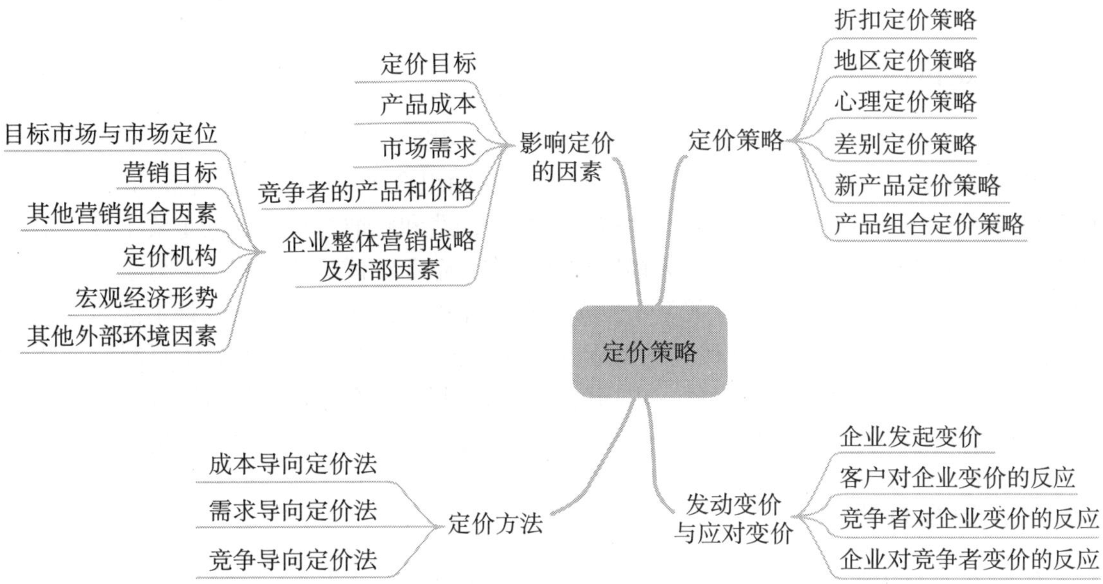

本章重点

- 影响定价的主要因素。
- 企业常用的成本导向、需求导向和竞争导向定价法。
- 差别定价的主要类型及其适用条件。

价格是营销组合因素中十分敏感又难以控制的因素，它直接关系着市场对产品的接受程度，影响着市场需求和企业利润的多少，涉及生产者、经营者、消费者等各方面的利益。如果说理想的产品、促销和分销为企业播下了成功的种子，那么有效的定价就是即将收获的硕果。营销组合其他因素所创造的客户价值，需要通过定价给企业带来回报。在激烈竞争和快速变化的定价环境下，追求价值的客户给企业定价带来的压力日益增大，经济的波动和互联网比价的流行进一步加大了定价的难度。

第1节　影响定价的因素

一、定价目标

价格是客户为获得、拥有和使用产品或服务的利益而支付的货币总额，是决定企业市场份额和盈利水平的最重要的因素之一。价格是营销组合中唯一与收益直接相关的要素，也是最灵活的营销要素。明智的管理者将定价视为创造和获取客户价值的重要工具。很小比例的价格上升也可能带来盈利的大幅度增加。作为企业整体价值主张的一分子，价格在创造客户价值、建立与维系客户关系中发挥着关键作用。然而，任何企业都不能孤立地制定价格，而必须按照企业 STP 战略的要求来定价。同时，企业管理人员还要制定一些具体的经营目标，如利润额、销售额、市场份额等，这些都对企业定价具有重要影响。企业定价目标主要有维持生存、当期利润最大化、市场份额最大化、产品质量最优化等。

二、产品成本

任何企业都不能随心所欲地制定价格。正如张之洞所言：“本贵则价难减，价昂则销愈滞。”[①] 产品的最高价格取决于市场需求，最低价格取决于产品的成本费用。从长远看，任何产品的销售价格都必须高于成本费用，只有这样，才能以销售收入来补偿生产成本和经营费用，否则就无法经营。因此，企业制定价格时必须估算成本（如图 8－1 所示）。

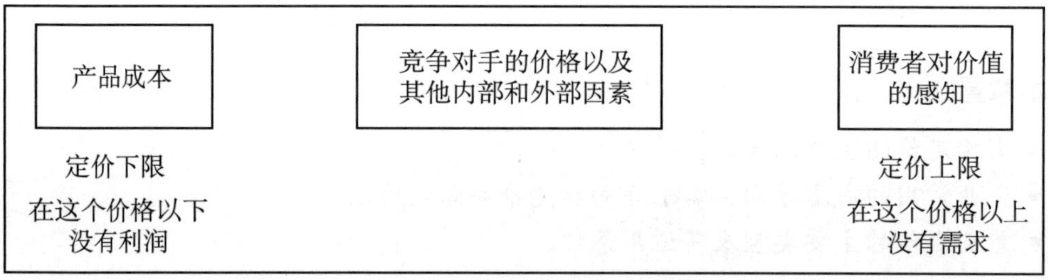

图 8－1　定价的上限和下限

成本可以从短期和长期考虑。短期成本是指在相对较短的时期内，企业不能自由调整生产要素的投入和组合，不能选择各种可能的生产规模的情况下的成本。长期成本是指在相对较长的一个时间周期内，企业可以自由调整生产要素的投入和组合，选择最有利的生产规模的情况下的成本。企业在制定相关战略时，必须考虑时间周期的因素，对已有产品或新产品在生产、销售等经营过程中涉及的各种直接成本和间接成本进行合理的分配和规划，以实现企业利润最大化。

---

① 张之洞. 劝学篇. 北京：朝华出版社，2017：141.

三、市场需求

市场需求对企业定价有着重要影响，而需求又受价格和收入变动的影响。因价格或收入等因素而引起的需求的相应变动率，叫作需求弹性。**需求价格弹性**反映了需求量对价格的敏感程度，以需求量变动的百分比与价格变动的百分比之比值来计算。企业所制定的价格高低会影响企业产品的销售，从而会影响企业营销目标的实现。在以下情况下，产品可能缺乏需求价格弹性：（1）市场上没有替代品或者没有竞争者。（2）购买者对较高价格不在意。（3）购买者改变购买习惯较慢，也不积极寻找更便宜的替代品。（4）购买者认为产品质量有所提高，或者认为存在通货膨胀等，价格较高是应该的。

如果产品不具备上述条件，则产品就具有需求价格弹性。在这种情况下，营销管理者需考虑适当降价，以刺激需求，促进销售，增加销售收入。

另外，需求弹性还包括需求收入弹性和需求交叉价格弹性，企业在为产品定价的时候还要考虑消费者货币收入情况和各产品项目之间的相互影响。

新启迪8-1

消费者对价格变动百分比更敏感

相对于价格的绝对值，消费者对价格变动的百分比更敏感。

假如你家隔壁的小卖部一袋米100元，5公里外的超市一袋米50元，你很可能愿意多跑5公里去买。然而，假如你家隔壁的家电城一台电视机5 000元，5公里外的商店同一台电视5 050元，你可能就不愿意多跑这5公里了。

同样是5公里，同样节省50元钱，竟会有不同的购买决策。

四、竞争者的产品和价格

在最高价格和最低价格之间，企业能把价格定得多高，取决于竞争者同种产品的价格水平。企业必须采取适当方式了解竞争者所提供的产品质量和价格，通过比质比价，更准确地制定本企业产品的价格。如果二者质量基本一致，则价格也应一样，否则本企业产品可能卖不出去；如果本企业产品质量较高，则产品价格也可以定得较高；如果本企业产品质量较低，那么产品价格就应定得低一些。竞争者也可能随机应变，针对本企业的产品价格而调整其价格；也可能不调整价格，而调整营销组合中的其他变量，与企业争夺客户。当然，对竞争者价格的变动，企业也要及时掌握有关信息，并做出明智的反应。

五、企业整体营销战略及外部因素

价格只是企业众多营销战略要素之一，定价必须考虑是否与企业整体营销战略相一致。

（一）目标市场与市场定位

不同的客户群体对产品包括价格有不同的偏好和要求，所以，企业定价策略的制定必须适应目标市场的特点和需求。市场定位往往借助价格来体现产品的特色、差异和优势，因此，定价策略如同其他营销组合策略一样，必须与产品的市场定位协调一致。例如，当产品被定位为高端产品时，就必须制定相应的高价格来弥补生产、营销过程中产生的高成本。

（二）营销目标

营销目标是指在企业分析营销现状并预测未来机会和威胁的基础上确定的各种目标，如利润额、销售额、市场份额、投资收益率、分销网覆盖面、产品创新等。不同的营销目标需要相应的定价策略来配合才能顺利实现。定价策略在实现企业各种不同层次目标的过程中，发挥着十分重要的作用。尤其表现在如下方面：（1）以新颖的定价吸引新客户，留住现有客户。（2）以较低价格阻止竞争者进入市场。（3）以跟随竞争者定价，即随行就市定价，来稳定市场，避免价格战。（4）以适当的定价获得中间商的支持和忠诚。（5）以短暂降价赢得某品牌的热销。（6）以灵活的定价实现企业产品线中其他产品的畅销。

（三）其他营销组合因素

企业定价策略应与产品设计开发、分销和促销策略保持协调一致，以便形成统一高效的整体营销方案。实际上，营销组合中的其他因素也会影响价格决策。例如，高质量、高档次的产品，必须有相应的高价格来弥补生产、营销过程中的高成本。再如，当需要激励中间商积极支持、大力分销产品时，企业必须在定价时为中间商留下足够的利润空间。

总之，企业制定定价策略时，必须考虑到整体营销战略和营销组合策略。然而，即使价格再吸引人，企业也应清醒地意识到，客户并不是仅仅根据价格来选择品牌，实施购买。实际上，他们往往要对所付出的价格与所获得的利益进行权衡比较，寻求那些能够带来价值最大化的产品。

（四）定价机构

管理层必须决定企业的定价事务由谁来负责。小企业的定价一般由最高管理层来实施，而不是由营销部或销售部负责。大企业的定价往往由区域经理、分部经理或产品经理负责。在组织市场的营销实践中，销售人员有权在一定的价格幅度内与客户协商价格。许多企业在定价决策方面通常是自下而上和自上而下相结合，也就是说，高层管理者要制定明确的定价目标和定价政策，同时，也接受基层管理人员和一线销售人员的价格建议。

在航空、铁路、石油、电力等行业，定价对于企业发展来说是非常关键的因素，企业往往设立专门的定价部（或定价委员会）来负责制定最佳价格，或者帮助其他部门制定价格。定价部要向营销部和管理高层汇报。销售经理、生产经理、财务经理和会计等也对定价工作有影响，甚至参与定价工作。

（五）宏观经济形势

宏观经济形势对于企业定价策略具有重要影响，经济的繁荣或衰退、通货膨胀率和利率等经济因素既会影响到生产制造成本，又会影响到消费者对产品价格和价值的感知，因而也会影响到企业的定价策略及相关决策。在经济下行的环境下，消费者会紧缩开支，更加强化价值意识，关注产品价值，力求物有所值。即使经济复苏，消费者也很可能会继续节俭持家。这就要求企业定价策略要充分体现货真价实、物有所值的优势。

经济下行时期，企业常用的定价策略就是打折、降价，价格实惠、价廉物美可以刺激短期销售。然而，低价格也意味着低利润。大幅度的打折降价也会贬损品牌在消费者心目中的价值。而且，企业一旦降价，即使经济复苏，也很难再调回原来的价位。有鉴于此，不少企业在经济下行时期不是打折降价，而是聚焦产品组合中消费者愿意负担的更加实惠的产品项目，增加价廉物美的低价项目。

（六）其他外部环境因素

企业定价还需考虑除了市场和经济之外的其他因素，了解企业的产品价格可能对其他环境力量产生的影响。例如，企业定价应为中间商留出公道、合理的利润空间，鼓励中间商支持企业产品的分销。此外，政府政策法规、社会舆论关注等对企业定价决策也有重要影响（如图 8－2 所示）。

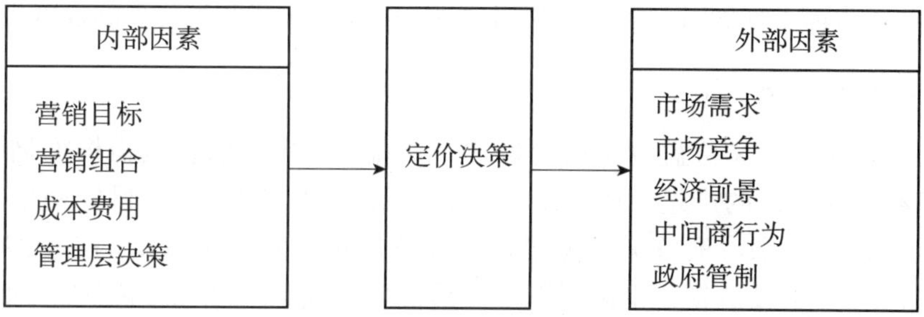

图 8－2　影响定价的主要因素

第 2 节　定价方法

企业制定价格是一项很复杂的工作，必须全面考虑各个方面的因素，采取一系列步骤和措施。一般来说，要采取六个步骤：选择定价目标，测定需求的价格弹性，估算成本，分析竞争对手的产品与价格，选择适当的定价方法，选定最后价格。本节仅就具体的定价方法加以阐述。

企业制定价格可以基于市场波动程度、成本、竞争产品价格、客户期望和感知价值等。在数字化时代，企业还可以基于行情适应和行情协作制定价格。大体上，企业定价有三种导向，即成本导向、需求导向和竞争导向。

一、成本导向定价法

成本导向定价法是一种主要以成本为依据的定价方法，包括成本加成定价法和目标回报定价法两种具体方法。其特点是简便、易用。

（一）成本加成定价法

成本加成定价法是指给单位成本加上一定百分比的加成来制定产品销售价格的方法。加成的含义就是一定比率的利润。成本加成定价公式为：

$$P=C(1+R)$$

式中，P 为单位产品售价；C 为单位产品成本；R 为成本加成率。

需求弹性总是处在不断变化中，最适加成也应随之调整。最适加成与价格弹性成反比。如果某品牌的价格弹性高，最适加成就应相对低些；如果某品牌的价格弹性低，最适加成则应相对高些。当价格弹性保持不变时，加成也应保持相对稳定，以制定出最适价格。

成本加成定价法之所以受到企业欢迎，主要是由于：（1）成本的不确定性一般比需求弱，将价格盯住单位成本，可以大大简化企业定价程序，不必根据需求情况的变化频繁做调整。（2）只要行业中所有企业都采取这种定价方法，则价格在成本与加成相似的情况下也大致相似，价格竞争会因此降至最低限度。（3）许多人感到成本加成法对买方和卖方都比较公平，当买方需求强烈时，卖方不利用这一有利条件仍能获得公平的投资报酬。

（二）目标回报定价法

目标回报定价法，又称盈亏平衡定价法、损益平衡定价法，是指根据估计的总销售收入（销售额）和估计的产量（销售量）来制定价格的一种方法。目标回报定价法要使用损益平衡图这一概念。损益平衡图描述了在不同销售水平上预期的总成本和总收入。图 8－3 展示了一个假设的损益平衡图。不论销售量为多少，固定成本都是 600 万元。

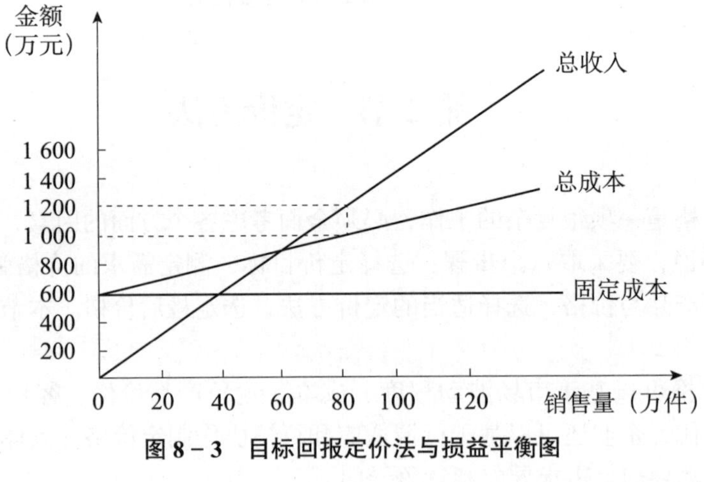

图 8－3　目标回报定价法与损益平衡图

管理人员的任务是：

1. 估计各种不同产出水平的总成本。总成本曲线按固定的速率上升，直到最大产能为止。

2. 估计未来一期的产量水平。假设企业预期产能为 80%，即产量为 100 万件时预期销售 80 万件，生产这一产量的总成本为 1 000 万元。

3. 确定目标报酬率。假设企业希望利润为成本的20%，则利润目标为200万元。因此，在产量为 80 万件时总收入必须为 1 200 万元。总收入曲线上另外一点产量为零时，其对应收入值也为零。将点（80，1 200）与点（0，0）连成一条直线，便是总收入曲线。总收入曲线的斜率就是所要制定的价格。本例中斜率 k=15。如果企业定价为每件 15 元，且售出 80 万件，则按此价格可实现 20% 的报酬率，赚得 200 万元。

目标回报定价法有一个严重的缺陷，即企业以估计的销售量求出应制定的价格，殊不知价格恰恰是影响销售量的重要因素。要实现 80 万件的销售量，15 元 / 件的价格可能偏高或偏低。在上述分析中，忽略了需求函数，即不同价格下企业可售出的数量。借助估计的需求曲线及 20% 的利润条件，企业就可以将价格与销售量统一起来，用所定价格来实现预期销售量的目标。为了向客户提供比竞争者更高的价值，在采用目标回报定价法时，要力求成本定价和价值定价有机结合，更多地关注客户价值。一些企业还采用了价值定价法，即企业致力于降低成本，以较低的价格提供高质量产品或服务，吸引大量关注产品价值的客户，进而赢得客户忠诚（如图 8－4 所示）。

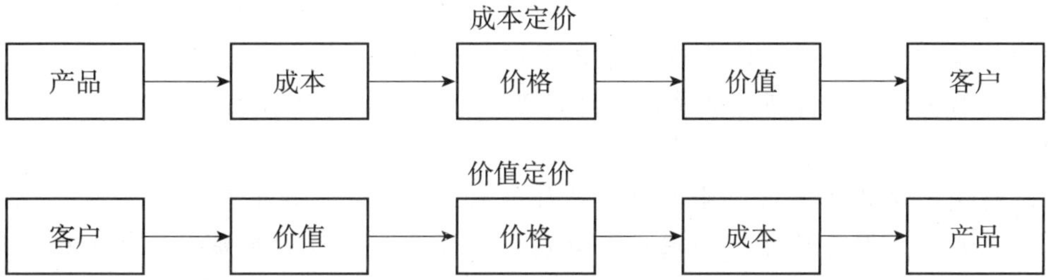

图 8－4　成本定价和价值定价

二、需求导向定价法

需求导向定价法是一种以市场需求强度及消费者感知价值为主要依据的定价方法，包括感知价值定价法、反向定价法和差别定价法三种形式。其中差别定价法将在本章第 3 节论述。

（一）感知价值定价法

感知价值定价法是指企业根据购买者对产品的感知价值来制定价格的一种方法。感知价值定价与现代市场定位观念相一致。企业在为目标市场开发新产品时，在质量、价格、服务等各方面都需要体现特定的市场定位观念。因此，首先要决定所提供的价值及价格；之后，企业要估计在此价格下所能销售的数量，再根据这一销售量决定所需要的产量、投资及单位成本；接着，营销人员还要计算在此价格和成本下能否获得满意的利润，如能获得满意的利润则继续开发这一新产品，否则就放弃这一产品概念。

新启迪8-2

拥有感可增进价格预期

当一个人拥有某产品时，他对该产品价值的估计要高于未拥有之前。

经常会做这样的试验：同学们分成同样的AB两组，分别给同样的马克杯。告诉A组，这个马克杯价值50元，现在归你们了，想以多高的价格卖出去？告诉B组：这个马克杯50元，你们想以什么价格卖出去？差别仅在于是否告诉他们杯子归其所有。结果是A组的预期售价往往比B组高。

感知价值定价的关键在于准确地计算产品所提供的全部市场感知价值。企业如果过高地估计感知价值，便会定出偏高的价格；如果过低地估计感知价值，则会定出偏低的价格。为准确把握市场感知价值，必须进行营销调研。

新启迪8–3

感知价值定价的成功实践

假设有A、B、C三家企业均生产同一种开关，现抽一组产业用户作样本，要求它们分别就三家企业的产品予以评比，有三种方法可供使用。

1. 直接价格评比法。直接价格评比法要求产业用户为三家企业的产品确定能代表其价值的价格。例如，它们可能将A、B、C三家企业的产品分别定价为2.55元、2元和1.52元。

2. 直接感知价值评比法。直接感知价值评比法要求产业用户根据它们对三家企业所生产开关的价值的认知，将100分在三者之间进行分配，假设分配结果为42、33、25。如果这种开关的平均市场价格为2元，则可得到三个反映其感知价值的价格：2.55元、2元和1.52元。

3. 诊断法。诊断法要求产业用户就三种产品的属性（假定有产品耐用性、产品可靠性、交货可靠性、服务质量四种属性）分别予以评分。对每一种属性，将100分分配给三家企业，同时根据四种属性重要程度的不同，将100分分配给四种属性，假设结果如表8－1所示。把每个企业的评分乘以重要性权数，我们发现，A企业提供的产品的感知价值（42）高于平均数；B企业提供的产品的感知价值（33）相当于平均数；C企业提供的产品的感知价值（25）低于平均数。A企业能为其开关制定一个较高的价格，因为它被认为能提供较多的价值。如果企业想根据其产品的感知价值定价，则可以将价格定为2.55元左右，因为平均质量的开关价格为2×42/33=2.55元。

表8－1 诊断法定价

属性	权重	A企业	B企业	C企业
产品耐用性	25	40	40	20
产品可靠性	30	33	33	33
交货可靠性	30	50	25	25
服务质量	15	45	35	20
感知价值	100	42	33	25

假如三家企业都按其感知价值定价，则每家企业都可得到一定的市场份额，因为它们提供的价值与价格之比均相等。

如果某一家企业的定价低于其感知价值，它将得到一个高于平均数的市场份额，因为当购买者与该企业打交道时，其支付的货币可换回更多的价值。这可以用图8－5来说明。

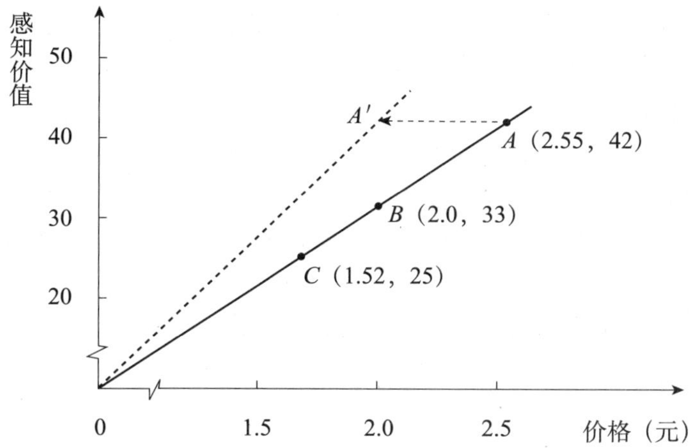

图8－5 感知价值定价

由图8－5可知，A、B、C三家企业最初位于相同的感知价值/价格线上，其各自的市场份额将取决于围绕这三个定点的理想点（未标出）的相对密集度。现在，假设A企业将价格由*A*（2.55，42）降至A′（2.0，42），其感知价值/价格将是一条较高的线段（以虚线表示），它将冲击B和C两家企业的市场份额，尤其是B企业，因为按照与B企业相同的价格A企业提供的感知价值更多。B企业将被迫降价或提高其感知价值。提高感知价值的主要措施包括增加服务项目、提高服务质量和产品质量、进行更有效的沟通传播等。如果这样做的成本低于因降价而引起的收入损失，则B企业很可能会增加投资来提高其感知价值。

（二）反向定价法

反向定价法是指企业依据消费者能够接受的最终销售价格，计算自己从事经营的成本和利润后，逆向推算出产品的批发价和零售价。这种定价方法不以实际成本为主要依据，而是以市场需求为定价出发点，力求使价格为消费者接受。分销渠道中的批发商和零售商多采取这种定价方法。

当企业以价格来进行市场定位时，需要借助目标成本定价法来支持价格定位。目标成本定价法是指先确定一个以客户感知价值为基础的理想售价，再确定一个与价格相匹配的成本作为目标成本。

三、竞争导向定价法

（一）随行就市定价法

随行就市定价法是指企业按照行业的平均现行价格水平来定价。在以下情况下往往采取这种定价方法：（1）难以估算成本。（2）企业打算与同行和平共处。（3）如果另行定价，很难了解购买者和竞争者对本企业的价格的反应。

（二）投标定价法

投标定价法是指采购方在报刊上登广告或发出函件，说明拟采购商品的品种、规格、数量等具体要求，邀请供应商在规定的期限内投标，并在规定的日期内开标，选择报价最低、最有利的供应商成交，签订采购合同。某供货企业如果想做这笔生意，就要在规定的期限内填写标单，注明可供应商品的名称、品种、规格、价格、数量、交货日期等，密封后送给招标人，这就是投标。这种价格是供货企业根据对竞争者报价的估计制定的，而不是按照供货企业自己的成本费用或市场需求来制定的。供货企业的目的在于赢得合同，报价应低于竞争对手。

然而，企业报价不能低于边际成本，而企业报价若远远高出边际成本，虽然利润可能增加，却减少了中标的机会。

新启迪8-4

场景效应的阶梯定价

场景效应是指已有经验对当前知觉具有影响。这一规律在营销实践中应用的就是阶梯产品和阶梯价格策略。

我们来看这样两种场景：

A：超市里有两种保温杯，价格分别是169元和239元。

B：超市里有三种保温杯，价格分别是169元、239元和469元。

营销调研发现，在B场景下，中间价格即239元款的销售量相对场景A大幅提升。这也是在营销实践中常见的三种梯度定价策略，即："好-更好-最好"策略。

在汽车定价中，顶配价格一般是销量最少的，但是顶配价格的存在，一方面拉大了整个产品的价格区间，让产品显得更"贵"，另一方面也隐性地增加了中间配置的销量。

第3节　定价策略

前述定价方法是依据成本、需求和竞争等因素决定产品基础价格（即牌价、标价、目录价）的方法。基础价格是单位产品在生产地点或者经销地点的价格，尚未考虑折扣、运费等对价格的影响。在营销实践中，企业还需考虑或利用灵活多变的定价策略，修正或调整产品的基础价格。

一、折扣定价策略

企业为了鼓励客户及早付清货款、大量购买、在淡季购买，可以酌情降低基础价格。这种价格调整叫作**价格折扣定价**。其中，折扣定价策略包括以下几种：（1）现金折扣。这是企业给那些当场或提前付清货款的客户的一种减价。（2）数量折扣。这是企业给那些大量购买产品的客户的一种减价，以鼓励客户购买更多的产品。（3）功能折扣。这是生产者给某些批发商或零售商的一种额外折扣，促使它们执行某种营销功能（如推销、储存、服务），也叫贸易折扣。（4）季节折扣。这是企业给那些购买过季产品或服务的客户的一种减价，使企业的生产和销售一年四季保持相对稳定。

二、地区定价策略

一般来说，企业的产品不仅卖给当地客户，也卖给外地客户。卖给外地客户，即把产品从产地运到客户所在地，需要考虑运费。地区定价策略是指企业要决定，对于卖给不同地区客户的产品，是分别制定不同的价格，还是制定相同的价格。也就是说，企业要决定是否制定地区差价。地区定价的形式如下。

（一）FOB 原产地定价

FOB 原产地定价就是客户（买方）按照厂价购买产品，企业（卖方）只负责将这种产品运到产地某种运输工具（如卡车、火车、船舶、飞机等）上交货。交货后，从产地到目的地的一切风险和费用概由客户承担。如果按 FOB 价购买，那么每一个客户都要负担从产地到目的地的运费，这是很合理的。但这样定价对企业有不利之处，即远地的客户有可能不愿购买这个企业的产品，而购买其附近企业的产品。

（二）统一交货定价

这种形式和 FOB 原产地定价正好相反。**统一交货定价**就是企业对于卖给不同地区客户的产品都按照相同的出厂价加相同的运费（按平均运费计算）定价。也就是说，对全国不同地区的客户，不论远近都实行一个价。因此，这种定价又叫邮资定价。

（三）分区定价

这种形式介于 FOB 原产地定价和统一交货定价之间。**分区定价**是指企业把全国（或某些地区）分为若干价格区，对于卖给不同价格区客户的产品，分别制定不同的地区价格。距离企业远的价格区，价格定得较高；距离企业近的价格区，价格定得较低。在各个价格区范围内实行统一价格。

（四）基点定价

基点定价是指企业选定某些城市作为基点，按一定的厂价加上从基点城市到客户所在地的运费来定价，而不管货物实际上是从哪个城市起运的。有些企业为了提高灵活性，选定多个基点城市，按照离客户最近的基点城市计算运费。

（五）运费免收定价

运费免收定价是指企业负担全部或部分运费，以加大市场渗透力度，增加市场份额，在竞争激烈的市场上站稳脚跟。

三、心理定价策略

心理定价策略是指企业在制定产品价格时，运用心理学的原理，根据不同类型消费者的消费心理来制定价格的各种策略。定价实践中，营销者不仅要考虑经济学方面的问题，还要考虑心理学方面的问题，因为价格传递着产品质量、性能、档次等各方面的信息，给客户以不同的心理感受。当客户看到某个产品时，会在心中设定一个参照价格（reference price）。**参照价格**是指通过考察目前现行价格、回忆过去价格或评估当时购买场景而设定的价格。

（一）声望定价

声望定价是指企业利用消费者仰慕名牌商品或名店的声望的心理来制定商品的价格，故意把价格定成整数或高价。质量不易鉴别的商品的定价最适宜采用此法，因为消费者有崇尚名牌的心理，往往以价格判断质量，认为高价代表高质量。但价格也不能过高，使消费者不能接受。

（二）尾数定价

尾数定价是指利用消费者数字认知的心理，尽可能在价格数字上不进位，而保留零头，使消费者产生价格低廉和卖主经过认真的成本核算才定价的感觉，从而使消费者对企业产品及其定价产生信任感。

新启迪8-5

末位数为 9 的打折价

面包的价格从 0.83 下降 31% 到 0.63，单位销量增长了 194%，下降到 0.59，销量增长了 406%。0.04 元的差价，销量的百分比差距在 212%（如表 8－2 所示）。

表 8－2　末位数价格与销售量

	价格（元）	销售量（个）
原售价	0.83	2 817
打折价	0.63	8 283（+194%）
末位数为 9 的降价	0.59	14 567（+406%）

（三）招徕定价

招徕定价是指零售商利用部分客户求廉的心理，特意将几种商品的价格定得较低以吸引客户。某些商店随机推出降价商品，每天每时段都有一两种商品降价出售，吸引客户经常来采购低价商品，同时选购其他正常价格的商品。

四、差别定价策略

差别定价策略是指企业按照两种或两种以上不反映成本费用的比例差异的价格销售某

种产品或服务的定价策略。

（一）差别定价的主要形式

差别定价主要有四种形式：（1）客户差别定价，即企业按照不同的价格把同一种产品或服务卖给不同的客户。这种价格歧视表明，客户的需求强度和产品知识有所不同。（2）产品形式差别定价，即企业对不同型号或形式的产品分别制定不同的价格，但是不同型号或形式产品的价格之间的差额和成本费用之间的差额不成比例。（3）产品部位差别定价，即企业对于处在不同位置的产品或服务分别制定不同的价格，即使这些产品或服务的成本费用没有任何差异。（4）销售时间差别定价，即企业对于不同季节、不同时期甚至不同时点的产品或服务分别制定不同的价格。

新启迪8-6

麦当劳早餐咖啡的定价策略

麦当劳早餐咖啡是可以续杯的，但有小杯9元和大杯10.5元两种价格。问题是，既然能续杯为什么还单设大杯价格呢？原来这是专为A、B两个客户群设计的：A客户群时间充裕，买小杯咖啡划算，价格低廉，喝完再续杯；B客户群时间急促，担心续杯太费事，但只是多花了1.5元能买到比小杯多出不少的咖啡，也觉得实惠。

（二）差别定价的适用条件

企业采取差别定价策略必须具备以下条件：（1）市场必须是可以细分的，而且各个市场部分表现出不同的需求。（2）以较低价格购买产品的客户不可能以较高价格把这种产品转卖给他人。（3）竞争者不可能在企业以较高价格销售产品的市场上以低价竞销。（4）细分市场和控制市场的成本费用不得超过因实行价格歧视而得到的额外收入。（5）差别定价不会引起客户反感、放弃购买，进而影响销售。（6）采取的差别定价形式不能违法。

五、新产品定价策略

一般来讲，新产品定价有以下两种策略可供选择。

（一）撇脂定价

撇脂定价是指在产品生命周期的最初阶段，把产品的价格定得很高，以攫取最大利润，犹如从鲜奶中撇取奶油。企业之所以能这样做，是因为有些购买者主观认为某些商品具有很高的价值。在以下条件下企业可以采取撇脂定价：（1）市场有足够的购买者，他们的需求缺乏弹性，即使把价格定得很高，市场需求也不会大量减少。（2）高价使需求减少一些，因而产量减少一些，单位成本增加一些，但这不致抵消高价所带来的收益。（3）在高价情况下，企业仍然独家经营，别无竞争者。有专利保护的产品即是如此。（4）产品的价格定得越高，越容易使人们认为这是高档产品。

（二）渗透定价

渗透定价是指企业将创新产品的价格定得相对较低，以吸引大量客户，提高市场份额。企业采取渗透定价需具备以下条件：（1）市场需求显得对价格极为敏感，低价会刺激市场需求迅速增长。（2）企业的生产成本和经营费用会随着生产经营经验的增加而下降。（3）低价不会引起实际和潜在的竞争。

六、产品组合定价策略

当产品只是某一产品组合的一部分时，企业必须对定价方法进行调整。这时候，企业要研究出一系列价格，使整个产品组合的利润最大化。因为各种产品之间存在需求和成本的内在关联性，而且会带来不同程度的竞争，所以定价难度较大。

（一）产品大类定价

通常企业开发出来的是产品大类或产品线，而不是单一产品。当企业生产的系列产品存在需求和成本的内在关联性时，为了充分发挥这种内在关联性的积极效应，需要采用产品大类定价策略。在定价时，首先，确定产品大类中价格最低的产品，由它在产品大类中充当价格领袖，以吸引消费者购买产品大类中的其他产品；其次，确定产品大类中价格最高的产品，由它在产品大类中充当品牌质量和收回投资的角色；最后，产品大类中的其他产品分别依据其在产品大类中角色的不同而制定不同的价格。

（二）备选产品定价

备选产品是指企业在提供主要产品的同时所附带的与主要产品相关的可选择性产品。汽车用户可以订购GPS装置、电子开窗控制器、除雾器等，电脑用户往往需要选择内存系统、软件等。但选择品定价却是一件棘手的事。汽车公司必须确定需要定价的包括哪些产品，哪些产品可作为选择对象。汽车制造商只希望对经济型汽车做广告，以吸引人们到汽车展示厅参观，而将展示厅的大部分空间用于展示昂贵的、性能齐全的汽车。饭店也面临同样的定价问题。消费者除了订购饭菜也买酒水。许多饭店的酒水价格很高，而食品的价格相对较低。食品收入可以弥补食品的成本和饭店其他的成本，而酒水类则可以带来利润；也有饭店会将酒价定得较低，而对食品制定高价，以吸引爱饮酒的消费者。

（三）附属产品定价

附属产品是指消费者使用主要产品时必须与之配套使用的关联产品。生产者经常为主要产品（如剃须刀、电子游戏机和打印机）制定较低的价格，而为附属产品（如剃须刀片、游戏软件和打印墨盒）制定较高的加成。但需要注意的是，如果附属产品的定价过高，就可能会引起客户不满，导致客户流失。

（四）分部定价

分部定价是指企业先收取一笔固定费用，再加上可变的使用费的定价方式。服务企业经常采用分部定价。例如，电话用户每月都要支付一笔套餐使用费，如果使用次数超过套餐规定，还要再交费。游乐园一般先收门票，如果游玩的地方超过规定，再交费。服务企业面临与附属产品定价同样的问题，即应收取多少基本服务费和使用费。

（五）副产品定价

副产品是指企业在生产主要产品的同时，从同一种原材料中，通过同一生产过程附带生产或利用生产中的废料进一步加工而生产出来的非主要产品。在生产加工肉类、石油产品和其他化工产品的过程中，经常有副产品。如果副产品价值很低，处理费用昂贵，就会影响到主产品的定价。生产者确定的价格必须能够弥补副产品的处理费用。如果副产品对某一客户群有价值，就应该按其价值定价。副产品如果能带来收入，将有助于企业在迫于竞争压力时制定较低的价格。

（六）产品捆绑定价

企业经常以某一价格出售一组产品，如旅游套餐。这一组产品的价格低于单独购买其中每一产品的费用总和。因为客户可能并不打算购买其中所有的产品，所以这一组合的价格必须有较大的降幅，以此来促进客户购买。这种定价策略叫作产品捆绑定价、一揽子定价或套餐定价。它指将两种或两种以上的相关产品组合起来，捆绑打包，并以较低的合理价格出售。

第4节　发起变价与应对变价

企业处在一个不断变化的环境之中，为了生存和发展，有时需主动发起降价或提价，有时又需对竞争者变价做出适当的反应。

一、企业发起变价

（一）企业降价

企业降价的主要原因有：（1）企业的生产能力过剩，因而需要扩大销售，但是企业又不能通过产品改进和加强销售工作等来扩大销售。在这种情况下，企业就需考虑降价。（2）在强大竞争者的压力之下，企业的市场份额下降。（3）企业的成本费用比竞争者低，企图通过降价来抢占市场份额，从而扩大生产和销售量，降低成本费用。在这种情况下，企业也往往发动降价攻势。

（二）企业提价

虽然提价会引起消费者、经销商和企业推销人员的不满，但是一次成功的提价可以使企业的利润大大增加。企业提价的主要原因有：

1. 由于通货膨胀，物价上涨，企业的成本费用提高，因此企业不得不提高产品价格。企业往往采取多种方法来调整价格，应对通货膨胀。例如：（1）采取推迟报价的定价策略，即企业决定暂时不规定最后价格，等到产品制成时或交货时才规定最后价格。工业建筑和重型设备制造等行业一般采取这种定价策略。（2）在合同上规定调整条款，即合同上规定在一定时期内（一般到交货时为止）可按某种价格指数来调整价格。（3）采取不包括某些服务的定价策略，即在通货膨胀、物价上涨的条件下，企业决定产品价格不动，但原来免费提供的某些服务要计价，则产品的价格实际上提高了。（4）降低价格折扣，即企业决定削减正常的现金和数量折扣，并限制销售人员以低于价目表的价格来促销。（5）取消低利产品。（6）降低产品质量，减少产品特色和服务。企业采取这种策略可保持一定的利润，但会影响其声誉和形象，失去部分忠诚的客户。

2. 企业的产品供不应求，不能满足所有客户的需要。在这种情况下，企业必须提价。提价方式包括：取消价格折扣，在产品大类中增加价格较高的项目，或者直接提价。为了减少客户不满，企业提价时应当向客户说明提价的原因，并帮助客户寻找节约的途径。

此外，还有一些企业提价是出于市场竞争的考虑，谋求竞争中的差异化优势，比如谭木匠的高价策略就是一个成功的案例。其大叶紫檀梳价格在490～1 380元不等，小叶紫檀梳价格则高达2 680～3 000元。尽管产品提高价格，但凭借其差异化优势，一直畅销不衰。

新启迪8-7

价格战的生成

在某个城镇市场，一开始没有人卖牛肉。此时，年轻人甲跑来做这个生意，结果很好卖。经过实践中不断探索，他找到了一个既能获得最大利润又不影响销量的价格。他这样舒舒服服卖了一年的牛肉。

第二年，年轻人乙也来卖牛肉，定价比甲更低，于是两个人就开始了竞争。当然，甲和乙可以选择产品竞争、服务竞争、价格竞争等。他俩很默契地选择产品差异化，相安无事地过了第二年。

第三年，又来了一个卖牛肉的丙。他发现甲和乙已经差异化了，但卖牛肉都不切，他给客人切好还要包装好，再雇个小伙计送货上门。

第四年，丁也来卖牛肉了。他一看，产品服务都有竞争了，我卖的牛肉品质和你们差不多，能做的服务我也都上，但是，我要卖个最低价。于是，大家都去丁那里了。

甲乙丙一合计，既然如此，就算咱前几年都白做了，你便宜，我更便宜，看谁耗得过谁。

当产品高度同质化，商家做不到让消费者忠诚而市场上价格更低、质量相当的产品又很多时，价格战开始了。

二、客户对企业变价的反应

企业提价或是降价必然影响到购买者、竞争者、经销商和供应商，而且政府对企业价格变动可能也会予以关注。在这里，首先分析客户对企业价格变动的反应。

（一）客户对企业降价的反应

客户对于企业产品降价可能会理解如下：（1）产品过时了，将被新型产品替代。（2）产品存在缺陷，销售不畅。（3）企业财务困难，难以继续经营下去。（4）价格还要进一步下跌。（5）产品的质量下降了。

（二）客户对企业提价的反应

企业提价通常会影响销售，但是购买者对企业产品提价也可能会理解如下：（1）产品很畅销，不赶快买就买不到了。（2）产品价值高。（3）卖主在追求利润最大化。

一般来说，购买者对于价值不同产品的价格反应有所不同。对于那些价值高、经常购买的产品的价格变动较敏感；而对于那些价值低、不经常购买的小商品，即使单位价格较高，购买者也不大在意。此外，购买者虽然关心产品价格变动，但是通常更关心获得、使用和维修产品的总费用。因此，如果企业能使客户相信某种产品的取得、使用和维修的总费用较低，就可以把该产品的价格定得比竞争者高，以取得更多的利润。

三、竞争者对企业变价的反应

企业发起变价时，不仅要考虑购买者的反应，还必须考虑竞争者的反应。当某一行业中企业数目很少，提供同质的产品，产品信息、价格信息比较透明而购买者具有较强辨别力时，竞争者最有可能做出反应。竞争者会因企业规模、市场份额、价格政策的不同，对企业发起的变价采取不同的对策。

四、企业对竞争者变价的反应

企业经常会面临竞争者价格变动的挑战。如何对竞争者的价格变动做出及时、正确的反应，是企业定价策略的一项重要内容。

（一）不同市场环境下的企业反应

在同质产品市场上，如果竞争者降价，企业必须随之降价，否则客户就会购买竞争者的产品，而不购买该企业的产品；如果某个企业提价，且提价对整个行业有利，其他企业也会随之提价，但是如果其他企业不随之提价，那么最先发动提价的企业将不得不取消提价。

在异质产品市场上，企业对竞争者价格变动的反应有更多的选择余地。因为在这种市场上，客户选择卖主时不仅考虑产品价格因素，而且考虑产品的质量、服务、性能、外观、可靠性等多方面的因素，对于较小的价格差异客户并不在意。

面对竞争者的价格变动，企业必须认真调查研究如下问题：（1）竞争者为什么变价？（2）暂时变价还是永久变价？（3）若对变价置之不理，将对企业市场份额和利润有何影响？（4）其他企业是否会做出反应？（5）本企业的每一个可能反应又会引起其他同行什么反应？

（二）市场主导者的反应

市场主导者往往遭到一些小企业的进攻。这些小企业的产品可与市场主导者的产品相媲美，它们往往通过进攻性的降价来争夺市场主导者的市场阵地。在这种情况下，市场主导者有以下几种策略可供选择。

1. 价格不变。在市场主导者看来，如果降价就会减少利润收入，而维持价格不变，尽管对市场份额有一定影响，但以后还能夺回市场。当然，在维持价格不变的同时，还要改进产品质量、提高服务水平、加强促销沟通等，运用非价格手段来反击竞争者。企业的营销实践证明，采取这种策略比降价和低利经营更有利。

2. 降低价格。市场主导者之所以采取这种策略，主要是因为：（1）降价可以使销售量和产量增加，从而使成本费用下降；（2）市场对价格很敏感，不降价就会使市场份额下降；（3）市场份额下降之后很难恢复。但是，企业降价以后，仍应保持产品质量和服务水平。

3. 提高价格。企业在提价的同时，还要致力于提高产品质量，或推出新品牌，与竞争对手争夺市场。

（三）企业应对变价需考虑的因素

受到竞争对手进攻的企业必须考虑：（1）产品在其生命周期中所处的阶段及其在企业产品投资组合中的重要程度。（2）竞争者意图及其资源。（3）市场对价格和价值的敏感性。（4）成本费用随着销量和产量变化而变化的情况。

图 8－6 展示了企业评估和应对竞争者变价的决策程序。

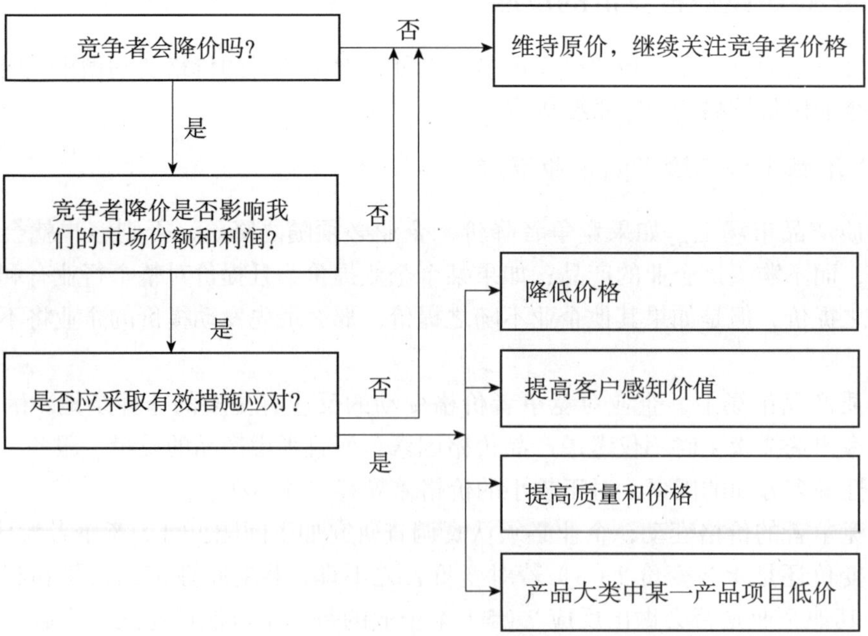

图 8－6　应对竞争者变价

本章小结

影响企业定价的因素是多方面的，包括定价目标、产品成本、市场需求、竞争者的产品和价格、企业整体营销战略及外部因素等。企业定价方法有三种，即成本导向定价法、需求导向定价法、竞争导向定价法。企业可采取的策略包括折扣与折让定价策略、地区定价策略、心理定价策略、差别定价策略、产品组合定价策略以及免费定价策略。价格折扣和折让有五种类型：现金折扣、数量折扣、功能折扣、季节折扣、让价策略。地区定价策略包括FOB原产地定价、统一交货定价、分区定价、基点定价和运费免收定价。心理定价的策略主要包括声望定价、尾数定价和招徕定价。差别定价的主要形式有：客户差别定价、产品形式差别定价、产品部位差别定价和销售时间差别定价。产品组合定价包括产品大类定价、备选产品定价、附属产品定价、分部定价、副产品定价、产品系列定价。企业处在一个不断变化的环境之中，为了生存和发展，有时需主动发起降价或提价，有时又需对竞争者的变价做出适当的反应。

即测即评

扫描二维码可在线自测并查看答案。

基本概念

需求价格弹性	成本加成定价法	目标回报定价法	感知价值定价法
反向定价法	随行就市定价法	投标定价法	价格折扣定价
FOB原产地定价	统一交货定价	分区定价	基点定价
参照价格	声望定价	尾数定价	招徕定价
差别定价策略	撇脂定价	渗透定价	

思考题

1. 企业在定价时应该考虑哪些因素？
2. 价格折扣主要有哪几种类型？其含义分别是什么？
3. 企业地区定价策略的表现形式主要有哪些？

本章案例

特斯拉的定价策略

2021年1月底，深圳某特斯拉4S店告知客户，目前店内有2020款现车，若现在订车可享受现金优惠13 700元，再送某商场一年免费停车＋免费慢充、小米扫地机器人、300～500元订车礼。一些特斯拉交付中心也纷纷针对Model 3进行降价，或推出送礼品、送权益等新政策。

2018年11月特斯拉Model 3售价为54万元，售价之高令消费者难以承受。随着特斯拉电动汽车全球化生产和零部件国产化，再加上换用成本更低的锂电池等一系列创新举措，特斯拉汽车价格开始大幅下降。以 Model 3 为例，截至 2020 年 10 月已降价 9 次。2021 年 1 月官网售价 24.99 万元（补贴后），累计降价金额高达 29 万元。特斯拉让越来越多的人畅享新能源汽车带来的低成本出行。然而，特斯拉降价并没有赢得好口碑，反而是让许多此前用户感觉自己被特斯拉当成了韭菜。

特斯拉汽车降价频次越高，幅度越大，批评特斯拉的声音就越大。有车主调侃特斯拉的降价“没有一点防备，也没有一丝顾虑”，汽车价格变化飘忽不定。

特斯拉让用户以更低的价格买到更好的新能源汽车，原本是件为社会带来福利的事，为什么这么多人都觉得自己亏了呢？

根据经验曲线理论，一款汽车产量越大，成本越低。因为在大规模生产汽车的过程中，前期所投入的研发费用、设计费用以及厂房设备费用等都可以得到均摊。特斯拉电动车作为一个“全新物种”正处在发展初期阶段，总生产量少但产量上升速度快，在中国市场的生产成本快速下降，所以，特斯拉采取了渗透定价法，售价一降再降。

传统汽车行业一般使用升配不降价的策略。厂商在新车发布的 10 年里，不断推出小改款、年度款、中期改款、大改款、智能升级款。如果是老车主，会觉得自己的车型“一直没降价”，实际上，虽然叫同一个名字，但车早就不是那款车了。传统汽车的价格一直很稳定，跟传统汽车以经销代理销售为主（即常见的 4S 汽车销售体验店）的分销策略密切相关。经销商从汽车厂进货之后，加价多少出售给消费者，一般都是经销商说了算。这样，经销商对汽车销售价格的掌控力很强，而生产商对价格的掌控能力相对较弱，在生产商对汽车降价时，中间商为了多赚钱经常会延迟或者隐瞒产品降价的促销政策。在这种分销模式下，汽车价格信号传递变得很弱，消费端对价格变化不容易察觉，很多时候即便汽车降价，消费者也毫不知情，弱化或隐藏了汽车降价给汽车厂家和消费者带来的矛盾。

反观特斯拉的销售模式，全国直营统一售价，没有经销商赚差价，也就没有中间商对降价进行缓冲，价格更透明，但同时也给生产商产品降价带来更多的风险。可以说，特斯拉的直营模式，成为特斯拉降价被市场批评的催化剂。

如果预期 Model 3 将在未来 2 年里从 54 万元降到 24.99 万元，那么就应当将最初的定价定在 37 万元左右，前期少发货，后期就可以多发货来填补前面的亏损。但这样做的风险是：如果面临强大的竞争和市场供求的大幅度波动，在收回固定成本或将边际成本降低至盈利区间之前，可能公司也就不存在了。

资料来源：特斯拉的定价策略，为什么让所有人都觉得亏？.（2021－01－21）. 新浪科技.

思考题：特斯拉的定价策略有哪些成功之处？你认为还需要做哪些改进？

实训练习

1. 实训资料：

（1）搜集企业定价和价格战的案例、数据。

（2）持续观察某超市近一个月来某类产品打折、降价、优惠的实际数据，了解各类商品销量的变化。

2. 任务：

（1）结合中国企业定价实践，分小组讨论著名企业的定价案例，尤其是发起价格战和应对价格战的案例。

（2）总结归纳超市借助定价策略促进产品销售的成功案例。

3. 要求：

（1）加深对影响定价因素的理解，找出影响某企业定价策略的主要因素。

（2）了解折扣定价、心理定价、差别定价、撇脂定价、渗透定价等策略的运用及其效果。

第9章 渠道策略

引 例

京东生鲜以山东省为起点，通过“超级省”计划为山东农产上行打造全渠道通路。首先，在采买环节，京东生鲜采用原产地直采模式，避免复杂冗长的中间环节，提升生鲜流通的效率，保证生鲜的品质，并将更多的利润空间留给农户。其次，在销售渠道上，京东生鲜打通线上线下，并实现多渠道联动，以今年的黄河口大闸蟹活蟹销售为例，同步在京东生鲜、七鲜超市首发上线。同时，卡券还同步在京东之家、京东便利店、线下店铺自提、大闸蟹自动贩卖机、企业购、711便利店等多渠道联合推动大闸蟹销售，不仅实现快速走货，也为消费者打造出人、货、场高效匹配的购物体验。此外，京东生鲜持续推动产地仓、低线城市覆盖，可以凭借遍布全国的20个冷链中心、超过5 000个配送站，将山东本地农产品快速覆盖全国300多个城市。

营销启示

进入数字经济时代，在线零售与传统零售之间的界限正在被打破。消费者不仅需要线上海量的可选项、快捷优质的服务，也需要线下可感知的场景沉浸式消费体验。消费者在购买生鲜及消费过程中，越来越呈现出多元化、全渠道的趋势，即消费者通过综合生鲜电商平台购买的产品范围越来越广，而且倾向于在线上购买平时在实体店铺不易买到的新奇特产品，在传统线下渠道更多的是采购一些常规食材满足日常三餐需求。以90后和00后为代表的新生代主力消费人群，更喜欢在线上选购附近门店的生鲜产品，或在线上浏览去线下体验购买。生鲜电商线上线下联动、全渠道融合成为主流，渠道创新成为企业营销成功的关键环节。

| 知识思维导图 |

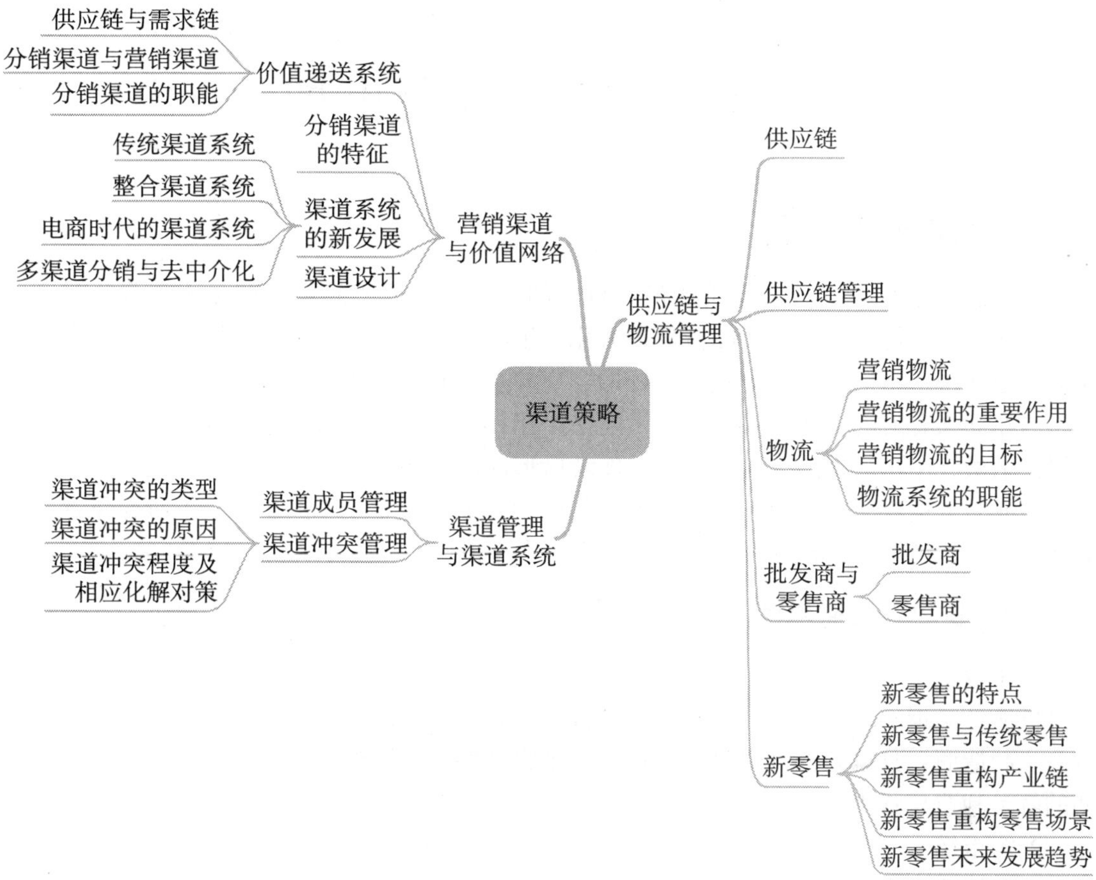

| 本章重点 |

- 价值递送系统的主要内容与渠道系统的新发展。
- 渠道冲突的类型、原因与对策。
- 物流系统的目标与职能。
- 新零售的特点与未来发展趋势。

客观上，生产者与消费者之间在时间、地点、数量、品种、信息、估价和所有权等方面存在差异与矛盾。企业生产出来的产品，只有通过一定的营销渠道，才能在适当的时间、地点，以适当的价格供应给广大消费者或用户，从而克服生产者与消费者之间的差异和矛盾，满足市场需要，实现企业的营销目标。企业在为客户创造价值、建立可获利的客户关系方面，很少孤军奋战，而是与供应链和渠道系统中的其他成员密切配合，共同努力。企业的成功不仅取决于自身的表现，还取决于整个渠道系统与竞争者相比是否更具综合优势。

第1节　营销渠道与价值网络

一、价值递送系统

价值递送系统是实现产品价值最为重要的环节，包括产品供应链系统和营销渠道系统，旨在确保递送给客户的产品价值最大化。生产一件产品或提供一项服务，并让客户轻松愉快地获得，不仅需要企业建立良好的客户关系，而且需要与供应链上的关键供应商和分销商建立强有力的合作关系。供应链是指企业在生产和营销过程中，致力于将产品或服务提供给最终用户活动的上游与下游合作者所形成的网链结构。上游合作者是指那些为生产产品或服务提供所需原材料、零部件、信息、资金和专业技术的企业。下游合作者是指面向客户的营销渠道，包括批发商、零售商等合作伙伴。

（一）供应链与需求链

1. 供应链

供应链是指围绕核心企业，从配套零件开始，制成中间产品以及最终产品，最后由供应商、制造商、分销商直到最终用户连成一个整体的功能网链结构。供应链这一术语所强调的就是制造与营销，认为原材料、生产性投入以及工厂产能应作为营销计划的起点。

2. 需求链

需求链这一术语侧重反映市场感知与回应的真实过程。从需求链观点看，营销计划开始于识别目标客户的需求，通过配置资源和行动链来响应这些需求，最终实现创造客户价值的目标。需求链是指从制造商到最终客户的交易网络，它比供应链更强调客户或控制需求的一方。许多大型企业都在建立和管理一个复杂的、持续改善的价值递送网络。**价值递送网络**是指由企业、供应商、分销商和终端客户组成的互为合作伙伴系统，有关各方共同致力于系统的绩效改进和提升。

（二）分销渠道与营销渠道

有两个与渠道有关的术语经常不加区分地交替使用，就是分销渠道和营销渠道。

分销渠道是指产品和服务在从生产者向消费者转移的过程中，取得产品和服务的所有权或帮助所有权转移的所有企业和个人。因此，分销渠道包括经销商（因为它们取得所有权）和代理商（因为它们帮助转移所有权），以及处于渠道起点和终点的生产者和最终消费者或用户，但是不包括供应商和辅助商。

新启迪 9－1　汤臣倍健的分销渠道

营销渠道是指配合或参与生产、分销和消费某一生产者提供的产品和服务的所有企业和个人。也就是说，营销渠道包括产品供产销过程中的所有有关企业和个人，如供应商、生产者、经销商、代理商、辅助商以及最终消费者或用户等。中间商的存在，可使交易次数减少，从而提高交易效率（如图 9－1 所示）。

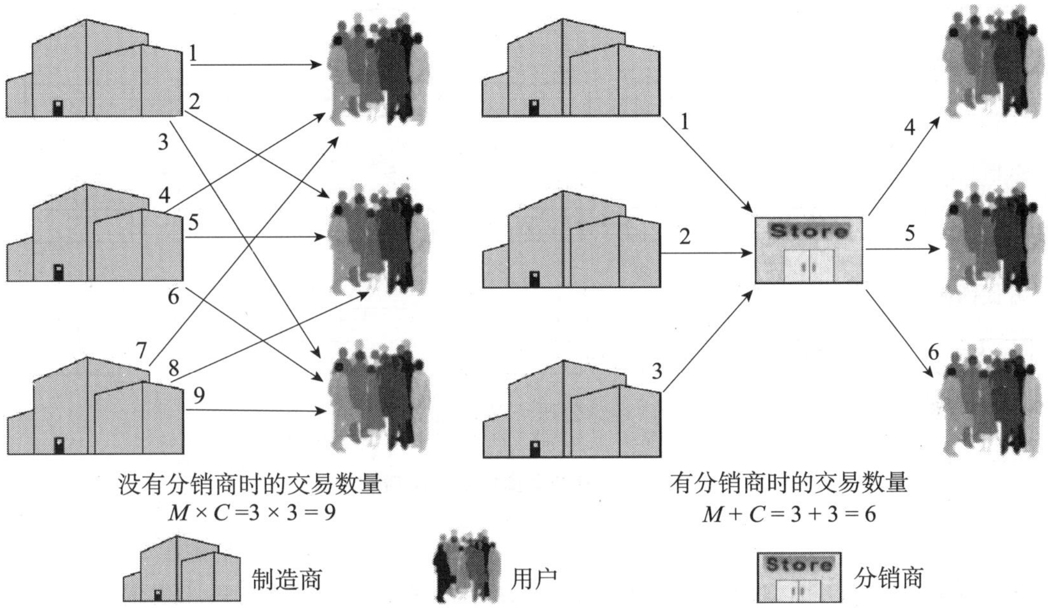

图 9－1　中间商减少交易次数

全渠道营销是指企业以技术和数据能力为基础，借助人工智能技术打通线上线下数据，全方位识别目标用户，并帮助品牌与消费者建立一对一的高效互动，进而有效地将产品或服务送达最终用户的系统。

（三）分销渠道的职能

分销渠道对产品从生产者转移到消费者所必须完成的工作加以组织，目的在于消除产品（或服务）与使用者之间的分离。分销渠道的主要职能有调研、促销、接洽、配合、谈判、物流、融资、风险承担八种。

在执行上述八种职能的过程中，促销传播、运输储存、所有权转移等活动形成了由企业流向客户的正向流程，而订货、付款等活动则形成了由客户到企业的反向流程，调研信息、谈判接洽、融资、风险承担等则形成了双向流程（如图 9－2 所示）。

二、分销渠道的特征

（一）分销渠道层次

在产品从生产者转移到消费者的过程中，任何一个对产品拥有所有权或承担销售职能的机构，都称作一个渠道层次。由于生产者和消费者都参与了将产品及其所有权转移到

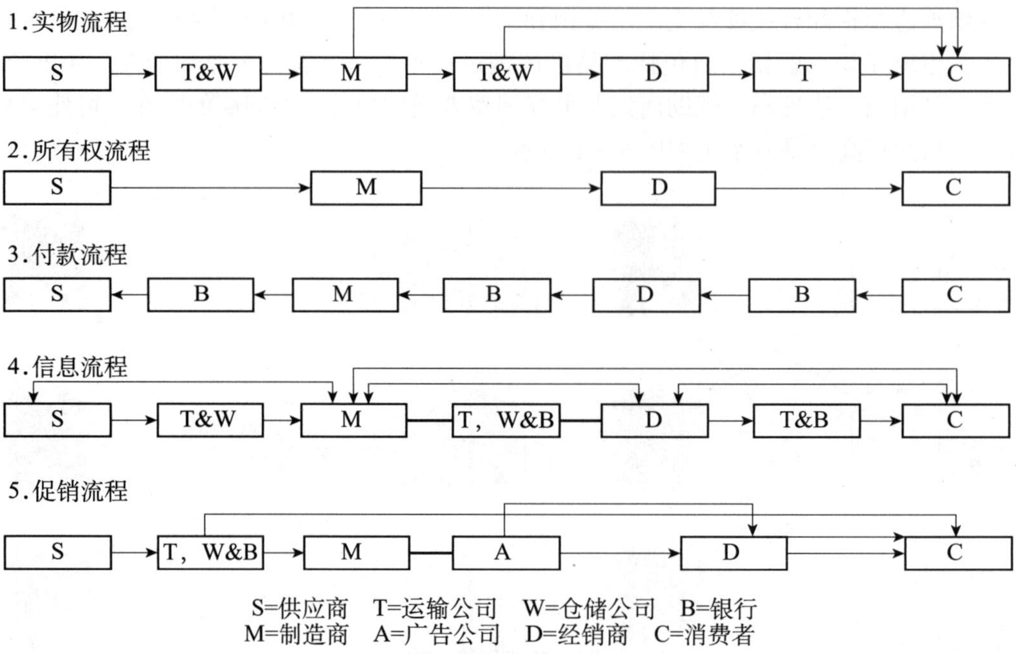

图9－2　分销渠道中的五种流程

消费地点的工作，因此，他们都被列入每一渠道中。渠道层次的数目可用来描述渠道长度（如图9－3所示）。

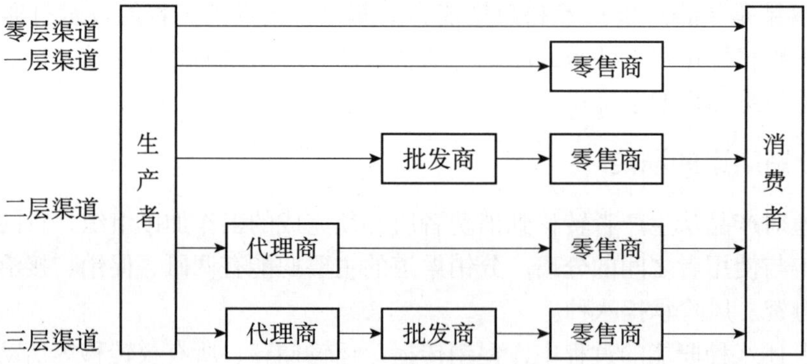

图9－3　分销渠道的层次

（二）分销渠道宽度

渠道宽度是指渠道的每个层次拥有同种类型中间商数目的多少。它与企业的分销策略密切相关。而企业的分销策略通常可分为三种，即密集分销、选择分销和独家分销。

密集分销是指生产者尽可能地通过许多负责任的、适当的批发商、零售商推销产品。消费品中的便利品和产业用品中的供应品通常采取密集分销，使广大消费者和用户能随时随地买到这些日用品。

选择分销是指生产者在某一地区仅仅通过少数几个精心挑选的、最合适的中间商推销产品。选择分销适用于所有产品，但相对而言，消费品中的选购品和特殊品最适合采取选择分销。

独家分销是指生产者在某一地区仅选择一家中间商推销产品。通常双方协商签订独家经销合同，规定经销商不得经营竞争者的产品，以便控制经销商的业务经营，调动其经营积极性，占领市场。

三、渠道系统的新发展

构成分销渠道不同环节的企业和个人，叫作渠道成员。按渠道成员结合的紧密程度，分销渠道系统可以分为传统渠道系统和整合渠道系统（如图 9－4 所示）。

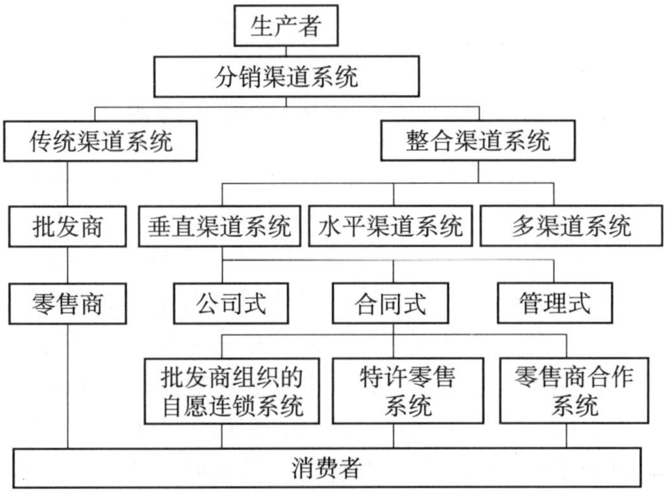

图 9－4　分销渠道系统的构成

（一）传统渠道系统

传统渠道系统是指由各自独立的生产者、批发商、零售商和消费者组成的分销渠道。由于这种渠道的每一个成员均是独立的，它们往往各自为政，各行其是，几乎没有一个成员能完全控制其他成员。随着市场环境的变化，传统渠道面临严峻挑战。

（二）整合渠道系统

整合渠道系统是指渠道成员通过一体化整合形成的分销渠道系统。主要包括：

1. **垂直渠道系统**。它是由生产者、批发商和零售商纵向整合而成的分销渠道系统，其成员或属于同一家企业，或为专卖特许权授予成员，或被有足够控制能力的企业左右。该系统有三种主要形式：（1）公司式渠道系统，即由一家公司拥有和管理若干工厂、批发机构和零售机构，控制渠道的若干层次甚至整个分销渠道，综合经营生产、批发和零售业务。（2）管理式渠道系统，即通过渠道中某个有实力的成员来协调整个产销通路的渠道系统。如名牌产品生产者以品牌、规模和管理经验优势出面协调批发商、零售商经营业务和政策，共同采取一致的行动。（3）合同式渠道系统，即不同层次的独立的生产者和中间商，以合同为基础建立的联合渠道系统。如批发商组织的自愿连锁系统、零售商合作系统、特许零售系统等。传统渠道系统与垂直渠道系统的差异如图9-5所示。

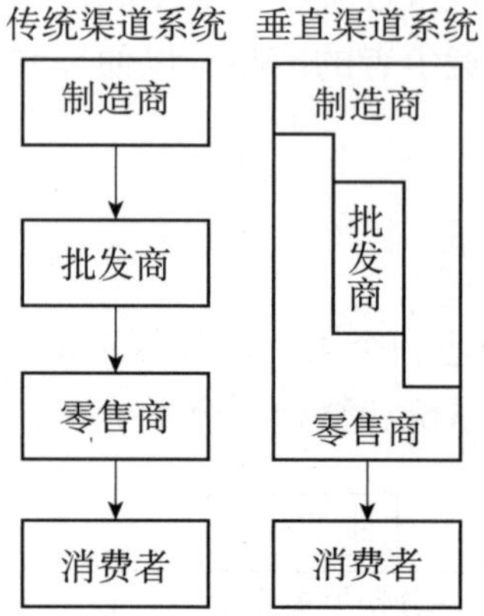

图9-5 传统渠道系统与垂直渠道系统

2. **水平渠道系统**。即两个或两个以上同一层次的企业为了抓住新的市场机会，在财务、产能及营销资源等各方面集成整合起来，以便取得独自行动所难以达成的目标。这种联合或合作，既可以是暂时的，也可以是长久的，还可以成立一家新的联合公司。例如，沃尔玛和麦当劳就组成了水平营销系统，在沃尔玛超市内开设麦当劳餐厅，麦当劳从沃尔玛的客流量中获益，而沃尔玛也留住了在购物过程中感到饥饿需要就餐的客户，饿了就可以很便利地在麦当劳店内用餐，避免了这些人去别处就餐而损失客流。

3. **多渠道系统**。即对同一或不同的细分市场，采用多条渠道的分销体系。大致有如下形式：（1）生产者通过两条以上的竞争性分销渠道销售同一商标的产品；（2）生产者通过多条分销渠道销售不同商标的差异性产品；（3）生产者通过同一产品在销售过程中的服务内容与方式的差异，形成多条渠道以满足不同客户的需求。多渠道系统为生产者提供了三方面利益：（1）扩大产品的市场覆盖面；（2）降低渠道成本；（3）更好地适应客户要求。但是，该系统也容易造成渠道之间的冲突，给渠道控制和管理工作带来更大难度。

（三）电商时代的渠道系统——O2O模式

线上平台的快速发展不断冲击着传统的分销渠道系统，也带来了新的分销渠道模式。O2O（Online to Offline）模式是指线上促销和线上购买带动线下经营和线下消费的营销模式。O2O通过促销打折、提供信息、服务预订等方式，把线下商店的消息推送给互联网用户，将其转换为线下客户。这特别适合必须到店消费的产品和服务，比如餐饮、健身、电影和演出、美容美发等。

O2O业务模式主要有以下四种：

1. Online to Offline模式（线上交易到线下消费体验产品或服务）。这是一种销售者线上提供产品或服务信息、折扣信息等，客户在线预付，线下消费的业务模式。

2. Offline to Online模式（线下营销到线上完成商品交易）。随着智能手机的日渐普及、二维码的兴起，很多企业通过在线下做促销，在线上实现交易。

3. Offline to Online to Offline模式（线下促销到线上商品交易，再到线下消费体验产品或服务)。运营商使得在任何时间段都可能针对手机客户开展促销，而且很多营销活动在线下触发，在线上完成交易，然后客户在线下消费体验。例如，在情人节“办情侣套餐送电影票”等。这种业务模式是在线下触发，在线上完成交易，运营商把营销的产品或服务通过线上发给手机客户，手机客户再到线下完成消费体验。

4. Online to Offline to Online 模式（线上交易或促销到线下消费体验产品或服务再到线上交易或促销)。例如，某消费者玩一款网游，该游戏的道具有麦当劳某套餐，然后他在游戏中买了这款麦当劳套餐，该游戏提示他到线下的麦当劳实体店消费该套餐，然后回到线上继续这款网游。该消费者去实体店消费后再进入网游时，线上那个麦当劳道具已经被使用，而他在网游中角色的实力大增。

（四）多渠道分销与去中介化

以往企业都采用单一渠道在一个或多个细分市场上分销产品。如今，随着消费者细分市场的多样化、客户群体的不断扩散和渠道形式的发展创新，越来越多的企业采用多渠道分销系统（multichannel distribution system)。多渠道分销系统是指企业为进入一个或多个客户细分市场分销产品，而采用两个或多个营销渠道（如图 9－6 所示)。当企业面对规模大而且日趋复杂的市场时，采用多渠道分销系统具有多种优势。例如，利用多渠道可以增加销售，提高市场份额，并且争取机会调整产品组合以满足不同细分市场的特定需求。企业应根据不同的分销任务，选择不同的分销渠道（如表 9－1 所示)。然而，多渠道分销系统不容易控制，往往会出现中间商抢夺客户和销售，引起渠道冲突的情况。

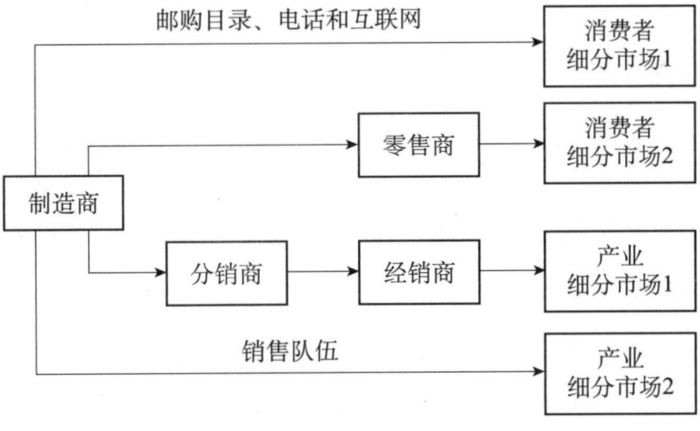

图 9－6　多渠道分销

现代信息技术的不断创新和直复营销、在线营销的迅猛发展，给营销渠道的管理和设计带来了深远的影响。其中一个主要趋势就是去中介化（disintermediation)。它是指产品生产者和服务提供商摒弃中间商直接面对终端客户，或者用全新的渠道中介取代传统的渠道中介。网络营销的迅速崛起，逐步代替了传统的实体零售商。在线音乐下载服务 iTunes 已经对传统的音像制品零售店构成了致命的威胁。去中介化对生产者和中间商来说，既是机遇也是挑战。积极的创新者能找到给渠道增加价值的新方法，从而挤走传统的中间商以赚取利润。作为传统的中间商必须不断创新，以免被时代淘汰。同样，为了保持和提升市

表 9－1 分销渠道的混合网格

			刺激需求的渠道任务									
			收集相关信息	沟通和传播	达成价格协议	下订单	为存货筹款	承担风险	促成产品存放和转移	促成支付	监督所有权转移	
分销渠道和手段	销售者	互联网										消费者
		全国性客户管理										
		直销										
		电话销售										
		直邮销售										
		零售店										
		分销商										
		增值中间商										

场竞争力，产品和服务的提供商也必须致力于开发新的分销渠道，如互联网营销、直复营销（direct response marketing）等。然而，这些新渠道又常常会与已有渠道直接竞争，导致渠道冲突。为了解决这一问题，企业通常会寻找办法，使直销（direct selling，即无店铺销售）成为这个渠道系统的补充，起到锦上添花的作用，从而避免新老渠道竞争。

四、渠道设计

渠道设计是指企业为实现分销目标，对各种备选渠道结构进行评估和选择，进而开发新型渠道或改进现有渠道的过程。有效的分销渠道设计，应以确定企业所要到达的市场为起点。有利的市场加上有利的分销渠道，才可能使企业获得利润，持续发展。

（一）影响分销渠道设计的因素

1. 客户特性。渠道设计深受客户人数、地理分布、购买频率、平均购买数量以及对不同营销方式的敏感性等因素的影响。

2. 产品特性。易腐坏的产品为了避免拖延及重复处理增加腐坏的风险，通常需要直接营销。那些与其价值相比体积较大的产品（如建筑材料），需要通过生产者到最终用户搬运距离最短、搬运次数最少的渠道来销售。正如古谚所云：“百里不贩樵，千里不贩籴。”

3. 中间商特性。中间商在物流配送、宣传促销、信用条件、退货特权、人员训练和送货频率方面，都有不同的特点和要求。

4. 竞争特性。某些行业的生产者希望在与竞争者相同或相近的经销处与竞争者的产品抗衡。但有时竞争者所使用的营销渠道又反倒成为生产者尽量避免使用的渠道。

5. 企业特性。企业的总体规模、财务能力、产品组合、渠道经验和现行的营销政策也会影响渠道的设计。

6. 环境特性。例如，当经济萧条时，生产者都希望采用能使最后客户以廉价购买的方式将产品送到市场。2020 年 2—4 月新冠肺炎疫情期间，社群营销渠道成为零售分销的主渠道（如图 9－7 所示）。

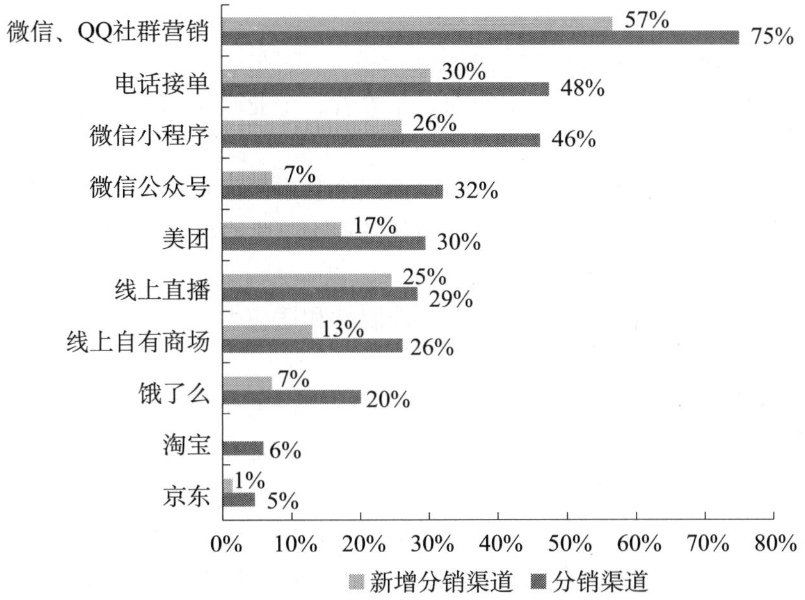

图 9－7 疫情期间零售分销渠道构成

新启迪9-2

OPPO 的“强渠道”战略

OPPO 的“强渠道”战略不仅表现在网点数量的增加，还体现在渠道质量优化和层级体系建设，赋能分销商提升服务质量。OPPO 现有 20 万个终端网点。这些网点成就了 OPPO 的崛起。面对新冠肺炎疫情，OPPO 迅速出手帮助分销商恢复业务经营，并从自身利润空间中让出一部分给予渠道成员，实现利益共享。

面对疫情下电商再次兴起、购物商业综合体取代沿街店面等营销环境新变化，“强渠道”战略也被赋予新的内涵。OPPO 将线上官方网站进行改版，更名为“欢太商城”，增加了 IoT 产品线。同时，以一二线城市为前沿阵地，加快进驻购物中心，强化与大型经销商的合作。

截至 2021 年 2 月，OPPO 已经进驻 600 家购物中心，并陆续推出了多项渠道升级策略。其中包括：(1)“县城清零计划”，努力实现全国每个县城都有一家 OPPO 店。(2) 优先保证核心客户的货源，给予线上专供机、定制机、限量版机器、尾货产品包销权等差异化货源。(3) 给予大型的核心经销商更大利润空间，以及区别于其他客户的特殊政策支持。(4) 在资金方面，OPPO 为经销商提供最高 800 万元的贷款额度。

资料来源：产品、渠道、营销再共振，推动 OPPO 迎新一轮增长.（2021－02－20）. 网易.

（二）渠道目标与渠道设计

企业在设计营销渠道时，必须在理想渠道与可用渠道之间进行抉择。一般来讲，新企业在刚刚开始经营时，总是先采取在有限市场上进行销售的策略，以当地市场或某一地区的市场为销售对象，因资本有限，只得采用现有中间商。

1. 确定渠道目标。渠道设计问题的中心环节，是确定到达目标市场的最佳途径。每一个生产者都必须在客户、产品、中间商、竞争者、企业政策和环境等所形成的限制条件下，确定渠道目标。

2. 明确渠道方案。渠道方案主要涉及以下四个基本因素：（1）中间商类型；（2）每一分销层次的中间商数目；（3）中间商的营销任务；（4）生产者与中间商的交易条件以及相互责任。

3. 渠道方案评估。企业可根据经济性、控制性和适应性三项标准对各种可能的渠道方案进行评估。

（1）经济性。每一种渠道方案都会产生不同的销售量和成本（如图 9－8 所示）。经济分析可用许多企业经常遇到的一个决策问题来说明，即企业应使用自己的推销力量还是使用生产者的销售代理商。假设某企业希望产品在某一地区取得大批零售商的支持，现有两种方案可供选择：一是向该地区的营业处派出 10 名销售人员，除了付给他们基本工资外，还采取根据推销业绩支付佣金的鼓励措施；二是利用该地区制造商的销售代理商（该代理商已和零售店建立密切的联系），代理商可派出 30 名推销员，推销员的报酬按佣金制支付。这两种方案可导致不同的销售收入和成本。如图 9－9 所示，利用销售代理商的固定成本比用自己的推销员要低，但是前者增加速度要比后者快，这是因为销售代理商的佣金比推销员报酬要高。而两种渠道的销售成本在某一水平（S_B）是相同的。当销售额小于 S_B 时，利用销售代理商是明智之举；当销售额大于 S_B 时，则利用企业推销员更为合适。因此，无论企业规模大小，在某一销售量很低的小区域，都会倾向于使用销售代理商。判别一个方案好坏的标准，不是能否导致较高的销售额和较低的成本费用，而是能否取得最大利润。

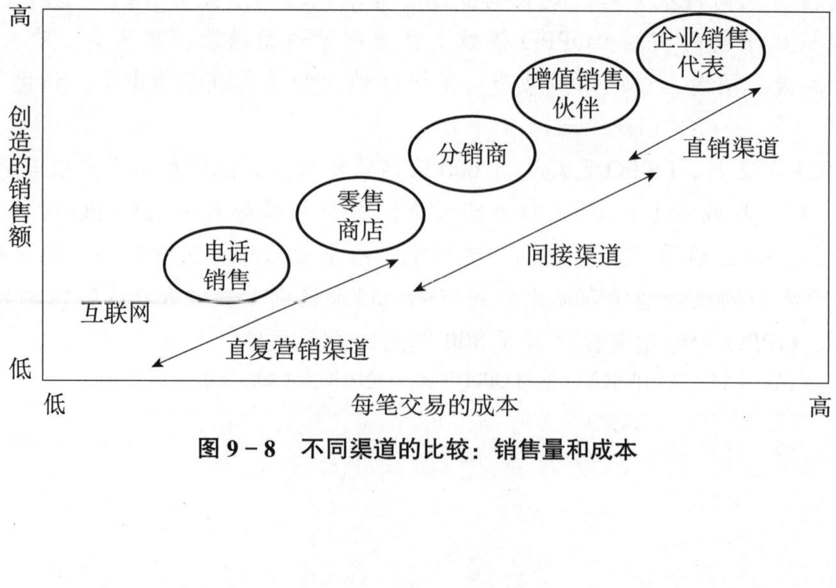

图 9－8　不同渠道的比较：销售量和成本

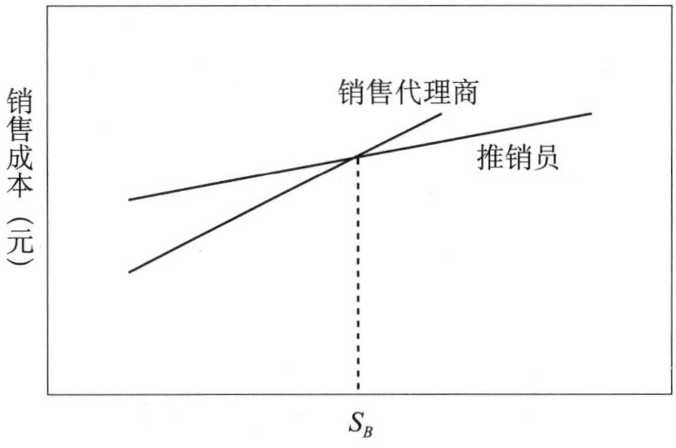

图 9－9 推销员与销售代理商的选择：盈亏平衡图

（2）控制性。使用代理商无疑会增加控制上的问题。代理商是一个独立的企业，它所关心的是如何取得最大利润。它可能不愿与相邻地区同一委托人的代理商合作，也可能只注重访问那些与所推销产品有关的客户，而忽略对委托人很重要的客户。

（3）适应性。在评估各渠道选择方案时还要考虑生产者和中间商是否具有适应环境变化的能力，即应变力如何。每个渠道方案都会因某些固定期间的承诺而失去弹性。生产者决定利用销售代理商推销产品时，在签订的合同有效期内，即使有了更好的销售方式也不便终止合同。涉及长期承诺的渠道方案，只有在具备很好的经济性和控制性时才会被采纳。此外，中间商的技术水平、网点布局、服务能力以及资源实力能否跟上生产者业务拓展、技术升级转型的步伐，能否与生产者共同成长，也是需要考虑的重要因素。

第 2 节 渠道管理与渠道系统

一、渠道成员管理

营销管理者在进行渠道设计之后，还必须对具体的中间商进行选择、激励与定期评估，并构建良好的中间商关系。

（一）选择渠道成员

一般来讲，生产者要评估中间商经营时间的长短及其成长记录、清偿能力、合作态度、信誉、声望等。当中间商是销售代理商时，生产者还须评估其经营的其他产品大类的数量与性质、销售人员的素质与数量。当打算授予某家百货公司独家分销权时，生产者还需评估商店的位置、未来发展潜力以及经常光顾的客户类型等。

（二）激励渠道成员

一般来讲，对中间商的基本激励水平应以交易关系组合为基础。如果对中间商仍激励不足，则生产者可采取两项措施：（1）提高中间商毛利率，放宽信用条件，或改变交易关系组合使之更有利于中间商。（2）采取人为的方法来刺激中间商，使之付出更大努力。例如，举办中间商销售竞赛，加大对客户与中间商的广告投入等。不论上述方法是否与真正交易关系组合有直接或间接关系，生产者都必须认真观察中间商如何从自身利益出发来看待、理解这些措施，因为在渠道关系中存在许多潜在的矛盾，拥有控制权的生产者很容易无意中损害中间商的利益。

（三）评估渠道成员

生产者除了选择和激励渠道成员，还必须定期评估它们的绩效。如果某一渠道成员的绩效远低于既定标准，则需找出主要原因，同时还应考虑可能的补救方法；当放弃或更换中间商将导致更坏的结果时，生产者只能容忍这种局面；当不致出现更坏的结果时，生产者应要求工作成绩欠佳的中间商在一定时期内有所改进，否则就要中止合作。

如果一开始生产者与中间商就签订了有关绩效标准与奖惩条件的契约，就可避免种种不愉快。在契约中应明确经销商责任，如销售强度、绩效与覆盖率；平均存货水平；送货时间；次品与遗失品的处理方法；对企业促销与训练方案的合作程度；中间商对客户须提供的服务等。

除了针对中间商绩效责任签订契约外，生产者还需定期发布销售配额，以确定目前的预期绩效。生产者可以在一定时期内列出各中间商的销售额，并依销售额大小排出先后名次。这样可促使后进中间商为了荣誉而奋力上进；也可促进先进的中间商努力保持已有的荣誉，百尺竿头，更进一步。

需要注意的是，在排列名次时，不仅要看各中间商销售水平的绝对值，还需考虑到他们各自面临的各种不同可控制程度的变化环境，考虑到生产者的产品大类在各中间商全部产品组合中的相对重要程度。

二、渠道冲突管理

渠道冲突是指渠道系统中某些成员因从事妨碍企业实现目标的活动而发生各种矛盾和纠纷的现象。在营销实践中，分销渠道的设计很难兼顾渠道成员不同角度、不同层面和不同形式的利益，不可避免地会出现渠道冲突。

（一）渠道冲突的类型

渠道冲突一般都是为了维持市场份额，保持竞争优势，争夺渠道控制权而展开的利益纷争。在渠道系统的设计存在缺陷、渠道成员之间缺乏信息沟通的情况下，渠道冲突很难避免。一般来讲，渠道冲突有以下三种类型：

1. 水平渠道冲突。是指由于生产者没有对目标市场的中间商数量及其分管区域进行合理的规划，致使在同一渠道系统中同一层次中间商之间的冲突。生产者确定了目标市场后，中间商为了获取更多的利益必然要争取更多的市场份额，跑马占地，扩张势力范围。例如，经营某品牌产品的某中间商，可能认为同一地区经营该产品的另一家中间商在定价、促销和售后服务等方面抢了自己的生意。如果发生了类似冲突，生产者应未雨绸缪，及时采取有效措施，缓和并协调矛盾，防止类似情况再度出现。否则，就会影响渠道成员的合作及企业产品的销售。

2. 垂直渠道冲突。是指在同一渠道系统中不同层次企业之间的冲突，即渠道上下游的冲突。例如，某些批发商可能会抱怨生产者在价格方面控制太紧，留给自己的利润空间太小，而提供的广告、公关、促销等服务太少。零售商对批发商或生产者可能也存在类似的不满。一方面，越来越多的中间商从自身利益出发，采取直销与分销相结合的方式销售商品，这就不可避免要同下游中间商争夺客户，大大挫伤了下游渠道的积极性。另一方面，当下游中间商的实力增强以后，不甘心目前所处的地位，希望在渠道系统中有更大的权力，向上游渠道成员发起挑战。在某些情况下，生产者为了增加产品销售，往往会越过一级中间商直接向二级中间商供货，致使上下游渠道成员之间产生矛盾。

3. 多渠道冲突。是指同一制造商通过两条以上渠道向同一市场分销产品而引起的冲突。例如康柏公司曾在某地区新设邮购和超市两条渠道分销电脑产品，引起传统经销商的不满和抵制。

（二）渠道冲突的原因

一般来讲，产生渠道冲突的原因主要有：

1. 目标差异。主要表现在渠道成员的个体目标各自不同及其与整体目标存在差异。如企业希望以低价政策获得市场的快速成长，而经销商则重视以尽可能的高价来支持短期获利目标。

2. 归属差异。这是对渠道成员的角色和权力划分不清引致冲突。例如，目标客户归属不清引发争夺客户的冲突，销售区域归属差异引发的区域市场争夺冲突或窜货，渠道分工差异产生的争执和冲突，对技术理解、掌握和运用差异带来的矛盾冲突等。

3. 认知差异。它是指各成员对渠道事件、状态和形势的看法存在分歧。例如，制造商对经济形势持乐观态度，要求经销商更多存货，而后者持悲观看法，不愿冒风险。

4. 过度依赖。例如，汽车经销商的利益高度依赖制造商，受产品设计和制造商价格政策影响甚大，它们之间发生潜在冲突的可能性很大。

（三）渠道冲突程度及相应化解对策

对于渠道冲突问题，管理者既不能杜绝其发生，也不可视而不见，听之任之，应该积极做好工作，预防和化解各种冲突，确保渠道健康、高效运作。渠道冲突可依据其强度、频度和问题的重要程度划分为高、中、低三种水平（如图 9－10 所示）。

渠道冲突的水平不同，对渠道的影响是不一样的。它们之间的关系可用图 9－11 来表示。$O \sim C_1$ 的冲突水平对渠道效率没有影响。该冲突一般表现为不满和抱怨，双方较少发生争执，没有行为上的对抗。在 $C_1 \sim C_2$ 范围内，冲突水平越高，渠道效率也越高。此时的冲突是为消除渠道成员之间潜在的敌对气氛和病态对抗而发生的，属于功能性或建设性冲突。但当冲突水平超过 C_2 点时，冲突行为表现为成员之间相互对抗和报复。这种冲突对渠道效率有破坏性，水平越高，渠道效率越低。

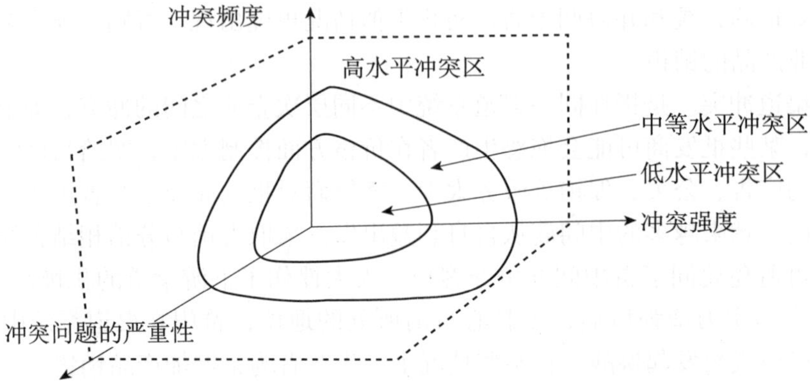

图 9－10　渠道冲突水平

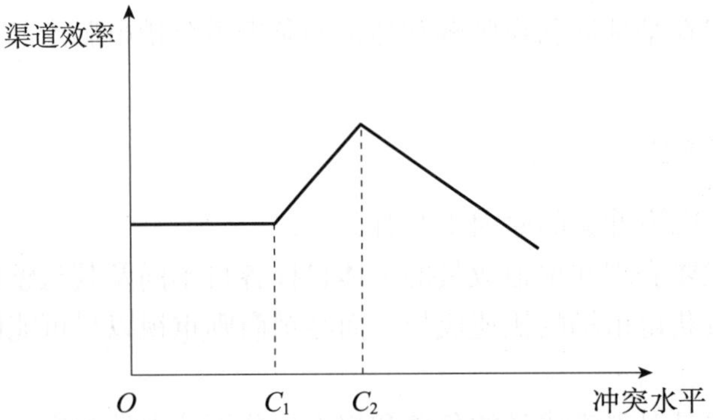

图 9－11　冲突水平和渠道效率之间的关系

营销管理者应深入分析渠道冲突的表现、类型及其对渠道效率产生的影响，重点确认哪些冲突是对渠道效率产生不利影响的高水平冲突，并将其列入重点管理目标，努力将渠道冲突控制在适当的水平。

化解渠道冲突的主要对策包括：（1）预防和避免冲突；（2）控制冲突水平；（3）切断冲突源头。有效地化解渠道冲突要贯穿渠道战略规划、组织结构设计、渠道资源配置和运行管理的全过程。

第3节　供应链与物流管理

一、供应链

供应链安全稳定是构建新发展格局的基础。供应链是围绕核心企业，通过对信息流、物流、资金流的控制，从采购原材料开始，制成中间产品以及最终产品，最后由销售网络把产品送到消费者手中，在此过程中将供应商、制造商、分销商、零售商直到最终用户连成一个整体的功能网链结构模式。它是一个范围更广的企业结构模式，包含所有加盟的节点企业，从原材料的供应开始，经过链中不同企业的制造加工、组装、分销等过程直到最终用户。它不仅是一条连接供应商到用户的物料链、信息链、资金链，而且是一条增值链，物料在供应链上因加工、包装、运输等过程而增加其价值，给相关企业带来收益（如图 9－12 所示）。

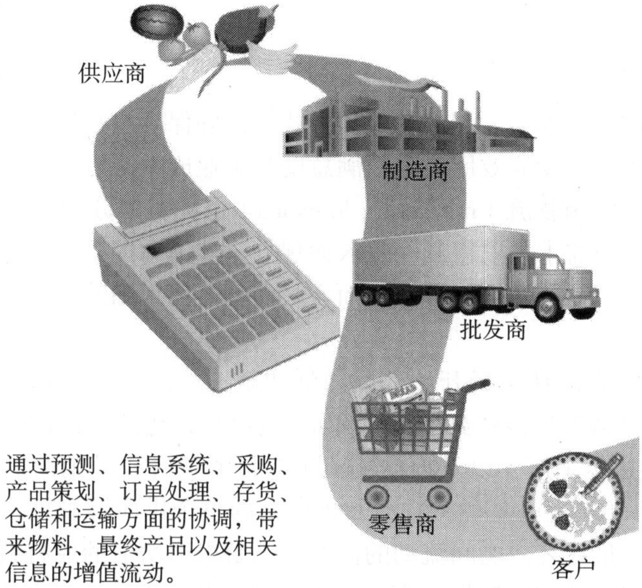

图 9－12　供应链

供应链是一个网链结构，由围绕核心企业的供应商、供应商的供应商和用户、用户的用户组成。一个企业就是一个节点，节点企业和节点企业之间是一种需求与供应关系。供应链主要具有以下特征：（1）复杂性。因为供应链节点企业组成的跨度（层次）不同，供应链往往由多个、多类型甚至多国企业构成，所以供应链结构模式比单个企业的结构模式更为复杂。（2）动态性。供应链管理因企业战略和适应市场需求变化的需要，其中节点企业需要动态地更新，这就使得供应链具有明显的动态性。（3）面向用户需求。供应链的形成、存在、重构，都是基于一定的市场需求而发生，并且在供应链的运作过程中，用户的需求拉动是供应链中信息流、产品 / 服务流、资金流运作的驱动源。（4）交叉性。节点企业可以是这个供应链的成员，同时又是另一个供应链的成员，众多的供应链形成交叉结构，增加了协调管理的难度。

二、供应链管理

在经济全球化浪潮的冲击下，**供应链管理**（supply chain management，SCM）已经发展成为一种先进的管理模式，并成为提升企业核心竞争力的重要途径。SCM 提供了集成和管理企业之间功能和资源的机遇，是一种新的面向整个业务流程的经营管理业务模式和供应链成员之间的联系方式。SCM 实质上是一种从渠道管制角度形成的概念模型。可以将 SCM 理解成：在一个企业内集成不同功能领域，加强从直接战略供应商通过生产制造商与分销商到最终客户物流流动过程管理的体系。通过利用直接战略供应商的能力与技术，尤其是供应商在产品设计阶段的早期参与，已经成为提高生产制造商效率和竞争力的新的经济效益增长点。

三、物流

（一）营销物流

企业必须决定储存、加工、配送的最佳方式，以确保客户在适当的时间和地点得到自己所需要的产品或服务。物流效用对客户满意度和企业成本具有重要影响。现代物流不仅仅涉及卡车和仓库。**营销物流**（marketing logistics）也称实体分销（physical distribution），是指企业为了满足客户需求，取得利润收入而规划、实施和控制产品、服务以及其他相关信息从起运点到达消费地的实体流程。简而言之，就是将正确的产品在适当的时间和地点配送给正确的客户。

客户导向的营销物流从市场开始，反向延伸至工厂甚至供应源。营销物流不仅包括外向物流（即将产品从工厂运送到中间商和最终客户），还涉及内向物流（即将产品和原材料从供应商处运送至工厂）以及反向物流（即将消费者或经销商退回的破损、滞销或多余的产品运回工厂）。也就是说，它涉及供应商的整个供应链管理，即管理那些在供应商、企业、中间商、最终客户之间流动的涉及上下游渠道增值的原材料、最终产品及相关信息。物流经理的任务就是协调供应商、采购代理、渠道成员和客户的各种活动，包括预测、信息系统、采购、生产计划、订单处理、库存、仓储和运输计划。

（二）营销物流的重要作用

企业越来越重视物流，主要是由于：

1. 通过改进物流可以为客户提供更好的服务和以更低的价格获得强大的竞争优势。

2. 物流水平的提高可以节约企业和客户的成本付出。物流成本只要降低一小部分就能带来极大的节约。

3. 产品种类的激增也从客观上要求物流管理必须持续改进。信息技术的进步为改善分销效率和物流管理创造了条件。进入数字经济时代，企业都在使用完善的供应链管理软件、基于互联网的物流系统、自动销售扫描系统、无线射频识别标签、卫星追踪以及订单和支付数据的电子传输等现代数字技术，企业可以快速高效地通过供应链来管理产品流、信息流和资金流。

4. 物流比其他任何一种营销职能更能影响自然环境，运输、仓储、包装等物流功能对环境影响最大，同时，它们也是最能节约成本的供应链环节，发展绿色供应链不仅是对环境负责，对企业来说也是有利润空间的。

（三）营销物流的目标

一些企业将自己的物流目标描述为以最低的成本提供最优质的客户服务。这虽然听起来很美好，但几乎所有的物流系统都不可能在最大限度提高客户服务质量的同时使物流配送的成本最小化。最优质的客户服务意味着交货迅速及时、大量库存、灵活搭配产品种类、自由退货政策等，所有这些服务都会增加物流配送成本。相比之下，物流配送成本最小化意味着交货速度慢或交付不及时、存货不足或时常断货、大批量装运难以满足零散供货需求等，所有这些都预示着更低下的客户服务。

营销物流的目标应该是以最低的成本提供既定水平的客户服务。首先，企业必须分析各种物流服务对客户的相对重要程度，然后，为每项服务内容、服务项目设定客户期望的服务水平。正确的目标是利润最大化，而不是销售额最大化。因此，企业必须在提供更高水平服务所带来的收益和由此而产生的成本之间权衡利弊得失。企业既可以比竞争对手提供更少的服务，收取更低的价格；也可以提供更多的服务，但要收取更高的价格费用以弥补更高的成本付出。

（四）物流系统的职能

一旦确定了物流目标，企业就可以据此设计一个以最小成本实现目标的物流系统。物流系统的主要职能包括仓储、存货控制、运输和物流信息管理。

1. 仓储。生产周期和消费周期很难完全匹配，所以企业在很多情况下必须将待售的产品储存起来。仓储职能克服了生产和需求在商品数量和购买时间上的差异和矛盾，确保在客户打算购买时企业能够及时提供产品。企业必须决定仓库的数量、类型及其地理位置。储存仓库（storage warehouses）和配送中心（distribution centers）是企业经常采用的仓储方式。前者是指用于中长期货物储存的仓库设施。后者是指为了配送产品而设立的高度自动化的大型仓库，用以接收来自各个工厂和供应商的货物，接受订单，高效率地供货，并尽快将货物交付给客户。在物联网、大数据、云计算、人工智能、机器人等现代技术的推动下，储存技术也发生了翻天覆地的变化，过时的物资处理方式正在被需要更少员工的计算机系统所取代，计算机和扫描仪读取订单信息后，发指令给升降运输车、电动起重车或机器人收集货物，将货物运至装卸区，并开具发票。

2. 存货控制。管理者必须保持精准的平衡，确保存货充足，但又不能过量。存货不足，就会面临当客户需要产品时缺货断档的风险。为避免这种情况出现，企业需要以极高的代价来建立应急运输和生产机制。而存货过量又会导致不必要的存货成本和损耗。因此，企业必须在持有大量存货导致的成本与由此带来的销售和利润之间权衡利弊得失，做出明智选择。许多企业借助即时物流系统，大大降低了存货水平以及由此引起的成本费用。生产者和零售商储存少量的零部件或商品，往往只能维持几天的运营。新货恰好在需要的时候准时到达，而不是一直储存在仓库里等待。即时物流系统是指通过准确预测以及快速、频繁、灵活的货物递送，确保一旦有新的需求，所需货物及时送到，从而大大降低存货成本和经营费用的物流系统。

射频识别技术（RFID）或智能标签（smart tag）的应用推动存货管理实现完全自动化。智能标签技术是指将智能芯片嵌入或放置在从花卉、剃须刀到轮胎等各种产品或包装内。智能产品可以使整个供应链（占产品成本近 75%）实现自动化和智能化。使用射频识别技术的企业能够随时随地精确地跟踪产品在供应链中的位置。射频识别是一种在阅读器与标签之间进行非接触式的数据通信从而识别目标的技术。智能货架不仅可以让企业知晓何时需要下订单，还可以自动地直接向供应商下单。数字技术的应用将彻底变革现有的营销物流系统。

3. 运输。运输公司的选择将会影响产品定价、递送效率、交货速度和货物交接状况，进而影响到客户的满意度。在将产品运送至仓库、经销商和客户的时候，可供企业选择的运输方式有：公路运输、铁路运输、水运、管道运输、空运。数字产品的交付要借助互联网。互联网通过人造卫星、电缆、电话线路、无线信号将数字产品从生产者传输至客户。软件企业、媒体、音频和视频企业、教育培训机构等都通过互联网传输数字产品。互联网在降低物流成本上极具潜力。飞机、卡车和火车运输的是货物和包裹，而数字技术传输的是信息数据。

联合运输（multimodal transportation）是指将两种或两种以上的运输方式结合起来的营销物流模式。联合运输模式的优势在于，它能够达成任何单一模式所不能实现的目标。

4. 物流信息管理。企业对供应链的管理要靠信息技术来实现。渠道合作伙伴之间通常会互相沟通，共享信息，以便制定更好的联合物流决策。客户交易、结算账单、装运量、存货水平、客户数据等组成的信息流，都和营销物流的效率密切相关。企业需要建立一个简单、方便、快捷、准确的流程来获取、处理和分享渠道信息。信息可以通过多种方式共享和管理，但大多数共享是通过基于互联网的电子数据交换（electronic data interchange，EDI，即企业间计算机化的数据交换）实现的。

不少企业具备了整合物流管理（integrated logistics management）理念，即无论在企业内部还是在所有营销渠道机构之间都需要团队合作，以提供更好的客户服务，有效地降低物流配送成本。就企业内部而言，各部门之间要密切配合，以最大限度地提升企业整体的物流绩效。就企业外部而言，企业必须整合其自身的、供应商的和客户的物流系统，以便实现这个分销网络的绩效最大化。

新启迪 9－3　怡亚通定制化供应链服务

四、批发商与零售商

正确选择中间商，需要掌握各类中间商（主要是批发商和零售商）的特点与作用，了解现代商业形式的新发展。

（一）批发商

批发是指一切将物品或服务销售给为了转卖或者其他商业用途而进行购买的个人或组织的活动。我们使用批发商这个词来描述那些主要从事批发业务的公司。这个词的内涵排除了制造商和农场主，因为它们主要从事生产，同时也排除了零售商。

1. 批发商的职能。批发商可以有效地执行如下职能：（1）销售与促销职能。批发商通过销售人员的业务活动，可以使制造商有效地接触众多的小客户，从而促进销售。（2）采购与搭配货色职能。批发商代替客户选购产品，并根据客户需要，将各种货色进行有效的搭配，使客户节省时间。（3）整买零卖职能。批发商可以整批地买进商品，再根据零售商的需要批发出去，从而降低零售商的进货成本。（4）仓储服务职能。批发商可将商品储存到出售为止，降低供应商和客户的存货成本和风险。（5）运输职能。批发商一般距零售商较近，可以很快地将商品送到客户手中。(6) 融资职能。批发商可以向客户提供信用条件，提供融资服务；如果批发商能够提前订货或准时付款，也等于为供应商提供了融资服务。(7) 风险承担职能。批发商在分销过程中，拥有商品所有权，可承担失窃、瑕疵、损坏或过时等各种风险。(8) 提供信息职能。批发商可向供应商提供有关买主的市场信息，诸如竞争者的活动、新产品的出现、价格的剧烈波动等。(9) 管理咨询服务职能。批发商可经常帮助零售商培训推销人员、布置商店以及建立会计系统和存货控制系统，提高零售商的经营效益。

2. 批发商的类型。批发商主要有三种类型：经销批发商、代理批发商、制造商及零售商的分店和销售办事处。

(1) 经销批发商。经销批发商是指自己进货，取得产品所有权后再批发出售的商业企业，也就是人们通常所说的独立批发商。经销批发商是批发商的最主要类型。

(2) 代理批发商。代理批发商是从事购买或销售或二者兼备的洽商工作，但不取得产品所有权的批发商。它们对所经营的产品没有所有权，所提供的服务比有限服务批发商还少，其主要职能在于促成产品的交易，借此赚取佣金作为报酬。

(3) 制造商及零售商的分店和销售办事处。生产者往往设立销售分店和销售办事处，以改进存货控制、销售和促销业务。

(二) 零售商

零售是指所有向最终消费者直接销售产品和服务，用于个人及非商业性用途的活动。任何从事这种销售活动的机构，不论产品和服务是如何销售（经由互联网、电商平台、邮寄、电话或自动售货机等）或者是在何处（在商店、在街头或在消费者家中）销售的，都属于此范畴。而零售商是指那些销售量主要来自零售的商业企业。

五、新零售

新零售是指企业以互联网为依托，通过运用大数据、云计算、移动通信、物联网、人工智能等技术手段，对产品的生产、流通与销售过程进行升级改造，并对线上服务、线下体验以及现代物流进行深度融合。总而言之，新零售就是以大数据为驱动，改造零售业形态，以发展和提升用户体验。

(一) 新零售的特点

新零售是零售本质的回归，是以消费者需求为核心的消费体验升级，是通过数据的驱动和技术的革新，以泛零售和全渠道的形态，为消费者提供集购物、娱乐、社交多维一体的综合零售业态（如图 9 - 13）。其主要特点是：

1. 以消费者为核心，强调消费者需求在零售业各个环节的重要性，通过技术的革新及数据的联通，实现消费体验升级。

2. 人工智能、大数据、物联网等数字技术驱动，此次新零售的转型升级是数字技术驱动的行业重构，通过技术创新及对大数据的挖掘利用，实现多渠道、全供应链的优化，提升零售效率。

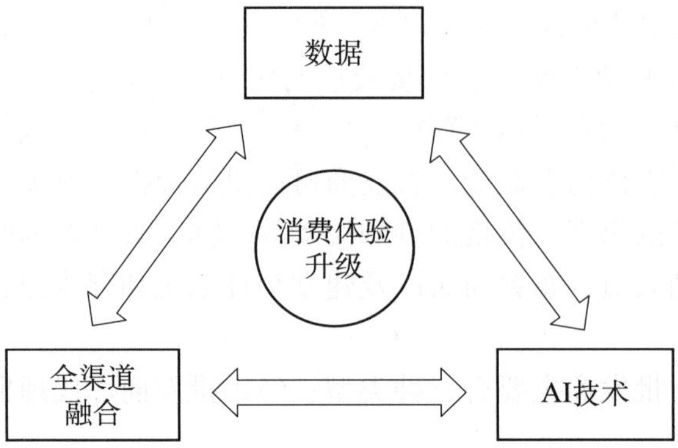

图9－13 新零售的内涵

3. 全渠道深度融合，通过线上线下及物流的深度融合，提升物流、客流、资金流效率，为消费者提供更全面、实时、周到的服务体验。

（二）新零售与传统零售

新零售是在传统零售基础上发展而来的，是为解决传统零售中的各种问题而创新的零售业态。二者主要的区别如下：

1. 传统零售缺乏与消费者的有效互动，难以形成忠诚的消费群体；而新零售则是从消费者的需求出发，通过产品和购物场景的改进，提升消费者在购前、购中和购后的体验，从而与消费者建立长期稳定的联系。

2. 传统零售的物流配送系统大多是生产推动的供应链系统，产业链在应对多元的消费需求方面灵活性不足；而新零售情境下，通过借助云计算、大数据及物联网等技术，极大地促进了物流体系的效率，强调信息流与物流的结合，同时，也使得供应链系统能够对消费者的需求做出更加迅速、及时的反馈。

3. 新零售是要以线上零售带动传统的线下零售，并且将互联网的发展思维融入实体零售的发展中，实现线上线下的有机融合，从而使整个零售行业获得新增长点的创新模式（如表9－2）。

表9－2 传统零售与新零售的差异

	传统零售	新零售
营销理念	产品导向	客户需求导向
渠道布局	单一渠道、多渠道	各个渠道协同运营——全渠道
购物场景	单一、同质化	无界化、多样化
消费方式	时间限制、地点限制、大众化产品	无时间、地点限制、个性化产品
技术作用	提升经营效率的工具	融入产品设计、营销、物流、交易、管理的全过程

（三）新零售重构产业链

互联网、物联网、大数据、云计算和人工智能技术可以有效实现供应链各个网点之间数据的联通，打破数据孤岛的状态，从而形成全产业链的数据共享，实现由消费到生产的逆向产业链运营方式（如图 9－14 所示）。

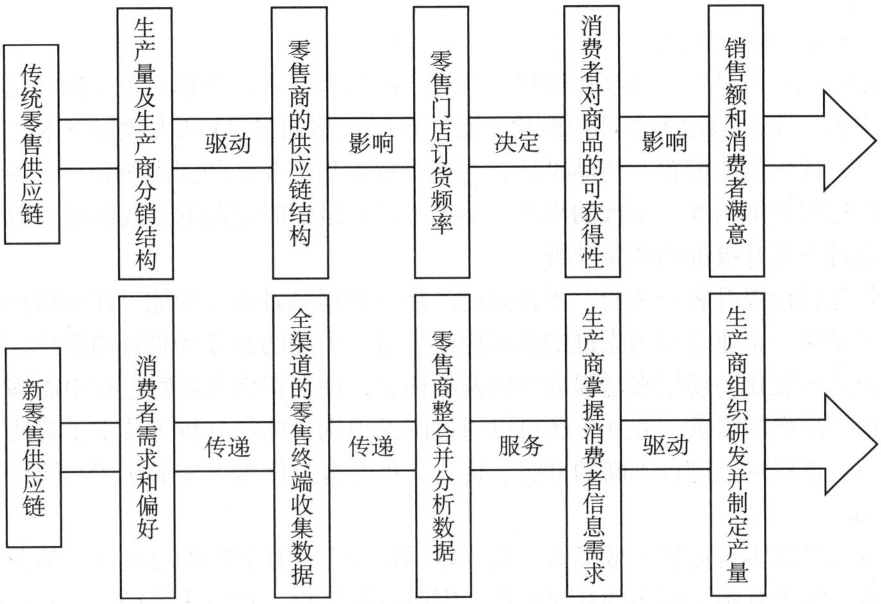

图 9－14　新零售重构产业链

（四）新零售重构零售场景

随着 AI、VR 等新技术在零售行业应用的不断增加，零售行业的消费场景也在进行着智能化的改造，从智能客服到智能机器人，都在重构零售场景的同时提升了消费者的购物体验。同时，智能化的改造也使得零售商的运营更加高效和标准化，降低了零售人员服务水平的差异带来的消费体验的不确定性，也让服务质量更加可控。例如，店铺可以借助 AI 技术进行智能化改造，应用智能货架与智能硬件（VR 试衣镜等）延展店铺的空间，构建丰富多样的全新零售场景，在满足消费者购物需求的基础上，也可以满足消费者对娱乐性体验的需求。

在新零售环境下，消费者与零售商的联系进一步增强，零售商可以通过多种渠道触及消费者，为消费者提供更周到的服务，同时，也为零售商提供了更加细致、全面的消费者用户画像。如借助人脸识别、体征识别等 AI 技术可以全方位挖掘用户线下线上行为，精准定义目标客户群特征、消费偏好、地域分布，为每一位用户提供个性化的推荐和服务。

（五）新零售未来发展趋势

新零售的产生本身是移动互联网、物联网和大数据等技术日益成熟的结果，随着 NLP、AR/VR、生物识别、图像识别、机器人等技术更加完善，应用门槛大幅降低，零售企业将进一步通过数字化和智能化提升消费者的体验。未来，新零售将可能实现全数据、全链路、全智能的零售模式。

1. 无人零售。目前我国零售行业人工和租金呈现不断上升趋势，而随着网络基础设施及移动支付的普及，尤其是随着人工智能及物联网技术的快速发展，无人零售已经具备加速发展的客观条件，加之政策及资本的支持，未来无人零售将进入高速扩张阶段。而无人零售的发展将解决零售行业中消费者在商品搜索、购物排队及最终支付环节的痛点，使得消费者体验升级到新的高度。

2. 数据赋能产业融合。新零售时代，所有产品和消费者行为都实现了数字化，用户识别、用户服务、用户触达等全部智能化。新零售时代将通过 AI 和大数据技术进一步驱动产业链整合，优化产能配置和产品设计，而随着技术与产业链的深度融合，市场细分、市场定位可以达到更加精准、细致的程度，甚至可以通过即时定制的形式满足消费者个性化的需求，通过产品升级带动体验升级。

3. 场景化设计提升客户体验。零售商的产品会根据场景设计功能，强化用户体验。当产品体验不足时，企业会应用先进的技术构建丰富、生动的服务场景打动客户，因为未来新零售将通过智能化的场景来增强客户的购物体验，使消费者在购物过程中能够满足娱乐性、社交性等多样的需求。此外，还可以通过图像识别、体征分析等技术了解消费者的习惯及偏好，对消费场景进行不断的升级、优化，提升客户体验，完成从产品端到终端的体验升级。

4. 社交与社群零售促进绩效提升。在互联网环境下，社群影响已经成为消费购买的主要影响要素，零售具备了更多的社交属性。围绕目标客户，打造生活场景，通过社群产生黏性，逐步放大客户价值，有效助力营销绩效的提升。

本章小结

价值递送系统在企业和最终购买者之间发挥着必不可少的桥梁、纽带作用，担当着将适合市场需求的产品或服务由企业递送给最终客户的使命。因此，安排不同长度和宽度的渠道就成为营销管理者的重要任务。事实上，联系企业和最终消费者的价值递送系统不仅有传统渠道系统，而且有整合渠道系统以及电商背景下的数字渠道系统。多渠道分销和去中介化给企业渠道管理带来了许多新问题。企业需要在明确渠道目标的前提下，统筹客户、产品、中间商、竞争者、企业、环境等各方面因素进行渠道设计，对渠道成员进行选择、激励和评估，解决时常出现的各种类型的渠道冲突。供应链与物流管理对于将适当的产品在适当的时间、适当的地点递送至适当的客户发挥着重要作用。批发商和零售商以及新零售的崛起，则为企业渠道创新和分销效率的提升提供了有利的外部环境。

即测即评

扫描二维码可在线自测并查看答案。

基本概念

价值递送网络	分销渠道	营销渠道	全渠道营销
密集分销	选择分销	独家分销	垂直渠道系统

水平渠道系统 多渠道系统 供应链管理 营销物流
批发 零售 新零售

思考题

1. 渠道对企业营销的重要性体现在哪些方面？如何理解分销渠道和营销渠道的差异？
2. 渠道冲突的类型有哪些？是如何形成的？如何解决渠道冲突问题？
3. 物流管理对于企业营销的重要价值体现在哪些方面？
4. 新零售与传统零售有哪些不同？如何看待新零售的未来发展趋势？

本章案例

海信的渠道创新

海信营销的未来趋势是直接链动消费者，提升线上线下融合的消费者体验，直接对话消费者，通过差异化服务与用户建立直接的联系，通过与用户的直接链接，让海信直接听到用户的声音，从而为用户研发打造出更多让用户满意的产品。

2020 年 12 月，全球首家海信会员体验店“品质之家”在青岛开业，这是继海信流量车间启动后，海信零售格局调整的又一重大举措。据了解，品质之家除了为用户提供至简、优质、有爱的智慧新体验之外，还是海信的代理商和专卖店主作为提高海信会员运营孵化水平和营销能力的创新梦工厂。

海信涉足直接零售，直接链动消费者。这种线上直营（官方旗舰店、品牌旗舰店）+线下直营（品质旗舰店、智慧生活馆、专卖店）的模式，将改变家电产业零售渠道的竞争格局。企业实施渠道创新的主要目标是：

1. 了解用户，打造厂家与用户的专属空间。海信需要和用户有一个链接的专属空间，拉近与用户的距离，从而了解用户，服务用户，通过品质之家把海信的最新科技、优质服务和系统解决方案以及品牌温度和价值观传输给用户，提升用户的体验。

2. 链接和服务老用户。海信累计有 1 亿的老用户，面对这个庞大的用户群体，不仅需要维护还要做好客户关怀。通过品质之家进行场景落地，给予老用户专属权益。

3. 赋能渠道伙伴。家电行业竞争激烈，渠道结构发生变化，数字化运营尤为重要，通过品质之家给予渠道伙伴提供会员运营管理和营销能力培训，为渠道伙伴提供更多的销售辅助支持，让渠道伙伴与海信共同成长。

2021 年，海信还将按照“一城一店”的原则发展 60 家全国海信品质之家会员店和智慧生活馆，构筑“品质之家会员店–智慧生活馆–专卖店–专营店”的终端零售矩阵，将品质之家打造为海信的超级符号。

思考题：海信的渠道创新给你带来哪些重要启示？还有哪些需要进一步完善的地方？

实训练习

1. 实训资料：

（1）搜集企业渠道设计与管理的资料、案例，尤其是处理渠道冲突、合理安排中间商利润的相关数据。

（2）搜集电商、在线营销和新零售的最新发展资料。

2. 任务：

（1）结合中国企业渠道管理实践，分小组讨论企业的渠道设计、渠道管理和供应链管理的成功案例。

（2）总结分析新零售的成功案例。

3. 要求：

（1）加深对影响渠道设计因素的理解，掌握渠道成员选择、激励与评估的基本方法，了解渠道冲突的常见原因、类型及解决途径。

（2）了解数字经济背景下中间商的创新发展，尤其是新零售的发展趋势。

第10章 促销策略

引 例

2021 年 2 月 24 日，福布斯中国发布 2021 年商界潜力女性榜。该榜单依据创业女性所在企业的运营情况、融资情况、成长潜力及发展情况，评选出 20 位具有潜力的商界女性。其中，“直播带货一姐”薇娅强势上榜，排名第五，是直播界唯一上榜的代表人物。福布斯中国对薇娅的身份表述为，谦寻文化签约主播、全国青联委员、全国三八红旗手、全国脱贫攻坚奖获得者、全球好物推荐官。数据显示，薇娅自 2016 年从事直播促销以来，单场直播最高观看人数超过 1.4 亿，2020 年总成交额达 202.08 亿元。2019 年 9 月，薇娅团队启动“薇娅魅力中国行”扶贫公益项目，把在线促销经验带到云南、安徽、青海、湖北、陕西等 11 个省份。薇娅在推进农产品在线营销的同时，还带动当地农产品品牌化、标准化和产业化发展，对当地起到“造血式”的帮扶作用。在薇娅看来，主播是粉丝、消费者和商家之间的桥梁，只有充分了解粉丝和消费者的需求，才能把优质的、对的产品推荐给有需要的、对的人，真正收到促进销售的实效。

营销启示

直播促销与广告、事件体验、社交媒体营销、数据库营销等促销手段，对于传播企业产品或服务的价值，提升企业形象，促进消费者购买发挥着越来越重要的作用。在线直播是一个高负荷、快节奏的工作，同时承担产品导购、讲解、客服等多重角色。直播结束后，要仔细复盘每一件产品的销售情况、直播间反馈，发现问题在第二天进直播间前就要改进。同时，必须密切关注相关领域的创新发展，在选择产品、直播策略、技术运用等方面不断摸索，才能取得成功。值得注意的是，直播促销的成功在很大程度上是建立在主播和粉丝、消费者的信任关系之上的。信任感是粉丝、消费者愿意下单购买的基础，而持续回购则会让这种信任感越来越强。在此过程中，很有必要把直播促销和公益活动、公共关系有机结合起来，打出漂亮的“组合拳”。因此，各种促销工具的巧妙搭配、组合运用就显得十分重要。

| 知识思维导图 |

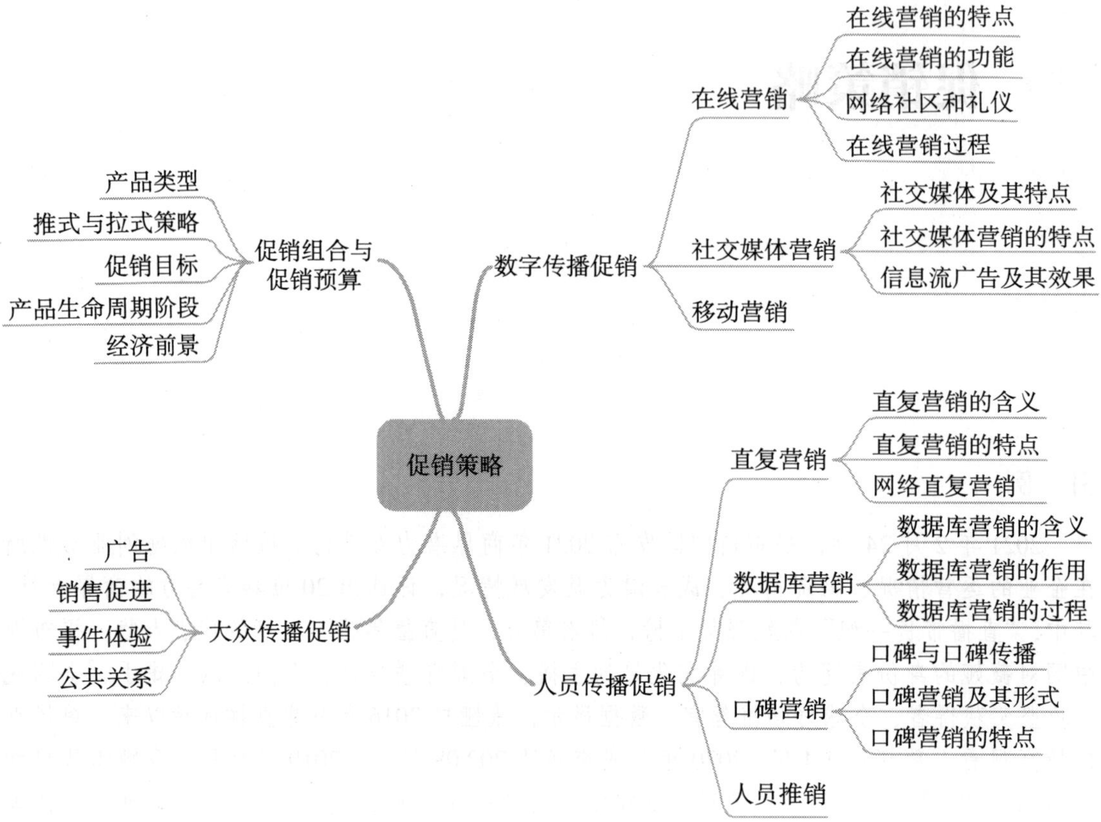

| 本章要点 |

- 影响企业促销组合的主要因素。
- 在线营销的特点与功能。
- 社交媒体的特点与社交媒体营销的应用。
- 数据库营销过程的主要步骤。

现代营销不仅要求企业发展适销对路的产品，制定吸引人的价格，使目标客户易于获得所需要的产品，还要求企业控制其在市场上的形象，设计并传播有关产品的外观、特色、购买条件以及给目标客户带来的利益等方面的信息。因此，企业必须高度重视与中间商、客户等进行沟通，通过多种媒体进行有效的信息沟通，创造消费和使用产品的社会氛围和市场条件，从而促进销售的提升。

第 1 节　促销组合与促销预算

促销组合是指企业根据促销的需要，对广告、销售促进、事件体验、公共关系、在线营销、社交媒体营销、移动营销、直复营销、数据库营销、口碑营销、人员推销等各种促销方式进行的适当选择和综合编配（如图 10－1 所示）。企业运用促销组合来接触中间商、消费者及各种公众；中间商也可运用一套促销组合来接触消费者及各种公众；消费者彼此之间、消费者与其他公众之间则进行口碑传播；同时，各群体也与其他群体进行沟通和反馈。

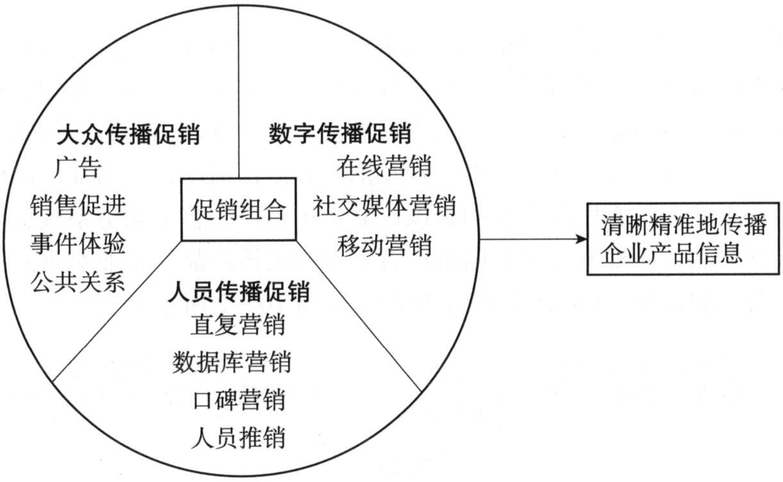

图 10－1　促销工具的整合

确定促销组合实质上也就是企业在各促销工具之间合理分配促销预算的问题。一般来讲，企业在将促销预算分配到各种促销工具时或在确定促销组合时，需考虑如下因素。

一、产品类型

产品类型主要是指产品是消费品还是产业用品。广告一直是消费品的主要促销工具，推销则是产业用品的主要促销工具。当然，广告对于产业用品，推销对于消费品也有各自的作用。

（一）广告在产业用品促销中的作用

广告在产业用品促销中执行着诸如建立知晓、强化理解、有效提醒、提供线索、佐证效果、再度保证等十分重要的职能。主要表现为：（1）广告在树立企业声誉的前提下，有助于推销员的工作。（2）知名企业的推销员只要销售展示达到预期标准，便在销售方面具有优势；较不知名企业的推销员如果销售展示工作做得卓有成效，也可以克服其弱点；较小企业愿意将有限的资金用于挑选、训练优秀的推销人员，而不愿用来做广告。（3）企业声誉在产品复杂、风险大以及购买者所受专业训练少的情况下，一般具有较强的影响力。

（二）推销员在消费品促销中的作用

一个训练有素的推销员还可为消费品促销做出如下重要贡献：（1）增加货位。那些具有较强说服力的推销员，可以说服代理商储存更多的企业产品，或为本企业产品提供更多的货位空间。（2）培养热情。具有较强说服力的推销员能够将有计划的广告以及对代理商的销售促进形象化和具体化，从而培养起代理商对本企业产品的满腔热情。（3）劝导推销。训练有素的推销员能够不辞辛苦、循循善诱地劝导更多的代理商努力经营本企业产品。

二、推式与拉式策略

企业是选择推式策略还是选择拉式策略来创造销售，对促销组合具有重要影响。**推式策略**是指利用推销人员与中间商促销将产品推入渠道，即生产者将产品积极推到批发商手中，批发商又积极地将产品推给零售商，零售商再将产品推向消费者。**拉式策略**是指企业针对最终消费者，花费大量的资金从事广告及消费者促销活动，以增加产品的需求。如果做得有效，消费者就会向零售商要求购买该产品，于是拉动整个渠道系统，零售商会向批发商要求购买该产品，而批发商又会向生产者要求购买该产品。企业对推式策略和拉式策略的选择显然会影响各种促销工具的资金分配（如图 10－2 所示）。

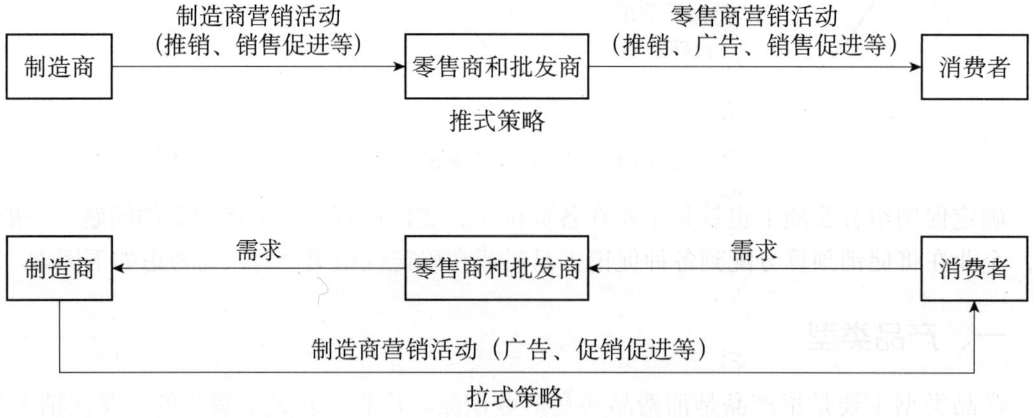

图 10－2 推式策略与拉式策略

三、促销目标

促销目标是指企业开展促销活动所要达到的目的。相同的促销工具用于不同的促销目标，其成本效益会有所不同。广告、销售促进、公关在建立购买者知晓方面，比推销的效果要好得多。在促进购买者对企业及其产品的了解方面，广告的成本效益最好，推销次之。购买者对企业及其产品的信任，在很大程度上受推销的影响，其次才是广告。购买者订货与否以及订货多少主要受推销访问的影响，销售促进则起协调作用。

四、产品生命周期阶段

在产品生命周期的不同阶段，促销支出的效果也有所不同。在产品生命周期的导入期至成熟期，促销是一个十分重要的营销组合因素。这是由于新产品初上市时消费者对其不认识、不了解，必须通过促销活动来吸引广大消费者的注意力。

在导入期，广告与销售促进的配合使用能促进消费者认识、了解企业产品。

在成长期，社交渠道沟通方式开始产生明显效果，口碑传播越来越重要。如果企业想继续提高市场份额，就必须加强原来的促销工作。如果企业想取得更多利润，则宜用推销来取代广告和销售促进的主导地位，以降低成本费用。

在成熟期，竞争对手日益增多，为了与竞争对手相抗衡，维持已有的市场份额，企业必须增加促销费用。这一阶段企业可能会发现现有产品的新用途或推出改良产品，在这种情况下，加强促销能促使客户了解产品，产生购买兴趣。运用赠品等促销工具比单纯的广告活动更有效，因为这时的客户只需提醒式广告即可。

在衰退期，企业应把促销规模降到最低限度，以保证足够的利润。只用少量广告活动来保持客户的记忆即可，宣传活动可以全面停止，推销也可减至最小规模。

五、经济前景

企业应随着经济前景的变化，及时改变促销组合。例如，在通货膨胀时期，购买者对价格十分敏感。在这种情况下，企业至少可采取如下对策：（1）提高销售促进相对于广告的分量。（2）在促销中特别强调产品价值。（3）提供信息咨询，帮助客户明智地购买。

值得注意的是，广告的大量使用最终会降低效果。广告越来越被视为单向的、片面的、有偏差的和企业导向的沟通手段，而人们所寻求的却是值得信任的、没有偏见的客户导向的信息。作为新的更有潜力的选项，广告推动了公共关系的兴起。

第 2 节　大众传播促销

大众传播促销是指企业借助广告、销售促进、事件体验、公共关系等大众化手段传播产品信息，吸引消费者购买、促进和扩大销售的活动。

一、广告

广告是由明确的发起者以公开支付费用的做法，以非人员的任何形式，对产品、服务或某项行动的意见和想法等的介绍和传播。广告具有传播普遍性、艺术化呈现、便于控制等优势。广告决策的主要内容如图 10－3 所示。

（一）广告目标和预算方法

广告目标是指企业通过广告活动要达到的目的，即在特定时间对特定受众完成特定内

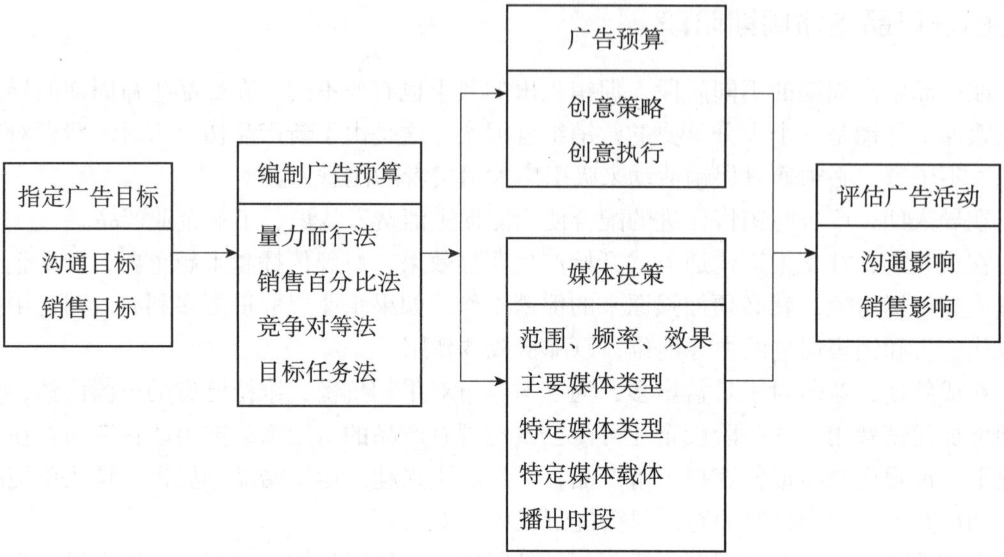

图 10－3　广告决策

容的信息沟通任务，主要有提供信息、诱导购买、提醒使用等。广告目标确定后，企业就可制定广告预算，即确定在广告活动上应花费多少资金。一般来讲，企业确定广告预算的方法主要有四种。

1. 量力而行法。即按照企业财力情况来决定广告预算的多少，也就是以企业花得起多少钱做广告来决定广告预算的方法。

2. 销售百分比法。即企业按照销售额或单位产品售价的一定百分比来计算和决定广告开支。

3. 竞争对等法。即企业比照竞争者的广告开支来决定本企业广告开支的多少，以保持竞争优势的广告预算方法。在营销管理实践中，不少企业喜欢根据竞争者的广告预算来确定自己的广告预算，造成与竞争者旗鼓相当、势均力敌的局势。

4. 目标任务法。即企业把实现广告目标所必须完成的工作任务的各项费用计算出来，以总和作为广告预算的方法。其步骤是：（1）明确地确定广告目标。（2）确定为达到这种目标必须执行的工作任务。（3）估算执行这种工作任务所需的各种费用，这些费用的总和就是广告预算。

（二）广告媒体

企业的媒体计划人员还必须评估各种主要媒体到达特定目标沟通对象的能力，以便决定采用何种媒体。广告媒体是指企业用于向公众发布产品或服务广告的各种传播载体和技术手段。习近平指出："移动互联网已经成为信息传播主渠道。随着 5G、大数据、云计算、物联网、人工智能等技术不断发展，移动媒体将进入加速发展新阶段。"① 目前，企业用于促销的主要媒体有互联网、微信、视频号、电视、报纸、杂志、广播、直邮、户外广告等。这些媒体在送达率、频率和影响价值方面互有差异。

① 习近平．加快推动媒体融合发展 构建全媒体传播格局．求是，2019（6）：6－7.

（三）程序化广告

鉴于广告管理成本和时间成本的高昂，程序化广告（programmatic advertising）逐渐成为热门选择。**程序化广告**是一种借助人工智能技术，根据定位算法购买、投放广告的过程。程序化广告为广告主和媒体提供高效、智能、精准的营销机会，带来营销效率和广告效果的双提升。程序化广告超越了网络空间，还可以用于购买和销售各种媒体广告资源，其中包括展示广告和户外广告。

程序化和传统广告之间的关键区别在于媒体资源配置程序化，而且广告信息可以实时更新，制作和发布广告的广告商能有更多可控性。即使是中小企业也可以利用程序化广告来最大化投资回报率。程序化广告依赖于自动化、大数据、媒体技术和专业知识的结合，而这无疑需要投入一定的人力成本，但也为提升广告效果奠定了坚实基础。

二、销售促进

销售促进是指除了人员推销、广告、公共关系以外的刺激消费者购买和经销商销售的各种促销活动，例如陈列、演出、展览会、抽奖、秒杀、预售、团购、优惠券等。销售促进具有引人关注、激励诱导、邀请参与等特点。一般来讲，销售促进被理解为零售企业刺激客户的一切方法，因此，它常被视为促销的同义语。

（一）团购

随着网上订单的便捷化和低成本化，团购成了许多商家促进销售的利器。团购是团体购物的简称，是指认识或不认识的消费者联合起来，提高与商家的谈判能力，以求得最优价格的一种购物方式。商家以低于零售价格的团购折扣和单独购买得不到的优质服务来吸引消费者，通过消费者自行组团、专业团购网站、商家组织团购等形式，来促进订单增长并实现产品和服务的推广。随着团购模式的不断发展和升级，团购产品已然从最初的小物件向大件商品过渡，早期的团购人数要求等限制逐渐取消。现阶段团购已成为网上购物的重要部分，它的方便、快捷、不受地域限制等特点，尤其是价格这一核心优势，让消费者乐此不疲。

（二）特价促销

特价促销包括打折、直降、秒杀、优惠券等，大致是以产品原价为基础予以优惠、免费、限时优惠。企业需要提前设置好产品的日常价和促销价，重点关注的产品可以设置多档价格，对应不同层级的促销。

1. 打折、直降。打折、直降适合用来引流获客、打造爆款、快速收割潜在客户，用于清仓产品效果比较明显。有时，为了制造紧迫感，还可以叠加“限时”或者“限量”的限制。为防止降价有损品牌，还可以将特价转换成“加价抵扣”。比如，50 元的产品直降到 30 元，就可以转换成“加 10 元购第二件”，这样有利于提升客单价。

2. 秒杀。秒杀的要义在于以超低的价格（甚至是亏本）限时限量销售，在极短时间内吸引众多客户购买，目的往往不是获取利润，而是引流获客。通过秒杀吸引客户，引导购买其他高利润产品。一般需要提前广而告之，尤其是提醒老客户参与，这对提升促销效果至关重要。秒杀之前，也可以提醒客户关注其他产品，在秒杀结束后，没有买到的客户可能会询问客服，这时，便可以引导客户选购其他产品，或者告知下次的秒杀活动时间，最大限度利用秒杀期间的高流量。

3. 优惠券。优惠券有两种作用，一种是在引流获客阶段，可以通过优惠券引导首次购买；另外一种是在订单环节强化消费者的购买行为。优惠券的优势是可以针对特定人群精准发放，比如针对新客户发放，或者针对老客户发放。在客户购买热销商品时赠送其他产品的优惠券，利用热销品来带动其他产品的销售量。

（三）满减满赠

满减满赠的主要目的是刺激用户多买或者凑单，拉升客单价。客户购买越多，邮寄费用可以分摊得越多，从而降低快递成本。相比而言，满减是直接的降价，更受价格敏感者欢迎；满赠的好处是不影响产品利润，同时赠品配合优惠券发放，有利于引起二次购买。满减的设置，要注意诱导客户多购买，不能买一件就减。同时减价的幅度，也要符合客户的期待。例如，20 元可以降 3～5 元，100 元最好降 10～20 元。

赠品要注意以下几点：

1. 主品和赠品的重购频次。如果是重购频次高的，最好搭配消耗性的赠品，比如买精华液送面膜，这样客户下次再买的时候面膜也可能用完了；或者经常变换赠品、提供多个赠品选项，也能收到异曲同工之效。对于低重购率产品，可以送一些价格感强、有趣好玩的产品。

2. 主品与赠品的关联性。赠品最好是与主品消费场景相关的物品，比如买床送床上用品，买沐浴露送沐浴球等。

3. 赠品的价值感。赠品最好是品牌定制的独特礼品，也可以是高端品牌的低价产品，而那些个性鲜明的明星联名款、网红爆款产品，则往往具有噱头价值，可以用于主题化促销。

（四）组合促销

组合促销是指将两个以上的产品通过关联组单、关联赠送、套餐等形式组合到一起，以低价格捆绑销售的促销方式。组合促销既可以提升客单价，也可以通过爆款带动普通产品。高利润和低利润的产品组合，可以分摊成本。而一些主题化的套餐，比如“明星联名款”“长安 12 时辰主题款”，具有话题效应，可以起到引流的作用。组合套餐的成功关键是组合在一起的产品需要有明显的关联逻辑，这样才能刺激需求。比如手机与蓝牙耳机搭配，是场景的关联；爆款与新品试用装结合，是为了拉动新品销售；“女神约会护肤礼盒”，是基于某种解决方案。值得注意的是，高单价的产品带动低单价产品，效果会好一些；而低单价的产品带动高单价的产品，效果往往不尽如人意。

（五）抽奖

抽奖有两种，一种是购物前的无门槛抽奖，可以获得优惠券之类，目的是拉新获客，吸引流量；另一种是购物后的抽奖，目的是促进购买，提升购物体验，具有较强的互动性和乐趣。抽奖活动可以整合其他促销，达到更大的效果。比如说，购物满多少元可以获得抽奖机会，抽中优惠券，可以下次购物使用等。

抽奖活动效果如何，取决于抽奖条件、中奖比率、奖品的设置。中奖率太低、奖品太少没有动力；中奖率高但奖品太小又没有吸引力。在促销实践中，企业可采用“点面结合”的矩阵思路，即设置1～3个大奖，奖品价值高，作为吸引点，其他的奖项可以多一些，奖品价值低一些，覆盖更多潜在客户。

（六）预售

预售在“6·18”“双11”这类大促中应用很多，目的是提前锁定客户，便于前期优先累积订单，合理准备库存，提高周转效率。预售还可以用来测试新品的市场需求。比如想推出某个单品，但是不确定是否会受欢迎，就可以先发起预售，观察用户的反应情况，再做决定。预售可以结合一些游戏化的思路，比如定金翻倍、100变300等，实质跟降价差不多，却更具玩味。同时，预售可以用于众筹活动，降低新产品、新项目的启动风险。

（七）其他

1. 积分。不同平台有不同的叫法，目的是提升活跃度，提升老客户忠诚度，增加用户的二次购买。促销活动中，可以融合多倍积分、积分翻倍的手法。

2. 礼品卡。主要用于拉新。虽然是在支付环节实现，但实际上更多是为了获取新客。

3. 免邮。有直接免邮和购物满额免邮两种形式，后者可以引导用户凑单，提高客单价。

一般来讲，销售促进策略的实施步骤包括确定销售促进目标、选择销售促进工具、制定销售促进方案、预试销售促进方案、实施和控制销售促进方案以及评价销售促进结果等。

新启迪10-1

造节促销

2020年全球各国经济皆在一定程度遭受“创伤”，然而，从阿里、腾讯到京东、美团等互联网巨头，市值纷纷创下新的“高峰”。在各行业加速线上化的同时，互联网头部平台的“造节”积极性也在上涨。以“6·18”为例，仅天猫、京东两家平台就收获近万亿GMV的成绩。由土巴兔打造的“7·18全民家装节”也掀起了一场独属家装行业的消费狂欢。在2020年这个特殊年份，“造节”热正在成为振兴经济的一副对症良药。继“双11”“6·18”之后，“7·18”又成为互联网家装行业二次腾飞的一个重要引擎。

三、事件体验

事件体验是指企业通过对事件、情景的安排以及特定体验过程的设计，让消费者在体验中产生美妙而深刻的印象，并获得精神满足，从而实现促进产品或服务销售的目的。事件体验在促销方面具有关联客户、现场参与、间接促销等特点。事件包括企业公益活动、厂庆店庆、成功应对突发事件、企业或员工获得奖励荣誉、企业通过标准认证等典型有趣、新鲜稀缺、可能引起公众关注、具有正面新闻价值的各种事情。

事件促销是指企业通过策划、组织和利用具有名人效应、新闻价值以及社会影响的人物或事件促进产品或服务销售。事件促销通过制造新闻事件，吸引媒体注意，集新闻效应、广告效应、形象传播、客户关系于一体，并为新产品推介、品牌展示创造机会，成为快速提升品牌知名度与美誉度的促销手段。

体验是指通过看、听、用、参与等手段，充分刺激和调动消费者的感官、情感、思考、行动、联想等感性因素和理性因素，促使消费者产生内在反应或心理感受的过程。体验通常是由于对事件的直接观察或是参与造成的，无论事件是真实的还是虚拟的。只有那些能真正刺激消费者感觉、大脑，并且进一步融进其生活的体验才能使消费者内心深处感受到强烈的震撼，得到他们的支持和认可，从而建立起长期持续发展的关系。

体验促销是指企业通过满足消费者体验需求实现促进产品或服务销售目的而开展的各种活动。

四、公共关系

（一）公共关系的含义

公共关系是指企业为改善与社会公众的关系，增进公众的认识、理解及支持，树立良好形象，实现与公众的共同利益和目标的管理活动。公共关系具有高度可信、消除防备、戏剧呈现等特点。

公共关系主体可以是企业、组织、团体，也可以是个人。公共关系客体也很广泛，既包括内部公众，如股东、员工等，也包括外部公众，如客户、新闻媒体、金融机构、政府、业务伙伴、竞争者等。

企业的公共关系形象包括产品形象、服务形象、员工形象和环保形象等。良好的公共关系形象无疑是企业的无形资产，可有效促进企业与客户及合作伙伴的沟通，增强企业的核心竞争力。

（二）公共关系的职能

公共关系作为一门经营管理艺术，职能主要表现在信息监测、舆论宣传、沟通协调、危机处理四个方面。公关人员的重要任务之一就是发掘或创造对企业或产品有利的新闻。新闻的创造要善于构想出向上向善的好故事，以争取媒体采用。公关人员必须尽可能多地结识新闻编辑人员和记者，以获得较多有利的有关本企业的新闻报道。

（三）公关公司的优势

企业既可以自身开展公关活动，也可以寻求外部公关公司的支持。公关公司的促销传播具有较强针对性、具体可控性和系统全面性，能够借助有效的营销调研及时捕捉客户需求，精准确定促销目标及预期关键绩效指标（KPI），并做好舆论导向监测及总结报告等，可实现从促销到执行及监测的全面推广。公关公司从客户需求出发量身定制的公关传播计划，更能够很好地贯彻实施。公关公司还要可依据 KPI 付费，让客户企业全程无忧。企业可以在最短时间内，用最小的成本达到最佳的促销传播效果。

（四）公关公司的选择

企业在选择公共关系公司时，应根据具体需要，选择那些口碑好，在行业有一定建树，并且收费合理，能够提供财经公关、路演、发布会等传统公关服务的公司。公关公司应能通过整合业务，引入数字营销技术，包括广告投放、品牌形象管理、市场维护及危机管理等综合性解决方案及服务。这样的公关公司更能为企业创造更多的传播价值。

第 3 节　数字传播促销

数字传播促销是指企业借助在线营销、社交媒体营销、移动营销等数字手段传播信息，吸引客户积极购买，促进和扩大销售的活动。

一、在线营销

在线营销是指企业借助数字网络媒体以及数字化、网络化、智能化技术，传播产品信息，改变客户态度和行为，刺激消费购买，促进和扩大销售的活动过程。

（一）在线营销的特点

互联网是企业开展在线营销的基础，现代数字技术极大地降低了沟通成本，企业和消费者之间的信息交流更加便捷。在线营销具有如下特点：

1. 跨时空性。互联网跨越时空传播信息的特点使得在线营销也具备了不受时空限制的特点，可以在全球范围内获取客户、传播信息、促进销售。

2. 多媒体性。互联网为信息沟通传播提供了包括声音、图像和视频在内的多种形式，而不仅仅局限于文本信息。例如，社交平台、微博、微信、视频号、公众号、抖音、B 站等可为用户发布文字信息，分享图片和视频，将多种形式的信息进行有机结合，从而提高企业促销效率。

3. 高成长性。现代数字技术的发展和消费者收入的增加使得越来越多的人进入互联网，在线营销也朝着客户、受众持续增加的方向发展。在线营销的高成长性正在吸引众多企业的注意力，而在线营销也正在为日益增多的消费者所熟悉和认可。

4. 信息新颖。互联网的实时性确保企业可以及时更改产品和服务信息，从而提高促销效果。

5. 成本低廉。音乐、电影和软件等特殊产品可以在互联网上完成交易，提供相关服务，企业和个人借互联网免费发布信息并进行沟通交流，这就有力地降低了在线营销的交易成本、宣传成本和促销成本。

6. 技术性强。企业实施在线营销必须有一定的技术投入和技术支持，改变传统的组织形态，提升信息管理部门的功能。

（二）在线营销的功能

1. 发布产品信息。依托于互联网的在线营销具备强大的信息发布功能，具有传统促销方式所不具有的优势。企业可以通过在线营销把产品或服务信息发布到全球任何一个地点。

2. 网络营销调研。企业利用互联网交互式信息沟通渠道来开展营销调研，具有方法多样、调查周期短和成本低的特点。企业可以主动获取市场信息，研究需求变化趋势，分析消费者心理和行为，研究竞争对手的促销目标和策略，更有效地开展促销活动。

3. 开拓促销渠道。企业可以建立具有网上交易功能的网站、电子商务综合平台、网店等开展品牌推广、个性化促销活动。

（三）网络社区和礼仪

网络社区和网络礼仪是在线营销的两个重要概念。网络社区是指包括 BBS/ 论坛、贴吧、公告栏、群组讨论、在线聊天、交友、个人空间、无线增值服务等形式在内的网上交流空间，同一主题的网络社区集中了具有共同兴趣的访问者。网络社区具备良好的私密性，网络成员可以隐藏自己的真实身份，这为在网络社区中讨论比较私密性的话题提供了机会。企业营销人员利用网络社区成员之间的紧密关系来开展促销，实现盈利。

真实世界中，人与人之间的社交活动有不少约定俗成的礼仪，在互联网虚拟世界中，也同样有一套不成文的规定及礼仪，即网络礼仪，供互联网使用者遵守。网络礼仪是自互联网诞生以来网民在实践中逐渐形成并不断完善的不成文的网络行为规范，如不使用电子公告牌 BBS 张贴私人的电子邮件，不进行直播的销售活动，不在网上随意传递带有欺骗性质的邮件等，也是网络上一切行为都应该遵守的准则。

（四）在线营销过程

一般地，在线营销包括 7 个阶段（如图 10－4 所示）：选定市场机会、制定营销战略、设计客户体验、构思客户界面、设计营销计划、利用客户信息，以及评估营销计划。在线营销过程也可以用于产品或服务的在线促销。

二、社交媒体营销

数字经济的发展催生了一系列社交媒体，给消费者提供了一个聚集、社交及交流意见和信息的网络空间。兼具社交属性和移动互联网便利性的社交媒体给企业带来了不同于以往的机遇和挑战。很多企业已经借助这类平台展示信息，开展口碑传播和品牌沟通活动，为消费者提供了更多的价值。成功的社交媒体营销，能给企业带来成本更低的大流量互动效果，从而扩大品牌影响力，提升销售量和品牌价值，发挥了重要的促销作用。

（一）社交媒体及其特点

社交媒体，又称社会化媒体，是指互联网上基于用户关系的内容生产与交换平台，具

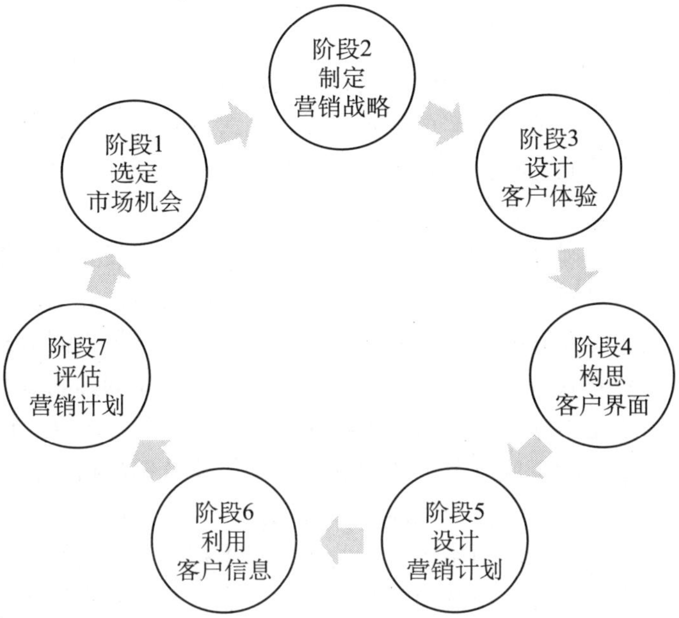

图 10－4　在线营销过程

有参与、公开、互动、对话、社区化、连通性等特点，赋予每个人创造并传播内容的能力，人们可借此平台分享意见、见解、经验和观点。从互联网技术诞生以来，社交媒体平台从最初的博客到微信、社交网站、小红书、知乎、视频号，越来越多的媒体接入社交功能，不仅是新媒体还有传统媒体，同时催生出更多细分的社交形态。概括来说，社交媒体具有如下特点：

1. 受众广泛。基于用户数据不断积累、算法不断优化、内容形式与吸引力不断完善，社交媒体在人们的生活中发挥着越来越重要的作用。因此社交媒体的受众具有充分的广泛性。

2. 自发传播。许多人认为，自己所认识的朋友在社交媒体所分享的消息和产品比广告更真实可信、更具有说服力。社交媒体打破了生产、消费、传播的界限，用户既可以充当消费者，又可以充当内容生产者，同时积极扮演自发传播者的角色。社交媒体平台的提供者让用户深度参与内容的制作生产，并利用他们的人际关系广泛传播。

3. 人际互动。社交媒体重视打造以人际关系网络为核心的传播路径。微博、微信、B站等媒体善于利用现实世界中的人际关系来建立虚拟关系网络。同时，基于网络用户间的分享文化，社交媒体还设计出许多功能及应用，来增强朋友之间的互动性。例如，点赞功能、评论功能和微信小程序等，推动产生更多的联系与关注度，培养用户互动习惯，并与线下活动紧密相连。由此，虚拟的社交圈成了维持现实中社交关系的重要一环。

4. 内容独特。社交媒体倡导“人人都可能成为内容生产者”，一些关注度极高的社交媒体，内容上很重要的一个特点便是高度个性化。个性化体现在独特的观点和视角上，这在很大程度上迎合了消费者求新求异的心理。在自媒体时代，每个用户都可以为自己发声，而独特的内容是社交媒体区别于传统媒体的重要因素。这也有助于更多意见和多元价值观的形成。

（二）社交媒体营销的特点

社交媒体营销是指企业借助社会化网络、在线社区、视频号、小红书等社交媒体开展信息传播、品牌推广、公共关系、客户维系、促进销售等活动的过程。每个社交媒体平台或者社交媒体渠道都有不同的特征和功能，企业在制定社交媒体营销行动时应当考虑不同社交媒体的特点。社交媒体营销具有以下特点：

1. 直接性。基于社交媒体平台，企业或组织能够通过直接发布以及推广链接的方式来获取关注，能够在任何时间、任何地点为客户提供关于品牌事件和活动的及时且相关的内容。企业可以利用先进的互联网技术，通过文字、图片、视频等不同方式对产品进行展示和介绍，能够使消费者充分接受企业传播的信息，以提高产品的知名度与影响力。与客户直接沟通的便利，为企业更好地了解消费者需求、实现产品开发的有效性提供保障。

2. 投资低。越来越多的企业以及个体户加入社交媒体营销的行列，从而促进了社交媒体营销的发展。尽管创建和管理社交媒体内容可能投入较大，但是很多社交媒体可以免费或低价使用。因此，与电视、印刷品等昂贵的传统媒体相比，社交媒体营销活动的投资回报率往往较高。对于无法承受巨额营销预算活动的中小企业，社交媒体的低成本容易使得它们参与其中。此外，社交媒体上的推广多数是由用户主导的一种非强迫性的销售方式，推广成本很低。譬如，近年来兴起的“微商”，以微信平台为依托，微信朋友圈为基点，几乎不用投入任何金钱成本，便可达到促销、销售的目的。

3. 影响大。社交媒体营销的优势体现在消费者的参与性和社交分享能力。社交媒体特别适合创建客户参与和社区，以使客户能够与品牌和其他客户互动。随着社交媒体的使用人数迅速增长且分布范围不断扩大，社交媒体营销的影响也越来越大。以近期增速迅猛的拼多多为例，其销售模式在很大程度上即利用了人们的交友圈，以一人发起拼团参与者均享受优惠的形式销售商品，很快打开了销路、扩大了知名度、提高了用户数量，并以很快的速度增长。

新启迪 10－2 社交媒体营销新趋势

4. 整合性。企业有各式各样不同的营销方式及营销手段，这些营销活动可以通过社交媒体这个交互式的平台来进行统一的规划，继而进行协调、实施。由此可以向消费者传达一致的信息和内容，同时也可以避免因不同渠道的信息不一致而产生的消极影响。

（三）信息流广告及其效果

信息流广告是指位于社交媒体用户的好友动态、资讯媒体和视听媒体内容流中，并符合用户使用原页面的行为习惯，将产品信息作为“内容”融入用户的社交生活中的广告。信息流广告具有如下特征：

1. 广告融入内容。信息流广告最大的特点就是将广告融入内容，为消费者提供沉浸式体验，提高信息流广告与用户之间的相关度，达到“广告即内容”的效果。这种广告形式与社交媒体中的用户动态形式一致，引人注意，既能产生较好的促销效果，又不会让用户反感。

2. 精准投放。实现个性化、差异化的精准投放是信息流广告的另一大特征。利用大数据分析，依据历史浏览、消费行为充分挖掘用户的喜好，并将用户进行分类，达到每一个用户都标签化的效果，以此来达到信息流广告的精准投放，使广告投放效果最大化。

3. 海量用户。承载信息流广告的载体是各类社交媒体，而社交媒体拥有海量的用户，例如微信、QQ、微博等。在用户群体数量庞大的基础上，精准的广告投放具有效果倍增的巨大潜力。

信息流广告效果要受到如下因素的影响：

1. 媒体因素。首先，媒体自身的服务质量，包括操作是否便利，是否安全可靠等，会影响信息流广告的投放效果。其次，媒体本身的知名度无疑会影响到广告效果，知名度高的媒体会促使用户对信息流广告的认知和行为产生改变，起到正向的积极作用。

2. 受众因素。若信息流广告能够引起很多好友进行参与，则用户会增强对广告的注意力，因此提高用户的参与度会提高广告效果；消费者创新性也会对广告效果产生显著影响，一般而言，消费者创新性越强则信息流广告的效果会越好；不过，倘若消费者感知自己的隐私受到侵犯，就会对广告产生负面的态度。

3. 广告因素。这与消费者对广告图像、声音、时间等的偏好有关。人们对广告要素的偏好不同，信息流广告的效果也就有所不同。

三、移动营销

移动营销（mobile marketing）指面向移动终端（手机或平板电脑）用户，在移动终端上直接向目标受众定向和精确地传递个性化即时信息，通过与消费者的信息互动实现营销目标的行为。移动营销具有传播及时、影响力强和覆盖面广等特点。

移动营销是在强大的云端服务支持下，利用移动终端获取云端营销内容，把个性化即时信息精确有效地传递给消费者个人，实现“一对一”的互动营销。

移动营销不同于短信群发。移动营销可以借助短信回执、短信网址、彩铃、彩信、声讯、流媒体等多种形式，开展营销或促销活动。而短信群发只是移动营销的手段之一，是移动营销整体解决方案的一个环节。

移动营销在促销方面具有独特功能：（1）提高产品或服务品牌的知名度和美誉度；（2）随时随地收集客户资料，不断充实完善数据库；（3）吸引客户参加促销活动，增加来店购物、消费的机会；（4）提升客户满意度、信任度和忠诚度，增加企业产品或服务的销售收入。

第 4 节　人员传播促销

人员传播促销是指企业借助直复营销、数据库营销、口碑营销和人员推销等信息沟通手段，传播企业产品信息，说服或吸引客户购买，促进和扩大销售的活动。

一、直复营销

（一）直复营销的含义

直复营销，又称直接营销，是指为了随时随地产生可测量的反应或达成交易而交互使用多种广告媒体的促销方式。“直”的意思便是舍弃中间分销渠道，直接通过媒体接触企业和消费者。在网络营销中，客户可以在接触到商品信息的同时，直接向企业下订单并付款。“复”则是针对企业与客户之间的互动而言的，企业可以对客户的最终决策进行收集，通过数据分析来调整营销策略。换句话说，直复营销就是在没有中间商的情况下，利用消费者直接渠道来接触及传送货品和服务给客户，其最大特色为直接与消费者沟通或不经过分销商而进行的促销活动。

利用多种媒体，理论上可达到任何目标对象所在区域，且是一种可以测量回应或交易结果之促销模式。通常直复营销所使用的媒体沟通工具与大众媒体例如电视购物不同，它是以小众或非定众的促销媒体为主，例如电话推销、网络销售等。

（二）直复营销的特点

互联网作为一种交互式的可以双向沟通的渠道和媒体，它可以很方便为企业与客户之间架起桥梁，客户可以直接通过网络订货和付款，企业可以通过网络接收订单、安排生产，直接将产品送给客户。直复营销具有如下特点：

1. 双向沟通。直复营销作为一种交互作用的体系，特别强调直复营销者与目标客户之间的双向信息沟通，以克服传统促销中单向信息传播方式营销者与客户之间无法沟通的致命弱点。互联网作为开放、自由的双向式信息沟通网络，企业与客户之间可以实现直接的“一对一”的信息交流和直接沟通，企业可以根据目标客户的需求制定生产和营销决策，在最大限度满足客户需求的同时，提高促销的效率和效用。

2. 精准促销。直复营销活动的关键是为每个目标客户提供直接向企业反映的渠道，营销人员可以凭借客户反映找出不足，为下一次直复营销活动做好准备。互联网的方便、快捷性使得客户可以方便地通过互联网直接向企业提出建议和购买需求，也可以直接通过互联网获取售后服务。企业也可以从客户的建议、需求和要求的服务中，找出企业的不足，按照客户的需求开展促销活动，减少促销费用。

3. 突破时空。直复营销活动中，在任何时间、任何地点都可以实现企业与客户的信息双向沟通。互联网全球性和持续性的特性，使得客户可以在任何时间、任何地点直接向企业提出要求和反映问题，企业也可以利用互联网实现低成本的实现跨越空间和突破时间限制与客户的双向沟通，这是因为利用互联网可以自动地全天候提供网上信息沟通交流工具，客户可以根据自己的时间安排任意上网获取信息。

4. 效果可测。直复营销活动最重要的特性是直复营销活动的效果是可测定的。互联网作为最直接的简单沟通工具，可以很方便地为企业与客户进行交易提供沟通支持和交易平台。借助数据库技术和网络控制技术，企业可以很方便地处理每一个客户的订单和需求，从而提高促销的效率和效果。

（三）网络直复营销

网络直复营销是指借助互联网背景下与客户的互动体验、订单记录以及反馈数据等开展促销或营销的各种活动。

网络直复营销具备五个特点：（1）目标客户选择更精确；（2）客户关系更受关注；（3）激励消费者即时反应；（4）客户终身价值和长期沟通更受重视。

二、数据库营销

（一）数据库营销的含义

数据库营销是指企业利用营销过程中收集的各种消费者数据，通过整理分析来支持营销策略的制定，有效地保持现有客户资源，为营销策略提供依据，有力地促进销售的重要手段。

大数据、云计算、区块链、人工智能等现代信息技术的巨大发展潜力，为企业以个性化、持续性、低成本的营销方式发现客户、满足需求、促进销售提供了绝佳的机会。借助信息管理系统建立客户数据库，开展数据库营销，可以很好地强化长期稳定的客户关系，为企业应对市场竞争，实现可持续发展奠定坚实基础。

（二）数据库营销的作用

数据库营销不仅是一种全新的营销方法，也是一种行之有效的促销手段。作用主要体现在六个方面：（1）更充分地了解客户需求；（2）为客户提供更好的服务；（3）对客户的价值进行评估；（4）了解客户的价值；（5）分析客户需求行为；（6）营销调研和需求预测。

（三）数据库营销的过程

作为一种促销手段，数据库营销过程一般经历数据采集、数据存储、数据处理、寻找理想客户、使用数据、完善数据库等步骤。

1. 数据采集。企业可以通过消费者消费记录以及促销活动记录收集有价值的数据，也可以充分利用来自公共记录的数据，如人口统计数据等。在此基础上，及时准确地将客户数据纳入数据库。

2. 数据存储。以每位消费者为基本单元，将收集的数据输入电脑，建立起客户数据库。

3. 数据处理。运用先进统计技术和计算机技术将各种不同的数据集成为有条理的数据库，在各种软件支持下，产出研发部、营销部、广告部、公关部等职能部门所需要的数据库。

4. 寻找理想客户。企业可借助电脑搜寻某类产品或品牌的消费者共同特性，如职业、收入、兴趣、消费习惯、品牌偏好等方面的共同点，以此为基础确定理想客户，开展有针对性的促销活动。

5. 使用数据。数据库数据可以用于如下方面：（1）确定购物优惠券价值目标，决定送给哪些客户；（2）根据消费者特性，开展卓有成效的广告促销；（3）根据消费记录，准确判定客户的消费水平和品牌忠诚度。充分掌握、及时更新、有效利用客户数据，就为提升促销效果奠定了坚实基础。

6. 完善数据库。在促销实践中，随着优惠券反馈、抽奖销售活动记录及其他促销活动信息的不断增加，客户数据也在不断积累、更新、扩增，从而更加及时准确地显示消费者购买行为新趋势，为企业开展促销活动提供了有力支持。

三、口碑营销

进入数字经济时代，许多消费者都不再轻易信任传统促销广告。当他们需要了解某个品牌或决定购买某种产品时，他们会咨询有经验或有过使用经历的朋友，或是通过互联网在专业的BBS上寻找建议，总之，他们认为最值得信任的信息来源是口碑。与之形成鲜明对照的是广告、公关、推销等传统促销手段对消费者的影响正在逐渐减弱。

（一）口碑与口碑传播

口碑是指对某产品、服务、品牌、信息的一种个人观点、评论或意见。

口碑传播是指由生产者以外的个人通过明示或暗示的方法，不经过第三方处理、加工，传递关于某一特定或某一种类的产品、品牌、销售者，以及能够使人联想到上述对象的任何企业或个人信息，从而导致受众获得信息、改变态度，甚至影响购买行为的一种双向互动的传播行为。大数据、互联网和人工智能等数字技术为企业介入口碑传播提供了极其有利的条件。而网络口碑的不同类型和特点对企业介入有着重要影响（如表10－1所示）。

表10－1　网络口碑的类型

网络口碑	释义	信息流动方向	互动时间	互动对象
网上布告（posted reviews）	包括厂商发布在网上的消费者意见，商业站点发布的消费者意见，以及消费者在一些网站上发布的产品意见等	单向	*	*
帖子列表（mailbags）	包括那些在厂商网站上发布的消费者对产品的意见，以及阅读该帖子的其他消费者的评论及反馈意见等	双向	延迟的	企业
论坛（discussion forums）	包括网上布告栏、新闻组和主题讨论区等	双向	延迟的	消费者
私人电子邮件（personal e-mail）	由一个人直接发给另一个人（或另一组人）的电子邮件	双向	延迟的	消费者
聊天室（chat room）	几组人就某个特定主题，通过互联网进行的实时对话	双向	即时的	消费者
即时信息（instant messaging）	通过互联网进行的一对一的实时对话	双向	即时的	消费者

注：* 表示不具备“互动性”的特征。

（二）口碑营销及其形式

口碑营销是指企业为实现既定目标、刺激客户购买、促进产品销售，借助口碑传播而开展的营销活动（如图10－5所示）。口碑营销有不同的表现形式，包括：（1）蜂鸣营销，指企业运用特色鲜明的短视频、娱乐活动或新闻报道来吸引消费者谈论品牌或产品，以正面口碑传播聚集人气，扩大产品知名度和美誉度，增进消费者信任，促进产品销售的活动。（2）病毒营销，指企业借助电子邮件、微信、公众号、视频号、抖音、B站等，将产品信息因消费者感兴趣、有口碑传播的内在动力而像病毒一样不断传播、复制、扩散开来，从而扩大产品知名度和美誉度，促进产品销售的活动。（3）社区营销，指企业通过建立分享品牌体验的社区（如用户群体、爱好者俱乐部、讨论区、微信群等），并为社区提供内容和信息等方面的支持，激励社区成员自愿口碑传播，促进产品销售的活动。（4）草根营销，是指企业动员、组织志愿者对本地居民口碑传播产品信息，鼓励人们讲述身边的故事，靠普通人口口相传扩大产品影响力，促进产品销售的活动。（5）倡导营销（evangelist marketing），指企业通过培养倡导者或志愿者，鼓励他们扮演意见领袖的角色，进行口碑传播，开展营销活动。

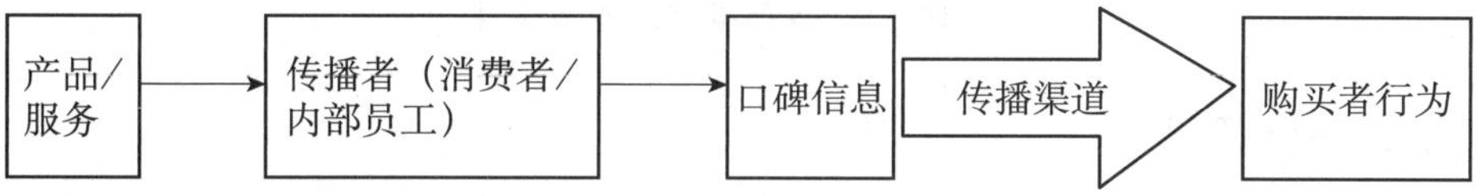

图10－5　口碑营销过程

（三）口碑营销的特点

新启迪10－3《你好，李焕英》和《唐人街探案3》的口碑营销战

1. 有意识的传播行为。口碑营销不能仅仅凭借公众间自发的信息传播，企业还应该有意识地去设计传播要素，对传播进行管理和追踪，强化和促进正面口碑传播，抑制和扭转负面口碑传播。

2. 目标导向的营销行为。企业实施口碑营销，目标十分明确，那就是要以满足客户需求、实现商品交易、与客户建立良好的关系、赢得客户满意和忠诚、提升企业品牌形象。

3. 营销成本费用较低。口碑营销是比较经济的信息传播工具，企业不需要广告宣传一样的高投入，一旦正面口碑形成，在很大程度上传播者就会自行宣传企业的产品和服务，很容易形成稳定的忠实客户。

4. 群体成员积极互动。同一消费群体内部具有相近的消费取向和品牌偏好，只要影响了其中的一部分人，群体成员之间就会产生相互影响、相互促进的积极热情，信息便会以极快的速度传播开来。

四、人员推销

（一）人员推销及其特点

人员推销是指企业派出销售人员与一个或一个以上可能成为购买者的人交谈，作口头陈述，说服购买者积极购买某种产品或服务的过程（如图 10－6 所示）。在这一过程中，销售人员要确认购买者的需求，并通过自己的努力去满足购买者的各种需求，使双方能从公平交易中获取各自的利益。由此观之，人员推销也是一种生产性活动。

人员推销具有广告和宣传等其他促销形式无法比拟的优点，主要包括：（1）关系导向，注重人际关系，有利于客户同销售人员之间建立友谊。（2）灵活应对，针对潜在客户疑虑及时解答解释。（3）成功率高，在大多数情况下能实现潜在交换。（4）掌握信息，便于及时了解客户需求偏好，优化促销决策。（5）重点突破，经常用于推销那些价格昂贵、性能复杂、竞争激烈的产品。

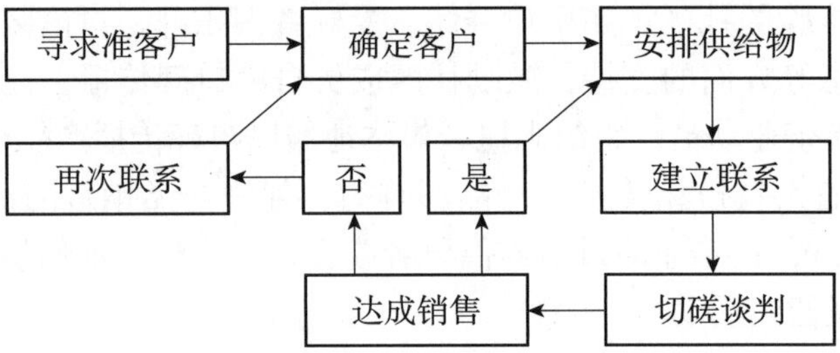

图 10－6　人员推销的业务流程

（二）销售队伍管理

销售队伍管理是指企业根据外部环境变化和内部资源条件设计和管理销售队伍的过程（如图 10－7 所示）。

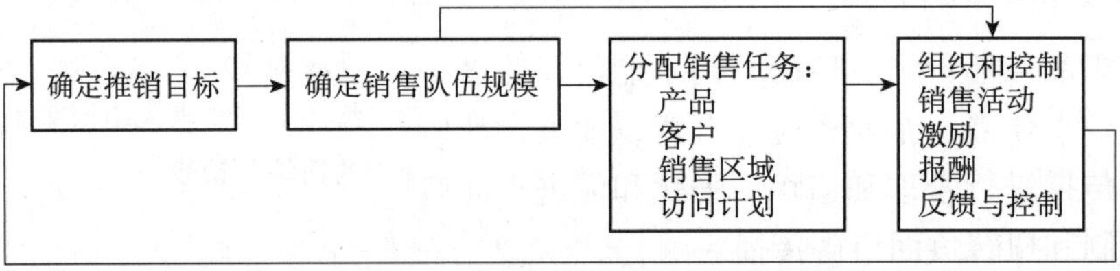

图 10－7　销售队伍管理

由图 10－7 可以看出，人员推销是一个循环的双向流动过程。销售队伍的目标影响销售队伍的大小，而销售规模又会限制其目标。同时，销售规模还制约资源和时间在产品、客户、区域等方面的分配。

销售资源配置是指对销售队伍进行分配，即在销售队伍规模既定的条件下，销售人员如何在产品、客户和地理区域方面分配时间和资源。

1. 面向客户的时间安排。图 10－8 呈现的是某位推销员 2021 年的时间安排。大多数市场的客户是互不相同的，因而每位销售人员在安排销售时间时涉及这样三个问题：（1）在潜在客户身上要花多少时间？（2）在现有客户身上要花多少时间？（3）如何在现有客户和潜在客户之间合理分配时间？

2. 面向产品的资源分配。一支销售队伍通常要推销一系列产品，所以，销售人员必须寻求一种在各个产品间配置推销资源（时间）的最为经济的方式。新产品的推销有时要花

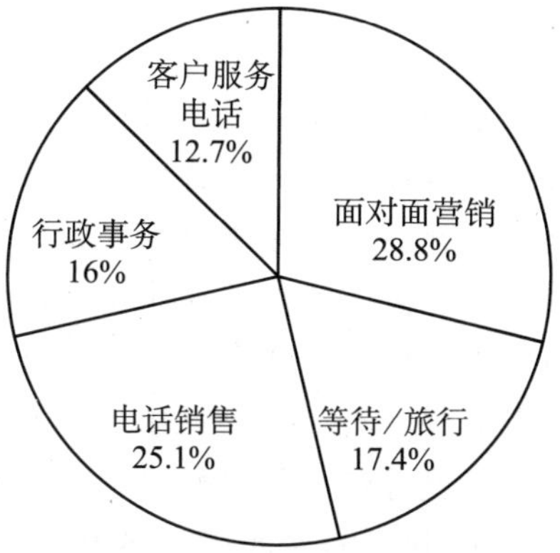

图 10－8　某推销员的时间安排

上好几年的时间才能使销售额达到最高水平。因此，企业在决策时不能仅看到近期的销售额和利润率，必须着眼于长远的利益，从战略角度来分配资源和时间，设计营销组合。

（三）销售区域设计

企业委派销售代表常驻一些地区负责产品销售，这些地区通常称为销售区域。区域设计是人员推销策略的重要内容之一。无论是设计新的区域系统，还是调整现有的区域构成，都要尽量符合下列条件：（1）区域要易于管理。（2）各区域的销售潜量容易估计。（3）能够严格控制推销旅途的时间花费。（4）对推销员来说，各区域的工作量和销售潜量都是相等的，而且足够大。

企业可以运用同等销售潜量法划分销售区域，这样能给每个销售代表提供相同的收入机会，有利于企业衡量销售代表的工作绩效。各区域间长期存在的销售额差异能反映出各销售代表能力与努力程度的差异，可以促使销售代表互相竞争，尽最大努力工作。在现代信息技术迅速发展的时代背景下，越来越多的企业借助数字化销售提升营销绩效（如图 10－9 所示）。

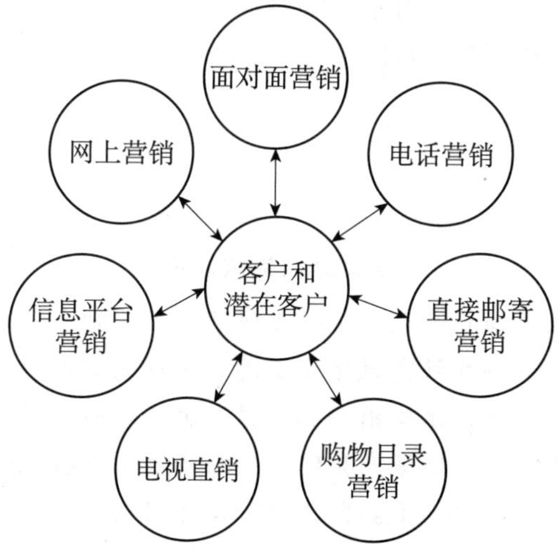

图 10－9　数字化销售

本章小结

企业营销的成功不仅需要向市场及时提供适销对路的产品，制定吸引人的价格，将产品递送至客户，而且还需要设计并传播有关产品特色、购买条件以及客户利益等信息。因此，准确制定促销组合和促销预算就显得十分重要。促销组合需要考虑产品类型、吸引客户策略、促销目标、产品生命周期阶段、经济前景等各种因素。确定促销预算和广告预算的方法主要有量力而行法、销售百分比法、竞争对等法和目标任务法等。在数字经济条件下，促销工具和手段越来越丰富多样，大众传播促销工具有广告、销售促进、事件体验和公共关系，数字传播促销工具有在线营销、社交媒体营销、移动营销，人员传播促销工具有直复营销、数据库营销、口碑营销、人员推销。各种促销工具各有所长，需要灵活搭配，善于打组合拳，这样，才能收到理想的促销效果。其中，程序化广告、信息流广告等创新工具，越来越引起营销管理者的高度重视。

即测即评

扫描二维码可在线自测并查看答案。

基本概念

促销组合	推式策略	拉式策略	广告
程序化广告	销售促进	事件体验	公共关系
在线营销	社交媒体营销	移动营销	直复营销
数据库营销	口碑营销	人员推销	

思考题

1. 确定广告预算的主要方法有哪些？
2. 影响信息流广告效果的主要因素有哪些？
3. 移动营销在促销方面有哪些功能？
4. 人员推销有哪些优势？

本章案例

雨果助力魅族促销

魅族手机在拓展全球市场的进程中，一度依靠海外当地数字营销机构来管理其社交媒体。由于管理分散，数十个海外社交媒体主页均由不同国家的独立团队运营，与中国总部的沟通很少，不同国家的社交媒体输出的品牌信息也不一致。为此，魅族委托雨果公司帮助其进行集中式的主页管理，以确保产品促销的准确性、及时性和高效率。

雨果随即对魅族全球 FB Global 主页进行了合并优化，为此制定了为期一年的促销计划，在 2020 年 12 月底前获得 200 万以上 FB 新粉丝，每个季度要求 20 万次以上的互动，主页增长的同时，参与率要至少保持在 5%。

在雨果接管之前，魅族每月支付的营销费用有 50% 是用于广告，雨果将广告成本降低，粉丝购买成本由 2.50 美元 / 个降为 0.02 美元 / 个，广告转化率由原来的 1% 提升到 10%，仅用 12 个月的管理时间就超过了魅族原本 27 个月的管理效果。

雨果接管魅族的 FB 账号以来，用户参与度有了明显提升。从表象上看，是发帖素材发挥了作用，而实际上，发帖时间、内容组合甚至文案优化等都是提升 FB 参与率的重要因素。以魅族提供的素材为基础，雨果进行修改完善后发布。如果发现素材缺失，就会使用粉丝生成的内容，自己创作素材或重复使用效果最佳的素材，并且确保链接均匀分布，因为链接内容有利于提升和优化主页表现。在 FB 和推特上，雨果累积了超过 215 万名随时可能沟通互动的粉丝。在 1 年的时间内，通过 FB Messenger 回复了 3 400 多名粉丝，在推特上收到超过 12 000 条消息，收到并回复的评论超过 10 000 条。

雨果为魅族策划实施了多项促销活动，包括产品发布、直播、促销、比赛、体育主题活动。圣诞节期间，通过开展一些短期活动，为魅族团队建造的 H5 页面带来更多的流量和参与。魅族 17Pro 北京发布会，雨果提供了一系列的预热帖子，直播发布会全程，平均触达数增加 7 倍，参与度增加 3 倍。雨果提前实现了预定的促销目标：发布 396 条推特帖子和 412 条 FB 帖子，参与率达到了 5% 的惊人成绩。2020 年，新增 17 万 FB 粉丝，触达人数超过 450 万，并保持了平均每天 30 条的评论。

思考题：你如何评价雨果公司在促销策略方面的成功？有哪些重要的启示？

实训练习

1. 实训资料：

（1）搜集广告、销售促进、社交媒体营销、移动营销、数据库营销等促销工具最新发展的相关数据、成功案例等。

（2）涉及企业促销的广告类型、广告预算、广告媒体的最新发展以及相关数据、资料。

（3）电商平台、网红直播、在线营销等促销新方法的应用及其相关数据、资料。

2. 任务：

（1）结合中国企业数字经济背景下电商平台、网红直播等促销创新模式的成功实践，分小组讨论，加深对相关理论知识的理解和应用。

（2）了解促销新手段的运用及其成功关键要素，讨论典型案例。

3. 要求：

（1）加深对影响促销组合的主要因素的理解，掌握大众传播、数字传播、人员传播促销的基本方法。

（2）了解广告预算的主要方法。

（3）掌握数字经济背景下促销新手段的发展趋势。

04

第 4 篇

美好新生活

第11章 营销让生活更美好

引　例

早上出门扫一辆共享单车，骑去地铁站。40 分钟后，人已在 20 公里以外的公司了。午餐在外卖 App 上下单，12 点就能准时吃上可口的饭菜。周末想出去玩，上 12306 一键买票，再也不用排长队。这是现在大部分人的生活状态。智能化、自动化的社会服务为消费者节省了许多时间。这样便捷、高效的美好生活，与营销的贡献密不可分。其中，服务便利就是在消费者追求省时省事的背景下应运而生的一种营销新理念。可持续营销、服务便利、绿色营销、体验营销和营销道德都是关乎当代社会美好生活的重要理念。

营销启示

什么是美好生活？不同时代、不同个体或许会有不同的回答。美好生活，或是在金碧辉煌的厅堂里享用一餐盛宴，或是小憩之后轻啜一口咖啡，或是远眺青山绿水，呼吸带着芳草醇香的空气。对于个体或者家庭来说，这样的幸福时光或许就是美好生活。

产生于日常生活的个体内心体验与私人情感沟通是感受到幸福美好的感性基础。感性欲望的适度满足和一定程度的物质生活保障，是实现美好生活的前提。因此，从个体角度讲，能够通过奋斗为自己和家人提供良好生活条件，并且具有持续改进生活的希望和动力，就会提升获得感、幸福感、安全感。从国家和社会的角度讲，要切实关注百姓需求，努力让人民群众收入更高、住得更宽敞、出行更便捷，享受到更好的教育、医疗、社会保障，吃上更放心的食品，呼吸到更清新的空气，就会使人民获得感、幸福感、安全感更加充实、更有保障、更可持续。

营销学者保罗·马苏尔（Paul Mazur）认为，营销是为社会传递生活标准。马尔科姆·麦克纳尔（Malcolm McNair）对此非常赞同，只是增加了创造一词："营销是为社会创造并传递生活标准。"营销就是研究、预测、发掘尚未得到满足的需要（即对更加美好生活的向往），进而不断满足需要的过程。换言之，就是致力于提高人类福祉、改善生活质量、创造和提高生活标准的过程。营销让生活更美好，让世界更美好。

| 知识思维导图 |

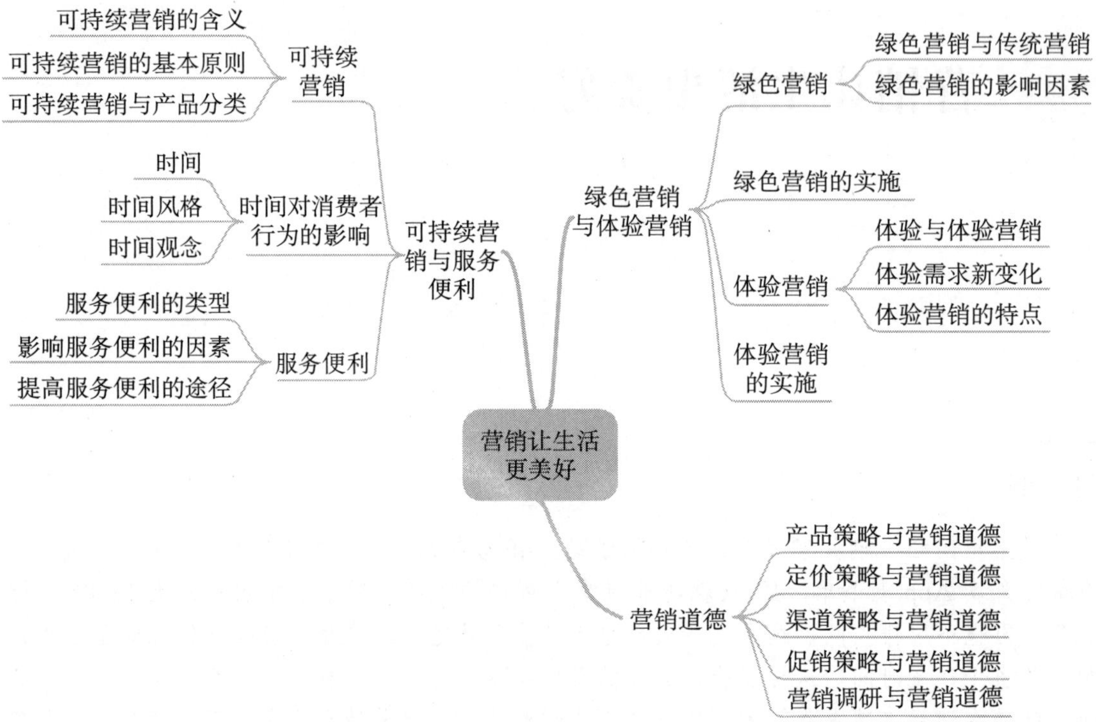

| 本章要点 |

- 可持续营销的含义及基本原则。
- 服务便利的类型、影响因素与提升途径。
- 绿色营销的影响因素及实施步骤。
- 体验营销的特点及实施过程。

美好生活就是人们在物质需求基本满足之后进一步追求的一种人生幸福、精神充实、体现自由情怀、富有意义的实践生活。美好生活之“美”与“好”二者间也具有一种良性互动关系：“好”的生活，客观上构成了人们追求“美”的生活的现实基础，而“美”的生活则是“好”的生活的理想升华。可持续营销、服务便利、绿色营销、体验营销和营销道德等营销理念与实践都在为满足人民对美好生活的向往贡献着正能量。

第1节　可持续营销与服务便利

进入新时代，人民群众对美好生活的向往更加迫切，他们期盼有更好的教育、更稳定的工作、更满意的收入、更可靠的社会保障、更高水平的医疗卫生服务、更舒适的居住条件、更优美的环境，期盼孩子们能成长得更好、工作得更好、生活得更好。企业开展可持续营销，向消费者提供更加便利的服务，有利于回应人民的美好期盼，让生活更美好，让美好生活更加永续持久。

一、可持续营销

（一）可持续营销的含义

可持续营销是指在满足消费者和企业当前需要的同时，保护或加强后代满足需要能力的具有社会和环境责任的行为理念（如图 11－1 所示）。

消费者需求 \ 企业需求	当前	未来
当前	营销理念	战略计划理念
未来	社会营销理念	可持续营销理念

图 11－1　与可持续营销相关的理念

图 11－1 按照消费者需求和社会需求的当前和未来的对应关系，表明了可持续营销理念与营销理念、社会营销理念和战略计划理念的差异。营销理念是指企业管理者应致力于比竞争者更有效地了解并满足目标客户当前的需要和欲望，以此为基础来满足企业短期的销售成长和利润需要的主张和理念。但是，满足消费者当前的需要和欲望，并不总是符合消费者和企业未来的最佳利益。与社会营销理念注重消费者未来的福利，战略计划理念注重企业未来的需要不同，可持续营销理念兼顾两者。可持续营销理念是指企业管理者应承担对社会和环境的责任，既满足客户和企业的当前需要，也满足其未来需要的理念。

真正的可持续营销需要一个运行顺畅的营销系统，需要管理者以全局观念和系统思维谋划营销战略，更需要消费者、企业、公共政策的制定者以及其他各方齐心协力，确保营销行为符合社会利益和环境可持续发展要求。幸福生活需要辛勤的劳动来创造。可持续营销带来的美好生活也需要社会各界为之付出努力和辛劳。

（二）可持续营销的基本原则

1. 消费者导向营销原则，是指企业应该从消费者的视角看待并开展营销活动，应努力感知、服务和满足特定消费者当前和未来的需要。只有善于站在消费者立场上看问题，“以百姓心为心”，推己及人，换位思考，企业才能与客户建立起牢固的可获利的关系。

2. 客户价值营销原则，是指企业应该将大部分资源投入到为客户创造和递送价值的活动中，切实为客户创造价值。包括单次促销、包装美化、直复营销广告等在内的许多营销活动也许在短期内能够增加销售，但与切实改善产品质量、特色与便利性相比，企业为客户增加的价值并不多。明智的营销者应致力于不断提升客户从企业产品和服务中所获得的价值，进而建立长期的客户忠诚和互利交换关系。通过为客户创造价值，企业也可以从中获得回报。

3. 创新营销原则，是指企业应不断追求真正的科技创新、产业创新、企业创新、市场创新、产品创新、业态创新、管理创新和营销改善。创新是企业经营最重要的品质。[①]企业持续发展之基、市场制胜之道就在于创新，企业必须把创新牢牢抓住，守正创新、开拓创新，大胆探索未来发展之路，不断增加创新研发投入，加强创新平台建设，培养创新人才队伍，促进创新链、产业链、市场需求有机衔接，加快形成以创新为主要引领和支撑的发展模式。否则，就会在与那些善于创新的企业较量时遭遇失败，在激烈的市场竞争中失去客户。

4. 使命感营销原则，是指企业应该以更广泛的社会视角而非狭隘的产品视角来定义自己的使命担当，切实增强责任感、使命感、紧迫感。当企业定义了社会使命时，员工会对工作感觉良好，职业发展方向会更加清晰。品牌如果能够与更广泛的社会使命相联系，将有利于企业和消费者双方的长期利益最大化。因此，管理者一定要有使命、有视野、有情怀、有格局。

5. 社会营销原则，是指企业制定营销决策时，必须考虑消费者的欲望、企业需求、消费者和社会的长期利益。企业应明白，忽略消费者和社会长期利益会给消费者和社会造成损害。明智的企业应将社会问题视为市场机会。我国社会结构正在发生深刻变化，互联网深刻改变人类交往方式，社会观念、社会心理、社会行为发生深刻变化。企业营销要善于适应社会结构、社会关系、社会行为方式、社会心理等深刻变化，将消费者、企业和社会三方利益有机统一起来，统筹兼顾，切实尽到企业社会责任。

新启迪11-1

前程无忧的使命感营销

前程无忧是中国具有广泛影响力的人力资源服务供应商。在2020年这个特别的年份，前程无忧满怀企业社会责任感和神圣使命感，从未间断公益事业，积极参与各种公益帮扶活动：疫情后复工复产，3亿农民返城就业时间延迟，很多行业面临缺口，前程无忧开展的“援工互助计划”，为近200家企业解决特殊时期蓝领用工短缺，助近万蓝领返岗就业；积极投身教育部“24365校园招聘服务”活动，并且推出2020年高校毕业生公益在线双选会，促进了高校毕业生就业、拓宽就业渠道；响应数十场政府公益招聘会，在线搭建公益性招聘会，免费帮助雇主发布数十万条招聘信息；携手华夏航空护送援鄂医务人员归乡，为抗疫英雄铺出温暖回家路。同时前程无忧还利用自身在行业中的地位和资源，快速

① 习近平：创新是企业经营最重要的品质.（2020-09-18）. 新华网.

推出在线招聘、线上测评及咨询、直播式培训、多人远程面试等多项线上服务。前程无忧用真诚的态度关心公益事业，勇于承担社会责任，具有强烈的使命担当，致力于为企业和求职者提供更优质的服务。

（三）可持续营销与产品分类

可持续营销要求企业不仅要提供令人满意、身心愉悦的产品，而且要致力于生产为消费者和社会带来利益的产品，积极作为、主动担当，在经济发展、环境保护、诚信经营、社区服务、创造就业、员工成长、公益慈善等方面勇担社会责任。承担社会责任也是企业孕育机会、推动创新和创造竞争优势的重要来源。企业承担社会责任能够显著增加企业社会资本，有助于推动企业可持续发展。可以说，只有切实履行社会责任的企业和企业家，才符合时代要求，也才能真正得到社会认可。一个热心慈善公益的企业，更有可能树立良好的公众形象；一个对消费者负责的企业，更有可能赢得客户与市场；一个诚实守信、保护环境的企业，更容易得到政府、投资方及消费者的支持。

根据消费者目前满意和消费者长期利益两个维度，可将产品分为四类。

1. 缺陷产品，是指既不能满足消费者目前需要也不能给消费者带来长期利益的产品，如难吃且效果不佳的药品。缺陷产品浪费企业资源，影响企业形象，应坚决杜绝这类产品。

2. 取悦产品，是指短期内能给消费者带来高度的满足感，取悦于消费者，但从长期看却可能损害消费者利益的产品，如香烟和垃圾食品等。

3. 有益产品，是指当前对消费者缺乏吸引力，但长期对消费者有利益、有价值的产品，如自行车头盔、保险产品等。

4. 理想产品，是指既能够很好地满足消费者目前需要又能给消费者带来长期利益的产品，如味美而富营养的早餐食品等。

企业应该尽力将所有的产品都转变为理想产品。取悦产品存在问题是，虽然目前畅销，短期内能让消费者满意，但最终可能损害消费者的长远利益。对于取悦产品，企业应在不降低其讨人喜欢的品质的同时，增加产品的长期利益。至于有益产品，企业应努力增加一些令人愉快的品质特征，使其符合消费者的预期，赢得消费者的好感。

为确保可持续营销落到实处，营销管理者一定要树立正确的历史观、全局观、业绩观。历史观就是从对历史负责的高度，来看待自己所从事的营销活动是否承继了企业优秀的历史、传统并发扬光大而没有割断历史，是否在前任的基础上开拓进取而没有朝令夕改，是否经得起历史的检验。全局观就是站在全局、战略的高度研判市场竞争形势、不断优化营销决策，正确处理全局与局部、战略与策略、当前与长远的关系。业绩观就是维护和发展人民群众的根本利益，不以付出损害长远利益的代价干杀鸡取卵的蠢事，不以牺牲企业形象和信誉、损毁生态环境为代价追求一时的营销业绩，不以维护客户利益为借口而忽视全局部署，各行其是。

新启迪11-2

爱康的可持续营销

自2020年初疫情暴发伊始，作为健康体检和健康管理行业的领军企业，爱康一直在用自己的方式担起社会医疗机构的责任，助力疫情防控。从驰援武汉一线到开通免费“新型冠状病毒防控专家咨询热线”、从为新冠疫苗贡献力量到支援北京全员核酸检测、大连核酸检测、石家庄核酸检测，从参与当地疫情防控到接管国航机组人员集中观察应急保障工作，“爱康人”的身影遍布疫情防控的每一处。

爱康在积极支援抗疫一线的同时，还助力各地实现“应检尽检”，在全国48个城市开通核酸检测采样服务。特别值得一提的是，为了让民众更加安全、毫无后顾之忧地进行核酸检测，爱康特别推出“免下车”核酸检测服务，让客户在车上完成核酸检测，既安全又便捷。目前免下车检测服务除北京之外，上海、杭州、常州、贵阳等城市均已落地。爱康对核酸检测工作进行全面部署，号召旗下体检网点做好相关采样人员的培训和准备工作，根据各地情况增加采样点和采样人员的配备，扩大开放预约数量，延长采样时间等措施保障市民的检测需求。

作为一家健康管理企业，爱康富有社会责任感和可持续性，真正把客户的需要放在心上。爱康自2004年创立以来，一直坚守“客户至上，以质取信”的价值观，以创新科技赋能健康管理，更好地履行社会责任。在举步维艰的2020年，爱康一方面全身心投入抗疫，一方面用人工智能、基因检测和大数据技术进一步驱动医疗服务模式的变革。

二、时间对消费者行为的影响

对许多消费者来说，节省时间，减少为获取和消费产品服务所花费的时间和努力是美好生活必不可少的重要组成部分。为了提升客户对美好生活和企业产品的感知程度，企业有必要在营销规划时充分考虑消费者的时间风格、时间观念，力求给消费者以更多的服务便利。

（一）时间

时间是指物质存在和运动的持续性和顺序性。具体事物的存在总要持续一定的时间，人的寿命有长有短，具体事物的产生有先后顺序。标明物质运动的时间，只需一个数值。时间只能沿着过去、现在和将来一个方向延续，具有不可逆性。从经济学的观点看，时间是一种有限的必须在各种活动之间进行分配的稀缺资源。马克思说过，一切节约，归根到底都是时间的节约。时间不同于金钱，它是不能够延长的。节约时间也就意味着为取得更高效率而在多种活动之间科学分配时间。消费者试图把时间分配到适当的任务组合中，从而实现满足程度最大化。当然，人们的分配决策是各不相同的，一个人的偏好决定了他的时间风格。

（二）时间风格

时间风格是指一个人为实现预期目标而在各种活动之间分配时间的态度、取向和行为。现实生活中，有些人愿意把时间花在玩乐上，但更多人则是热心工作、奉献社会。人的生命时间是有限的，而奉献社会的时间是无限的。

时间对于每个人来说，虽免费得来，却最为宝贵。有时间才有生命，浪费时间就是在浪费生命。谁能将时间利用好、管理好，能够做得守时而为，提高时间利用效率，谁就能让自己的生命更有意义、更有价值，人生才能更加无悔和美丽。

从营销视角看，可以把时间用途简单地划分为生产（工作）和消费（闲暇）。消费者在劳动力市场出售时间，而在购买省时省事的产品和服务时购买时间。假如企业注重节省消费者的时间和努力，或在同一时间段内提供多种服务，让消费者同时有更多事情可做，就可以减少消费者的感知时间，从而赢得更多客户满意和客户忠诚。例如，一些小型停车场为那些正在购物的消费者提供汽车保养服务，就是为了节省客户时间，降低客户感知时间成本。

时间可分为客观时间和主观时间。客观时间是指连续不断的可以用时钟加以测量的时间。主观时间是指基于认知并受心理因素的影响的时间。在许多情况下，消费者普遍明显高估了等待中花费的时间。由此所引发的压力、烦躁、焦虑和恼怒，也影响了消费者对产品或服务的评价以及对企业的满意度。

一项美国女性的时间风格的研究表明，时间风格对女性消费选择的影响主要体现在如下方面：（1）社会导向，这是指消费者从事购买行为和决策时往往把时间归结为“我自己的时间”和“与/为其他人的时间”两部分；（2）时间取向，这是指消费者看待过去、现在和未来的相对重要性；（3）计划导向，这是指不同的时间管理风格，从分解时间到同时进行，各不相同；（4）多重叠加，这是指喜欢同一时间只做一件事的人和同时从事多项任务的人之间的差异。

通过访问和观察这些女性，研究人员识别出五个比喻的说法，涵盖了参与者对时间的看法：（1）时间是压力锅。其时间风格是一次只能做一件事，常常感到压力和冲突，认为购物要讲究方法，科学安排时间。（2）时间是一张地图。这类女性擅长将拟实施的计划拆解开来实施，具有未来时间导向和多重叠加的时间风格，觉得时间足够用，事情要一件一件地去做。其购买行为注重广泛收集信息，通常不惜时间货比三家。（3）时间是一面镜子。这类女性消费者注重以往过去的时间所发生的事情，在时间利用方面厌恶风险，通常忠诚于自己了解和相信的产品和服务，尤其是方便购买的产品或服务。（4）时间是一条河。这类女性消费者往往在计划中同时安排几件事去做，坚信要活在当下，关注眼前，因而经常冲动而无计划地频繁购买。（5）时间是一场盛宴。这类女性消费者认为时间是可以消费的东西，应尽量追求感官愉悦和满足，因此，其消费行为常常追求享乐和新奇。

新启迪11-3

爱因斯坦的时间观

有位青年去拜访爱因斯坦，请求他简单地阐述相对论。爱因斯坦想了一下说：“当你伸手向你的父亲要钱时，10分钟你会觉得太长；当你和女朋友携手游玩时，10个小时你会觉得太短。这就是相对论。”可见，爱因斯坦是把时间看作相对的。

在同样一段时间里，人们为什么会有长短不同的感觉呢？这首先是因为人们所从事活动的内容影响着人们对时间的估计。其次，情绪和态度影响人对时间的估计也是明显的。这正如人们常说的“欢乐恨时短”“寂寞嫌时长”“光阴似箭”“度日如年”的含义一样。有许多因素影响人们对时间的知觉。但实际上，客观时间并不会因为人们的主观感觉而变快或变慢。然而，人们却可以借助心理学知识掌握时间错觉，利用时间错觉使某些实践活动产生特殊的心理效应。

（三）时间观念

时间感知和体验在很大程度上是文化作用的结果，因为在不同的社会文化背景下有不同的时间观念。时间观念是指一个人对时间规划、时间价值、时间节约、时间遵守等有关时间问题的基本态度、理念和行为。对于大多数消费者来说，时间是划分得很清楚的：早上起床，上学或上班，回家，用餐，出门，睡觉，起床，日复一日、周而复始地循环。这种观点称为线性可分时间，它是指每件事情都按顺序发生，而且不同时间都有精确的限定，每件事都有相应的时间和地点，因此，人们对过去、现在和将来有清晰的判断。所谓未雨绸缪，为了实现以后想要达成的目标而提前采取一些行动。

不同文化背景的人在时间观念上有所差异。例如，德国人认为的准时就是在具体的时间上，比如八点整开始开会，就不会早一分钟也不会晚一分钟。而中国人认为的准时就是八点左右，左右的范围为五分钟。就是从七点五十五到八点过五分都算准时。我们的文化对时间的精度要求没有那么准确，这是由千百年的文化造成的，中国人喜欢模糊和宏大的东西，这是历史的习惯。但是，我们需要在社会可理解的范围内感知时间，如果感知时间和真实时间差距太远，就会产生一系列的问题。不少人一直想要克服拖延，却始终不能坚持时间期限。

等待时间、服务时间、系统时间是排队论的重要考虑因素。等待时间是指从客户到达服务系统到开始接受服务的时间。服务时间是指一个客户被服务的时间，即客户从开始被服务到离开服务系统的时间。系统时间是指客户从到达服务系统到离开服务系统这段时间，它是等待时间和服务时间之和，也就是每一个客户在系统中所停留的时间。排队论是对排队等待的一种数学研究，是研究系统随机聚散现象和随机服务系统工作过程的数学理论和方法。消费者的等待体验会从根本上影响他对服务质量的感知。虽然我们假设如果某一事物值得等待，那它肯定是相当不错的，但过长时间的等待所带来的消极感受也能够在顷刻间改变消费者的想法。

营销者已经采取各种各样的“诀窍”缩短消费者的心理等待时间。改变客户对等待队伍长度的感觉；提供一些分散注意力的东西，都是出于这个目的。类似的做法还有：（1）一家连锁饭店在大量客户投诉等电梯的时间过长后，在电梯边安装了镜子。人们检视自己外表的天性使投诉减少了，而实际等候的时间并没有改变。（2）航空公司的旅客经常抱怨领行李的等待时间过长。在机场他们通常要花 1 分钟从客舱走到行李领取处，然后再花 7 分钟来等待自己的行李。通过改变布局，使旅客走到行李领取台的时间变为 6 分钟而等行李的时间变为 2 分钟后，几乎没有旅客再抱怨了。（3）各连锁餐馆都争相推出快餐以加快供应速度。在一项对 25 家快餐店的速度进行评估的研究中，驾车者从点餐到离开平均所花时间为203.6秒。为了加快速度并减少食物溅出的可能性，麦当劳设计了一种适合放在汽车置杯架上的沙拉容器，还致力于研制高黏度、不易溅出的特制沙司。汉堡王正试制透明的包装袋，以便客户能在驾车离开前快速检查他们所购的食物。

新启迪11-4

陈洋团队的时间风格

2021年1月15日凌晨，陈洋还趴在电脑前，跟客户反复商讨着业务。新冠肺炎疫情暴发后，跟这些不同时区的欧美客户"倒时差"做生意，她早已习惯了。

陈洋是浙江新维生物科技有限公司国际营销经理。新维生物是一家线上同步云直播的专业生产维生素的全球领先制药企业。陈洋带着13人的营销团队，怀着强烈的使命感和社会责任感，急客户之所急，争分夺秒抢时间，硬是在被疫情笼罩的欧美市场闯出了一片新天地，彰显了团队特有的时间风格。

2020年初，疫情在全球蔓延，一下子打乱了企业的营销计划。陈洋及其团队感受到了前所未有的时间压力，营销活动实在难以持续下去。拜访国外老客户无法成行，通过海外展会拓展业务的路子也走不通。

与其闲着，不如主动出击。当时，合作的欧美跨国企业及零售商、品牌商，有不少因当地代工工厂和终端客户的供应链受疫情影响较大，业务被迫中断，陈洋的团队就不失时机地用心帮对方找原料；在对方的代工出现问题时，他们反而主动与对方签约，为其提供原料、加工、生产一条龙服务；在时间安排上，主动适应国外作息规律，时时保持与客户"在一起"。一天半夜，有个欧洲客户的VC产品通过电商大卖，急需采取特制配方增加产量。营销团队快速反应，落实了生产任务，帮助客户在艰难的经营中站稳了脚跟，也为客户未来发展打下坚实基础。

那段时间，他们及时跟国外客户分享原料行情，协调货代物流、生产，每笔订单都做到按时按质按量完成，甚至超计划提前出货。各个环节，能在时间上提前就尽量提前，把辛劳和困难留给自己，把便利和充裕的时间留给客户。他们坚信，来日方长，只要客户有了未来，新维生物和他们的合作就能永久持续下去。

最近，他们又组建了学习小组，每周二、四晚上进行英语美文朗读。陈洋说，疫情结束后，公司需要跟客户面对面洽谈，所以必须抓紧时间，了解目标市场的国际政治经济新动向，保持对外国文化的熏染以及对外国法律法规的了解，只有这样才能增进与客户的沟通和理解。在时间上掌握主动，营销才能行稳致远。

三、服务便利

服务便利是客户对购买和使用一项服务所付出的时间和努力的感知（如图11－2所示）。时间和努力是一个普通人成为客户所必须付出的机会成本，而对企业而言，赢得客户也就意味着增加财富。因此，在服务营销过程中，加强服务便利管理是非常重要的。

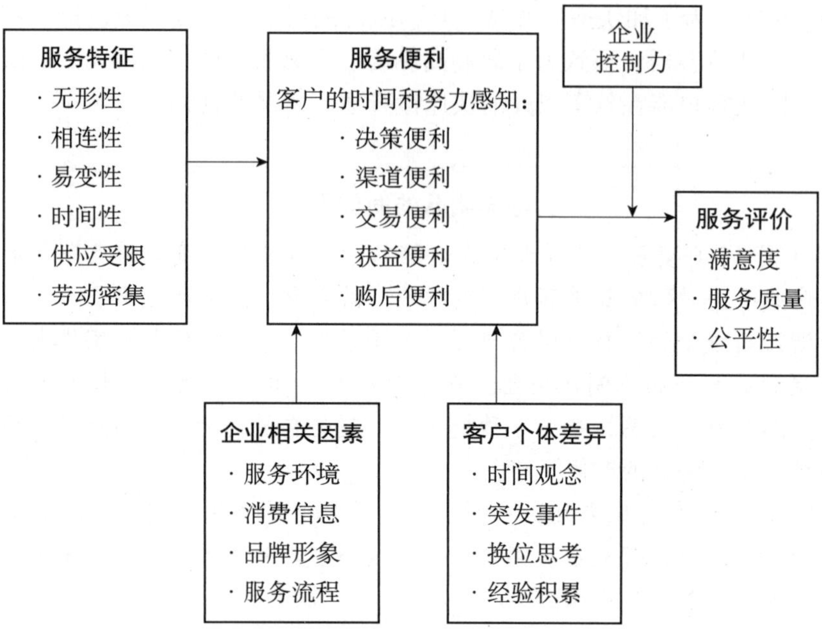

图 11－2　服务便利

（一）服务便利的类型

对客户来说，服务便利涉及多种类型。他们希望服务企业在营销过程中能够从多角度出发考虑客户对便利的需求，包括：

1. 决策便利。决策便利是指客户在决定是否购买、何处购买以及花费多高成本购买的过程中所付出的感知时间和努力。决策便利的衡量标准包括：客户是否花费最少的时间就能获得服务供应商的信息；是否容易做出购买决策；是否容易决定服务的供应商。

2. 渠道便利。渠道便利是指客户在联络、咨询、接触、到达服务企业的过程中所花费的感知时间和努力。衡量渠道便利的标准包括：服务供应商是否易于联络；到达服务供应商那里是否需要很多时间；到达服务地点是否顺利。

3. 交易便利。交易便利是指客户在为购买服务而支付成本、价款的过程中所花费的感知时间和努力。衡量交易便利的标准包括：为了付费是否需要付出很多努力；付款过程是否易于完成；完成付款是否迅速、及时。

4. 获益便利。获益便利是指客户在获得服务的核心利益的过程中所付出的感知时间和努力。衡量获益便利的标准包括：是否付出少量的努力就能获得服务的收益；服务过程是否易于完成；获得服务收益的时间长度是否合适。

5. 购后便利。购后便利是指客户在购买服务并从中获益之后由于服务质量问题而投诉、索赔而不得不与服务企业接触的过程中所付出的感知时间和努力。衡量购后便利的标准包括：服务供应商能否快速解决客户的问题；是否不需客户花费多少努力就能安排随后的服务；服务供应商为客户解决问题对客户来说是否容易。研究发现，对投诉处理的感知便利有助于增加客户对企业服务的满意度和忠诚度。联邦快运研究表明，如果通过一次接触就能解决客户的抱怨，那么有 77% 的客户会对补救服务感到满意；如果他们又被转到第二个服务人员那里，就只有61%的客户满意。

（二）影响服务便利的因素

影响服务便利的因素既有来自企业的因素，也有来自客户的因素。

1. 影响服务便利的企业因素。

（1）服务环境。良好的服务环境能够缓解或消除客户对等待的反感。例如，音乐既能减少感知的等待时间长度又能缓解客户对等待的反感情绪。服务环境中诱人的香味也能产生正面影响并减少感知的时间。

（2）消费信息。告知客户有关等待时间的信息是十分必要的，而没有提供这样的信息则将会增加客户的心理压力。当客户获得有关时间和努力的信息时，他们感知的服务便利将更高。

（3）品牌形象。品牌能够增加客户对服务的信任，减少客户在选择服务时的风险，使客户的选择过程简化，从而提高客户的决策便利。

（4）服务流程。服务流程有助于控制和管理客户使用服务时的时间和努力成本。设计良好的商店布局可以使客户在店中活动自由，使客户能够快速地进入和离开，并能让客户轻松找到所需要的商品。

2. 影响服务便利的客户因素。

（1）时间观念。如果服务供应商能够让客户在同一时间里完成多项服务，那么客户对服务便利的感知就会提高。例如，一些小型停车场为那些正在购物的客户提供汽车保养服务等。

（2）突发事件。当出现突发事件时，客户猝不及防，会觉得压力陡然增大，情绪不稳，由此造成的紧张和压力将影响客户对服务便利的感知。

（3）换位思考。换位思考是一种受个人规范和内部价值观所驱动，推动一个人去设身处地替对方着想进而向对方提供支援和帮助的情感响应。换位思考有助于培养人与人之间的友好情感，从而满足人们对友好、和谐、宽松的社会环境的需要。在服务过程中，客户如果从服务提供者的角度看待服务，换位思考，往往更能理解服务提供者的苦衷，将心态放平。通常，服务过程中客户越善于换位思考，客户感知时间和努力也就越低。

（4）经验积累。客户的经验积累也会影响购买决策和对服务的评价。一方面，随着客户经验的增长，他们与服务供应商的关系越来越巩固，对供应商的选择范围越来越小，客户做出购买决策的成本随之降低；另一方面，经验丰富的客户在服务过程中知道该往哪里去和该做什么，这能够大大减少他们浪费的时间和努力。因此，客户对服务供应商的熟悉程度会提高他们对服务便利的感知。

（三）提高服务便利的途径

企业在服务营销的过程中必须采取以下有效措施来提高服务便利。

1. 及时沟通信息。信息可以减少客户对不确定性和延误的焦虑，帮助客户正确使用服务系统、解释延误的原因。企业可以通过清晰而易获得的信息、可靠的服务质量和品牌来减少这种困难，从而提高客户的决策便利。

2. 拓宽服务渠道。客户有太多的服务需要参与，而每一种服务都要求客户必须在恰当的时间和地点出现。因此，渠道便利对客户来说非常重要。企业可以通过多种方法来提高渠道便利，如：（1）为客户提供多种服务选择，包括运用自我服务技术，如使用自动取款机、手机银行、App 订票、网络自选课程等。（2）将一些前端事务性的工作与核心获益阶段在时间和地点上分开来，如应用滴滴出行 App 预订汽车、借助航空公司 App 提前选座等。（3）将服务带到客户那里，而不是将客户带到服务企业这里，如洗衣店上门取衣送衣、保险公司借助大数据精准推送优惠车险服务信息等。（4）减少客户从核心服务（如买房子）向功能相关服务（如抵押贷款和房产保险）转换的时间和努力。

3. 简化交易流程。交易流程在整个服务流程中是客户受益最小的一个环节。企业应该尽量减少客户在付款时所付出的时间和努力成本，如让为汽车加油的客户在汽车内付费，就可以节省他们走到收费窗口（很可能还要排队）要花费的时间和努力。麦当劳发现，客户在付款窗口每节省 6 秒钟，他们的销售额将增长 1%。

4. 重视后续服务。在服务结束之后，客户要与企业再次接触需要投入的时间和努力等资源。这个阶段客户所付出的时间和努力都是额外的，因此企业必须让客户得到额外的利益。服务企业采取有效措施让投诉的客户感到心情舒畅，对客户投诉、反映问题、索赔补偿等要求快速做出反应，让客户充分享受知情权等，都有利于提高客户对服务便利的感知。

对于大多数的服务而言，都存在一个从“自己动手”到“全面便利”的便利序列（如图 11－3 所示）。便利序列能够帮助企业考虑不同点上产品的性质和相应的客户分布，随着一项服务从便利序列的一端移动到另一端，服务的性质在发生着改变，相应的客户群体也会表现出不同的特征。这样企业就可以从便利的角度对目标市场进行细分，针对各个不同的细分市场制定不同的营销策略。实际上，已经有许多企业因响应消费者的便利需求而创新了业务内容，如速冻水饺、速溶咖啡、自嗨锅等。

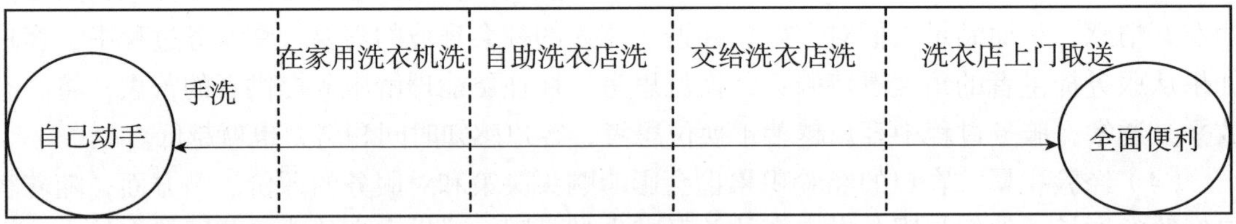

图 11－3　洗衣服务的便利序列

第 2 节　绿色营销与体验营销

世界总是在不断迈步向前，从人口数量的激增到城市规模的扩大，从自然资源的锐减到环境问题的严峻。人类的脚步匆匆，改变世界的同时也改变了自己。幸而，已经有一些人逐渐意识到回归自然生活的重要性，衍生出一种适合现代人的绿色、健康、自然、诗意的生活，即“绿色生活”。绿色生活是指人们自觉履行可持续发展责任，享受绿色消费、绿色出行、绿色居住的自然、环保、节俭、健康的生活。

绿色生活让人与自然和谐共生的美好生活永续。它不仅表现在吃绿色食品，用有机用品，还包括生活各个方面的转变，如节俭消费、不过度购买，尽量节省自然资源和能源，保持正面情绪、避免精神压力等。绿色营销和体验营销就是以更贴近日常生活的营销方式，持续不断向消费者提供绿色体验、健康生活，推动我国绿色发展迈上新台阶，满足人民群众日益增长的美好生活需要，让生活更美好，让世界更美好。

一、绿色营销

进入新发展阶段，我国将坚定不移贯彻新发展理念，全方位全过程推行绿色规划、绿色设计、绿色投资、绿色生产、绿色流通、绿色消费。在满足人民群众美好生活需要方面，绿色营销的作用越来越引起政府和企业的重视。

（一）绿色营销与传统营销

绿色营销是指以促进可持续发展为目标，为实现经济利益、消费者需求和环境利益的统一，市场主体根据科学性和规范性的原则，通过有目的、有计划地开发及同其他市场主体交换产品价值来满足市场需求的一种管理过程。

绿色营销是一种能辨识、预期及符合消费者与社会需求，并且可带来利润及永续经营的管理过程。企业所服务的对象不仅是客户，还包括整个社会。营销过程的永续性一方面需仰赖环境不断地提供营销所需资源的能力，另一方面还要求能持续吸收营销所带来的成果。

绿色营销与传统营销的差异主要表现在以下几个方面：

绿色营销以人类社会的可持续发展为导向，注重社会效益、企业社会责任和社会道德，要求企业在营销中不仅要考虑消费者利益和企业自身的利益，而且要考虑社会利益和环境利益，将四方面利益结合起来，遵循社会道德规范，恪尽企业社会责任。

绿色营销强调营销组合中的“绿色”因素：注重绿色消费需求的调查与引导；注重在生产、消费及废弃物回收过程中降低公害；开发和经营符合绿色标准的绿色产品；在定价、渠道选择、促销、服务、企业形象树立等营销全过程中都要考虑以保护生态环境为主要内容的绿色因素。

（二）绿色营销的影响因素

绿色营销的影响因素是指影响绿色营销的内外部因素以及影响绿色营销成功的因素。

影响绿色营销的内部因素亦称 8P 因素：（1）产品（product）。产品在生产、使用及丢弃时应具有安全性，企业使用的原材料和包装要有利于环境保护。（2）价格（price）。产品价格要反映绿色成本，并确定能使消费者接受的绿色价格。（3）渠道（place）。选择具有绿色信誉的分销渠道来分销产品。（4）促销 (promotion)。采用绿色媒体宣传绿色信息，并对绿色信息的传播进行监测。（5）提供信息（providing information）。提供同环保有关并能激发营销者重视可持续发展的全新观念的国内外绿色信息。（6）过程（processes）。控制原材料、能源消耗过程以及废弃物的产生和处理过程，以有利于优化环境。（7）政策

（policies）。制定及实施鼓励、监测、评估和保护环境的政策。（8）人员（people）。即企业的营销人员，企业应该培养了解有关环境的政策、认识企业在环保中的表现及在绿色营销中善于宣传的营销人员。

影响绿色营销的外部因素，由 6P 构成：（1）付费客户（paying customers）。企业要了解消费者对绿色议题的关心程度及对绿色产品的需求程度。（2）供应商（providers）。企业的供应商对绿色主张关心程度如何及对绿色产品的需求状况，直接关系到企业绿色营销的发展。（3）政府官员（politicians）。政府官员可通过行政方式对企业经营活动施加压力，可通过立法形式支持企业的绿色营销。（4）问题（problems）。经常了解和掌握企业绿色营销中存在的问题，诸如判断企业或竞争对手的营销活动是否同环境及社会问题有联系。（5）预测（predictions）。预测环境保护的发展趋势及其对企业绿色营销的影响。（6）伙伴（partners）。加强企业与对环境具有重大影响的组织的联系，改善同这些组织的关系，如环保志愿团体、大众传媒、专家及其他有关公众。

企业绿色营销能否取得成功，关键在于能否将影响绿色营销的内部因素与外部因素有机地结合、协调，从而使企业真正做到：（1）满足客户对绿色营销的需求。（2）产品生产及使用过程安全、对环境有利。（3）企业绿色营销策略为社会所接受。（4）企业从可持续发展战略的高度来组织营销。

新启迪11-5

快递业绿色营销

进入 2021 年，快递行业为了满足人民对美好生活的向往，致力于绿色营销，推进包装绿色化，收到了明显成效。其中，为胶带、面单等耗材减量最直观有效。京东物流通过上万次运输测试，在保障商品安全的前提下，对封箱胶带进行了瘦身，将宽度减少 15%，降至 45 毫米，并且禁止封箱胶带使用时层层缠绕，已累计减少使用胶带超过 5 亿米。德邦物流将包装袋厚度从 70 丝降为 50 丝，累计投入使用 9 000 万个，直接减少塑料消耗 600 吨。苏宁物流电子运单普及率已达 100%，每年能够减少 2 000 万平方米 BOPP 膜的使用量。顺丰电子运单从 3 层减至 2 层，节约原纸约 1 400 吨。填充气泡膜方面，顺丰用葫芦气泡膜代替常规气泡膜，能节省原材料约 2 000 吨。苏宁物流则优化了快递包装内的填充物，气垫膜厚度减少一半。

二、绿色营销的实施

绿色营销是基于企业、客户、环境及社会利益的一种战略性协调，其具体实施过程，必须结合企业所处的环境及自身实际情况加以规划和执行。就共性而言，绿色营销过程通常包括如下步骤。

（一）收集信息，分析需求

企业各部门都应以绿色营销观念为指导思想，从战略计划到实施过程都应贯彻绿色理念，收集绿色信息，分析绿色需求。绿色信息包括如下内容：绿色消费信息、绿色科技信息、绿色资源和产品开发信息、绿色法规信息、绿色组织信息、绿色竞争信息、绿色市场规模信息等。在此基础上，分析绿色消费需求所在及需求量的大小，为绿色营销战略的制定提供依据。

（二）制定计划，树立形象

企业为了适应全球可持续发展战略的要求，实现绿色营销的战略目标，求得自身的持续发展，就必须使自己朝着绿色企业方向发展。为达到此目的，企业必须制定相应的战略计划。在生产经营活动之前，制定一个总的计划——绿色营销战略计划，包括清洁生产计划、环保投资计划、绿色教育计划、绿色营销计划等。企业要争取在获得绿色标志的基础上制定绿色企业形象战略，对于统一绿色产品标志形象识别、加强绿色产品标志管理、提高经营绿色产品企业自身保护能力、增强企业竞争意识、拓展市场、促进销售等均十分重要。

（三）制定营销组合策略

1. 开发绿色资源和绿色产品。全球可持续发展战略要求实现资源的永续利用。企业要适应该战略要求，在进行绿色营销时，开发绿色资源就显得十分重要。企业应在现有基础上，利用新科技、开发新能源、节能节源、综合利用。绿色资源开发的着眼点可放在：无公害新型能源、资源的开发，如风能、水能和太阳能以及各种新型替代资源等；节省能源和资源的途径及工艺，采用新科技、新设备，提高能源和资源的利用率；废弃物的回收和综合利用。绿色产品的开发是企业实施绿色营销的支撑点。开发绿色产品，要从设计开始，包括材料的选择，产品结构、功能、制造过程的确定，包装及运输方式，产品的使用至产品废弃物的处理等都要考虑对生态环境的影响。

2. 制定绿色价格。在制定绿色产品的价格时，首先要摆脱以前投资环保是白花钱的思想，树立“污染者付费”“环境有偿使用”的新观念，把企业用于环保方面的支出计入成本，从而成为价格构成的一部分。其次，注意绿色产品在消费者心目中的形象，利用人们求新、求异、崇尚自然的心理，采用消费者心目中的“感知价值”来定价，从而提高效益。

3. 拓展绿色渠道。选择恰当的绿色销售渠道是拓展销售市场，提高绿色产品市场占有率，扩大绿色产品销售量，成功实施绿色营销的关键，企业可以通过创建绿色产品销售中心，建立绿色产品连锁商店，设立一批绿色产品专柜、专营店或直销。（1）在大中城市建立绿色产品销售中心。（2）建立绿色产品连锁商店。（3）借助社会渠道，建立一批绿色产品专柜或专营店。（4）直销。对于一些易腐烂变质或丧失鲜活性的绿色食品，如蔬菜、水果等要尽量缩短流通渠道，以免遭受污染和损失，可以采取直销方式。

4. 开展绿色促销。运用绿色产品的广告战略，宣传绿色消费，强化和提高人们的环境意识，迎合现代消费者的绿色消费心理，引起消费者的共鸣，从而达到促销的目的。进行绿色推销和销售促进。要有效地实施绿色营销策略，营销人员必须了解消费者绿色消费的兴趣，回答消费者所关心的环保问题，掌握企业产品的绿色表现及企业在经营过程中的绿色表现。绿色销售促进企业采用传递绿色信息和促销的补充形式。通过免费试用样品、竞赛、赠送礼品、产品保证等形式来鼓励消费者试用新的绿色产品，提高企业知名度。

（四）实施绿色管理

绿色管理是指融环境保护观念于企业的经营管理之中的一种管理方式，要求在企业管理中时时处处考虑环保、体现绿色。主要从如下方面来实施绿色管理：（1）建立企业环境管理新体系。（2）进行全员环境教育，提高企业的环境能动性。（3）进一步健全环境保护法，实行强制性管理。（4）对消费者购前、购中和购后全流程从营销者和消费者两方面施加影响，确保环境保护、绿色消费、绿色营销落到实处（如图 11－4 所示）。

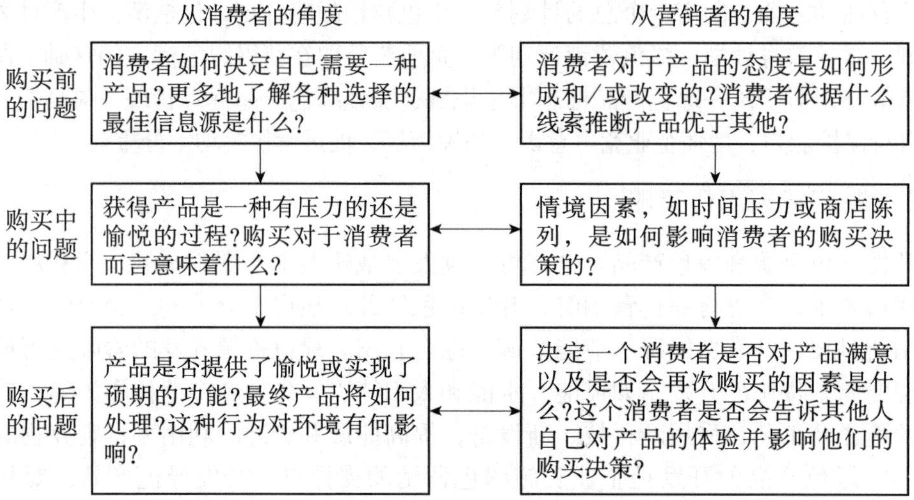

图 11－4　营销者要关注消费过程各阶段的问题

新启迪11-6

“清爽靖江”环保体验馆

“清爽靖江”环保体验馆是国家生态环境部宣传教育中心环境教育示范基地、江苏省教育厅环境教育创新实验课程基地、江苏省科普教育基地，也是华东地区第一家互动体验类的环保体验馆。环保体验馆经常开展多样化环保科普教育，成为靖江市民了解环保、提升环保意识的重要阵地。环保体验馆设计了许多互动性强、趣味性强、探索性强的展品展项，达到寓教于乐、知行合一的目的。互动体验是该环保体验馆最大特色，参观者可自己动手，体验知识。展馆共设有“互动沙盘”“自来水不自来”（自来水的制取过程）、水污染的危害、空气污染的来源、小蚯蚓的地下世界等十几件互动展品，还准备了一些互动活动的道具和课程，如垃圾分类比赛，变废为宝制作等。同时，体验馆结合靖江环境实际，在水环境展区突出长江生态保护，在大气环境展区突出雾霾、VOCs 等污染防治，在土壤展区突出个人在日常生产生活中如何保护土壤，在绿色生活展区突出垃圾分类、家居节能等内容，让场馆设计更接地气。体验馆积极传播环保理念，推广环保生活方式，积极培育生态文化、生态道德，倡导勤俭节约的消费观，让生态文明成为社会主流价值观。

资料来源：贾秋敏，刘茂峰．江苏靖江：打造互动体验式环保体验馆引领市民提升环保理念．（2021－02－01）．澎湃新闻．

三、体验营销

中国社会科学院的一项研究表明，人民群众理解的“美好生活”和“美好生活需要”的内涵分为三个层面，包括个人物质层面、家庭关系层面和国家社会层面。个人物质层面的词汇包括：有车、有房、财富、富有等和经济有关的内容，也包括阳光、绿色、环保等和环境有关的内容。家庭关系层面的高频词汇包括：团圆、温馨、恩爱、亲情、爱情、陪伴等内容，以及事业、工作和理想等内容。国家社会层面的高频词汇包括：稳定、小康、国泰民安、安居乐业、公平、和平、社会保障、安全、丰衣足食等。这些是人民群众心目中的美好生活内容。[①]

人民群众的消费需求和欲望会随着对美好生活的向往而发生新的变化，精神需求将逐步超越物质需求而成为人们的主导性需求，尤其会更加期待某些不同寻常的产品、经历和体验，并乐于体会由此产生的心灵感受。“世界那么大，我想去看看”。很多人有诗和远方，有想要去追寻的梦想，去历险，去探索，去体验。因此，以满足人们的体验需求为目标的体验营销将在竞争激烈的市场舞台上大放异彩。企业应洞察先机，积极开展体验营销，提供能满足消费者体验方面需求的产品和服务，争得市场竞争中的优势地位。

（一）体验与体验营销

体验是指因某些刺激而使消费者产生的内在反应或心理感受。体验通常是由于对事件的直接观察或参与造成的，无论事件是真实的还是虚拟的。只有那些能真正刺激消费者感觉、心灵和大脑，并且进一步融入生活的体验才能使消费者内心深处感受到强烈的震撼，得到他们的支持和认可，从而建立起长期持续发展的关系。

体验营销是指企业以满足消费者的体验需求为中心所开展的一切营销活动。体验营销主要研究如何根据消费者的期望，利用现代技术、艺术、大自然以及社会文化传统等各种手段来丰富产品的体验内涵，以更好地满足人们的娱乐体验、情感体验、超脱体验及审美体验等体验需求，在给人们心灵带来震撼和满足的同时实现产品销售的目的。现在很多著名公司都在自觉地运用体验营销，比如麦当劳、星巴克等，这种现象并非历史巧合，而是人们需求层次不断提高和企业竞争不断升级所导致的一种趋势。

事实上，视觉、听觉、触觉、味觉与嗅觉等均可应用在体验营销上，消费者可以看到公告牌，听到叮当声，感受到毛衣的柔软，品尝到冰激凌的新味道，或者闻到皮夹克的气味。如果营销者能用多条感觉渠道传播产品或服务的信息，消费者的内心体验和信息感知就会更加有效。

新启迪11-7

Omni 豪华酒店的体验营销

当人们登录 Omni 豪华酒店的网站预订房间时，可以听到柔和音乐。进入酒店大堂，人们又可以闻到柠檬和绿茶的清香，看到用植物点缀的装饰。进了房间，客人还可以发现桉树浴盐，小酒吧间里贮藏着类似花香果冻和微型植物之类的装饰。感觉营销是指企业以

① 王俊秀，刘晓柳，谭旭运，等．人民美好生活需要：内涵、体验与获得感．红旗文稿，2019（16）．

产品或者服务为载体，为消费者创造出一种心理舒适与精神满足，从而达到营销目的的营销方式。企业要特别注意感觉对产品体验的影响。从酒店到汽车制造商或者是啤酒制造商，都意识到感觉有助于人们决定哪种产品更有吸引力，哪一种产品在市场上众多同类产品中更加出众。

（二）体验需求新变化

体验营销一切活动的开展都是以满足消费者需求为中心的。消费者的需求变化可主要概括为下面几点：（1）从消费结构看，情感需要相对物质需要的比重增加。消费者在注重产品或服务质量的同时，更加注重情感、心理方面的需要和满足。（2）从消费内容看，大众型的标准化产品日渐失势，消费者对个性化的产品或服务需求越来越高。（3）从价值目标看，消费者从注重产品本身的使用价值，转移到注重产品使用时所产生的感受。（4）从接受产品的方式来看，人们已经不再满足于被动地接受企业制造好的产品或服务，而是要实现自身需求与企业生产的互动，主动参与产品的设计与制造。（5）消费者公益意识不断增强，在满足自身需要的同时，开始关注环境保护等公益问题。

新启迪11-8

颜色对客户情感体验的影响

对颜色的其他反应归因于生理差异和文化的不同。女性更容易被明亮的色彩吸引，并且对微妙的色彩变化和色彩运用方式更为敏感。一些科学家将此归结为生理原因，因为女性对色彩的感受力比男性强，男性患色盲症的比例比女性高16倍。年龄因素也影响着人们对色彩的反应。人们更喜欢鲜艳的颜色，这也反映出现代社会不断增强的文化多样性。对颜色的认知取决于颜色的物理波长以及人的意识对颜色刺激作出反应的方式。黄色位于肉眼可观察到的波长中部，因此它最明亮也最吸引人的注意。我们常说的“黄页”，就是用黄色来吸引人们注意枯燥的电话号码。

（三）体验营销的特点

1. 需要消费者主动参与。消费者主动参与是体验营销区别于产品营销和服务营销的一个显著特征。离开了消费者的主动性，体验是难以产生的，而且消费者参与程度的高低也直接影响体验的产出。譬如采摘体验中，积极的采摘者总是会获取较丰富的体验，而一个心不在焉的参与者往往体验较少。

2. 聚焦消费者体验需求。企业在提高产品本身的使用价值时，还必须开展各种沟通传播活动，增强客户的体验需求，从而使客户在物质上和精神上得到双重满足。体验营销要求企业切实站在消费者的立场，从消费者的感觉、情感、思考、行动及关联五个方面进行产品和服务的设计规划，提供可以满足不同体验诉求的产品和服务。

消费者对消费环境的反应是否积极，取决于两个因素：愉悦程度和唤醒水平。愉悦是指人类或其他动物积极有趣的值得寻求的一种心理状态，例如快乐、娱乐、享受、狂喜、幸福等。愉悦是一种正向反馈机制，可以让生物体有动力再去创造可带来愉悦的情境，并且避免一些过去会造成痛苦的情境。许多愉悦体验是因为基本的生理需求得以满足而形成的，例如美食、运动、干净、卫生等。此外，对艺术、音乐、舞蹈、文学等文化艺术的欣赏也会带来愉悦体验。愉悦程度是指快乐、娱乐、享受、狂喜、幸福等积极有趣的心理的层次和水平。

唤醒水平指个体在心理和生理上做好了提高或降低反应的准备的程度。一个人可以喜爱或不喜爱一种情境，也可以感受到各种刺激或毫无感觉。如图 11－5 所示，愉悦程度和唤醒水平的不同组合能导致各种各样的情绪状态。某种唤醒状态可以是悲伤的，也可以是兴奋的，这取决于当时的情境是积极的还是消极的（如暴乱与节庆活动这两种不同的街道情境）。因此，特定的情绪是愉悦程度与唤醒水平的结合物。兴奋这种状态是高度愉悦程度和高度唤醒水平的结合。每一种情绪状态都会对产品和服务做出带有偏见的判断。消费者情绪好时会做出更多积极的评价。

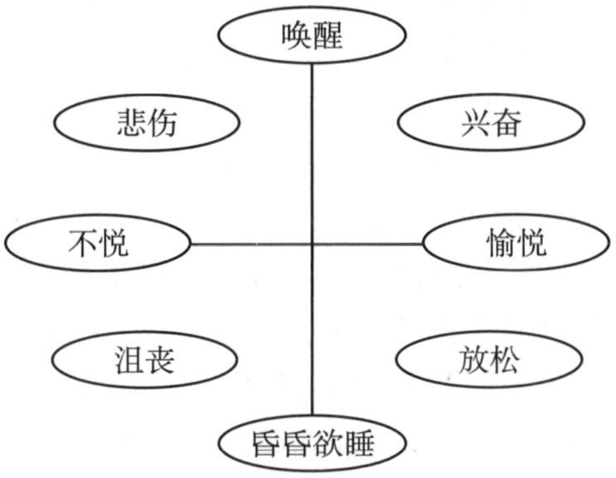

图 11－5 消费者体验情绪的维度

情绪会受到店面设计、天气或者其他对消费者而言较为特别的因素的影响。此外，音乐和电视节目也能影响情绪，而这又会对广告产生重要影响。当消费者听到快乐的音乐、看到快乐的节目时，对广告和产品的反应会更为积极，

3. 关注消费者感性行为。传统营销把消费者看成理智购买决策者，把消费者购买决策看成问题的解决过程，非常理性地分析、评价，最后才决定购买；而体验营销则认为消费者同时受感情和理性的支配，消费者因理智和因情感因素而做出购买的概率是一样的。在体验产品或服务生产和销售之前，企业可以通过考察消费者的神经反应来判断消费者意识和潜意识中对该产品的接受和喜爱程度，从而对体验产品的市场前景进行预测，把有限的资源分配到市场前景较好的体验产品上，提高体验资源利用率和体验营销的整体效果。神经营销（neuromarketing）是指运用神经科学方法来研究消费者行为，探求消费者决策的神经层面活动机理，找到消费者行为背后的真正推动力，从而采取适当营销策略的过程。由于人脑控制了人类行为的所有方面，营销科学越来越重视借助行为科学、神经科学和认知科学的概念来解释消费者行为，像内隐记忆、信息自动加工、潜意识等。

四、体验营销的实施

企业开展体验营销，并无严格的步骤、程式可循。但一些成功的体验营销经验表明，

企业在实施体验营销时，应着重把握和开展如下工作。

1. 研究消费背景，关注客户对产品或服务的价值感知。营销人员应通过各种手段和途径来创造一种综合的效应以增加消费体验，营造出与目标客户需要相一致的心理属性，而且还要注意社会文化因素，考虑消费所表达的内在价值观念、消费文化和生活意义等。也就是说，企业应注重与客户之间的沟通，发掘他们的心理需要，站在客户的角度，审视产品和服务提供的价值，挖掘潜在的营销机会。

2. 确定体验主题，确保客户切实感知企业产品或服务的体验价值。体验营销要首先设定一个主题，也就是说：体验营销必须从一个主题出发，所有服务都围绕这个主题，或者至少应设有一个主题道具（例如一些主题公园、游乐园或以某主题为导向设计的一场活动等），以便客户能亲身感受，引起共鸣。

3. 设计营销事件，激发客户体验需求。根据消费习惯和体验营销的要求设计营销事件，根据不同的地区特征和消费情境，展现不同的体验诉求，充分把握好不同客户群的需求和期望，激发进而满足客户的体验需求。消费情境（consumption situation）是指除了个人和产品特性以外，消费者在消费或购买活动发生时个体所面临的短暂的环境因素，如购物时的气候、购物场所的拥挤程度、购物现场的氛围等。

4. 借助体验工具，调动客户参与体验的主动性。体验工具包括传播沟通、产品展示、空间环境、电子媒介等。要充分利用企业资源，将各种工具进行全方位的组合运用，让消费者充分暴露在企业提供的氛围中，主动参与到设计的事件中来，从而完成体验生产和消费过程。也可以借助频率营销调动客户频繁体验的积极性。频率营销（frequency marketing）是指一种用折扣或商品等来奖励忠诚客户和大量购买客户的促销手段。许多航空公司用常客计划（FFP）来激励客户忠诚，力求获得比竞争对手更大的市场份额。具体做法是，每次乘坐该航空公司的航班时，都要给乘客积分。几次飞行后，积分可以兑换免费的航空旅行或如下服务：升舱，免费或打折的酒店住宿，餐厅就餐、商店购物和租车的优惠等。餐厅可以采用频率营销的形式来留住客户，零售店、餐馆和百货公司经常给客户发放“刮刮即赢”卡，作为重复购买客户奖励计划的一部分。奖品通常是免费的产品或是将来购买时节省的一定比例。这种卡是在一次消费时发放的，通常要等到下次才能使用，由于这种卡计划，客户购买的频率会提高。

5. 周密设计体验营销战略。营销人员应着重探讨营销战略，考虑企业的资源、能力及历史特点等，确定企业的目标客户，以及将要提供的体验类型，还应考虑如何才能更好地提供体验价值，给客户长久的新奇感受，为企业创造竞争优势。管理者尤其需要加强前瞻性思考、全局性谋划、战略性布局、整体性推进。

近年来，许多企业主动创新，从以前“埋头搞生产”到现在“拥抱新需求”，不断推出更合消费者口味的产品和服务；采用柔性制造技术，大批量个性化定制的产品，更好满足了多样化、个性化需求；人工智能、大数据引入生产，把消费者需求数据化，确保生产线上的产品就是人们需要的产品。可以说，新消费、新体验在满足消费者个性化、多样化、品质化需求的背后，正是新业态、新供给的不断形成，是供给水平的不断优化提升，反映着供给侧结构性改革的成效。

第3节　营销道德

什么样的生活才是美好生活？不同的人对此有着不同的理解，但无外乎都关涉物质和精神两个层面。生产力发展、物质充裕是美好生活的重要基础，较高道德水平、良好文明风尚则是美好生活的重要内涵。我们要以辩证、全面、协调的观点正确处理物质文明和精神文明的关系，以在更高层面实现美好生活。营销让生活更美好，不仅需要营销者为社会提供适合需求的优质产品和服务，还需要营销者讲求营销道德，恪尽社会责任。

营销道德是指用来判断企业营销活动正当与否，是否符合广大消费者利益和社会利益，能否给广大消费者及社会带来福祉的准则和规范。这是涉及企业营销活动的价值取向并贯穿企业营销活动始终的重要问题。要坚持用新时代的要求审视营销道德，用发展的眼光研究营销道德，用改革的精神推动营销道德建设，使营销道德更好地体现时代性、把握规律性、富于创造性。坚持以社会主义核心价值观为引领，将国家价值目标、社会价值准则和企业价值规范有机融入营销道德建设各方面、全过程，更好发挥引领作用。

新启迪11-9

邯郸保险业注重营销道德

河北邯郸保险业日前对评选出的2020年度保险诚信销售员进行通报表彰，进一步激励和引导全市保险销售从业人员增强责任意识，注重营销道德，诚信开展营销活动。这是邯郸保险业促进保险销售从业人员诚信建设的一个缩影。2020年以来，邯郸保险业在银保监分局指导下，列出负面清单，划定红线，引导和规范保险销售从业人员依法合规开展业务，提升保险业整体形象。针对从业人员在销售过程中片面夸大保险产品和功能，误导消费者、不如实告知等侵害消费者合法权益的行为，邯郸市保险行业协会从源头上进行规范，制定了《保险销售从业人员管理办法（试行）》和《保险销售从业人员诚信建设管理办法》，强化招录环节管理，严格审核把关，严禁“带病上岗”，建立执业行为负面清单，将四类30个违规情形列入负面清单，纳入岗前培训和继续教育范畴，与保险销售从业人员签订诚信展业承诺书，开展保险诚信销售员评选活动，不断提升保险销售从业人员诚信意识和职业道德素质。

资料来源：河北邯郸保险业开展诚信销售员评选活动　旨在提升保险销售从业人员诚信意识和职业道德素质．（2021－01－22）．中国银行保险网．

一、产品策略与营销道德

产品是企业营销最重要的可控因素。为消费者提供货真价实的优质产品是企业最基本的社会责任，如果违反这一原则便会产生营销道德问题。产品策略违背营销道德的主要表现，可从功利论与道义论相结合的角度来考察。例如，从企业设计生产产品的动机看，是否存心欺骗客户，将假冒伪劣产品充当真货好货出售给消费者；与动机相联系，在手段上是否操纵消费者需要，过度刺激消费者欲望，并刺激社会经济成本的增加；从后果看，消费者从企业所购买的产品能否给自己带来最大的幸福。产品策略中的道德问题还可从企业应承担的社会责任来考察。企业在产品的生产过程中，对广大员工的工作条件及工作时间能否做出恰当及合理安排，能否保证员工的人身安全及身心健康；企业在生产产品的过程中，是否造成环境污染及影响附近居民的正常生活；产品的包装及标签是否提供真实的商品信息，产品包装是否过度进而造成社会资源的浪费及环境的污染等。

在有些情形下，产品策略的不道德行为并非一目了然。对某一产品策略，人们从不同的角度去分析，可能会得出不同的看法和认识。例如产品的更新换代，根据产品生命周期理论，企业开发新产品，淘汰旧产品，有利于保持企业的可持续竞争力。从企业角度看，这一点无疑是正确的。但从整个社会的角度看，企业新产品开发的过度竞争，会导致产品很快过时，致使消费者在产品尚可使用时就丢弃不用，这无疑造成了产品的人为淘汰。而且从资源节约的角度看，人类能投入生产过程的石油、天然气、金、银、煤等都属于不可再生资源，新产品开发过度会导致资源枯竭，也就是说，一代人需求的满足是以剥夺今后几代人的需求为代价的。从整个社会的可持续发展来看，这种行为是不道德的。所以，应把正常状态下产品的更新换代与产品的人为淘汰两种情况区分开，把企业的新产品开发引导到节约资源、提高质量、改善性能的轨道上来，推动形成健康文明生产生活方式。只有更好平衡人和自然的关系，维护生态系统平衡，才能守护人类健康。

二、定价策略与营销道德

为消费者提供货真价实的产品，是企业所应履行的社会责任。价实要求企业必须依据产品成本、消费者的承受能力和竞争对手状况来制定价格，并把真实的价格信息提供给消费者。但在实际的定价活动中，却经常出现虚假打折降价、歧视定价、垄断价格等违反道德标准的定价行为。

定价策略中的道德问题可从功利论与道义论相结合的角度来考察。从动机看，企业为牟取暴利而欺骗客户，通过诸如变相涨价、哄抬物价等掠夺消费者的利益；为了压垮竞争对手而实行差异性歧视定价或实行垄断价格。与动机相联系，在手段上采取欺骗、诱惑及强制方法迫使客户购买产品。从后果看，客户购买产品后造成严重的经济损失。价格策略中的道德问题还可从企业应承担的社会责任来考察。企业未按照价值规律进行公平交易，损害了企业及消费者的合法权益。企业未能全面披露真实价格信息妨碍了消费者对产品或服务价值的判断，不利于消费者科学决策、明智购买。

有些定价行为中存在的道德性是较模糊的，需加以认真分析。例如折扣定价，企业经常利用数量折扣或现金折扣的策略来吸引消费者大量购买或提前付款，但对于低收入人群来讲，只能是多次小量地购买；相对于那些能大量购买或购买大包装商品的高薪阶层来讲，低收入消费者付出了更高的成本费用。所以，这一定价策略有利于高收入消费者却不利于低收入消费者，也存在营销道德问题。

三、渠道策略与营销道德

分销渠道主要涉及生产者、中间商、消费者之间的购销关系，渠道成员要根据各自的利益和条件相互选择，并以合约形式规定双方的权利和义务，如果违背合约规定，损害一方的利益，便会产生道德问题，因此，渠道中的道德问题主要源于企业与中间商之间的关系。

在营销实践中，有些渠道策略从企业角度看是有利的，是毋庸置疑的，但从社会角度看却并不一定有利，隐含着一定的不道德因素。例如，垂直整合营销渠道系统中，可能某个成员拥有其他成员的产权，即公司式渠道系统；或者渠道成员之间有一种特约的经营关系，即合同式渠道系统；或者由于某个成员拥有相当的实力，其他成员因此愿意与之合作，即管理式渠道系统。整合营销渠道系统的形成固然有利于降低产品分销费用，提高营销渠道系统效率，但这种渠道模式在把生产环节和营销环节连为一体的同时，也提高了市场垄断程度，削弱了竞争力度，从而把那些未参加整合营销渠道系统的生产者和中间商排挤在市场之外，或者致使它们在市场上处于很不利的地位，整合营销渠道系统的成员便可通过控制产量和垄断价格来谋取自身的最大利润，也就有可能导致损害消费者利益的营销不道德现象发生。

新启迪11-10

丰巢收费招致道德谴责

2020 年 4 月 30 日，丰巢快递柜宣布执行超时收费，普通用户可免费寄存包裹 12 小时，超时后每 12 小时收 0.5 元，3 元封顶。此政策一出即引发消费者普遍不满，引发道德谴责和政府关注。全国 70 多个小区陆续宣布停用丰巢快递柜，政府部门明确表示，快递入柜须经收件人同意，快递员未征得用户同意就投到快递柜属违法行为，用户可向快递企业投诉。

快递柜的出现解决了快递送货上门无人签收的现实问题，一定程度上避免了快递遗失、被窃等问题纠纷，也给消费者提供了一个相对安全、便捷的快递暂存场所。但从道德风险上看，丰巢背后的股东就是一些快递公司，倘若公司鼓励员工尽量把快递放进丰巢里面，让公司能多赚一笔钱，也是很有可能面临的现实问题，这就相当于自己做决定，却让消费者付费，必然会引起道德谴责。再从法律风险上看，《快递暂行条例》明确规定，经营快递业务的企业应当将快件投递到约定的收件地址、收件人或者收件人指定的代收人，并告知收件人或者代收人当面验收；交通运输部《智能快件箱寄递服务管理办法》明确规定，投递快递柜应当征得收件人同意。但是现实中很多快递员为了节省时间、方便，都会选择将物品投递至快递柜，并且多数时候未经消费者允许，这不仅侵犯了消费者知情权和选择权，也违背了法律规定。

四、促销策略与营销道德

促销活动的社会责任是将产品或服务的真实信息传递给用户，如果违背此原则，这种信息沟通就会经常产生道德问题。

广告中的不道德行为具体表现为：为搞垮竞争对手，经常借助针对竞争者的攻击性广告，含沙射影诋毁同行业竞争对手来提高本企业和产品的地位；为诱惑消费者购买自己的产品而采用过度夸大产品功能效用的广告或隐瞒产品缺陷的广告，这种广告在药品和保健品上表现得尤为明显；在广告宣传中使用含糊其词、模棱两可的词句，引起消费者对广告真实含义的误解，使消费者做出错误的购买决策。

在销售人员的促销活动中也暴露出许多违背营销道德的行为，具体表现为：推销员使用诱惑方式促使消费者购买那些他们既不需要也不想购买的产品或服务，如百科全书、保险、不动产及珠宝等常常是靠推销员推销出去的，而不是客户主动购买的。推销员通过向对方送礼，甚至行贿的手段来获取销售订单，或者为获得回扣而向其他企业购买假冒伪劣产品等，这些行为都存在较严重的道德问题甚至法律问题。从表面看，小恩小惠、请客送礼等似乎给个人或企业带来好处，但会损害个人或企业的长远利益及根本利益。因此，世界著名公司为自律员工行为，纷纷制定了营销道德标准，其中也包括对贿赂行为的界定及限制。

五、营销调研与营销道德

营销调研往往涉及三方面的关系，即调研人员同委托者、调研人员同受访者、委托者同调研人员三方面的关系。各方均承担一定的权利与义务，只有履行彼此间的道德责任，方能保证营销调研任务的顺利完成及保证调研资料的真实和可靠性。

（一）调研人员对委托者的道德责任

从调研人员对委托者的道德责任看，委托者有权要求调研人员保守业务秘密，未经委托者许可不能泄密，否则是不道德行为；调研人员必须根据委托者的要求，保证调研工作质量，如问卷设计要认真，访谈调研不要偷工减料、弄虚作假，调研人员要严格培训，否则不仅浪费了委托者支付的调研费，而且往往使所收集的资料失真而误导委托者的决策；调研人员要向委托者真实反映调研所采用的方法、调研时间、调研对象、调研地点、访问方式及问卷反馈率等，使委托者据此推断所调研的资料是否可靠。如果调研人员违背合约，必然会引起道德性问题。

（二）调研人员对受访者的道德责任

从调研人员对受访者的道德责任看，调研人员要尊重受访者的权利，如受访者可拒绝接受调研人员的访问；调研人员要尊重受访者的尊严和隐私权；访问者不要在受访者繁忙或不便时去访问，要对受访者身份进行保密；未经受访者许可，不能随意公布受访者提供的资料。

（三）委托者对调研人员的道德责任

从委托者对调研人员的道德责任看，委托者必须依约支付调研费；委托者要公正、全面地发表调研成果，不能断章取义，对广大受众产生误导。

美好生活要靠时代新人来建设。培育时代新人，要注重发挥道德模范、时代楷模、最美人物、身边好人等各行各业先进人物、先进典型对于激发群众思想认同、情感共鸣和效仿意愿的作用，引导人们处理好个人利益与集体利益、短期利益与长远利益的关系，坚定理想信念，在创先争优中建设美好生活。促进美好生活早日实现，提高营销道德水平，使人民获得感、幸福感、安全感更充实、有保障、可持续，需要企业和社会各界付出努力，更需要营销者、营销中介、公众和消费者积极参与，人人有责、人人尽责、人人享有。借用一段歌词来说就是：美好的生活靠劳动创造，幸福的花儿靠汗水浇，朋友们献出你智慧和力量，明天会更美好！

本章小结

营销是致力于满足人民日益增长的美好生活需要的学问。现代企业只有关注人民对美好生活的向往，全过程、全方位地满足人民的美好追求，才能取得理想的业绩，并行稳致远，因此，一定要注重可持续营销，充分考虑消费者的长远利益。美好生活要求产品和服务的提供者能够最大限度地节约购买者时间，予客户以最大服务便利，从决策便利、渠道便利、交易便利、获益便利和购后便利各方面让客户花费最少的时间和努力。人民群众对绿色生活、绿水青山的热爱，也是追求美好生活的主要体现，企业要加强绿色营销和体验营销，让消费者在体验中享受美好生活、珍惜美好生活、共建美好生活，确保我们的绿水青山常在，金山银山永续，美好生活恒久。美好生活是一个多层次的发展性需要，它不仅包括人们物质生活的富裕与舒适、精神生活的丰富与充实，而且包括人性向善的道德自律所展现的人性光辉。因此，企业要使客户关系、企业形象和营销绩效可持续，就必须加强营销道德建设。

即测即评

扫描二维码可在线自测并查看答案。

基本概念

可持续营销　　服务便利　　绿色营销　　体验营销
营销道德

思考题

1. 可持续营销将为满足人民美好生活需要带来哪些贡献？
2. 时间观念对消费者购买行为带来哪些影响？
3. 企业开展绿色营销和讲求营销道德的动力和障碍有哪些？

本章案例

农产品上行

“农产品上行”是指利用互联网技术把农产品从农村生产地销售到全国各地，特别是城市（镇）市场。农村电商主要做两件事：一是让工业品走进农村市场，也就是通常所说的工业品下行；二是把农产品卖到城里去，也就是农产品上行。而对于欠发达地区来说，地方政府更看重的是农产品上行，因为这可以促进当地群众增收，促进地方经济发展。

农产品上行不应简单理解为网上卖东西，它是全方位的农产品生产营销方式变革，包括为农户提供信息服务、农产品生产加工、农产品线上销售、网上支付以及品牌促销、农产品物流供应链管理及售后服务等。

1. 从农产品到网络商品

传统农业生产是小而散的生产模式，没有一定的规模，也很难实现产品标准的统一，不同批次产品的质量就可能存在差异。这除了使得农产品的质量不可控，还容易出现同质化竞争。如何从小规模、分散化、无牌化向规模化、专业化、组织化、品牌化、电商化转型，并得到消费者认可，在网上打出名气，这需要让没有经过任何加工、来源于农作物的初级农产品变成有品牌的网络商品。

河北省沽源县盛产藜麦、燕麦、土豆等农产品，但由于加工条件落后等，当地农产品很难达到安全优质农产品公共品牌“三品一标”标准，“缺乏资质标准，就不能把农产品变成网货”。过去，沽源县的合作社只能对藜麦等杂粮进行粗选作业，再交给内蒙古一家有资质的工厂代为加工，可这样一来，不但成本增加，也不利于自身品牌的发展。为此，当地开始用电商的发展倒逼农产品加工企业的发展，自建加工厂。政府通过补贴、奖补措施促进品牌培育，使更多农产品的生产实现标准化，变成易售卖的网络商品。

河北省在每个县选择1~2个适合电子商务的特色产业进行重点培育，建立农村特色产业目录，并向大型电商平台推介。开展农产品品牌化活动，支持各地注册农产品公共商标，推动农产品网络销售。开展农商互联活动，组织和引导合作社与电商平台对接，指导其根据消费需求将特色农产品打造成适销对路的网络商品。

2. 物流与差异化选品

乡村有很多绿色无污染的优质农产品，问题是物流成本较高。我国农产品物流环节损耗较高，部分地区农产品物流成本占总成本的30%～40%，鲜活农产品物流成本更是占到总成本的60%，严重制约了农产品流通。

农产品上行离不开快捷便利的物流体系，降低物流成本成为农产品上行的关键。国家邮政局等七部门联合出台《关于推进邮政业服务乡村振兴的意见》（以下简称《意见》）。《意见》提出，到2022年，邮政服务乡乡有局所、建制村直通邮，快递服务乡乡有网点、村村通快递，实现建制村电商寄递配送全覆盖。这其中，为了提升冷链服务能力和农村投递效率，《意见》提出支持企业建立覆盖农产品生产、加工、运输、储存、销售等环节的全程冷链快递物流体系；支持有条件的乡村布局建设无人机起降场地，打造无人机农村投递示范区。在推动农产品寄递包装绿色化、减量化和可循环方面，鼓励有条件的地方结合实际研究建立农产品绿色包装补贴机制；支持社会资本探索设立快递绿色包装产业发展基金，促进农产品绿色包装研发、生产和推广使用。

当然，就目前而言，为了减少农产品上行过程中的损耗，在选择上行农产品方面，也需要多一些思考。比如，远离城市、偏僻且交通不便的偏远乡村，与地处城郊或虽远离城市但交通便利的乡村，可供上行的农产品应该是有差异的。

地处城郊且生态环境相对优越的乡村，可以选择附加值较高的绿色有机生鲜菜蔬作为主打上行产品。远离城市但物流便利的乡村，可以选择绿色有机时令鲜果作为主打产品。而在远离城市且物流不畅的偏远乡村，最好是选择“特色鲜明，附加值较高，易于打造地域品牌，同时对运输条件要求较低，不易损耗”的农产品作为主打产品，包括但不限于：菌类、坚果类等特色干货，中草药材，或者是为目标消费者群体所青睐、便于批量长途运输、不易损耗的本地特色食品。

思考题：营销在满足城乡人民对美好生活的向往方面发挥着哪些重要作用？

参考文献

[1] 习近平. 在全国脱贫攻坚总结表彰大会上的讲话（2021年2月25日）. 人民日报，2021-02-26.

[2] 习近平. 正确认识和把握中长期经济社会发展重大问题. 求是，2021（2）.

[3] 习近平. 在深圳经济特区建立40周年庆祝大会上的讲话（2020年10月14日）. 人民日报，2020-10-15.

[4] 习近平. 在浦东开发开放30周年庆祝大会上的讲话（2020年11月12日）. 人民日报，2020-11-13.

[5] 习近平. 关于《中共中央关于制定国民经济和社会发展第十四个五年规划和二〇三五年远景目标的建议》的说明. 人民日报，2020-11-04.

[6] 习近平. 习近平谈治国理政：第三卷. 北京：外文出版社，2020.

[7] Kotler，P，Armstrong，G. Principles of Marketing. 18th ed. Harlow UK：Pearson Education Limited，2021.

[8] 邝鸿. 现代市场营销大全. 北京：经济管理出版社，1990.

[9] 邝鸿. 现代市场学. 北京：中国人民大学出版社，1989.

[10] 邝鸿. 市场学概论. 北京：中央广播电视大学出版社，1986.

[11] 邝鸿，郭国庆. 市场学原理. 北京：中国展望出版社，1987.

[12] 王永贵. 市场营销. 北京：中国人民大学出版社，2019.

[13] 顾雷雷. 中国品牌管理理论研究. 北京：经济科学出版社，2018

[14] 郑锐洪. 中国营销理论与学派. 北京：首都经济贸易大学出版社，2010.

[15] 郭国庆. 市场营销管理——理论与模型. 北京：中国人民大学出版社，1995.

[16] 郭国庆. 市场营销学. 武汉：武汉大学出版社，1996.

[17] 郭国庆. 市场营销学. 3版. 北京：中国人民大学出版社，2018.

[18] 郭国庆，陈凯. 市场营销学. 6版. 北京：中国人民大学出版社，2019.

[19] 郭国庆. 营销思想史论. 北京：高等教育出版社，2019.

[20] 郭国庆，王霞，梁栋. 营销决策模型. 北京：高等教育出版社，2019.

[21] 郭国庆. 市场营销学通论. 8版. 北京：中国人民大学出版社，2020.

[22] 郭国庆. 服务营销. 5版. 北京：中国人民大学出版社，2021.

图书在版编目（CIP）数据

市场营销：数字教材版 / 郭国庆编著. -- 4版. -- 北京：中国人民大学出版社，2021.4
普通高等学校应用型教材. 市场营销
ISBN 978-7-300-29207-6

Ⅰ. ①市… Ⅱ. ①郭… Ⅲ. ①市场营销 – 高等学校 – 教材 Ⅳ. ①F713.50

中国版本图书馆CIP数据核字（2021）第055145号

普通高等学校应用型教材 · 市场营销
市场营销（第4版 · 数字教材版）
郭国庆 编著
Shichang Yingxiao

出版发行	中国人民大学出版社		
社 址	北京中关村大街31号	邮政编码	100080
电 话	010-62511242（总编室）		010-62511770（质管部）
	010-82501766（邮购部）		010-62514148（门市部）
	010-62515195（发行公司）		010-62515275（盗版举报）
网 址	http:www.crup.com.cn		
经 销	新华书店		
印 刷	北京鑫丰华彩印有限公司	版 次	2011年6月第1版
规 格	185mm × 260mm 16开本		2021年4月第4版
印 张	19.25 插页1	印 次	2021年4月第1次印刷
字 数	428 000	定 价	49.00元

教师教学服务说明

中国人民大学出版社管理分社以出版经典、高品质的工商管理、统计、市场营销、人力资源管理、运营管理、物流管理、旅游管理等领域的各层次教材为宗旨。

为了更好地为一线教师服务，近年来管理分社着力建设了一批数字化、立体化的网络教学资源。教师可以通过以下方式获得免费下载教学资源的权限：

在中国人民大学出版社网站 www.crup.com.cn 进行注册，注册后进入“会员中心”，在左侧点击“我的教师认证”，填写相关信息，提交后等待审核。我们将在一个工作日内为您开通相关资源的下载权限。

如您急需教学资源或需要其他帮助，请在工作时间与我们联络：

中国人民大学出版社　管理分社

联系电话：010－82501048，62515782，62515735

电子邮箱：glcbfs@crup.com.cn

通讯地址：北京市海淀区中关村大街甲 59 号文化大厦 1501 室（100872）